Inhalt

Vorwort 7
Erläuterungen 11

Kryon – Eingangschanneling 13
Kryon & Adamea – Delfine/Wale und Magnetismus . . . 18
Kryon – Deine Verbindung zu den Sternen 25
Kryon & Elias – Atlantische und lemurische Energien . . 34
Toth, der Atlanter – Die zwei Pole und die Illusion
   der Sprache 44
Kryon – Die Blaupause 54
Quadek – Die Pyramide und die Bundeslade 61
Engel Sinas – Wissen, Weisheit und Erkenntnis 69
Kryon & Adamea – Die Magnetfeldstraßen 76
Kuthumi & Aik – Die Welt der Naturgeister 84
Lao Tse – Beantwortung von Fragen 94
Kryon & Engel Michael – Alpha- & Omegachakra/
   Kanal sein 110
Der Sonnengott – Erdung für Lady Gaia 118
Adamea – Eine Reise nach Shamballa 126
Jesus Christus – Die sechs Säulen der Illusion 133
Die 12 Räte der Tat – Ein Gebet für dich 140
Kryon – Die Erdung in der Neuen Zeit 148
Engel Sinas – Dein Platz in der Familie des Lichts . . . 156
Elias – Fall und Auferstehung von Lemurien 165
Toth, der Atlanter – Du bist Gott – du bist Schöpfer . . 173
Kuthumi & Pan – Kontakt mit den Naturgeistern . . . 181
Mutter Maria – Die Achtung vor dem Leben 188

Lao Tse – Der Aufstieg / Beantwortung von Fragen . . . 194
Kryon & Adamea – Die Wirkungsweise von Magnetismus 208
Kryon – Magnetismus und der Aufstieg 219
Lord Sananda – Schwangerschaften in der neuen Zeit . 228
Adamea – Für die werdenden Mütter 235
Engel Chamuel – Ein Lied der Liebe für Lady Gaia . . . 241
Kryon – Das golden-blaue Licht 248
Engel Michael – Transformation des Kollektivs 255
Engel Michael – Krankheit – Gesundheit / Fülle – Mangel 256
Engel Michael – Die menschliche Liebe 264
Jesus Christus – Das Wirken der Dreieinheit 274
Toth, der Atlanter – Die Fähigkeit zu unterscheiden . . 280
Sinas & Sonnengott – Veränderung von Information . . 287
Kryon – Die Geschichte deines Lebens 296
Adamea – Magnetische Übertragung mit Tönen 305
Kryon – Die Prüfung deiner Meisterschaft 308
Kuthumi – Ein Engel in deiner Seele 318
Toth, der Atlanter – Die Zeit von Atlantis 326
Jesus Christus – Ausgleich und Frieden 334
Adamea – Dienen als magnetischer Kanal 340
Kryon – Heilen mit Magnetismus 346
Engel Michael – Karma 355
Kryon – Siehe das Licht 363
Quadek – Die Kristallschädel 370
Engel Don Adas – Wechsel in die vereinte Gnadenfrequenz 377

Glossar 381
Informationen über uns und unser Wirken 385

An die Lichtpioniere

Kryon und die 12 Räte der Tat an die Gruppe der Tat auf Erden

gechannelt von
André Namahim & Isabella Adamea

ch. falk-verlag

© ch. falk-verlag, seeon 2010

Umschlaggestaltung: Benjamin Ch. Heller & Dirk Gräßle
Satz: P S Design, Lindenfels
Druck: TZ-Verlag, Roßdorf
Printed in Germany

ISBN 978-3-89568-223-0

Vorwort

Liebe Lichtarbeiter, liebe Pioniere des Lichts. Wir freuen uns ganz besonders darüber, hier, mit diesem Buch die Channelings der *Gruppe der Tat* einem breiteren Publikum zugänglich zu machen. Besonders danken möchten wir Christa Falk, die als Pionierin unter den Verlegern spiritueller Werke in den letzten 30 Jahren Großartiges geleistet hat im Dienste für das Licht. Umso mehr freuen wir uns, dass sie dieses Buch für ihr Programm ausgewählt hat – lieben Dank. Siehe auch: www.chfalk-verlag.de

Die Gruppe der Tat ist ein Projekt der neuen Energien, an dem jeder teilhaben kann, ein multidimensionales Geschehen, das weder Anfang noch Ende kennt. Jede Botschaft wurde live, in der Gruppe vor Ort, so durchgegeben, wie du sie hier liest. Vielleicht kannst du die Lebendigkeit spüren, die dadurch in den Zeilen schwingt.

Als erstes wird dir auffallen, dass einige Durchsagen älteren Datums sind. Somit hältst du das Geschehen „Die Gruppe der Tat" seit seinem Beginn in Händen. Dass die Channelings deswegen nicht veraltet, sondern aktueller denn je sind, wirst du beim Lesen selbst erfahren. Wir empfehlen dir, das Buch von vorne nach hinten durchzulesen, denn die Durchsagen enthalten viele Verweise auf vorangegangene Botschaften. So kannst du die Zusammenhänge über das aktuelle Weltgeschehen und den Aufbau der geistigen Welten besser in dich aufnehmen. Besonders die in den Channelings beschriebenen irdischen

Zeitepochen, in all denen du fraglos auch inkarniert warst, erscheinen so in einem klareren Kontext.

Auf Anfrage bei der geistigen Welt wurde uns gesagt, dass alle Übungen bis zum letztendlichen Aufstieg von Mutter Erde und darüber hinaus durchgeführt werden können. Sie sind in ihrer Essenz zeitlos, da sie in der neuen Energie gegeben wurden. Wir möchten dich bitten, dein Herz und deinen Geist für die Tragweite der Botschaften zu öffnen, die Worte nicht auf die Goldwaage zu legen, sondern mit dem Herzen zu begreifen.

Zu keiner Zeit war geplant, dass diese Channelings einmal in Buchform vorliegen sollten. Oder doch? Zumindest nicht von uns. Auf Anregung von vielen Lichtarbeitern haben wir es dann gemacht. Als das Buch fertig war, hat Kryon mir gesagt, dass es von Anfang an so geplant war. So funktioniert nun mal die geistige Welt, sie sagen dir nicht vorher, was du tun sollst, sie möchten, dass du es aus deinem Herzen heraus selber entscheidest. So könnte es durchaus sein, dass es eine Fortsetzung dieses Buches geben wird, in dem dann die Channelings enthalten sein werden, die nach Erscheinen dieses Buches entstanden sind.

An dieser Stelle möchten wir euch, der Gruppe der Tat, aus der Tiefe unserer Herzen danken, euch AN'ANASHA (Danke) sagen. Wie Toth es in einer seiner Durchgaben zum Ausdruck bringt: »Ohne euch wäre es völlig nutzlos, würde hier ein Medium sitzen und channeln.« Die Energie, die von dieser offenen Gruppe ausgeht, hat schon einiges bewegt, und viele haben sich aus der Ferne, über das Internet, Monat für Monat in die Gruppenenergie eingeklinkt. Auch euch allen ein großes AN'ANASHA. Denn jeder, der sich zugehörig fühlt, ist willkommen, auch weiterhin. Jeder Lichtarbeiter, der den Entschluss fasst, etwas zu tun, bewirkt viel für unser großes, gemeinsames Vorhaben den Aufstieg unseres Planeten *Lady Gaia* in die fünfte Dimension.

Dass die Gruppe der Tat eine uralte Tradition hat und aus der Zeitepoche von Atlantis stammt, ist uns erst durch eines der letzten Channelings von Toth bewusst geworden, welches du auch hier im Buch findest.

Sollte dir auffallen, dass in den Durchgaben immer von den 12 Räten der Tat die Rede ist, sich aber tatsächlich 14 Lichtwesen zu Wort melden, dann liegt das daran, dass Jesus, der Christus, auch Lord Sananda genannt, im Universum eine Sonderstellung einnimmt, er ist nicht nur der Träger der Erlösungsenergie, sondern auch der Hüter aller Energiefrequenzen des Ersten Zentralen Universums. Jesus Christus, der Sohn, der Vater Melek Metatron und die göttliche Mutter Shakti sind Ausdruck der Dreieinheit, der göttlichen Trinität, und deswegen allgegenwärtig. Mutter Maria, als Botschafterin von Shakti, hat uns einmal einen Besuch abgestattet, was uns sehr gefreut hat. Damit möchten wir auch der geistigen Welt ein riesengroßes AN'ANASHA zukommen lassen. Sie sind so um uns bemüht und werden dir, wenn du dich entschließt, die in den Channelings enthaltenen Übungen durchzuführen, um dem Aufstieg zu dienen, Geschenke über Geschenke überreichen und dich immer weiter in deine Selbstverantwortung als Schöpfergeist auf Erden führen und in die tiefe Erkenntnis, wer du bist.

Die Gruppe der Tat trifft sich seit Oktober 2004 regelmäßig, jeden 3. Mittwoch des Monats um 19^{30} Uhr in unserem Zentrum in Rosenheim, um den Botschaften der 12 Räte der Tat zu lauschen.

Solltest du den Wunsch verspüren, bei den zukünftigen Treffen der Gruppe der Tat vor Ort dabei zu sein, komm einfach, es ist eine offene Gruppe und jeder ist herzlich willkommen.

Die jeweils zwei aktuellsten Channelings der Gruppe der Tat findest du auf unserer Homepage www.celeson.com unter dem Menüpunkt „Channelings" zum Lesen und Anhören.

Bei den folgenden Erläuterungen werden dir noch wertvolle Hinweise gegeben, was den Aufbau des Buches und der Durchgaben betrifft.

Und jetzt wünschen wir dir viel Freude beim Lesen und vielleicht – hoffentlich – auch bei den Übungen.

Alles Liebe dir in ELEXIER
Isabelle Adamea & André Namahim

Erläuterungen

Die Channelings sind chronologisch geordnet, so, wie sie entstanden sind, und mit einem Datum versehen. Ausnahme ist das Eingangschanneling von Kryon.

Bei den Channelings wird dir auffallen, dass die geistige Welt oft zwischen der „Du"- und der „Ihr"- Anredeform wechselt, das hat seinen Sinn.

Bei den Übungen der Gruppe der Tat, die in den Channelings enthalten sind, haben wir uns bemüht, immer dann einen Absatz zu machen, wenn du dir etwas Zeit nehmen solltest, um dich und die Energien zu spüren bzw. dir etwas zu visualisieren.

Bei einigen Channelings findest du einen Verweis auf diese Erläuterungen hier. Wenn mit Tonfrequenzen gearbeitet wurde, konnte das natürlich nicht in ein geschriebenes Wort umgewandelt werden. Damit du diese Tonabfolgen aber dennoch in dich aufnehmen kannst, haben wir uns entschlossen, eine Audiodatei davon auf unserer Homepage zu hinterlegen.

Dazu gib Folgendes in deinen Internetbrowser ein:

www.celeson.com/ch.falk_buch.html

Alle Wörter, die im Text in Großbuchstaben geschrieben sind, sind Lichtsprache und hohe Mantras des göttlichen Gedankenfeldes.

Die Lichtkristalle der Lichtsprache ARI'SO'AM, die in den Durchsagen erwähnt werden, sind, ebenso wie andere, vielleicht dir unbekannte Ausdrücke, mit einer [Zahl] gekennzeichnet.

du kannst sie am Ende des Buches im Glossar nachschlagen. Wir haben sie nur gekennzeichnet, wenn sie im Buch das erste Mal auftauchen.

Alle Lichtkristalle der Lichtsprache, inklusive ihrer energetischen Bedeutung, kannst du ebenfalls auf unserer Homepage als pdf-Datei downloaden unter:

www.celeson.com/ch.falk_buch.html

Kryon durch Namahim

Eingangschanneling
13. 7. 2008

Meine Lieben. Ich bin Kryon und ich spreche die Worte OMAR TA SATT [1]. Ich spreche sie zu der Familie der Menschen, ich spreche sie zu dir. Zu dir, der du dies vernimmst. Es sind die Worte der Liebe, die dich berühren sollen in deiner Seele. Es sind die Worte der Zärtlichkeit, der tiefen Verbundenheit. Es sind die Worte der magnetischen Liebesenergie, die durch Kryon zu dir fließen, und so sind es vielmehr als die Worte, die dich erreichen, die Energien der Engel, die Energien der Meister, der Räte der Gruppe der Tat.

Fühlst du just in diesem Moment in deiner Seele ein Brennen, denn es ist wie eine Erinnerung, die so lange, seit Anbeginn an, in dir ist und jetzt zu dieser Zeit zu einem Feuer wird. Zu einem Feuer, das in deinem Herzen brennt, zu deinem Feuer als Lichtarbeiter der Neuen Zeit, als Lichtarbeiter auf Erden. Und so ist es auch eine Zeit, in der du dich erfährst, nicht wie so viele Male zuvor als Mensch, du erfährst dich als göttlicher Mensch in der Energie des Goldenen Zeitalters, die so vieles in sich trägt. Doch vor allem sind es die Energien der Leichtigkeit, der Einfachheit, des tiefen Vertrauens, des Mitgefühls und der Liebe, die dich weitertragen und dich erkennen lassen, wer du bist.

Es ist die Botschaft des Friedens, des Friedens in deinem Herzen, des Friedens auf Erden, die wir verbreiten. Damit ist

13

es auch eine Botschaft des Kryon an dich, ein Ruf, eine Erweckung, eine Erinnerung an ein Versprechen, das du einst gegeben hast. Ein Gelöbnis, das du einst abgelegt und in deinem Lichtkörper eingebettet hast. Und du sagtest: „Kryon, wenn die Zeit der magnetischen Energien gekommen ist, rufe mich und aktiviere mein Versprechen." So haben viele von euch diesen Ruf bereits vernommen, viele sind dem bewusst gefolgt, haben sich aufgemacht, zu entdecken, was es zu entdecken gibt – zu finden die Schätze im Inneren und zu leben die Göttlichkeit auf Erden. Und manch einer wird diesen Ruf hier und jetzt das erste Mal bewusst in sich aufnehmen, wird die Worte und die Energie des Kryon fühlen und diesem Impuls folgen, der dir sagt: Du bist ein Teil der Familie, der Familie des golden-blauen Lichtes. Wie könnte es anders sein, wie sonst könnte diese Botschaft dich erreichen? Wer sonst als deine Seele hätte dich zu dieser Botschaft geführt? Und so höre nun, was Kryon dir sagt.

Es ist die Neue Zeit eine hochmagnetische Zeit, die dich ruft. Es ist eine Zeit, in der es darum geht, dein Licht und deine göttliche Macht zu erkennen, nach außen zu treten und zu wirken; dein Licht hell leuchten zu lassen, dich nicht mehr zu verstecken. Es ist eine Zeit des Tuns, des Handelns. Und so ist es die Gruppe der Tat, für die an dieser Stelle Kryon spricht als Botschafter der magnetischen Liebesenergie, die tragend ist für die Neue Zeit. Doch ist die Botschaft, die jetzt zu dir dringt, nicht nur die Botschaft des Kryon, es ist die Botschaft des göttlichen Gedankenfeldes der Einheit und der Räte der Tat.

So voller Liebe, doch auch voller Mitgefühl sehe ich dich in genau diesem Moment vor mir, ich erkenne dich an deinem Leuchten, an deinem Ton. Und dein Ton ist es auch, der pulsiert, der Signale aussendet, auf die wir, die geistige Welt, reagieren. Wir sind bereit, dir alles zu geben, jede nur erdenkliche

Hilfe, dich zu unterstützen und zu führen und an manchen Tagen auch zu tragen. Wenn du das Gefühl hast, dass es nicht weitergeht, dass du auf der Stelle stehst, flüstern wir dir zu: Wir sind bei dir, habe keine Sorge in deinem Herzen, denke Gedanken der Liebe, der Freiheit und der Erlösung – wir sind bei dir.

Du musst nicht perfekt sein. Das ist es doch, was du so oft gedacht hast. Wie du sein müsstest, um dich als göttliches Licht auf Erden zu benennen. Doch ich, Kryon, ich sage dir: Du bist das göttliche Licht auf Erden, du bist Gott in Tätigkeit auf Erden. Lasse dein Licht leuchten, rede dir nicht ein, es wäre anders. Lasse dir nicht von anderen Menschen erzählen, wer du bist, was du zu tun hast. Folge dem Ruf deiner Seele und beginne zu wirken. Trete hinaus in die Welt. Spreche die Worte der Liebe, der Erkenntnis und des Wissens zu den Menschen. Wenn du in ihre Augen blickst, wirst du erkennen, dass es ihre Seelen danach dürstet, denn auch sie spüren auf eine ganz bestimmte Art den Ruf, heimzukehren, persönlich zu erwachen, das Alte hinter sich zu lassen und dem Neuen die Türen zu öffnen. Sie spüren den Geist der Neuen Zeit. Du, als Lichtarbeiter, als Lichtarbeiterin oder als Pionier der Neuen Zeit, der vorangeht, du verkörperst diesen Geist. Denn es ist dein Auftrag und dein Versprechen, das du einst gegeben hast.

Es ist Kryon eine Ehre, euch in diesem Zusammenschluss, der sich die Gruppe der Tat nennt, zu euch zu sprechen, zu dir ganz persönlich, um dir bewusst zu machen: Du bist viel mehr als nur ein Mensch. Doch bist du auch Mensch. Verleugne dein Menschsein nicht, verleugne deine Gefühle nicht. Es ist so wichtig zu dieser Zeit, zu fühlen. Vielleicht hast du schon vieles an spirituellem Wissen in dich aufgenommen, vielleicht bereits einen langen Weg hinter dir. Vielleicht hast du vergessen zu fühlen, hast die spirituellen Lehrsätze dir zu eigen gemacht und eine Vorstellung davon entwickelt, wie ein erwachter Mensch auf Erden zu sein hat. Vieles von dem entspringt den früheren Energien. Deshalb wiederholt Kryon noch einmal, in der tiefen Liebe zu dir: Fühle dich frei, lasse deine Seele atmen, lasse den Geist der Neuen Zeit durch dich hindurch fließen und lasse dein Licht strahlen und wirken. Denn du bist so wichtig, als göttlicher Mensch, der fühlt, der vielleicht manches Mal auch Schmerz wahrnimmt und Trauer. Es ist die Alchemie des hohen Geistes und der Seele, die in der Neuen Zeit, im Goldenen Zeitalter, erforderlich ist.

In der Jetzt-Gegenwart blicke ich, Kryon, zu dir, und ich lese in deinem Herzen Frieden. Frieden mit dir, Frieden über alle Grenzen hinweg. Und auch mich, Kryon, erfreut es, und die Lichter in meinem Energiefeld, sie tanzen vor Freude, denn jede einzelne Seele des Lichtes, die in sich spürt, dass sie göttlich ist, erhöht das Kollektiv der Menschen beachtlich, trägt den Planeten weiter in den Wandel, in das, was schon so oft als der Aufstieg bezeichnet wurde. Und du bist mittendrin, es vollzieht sich. Es ist nicht in einer fernen Zukunft, diese Energien sind bereits da. So zögere nicht und zaudere nicht, gehe voran. Nimm all deinen Mut, den du schon so oft bewiesen hast in so vielen deiner Inkarnationen und stehe ein für das Licht und erkenne: Du bist die Liebe. Das ist deine Essenz.

Und so spricht die Liebe zur Liebe, und ein Feuerwerk der bunten Farben, des Leuchtens und der Töne entsteht. Das Universum blickt gerade in solchen Momenten an den Ort des Geschehens und ist sich all dessen gewahr, was ihr leistet, die göttlichen Menschen in Tätigkeit auf Erden. Du, Lichtarbeiter, du, Pionier der Neuen Zeit, lasse keine Möglichkeit aus zu wirken. Glaube nicht, dass du noch nicht so weit wärst. Denn wie könnte es sein? Das würde bedeuten, Gott in dir wäre noch nicht soweit, und das ist nicht möglich. Befreie dich von diesen hinderlichen Gedanken. Es ist eine Zeit des göttlichen und persönlichen Ausdrucks, in der du aufgefordert bist, dich zum Ausdruck zu bringen, dich zu zeigen und vor allem dich zu lieben, so wie ich, Kryon, dich liebe.

Und nun lasst uns gemeinsam, verbunden in einem Gitter der Liebe, zum Wirken der Gruppe der Tat etwas beitragen. Wenn du die Botschaften vernimmst, höre mit deinem Herzen, denn es versteht nur dein Herz die ganze Wahrheit. Handle mit deinem Herzen, denn es ist nur die Kraft des Herzens, die die große Veränderung bringt. Fühle in deinem Herzen: Kryon und die Räte der Tat sind an deiner Seite. Spüre den Frieden, den es dir bringt.

Meine Liebe zu dir ist unermesslich, und ebenso unermesslich werdet ihr geliebt für das, was ihr tut. Um wie viel mehr ist es, wenn ein Mensch sich aufmacht, sich ein Herz fasst, um etwas zu bewirken, als ein Mensch, der in seinem Kämmerlein sitzt, Wissen in sich aufnimmt und darauf wartet, bis er vollkommen ist? Bevor er nach außen tritt, hat der andere Mensch bereits Großes vollbracht.

Lasse dich berühren, lasse dich lieben, du bist es wert. Du bist ein Mitglied der Familie. Und so hüllt deine Seele, das golden-blaue Licht, dich ein. Es ist in dir.

Mit diesem Strom der Energie, mit diesen Worten möchte Kryon sich bei dir bedanken, dass du dein Herz geöffnet hast. Vertraue, göttlicher Mensch, in dich selbst und in das Leben. Denn wenn das Leben erkennt, dass du vertraust, tut es alles für dich, um dich glücklich zu sehen.

Kryon sagt dir AN ANASHA [3].

(Anm.: Dieses Eingangschanneling von Kryon kannst du dir auf unserer Homepage downloaden und anhören, dann spürst du sicher die Energie noch stärker. Siehe dazu die Erläuterungen nach dem Vorwort.)

Kryon durch Namahim
Adamea durch Adamea

Delfine/Wale und Magnetismus
17. 11. 2004

Haltet inne, meine Lieben, wenn sich in diesen Momenten des Treffens der Gruppe und der Räte der Tat 12 hohe Energien manifestieren, unter euch Platz nehmen, um euch den Gruß zu senden: OMAR TA SATT, wir sind eins, in der Liebe verbunden. Ich bin Kryon und ich begrüße jeden Einzelnen, ich begrüße diejenigen, die den Entschluss gefasst haben, sich in dieses Band der Liebe und der Gemeinsamkeit und vor allem der Tat einzubinden, einen Platz einzunehmen.

Ich habe es in dieser Gruppe bereits erwähnt, warum diese Zusammentreffen zustande kommen. Ihr habt dies initiiert, eure Seelen haben gerufen. Und wir haben uns beraten, wie wir eurem Wunsch entsprechen können, denn wir erkennen die Wahrhaftigkeit in euren Herzen und den Bedarf der Seele nach Ausgleich. So ist eine Gruppe der Tat entstanden, die gesonderte Informationen und Aufgaben übermittelt bekommt, um sie in der Verbindung der Herzen zu begehen.

Kryon möchte euch heute etwas erzählen. Ich werde euch über die Delfine erzählen, und dies steht in direkter Verbindung mit eurem Dienst am Aufstieg. Die Delfine, meine Lieben, sind so wie ihr, großartige Lichtarbeiter. Sie arbeiten in Gruppen zwischen 10 und 50 Delfinen, um gewisse Punkte der Erde zu verbinden, Lichtfäden zu spinnen und sie sind wahrlich Meister darin. Sie besitzen, man könnte sagen, ein feines Gehör für Magnetismus. Sie haben ein Organ, das wird die Krypta genannt. Dies ist viel mehr als ein Echolot. Es reagiert ganz sensibel auf magnetische Schwingungen. Die Delfine und auch manche der Wale sind verbunden mit der großen, geheiligten Krypta von Atlantis. Dort ist der zentrale Punkt des Magnetgitters. Diese Krypta befindet sich unter dem Meeresspiegel und nur die Delfine sind in der Lage, sie zu erreichen. Alle von euch, alle die ihr hier seid, seid über euren Seelenstern mit mindestens einem Aspekt von euch, der als Delfin inkarniert ist, verbunden. Diese Tatsache war ausschlaggebend dafür, dass wir euch aufrufen möchten, jetzt in einer kurzen Übung und noch viermal bis zu unserem nächsten Treffen, wenn es euch möglich ist, diese Verbindung herzustellen.

Einige von euch werden sehen mit den Augen eines Delfines oder ihr werdet spüren, mit welcher Leichtigkeit sich diese engelhaften Wesen bewegen und welche Freude sie mitbringen bei ihrem Tun und ihrem Wirken. Ihr könnt euch in dieses Geschehen einklinken und ihr werdet auch Informationen erhalten. Doch ist dies nicht der zentrale Punkt. Vielmehr geht es darum, diese Arbeit der Delfine zu unterstützen über euren Seelenstern. Euer Seelenstern, euer achtes Chakra, befindet sich etwa 20 Zentimeter über eurem Kopf. Über dieses Energiezentrum bist du verbunden mit allen deinen Aspekten, mit all deinen Seelenanteilen. Bei einigen von euch sind es auch mehrere dieser Anteile, die auf der Erde in Delfinen leben. Ich möchte euch bitten, mit eurer Aufmerksamkeit zu eurem Seelenstern zu gehen. Lasse deinen Seelenstern hell aufleuchten, lasse ihn schwingen. Und jetzt rufe die Geschwister, die Delfine an, indem du den Lichtkristall der Lebensfreude, wenn der dir geläufig ist, TAN' ATARA [2] aussendest. Wenn du diesen Kristall nicht kennst, sende einfach Lebensfreude und Leichtigkeit und bitte um die Verbindung. Erlaube dir für diese kurze Übung, die Schwingung der Delfine wahrzunehmen. Lasse die Delfine deine Seele berühren. Schwimme mit ihnen und tanze mit ihnen. Tauche ein in das Element des Wassers, das für euch noch so wichtig werden wird. Und während ihr dies tut, bündeln wir die Energie, die Energie jedes Einzelnen, um Verbindungen herzustellen zum Kollektiv der Delfine. Wenn du das Gefühl hast oder ein Bild vermittelt bekommst, wo du in eine Höhle geführt wirst, in der Kristalle verankert sind, dann befindest du dich in der heiligen Krypta. Du bist befugt diesen Ort aufzusuchen in Begleitung der Delphine. Und da das, um was es sich dreht, Magnetismus ist, da die Delfine völlig magnetische Wesen sind, wird es auch für dich einen großen Nutzen haben, wenn du diese Verbindung eingehst. Wenn du dich in dieser Schwingung befindest, ist es deine Aufgabe, den Delfinen Lichtkristalle zu übergeben. Und da die Delfine die verschiedensten Kristalle verwenden können, vielleicht sogar auch welche, von denen du denken magst, es wären nicht die Richtigen, überlassen wir dir die Entscheidung, deiner Intuition. Die Delfine werden diese Kristalle wie ein großes Geschenk und ein mächtiges Werkzeug entgegennehmen. Sie werden sie in der Krypta in den magnetischen Fluss einspeisen und von dort aus werden sie in das Magnetfeld von Lady Gaia gelangen, mit dem auch du so sehr verbunden bist. Du siehst, es ist alles eins. Und der Kreis schließt sich. Was du für dich tust, tust du für das Ganze. Es ist eine wichtige Aufgabe, meine lieben Lichtarbeiter, und ich möchte euch bitten, diese Übung etwas ausgedehnter, so wie es euch Freude macht, noch viermal zu wiederholen. Wie bei der letzten Zusammenarbeit ist es die Aufgabe des Engels der Gnade, eine Gleichschaltung der zeitlichen Verschiebung zu bewirken, sodass es nicht von Bedeutung ist, dies zur selben Zeit zu tun. Tue es in Momenten, in denen du dich leicht fühlst. Habe einfach Freude daran und wisse, dass du damit viel bewirkst, dass die Gruppe viel bewirkt. Wir, Kryon und die Räte, werden euch unterrichten, was die Auswirkungen, die sich daraus ergeben, sind. Und wir werden wieder vor euch niederknien und euch danken.

Meine Lieben, vielleicht könnt ihr es spüren. Eine Energie von unglaublicher Stärke und großer Präsenz manifestiert sich in diesen Minuten um euch herum. Und auch Kryon und das Gefolge werden niederknien, innerlich. Es wird eine magnetische Übertragung stattfinden und wer könnte dies besser als ein Urbild des Magnetismus, die Seele des magnetischen Universums, Adamea, die kosmische Mutter von Kryon.

So werden wir den Raum freigeben und unsere Energie zurücknehmen und Adamea wird sich bei euch melden. Ich sage euch aus ganzem Herzen und tiefer Berührtheit AN'ANASHA.

Ich bin Adamea, die kreative Schöpferseele aus dem magnetischen Universum. OMAR TA SATT, ihr großen Lichtwesen. So viel Freude herrscht in unseren Bereichen über all die Treffen der großen Lichtwesen. Stets seid ihr für uns bereit, damit wir unseren Magnetismus in eure Reihen strömen lassen können. Meine Lieben, ihr seid Anker für Magnetismus hier auf der Erde in dieser aufregenden Zeit. Ihr tut damit solch eine wichtige Aufgabe, denn jede und jeder, der magnetische Liebesenergie übertragen erhält, wird automatisch ein Anker und kann so diese magnetischen Schwingungen an Lady Gaia weitergeben. Und so bitte ich dich, wenn du im nächsten Monat viermal dich mit den Delfinen verbindest, dass du für einen Moment, du als das Wesen, das du bist, die magnetischen Energien auch bewusst an Lady Gaia weitergibst.

Ihr habt heute gehört, dass die Schwingungserhöhung, die vor einem Jahr stattgefunden hat, sich bereits gut verankert hat. Und genau dies hat mit Magnetismus zu tun. Je mehr Menschen ein Bewusstsein über Magnetismus haben, Magnetismus anfangen zu verstehen, anfangen anzuwenden, umso besser, reibungsloser kann der Prozess dieser Schwingungserhöhung der Erde und der menschlichen Wesen vorangehen. Magnetismus ist das Schlüsselwort. Während ich zu dir spreche, strömt stetig die hohe magnetische Energie von Adamea in diesen Raum. Zum ersten Mal möchte ich darüber sprechen, weshalb Adamis und Adamea aus dem magnetischen Universum ins Erste Zentrale Universum gekommen sind. Das Erste Zentrale Universum, das Heimatuniversum des Planeten Gaia, ist ein Universum der Polarität, d. h. von zwei gegensätzlichen Polen, die in der Anziehung und auch Abstoßung zueinander Energien erzeugen. Polare Energien. Das waren der Ursprung und die Entstehung des Ersten Zentralen Universums. Aber wie ihr wisst, ist alles stetig in Bewegung, in einem stetigen Wachstums- und Veränderungsprozess. So war zu Beginn dieses Universums schon klar, dass die dritte Entität, nämlich der Sohn, dazukommen wird. So fangt ihr an zu verstehen, dass die Vaterenergie und die Mutterenergie die polaren Kräfte waren. In einem weiteren Entwicklungsschritt eures Universums kam der Sohn, die dritte Entität dazu. Und so hat sich das Erste Zentrale Universum in die Trinität weiterentwickelt und du siehst, dass die Erde auch ein Spiegelbild ist hierfür. Nun war es aber wichtig, dass die Energien des Sohns, die Trinität, dieses ganze Erste Zentrale Universum in einem Entwicklungsschritt vollständig durchdringen und dass dies ein weiterer Evolutionsschritt in diesem Universum sein soll. Und nun sage ich euch: Ihr, wir alle, stehen kurz vor diesem großen Entwicklungsschritt. Seid euch bewusst, dass das, was auf der Erde im Moment vonstattengeht, sich in ähnlicher Form im ganzen Universum manifestiert. Große Veränderungen finden statt und der Sohn, für euch unter dem Namen Jesus der Christus bekannt, wird seine Energien im ganzen Universum in solch einer großen Kraft ausdehnen. Außerdem werden viele Verschmelzungen stattfinden.

Und hierfür kommt nun der Schlüssel. Magnetismus. Dazu braucht es Magnetismus. Und da das magnetische Universum, das Adamis und Adamea in ihren magnetischen Schöpfungsenergien erschaffen haben, seinen ganzen Evolutionszyklus abgeschlossen hatte, haben wir uns entschlossen, in euer Universum zu kommen und hier alles vorzubereiten für die großen magnetischen Entwicklungen, die hier in aber- und abertausenden Jahren, seid wir hier angekommen sind, vonstattengegangen sind. Nun ist alles in Bewegung. Und ihr seid ein Teil davon. So öffne dich, lasse diese Informationen sich in dir ausdehnen, während ich, Adamea, während einiger Minuten in eurer linearen Zeit magnetische Energien in den Kreis und in dein magnetisches Zentrum, welches sich hinter dem Bauchnabel in deinem physischen Körper befindet, strömen lasse.

So wurde jedes von euch in seinem magnetischen Zentrum von mir berührt und dein magnetisches Zentrum aktiviert. Dies hilft dir, Magnetismus in deinem physischen Körper besser verankern zu können. Und so kannst du als Anker dienen für magnetische Energien und diese weitergeben an Lady Gaia. Lady Gaia ist dir dankbar dafür. Und ich sage dir AN' ANASHA und werde nun meine Energien zurückziehen.

Mit der Erlaubnis von Adamea wende ich mich noch mal an euch, meine Lieben. Ich bin Kryon. Wie viel Ehre liegt hierin. Stelle dir einmal vor, dass, wenn du betest zum Vater, zum Sohn oder zur Mutter, du voll der Liebe bist, der Dankbarkeit und der Demut, weil du diese Größe erkennst, diese unglaublich liebevolle Macht, die dahintersteht, das wahre Sein. Und so wie ihr, erschaffen aus der Dreieinheit heraus, dies in euch trägt, verneige ich, Kryon, mich, und alle magnetischen Wesen vor den Schöpferseelen Adamis und Adamea. Sie sind für uns Vater und Mutter, wenn auch in einem anderen Sinn und doch sind es die Schöpfer. Wenn Kryon zusammen mit Adamea in den Raum tritt, fließen Tränen der Freude, alles glitzert und funkelt, eine große Umarmung findet statt und die Energien vereinigen sich. Es sind Erlebnisse, die auch wir nicht immer haben. Auch wir stehen im Dienst, genau wie ihr.

Darum sage ich dafür im Namen des Rates der 12 und in meinem Namen, Kryons Namen, aus der Mitte meines Energiefeldes heraus AN'ANASHA. Und auch zu euch AN'ANASHA.

Kryon durch Namahim

Deine Verbindung zu den Sternen
15. 12. 2004

Meine Lieben. Es begrüßen euch, OMAR TA SATT, die 12 Räte der Tat. Es spricht Kryon. Wir begrüßen die Gruppe der Tat, wir begrüßen die Gruppe der Lichtarbeiter, die sich entschlossen haben, etwas von sich zu geben, all die Liebe, die sie empfangen, weiterzugeben an verschiedene Punkte, wo sie benötigt wird und die Aufmerksamkeit dorthin zu lenken.

Immer geschieht es in der gleichen Weise, wenn die Tore sich öffnen und die Engel eintreten, wenn das magnetische Liebeslicht sich ausdehnt und dich berührt. Es ist immer der gleiche Ablauf, in dem das Gefolge das Sternentor durchschreitet, um bei euch und mit euch zu sein und diese Momente zu feiern. Die Momente der Familie, des Treffens der Lichtarbeiter von diesseits und jenseits des Schleiers. Immer sind diese Momente begleitet von einem großen Maß an Achtung und Wertschätzung.

Meine Lieben, hört, was wir euch verkünden: Wir haben euch auch das letzte Mal ein Feedback gegeben über das, was ihr geleistet habt, und obwohl wir dieses Mal keine Zahl euch nennen können, sagen wir euch doch, dass ihr die Verankerung des Lichtes in einem großen Maße unterstützt habt. Viele von euch haben diese Aufgabe sehr ernst genommen und sie sind mit den Delfinen geschwommen, sie haben Kristalle geschickt und viel Zeit darauf verwendet. Kryon möchte euch etwas sagen: Großer Dank gebührt euch dafür. Wir haben euch gesagt, dass ihr dies viermal im Laufe dieses Monats tun sollt. Wir haben euch nicht gesagt, ihr sollt eine Stunde oder eine halbe Stunde dies tun. Achtet auf die Zahlen. Wir haben euch die 4 genannt, weil die Verankerung, die die Delfine vornehmen, in Verbindung mit der heiligen Krypta die Verankerung des Christuslichtes ist. Und die Zahl 4 ist die Zahl des Christus. So ist es immer dann, wenn ihr von uns Zahlen erhaltet von Bedeutung, diese Zahlen einzuhalten. Nicht die Länge und Dauer eures Wirkens ist entscheidend und wie ihr wisst, ist es immer die Absicht, die die Zeit verkürzt. Und wir haben euch gesagt, dass der Engel der Gnade über alledem wacht und die Zeiten in Übereinstimmung bringt und so ist es auch geschehen und ich sende euch im Namen des Aufstiegs, im Namen der atlantischen Energien in Verbindung mit den Delfinen, großen Dank und Liebe.

Kryon möchte euch heute durch einen Bewusstseinsprozess führen. Ich möchte euch auf eine Reise mitnehmen, eine Reise durch das Sternentor, eine Reise in dein innerstes Selbst. Wie viele Male hast du das Sternentor bereits durchschritten und, ob du dies in einem Schlafzustand tust oder bei Bewusstsein, viele Male warst du auf unserer Seite und viele Male hast du die Wirklichkeit kennengelernt, ob es dir nun bewusst ist oder nicht. Doch wir stellen fest, dass ihr, meine Lieben, so oft noch die Dinge im Außen glaubt vorzufinden. Was glaubst du, wo ist das Sternentor? Schwebt es über deinem Haupt oder befindet es sich im Universum? Was hältst du von dem Gedanken, dass das Sternentor das Tor deines Herzens ist? Vielleicht hast du schon einmal gehört: Wie oben, so unten. Wie innen, so außen. Universelle Gesetze. Doch manches Mal könnt ihr euch darunter nichts vorstellen. Und so möchte ich euch erzählen über die Suche des heiligen Grals. Allen von euch ist dies ein

Begriff und es wurde über viele Jahrhunderte dieser heilige Gral gesucht und begehrt. Und nur sehr wenige haben ihn jemals zu Gesicht bekommen. Dieser heilige Gral befindet sich in jedem von euch. Es ist das heiligste Selbst auf dem Altar deines Herzens und nur derjenige, der diesen Altar aufsucht und den heiligen Gral in sich selbst findet, wird ihn im Außen erblicken können – wie innen, so außen. Wie viele Male habt ihr zum Himmel geblickt und ihr habt euch gefragt, wenn ihr nur weit genug sehen könntet, was ihr wohl sehen würdet auf all den Sternen, auf all den Planeten. Und ich sage euch: Ihr würdet nichts sehen. Verwundert euch das? Warum blicken eure Wissenschaftler bis in die Tiefe des Weltraums hinein und er ist scheinbar leer und lebensfeindlich? Was glaubst du, warum sie dies erblicken? Ich werde es dir sagen: Jeder Mensch kann nur das im Außen erleben, was er in seinem Inneren gefunden hat. Und vielleicht hast du auch schon gehört, dass wir euch die Botschaft sandten, dass du alles in dir trägst, was du benötigst. Dass alles in dir liegt. Dass jede Zelle deines Körpers die ganze Schöpfung widerspiegelt, und dass dadurch alles eins ist und miteinander verbunden. In jeder Zelle deines Körpers bildet sich das ganze Universum, jeder Stern, jeder Planet ab, ja, alles kannst du dort finden, es ist dort in der Urinformation gespeichert. Und um diese Zellen herum befindet sich auch der Schleier, von dem wir so oft sprechen. So ist auch der Schleier nicht im Außen zu finden. Der Schleier umhüllt dein Bewusstsein in all seinen Facetten auf der körperlichen Ebene, auf der geistigen Ebene und auf der Ebene deines Fühlens und das Sternentor ist dein Herzzentrum. Dort sollst du um Einlass bitten, um all die Wunder und die große Wirklichkeit zu erfahren und ich möchte euch jetzt auf diese Reise mitnehmen.

Kryon bittet dich, dich zu zentrieren in deinem Herzen. Versuche einmal, deine ganze Aufmerksamkeit in deinen

Herzbereich zu bringen. Du kannst dazu den Kristall AVATA-RA [4] verwenden.

Halte Ausschau nach einem Gefühl der Wärme, das sich dort bildet. Und wenn du die Wärme spüren kannst, dann gehe noch tiefer und vielleicht spürst du dann eine Kühle. Ich werde dir jetzt etwas Zeit geben, um dies für dich zu spüren.

Wenn du so etwas wahrnimmst wie einen kühlen Windhauch, einen Sog, dann bist du ganz nahe daran, das Sternentor zu durchschreiten. Das ist der Übergang in die fünfte Dimension. Und dazwischen befindet sich eine Art leerer Raum. Diesen leeren Raum kann niemand durchqueren, der nicht in der Absicht der Liebe ist. Es ist eine Art Barriere, es ist eine Zwischenschicht zwischen der vierten und der fünften Dimension. Und wenn du dabei bist, diesen leeren Raum zu durchqueren, tritt eine Kühle auf. Dabei ist es nicht mal von Bedeutung, ob du diese Kühle oder diese Wärme spüren kannst, manches Mal geschieht dies erst nach einiger Übung. Doch wenn du in der Absicht der Liebe bist, dann betrittst du jetzt eine bunte Welt voller Farben, voller Lichter und voller Töne. Vielleicht siehst du Farbbilder oder ein Aufblinken von Energien. Vielleicht nimmst du es einfach über dein Gefühl wahr. Bleibe nicht dabei hängen, dass du dir die Vorstellung machst, ein völlig klares Bild vor deinem inneren Auge sehen zu müssen. Auch wenn die Wahrnehmung nur vage ist, ist es gut und ich, Kryon, werde dich jetzt führen. Stelle dir vor, dass sich vor dir eine Art Tunnel zeigt. Vielleicht kennen manche von euch den Begriff eines Wurmlochs wie ein Sog, wie eine Spirale des Lichtes, in die du dich begibst. Ein buntes Drehen und Flackern. Und wenn du geradeaus blickst, erkennst du am Ende dieses langen Tunnels ein ganz besonders helles und kraftvolles Licht, das dich auf ewig magisch anzieht. Doch verweile noch am Anfang des Tunnels. Wir werden zusammen auf diese Reise gehen. Stelle dir vor, dass dort, wo du dich jetzt befindest, nach dem Durchtreten des Sternentores, sich die unteren Schichten der fünften Dimension befinden. Je weiter du in diesem Tunnel der Lichter und Farben zu dem hellen Licht am Ende strebst, um so höher wird die Schwingung, um so stärker und unausweichlicher die Liebe, die von der göttlichen Quelle ausgesandt wird. Wir alle befinden uns dort in diesem riesigen Wurmloch. Wir alle, die geistigen Bereiche, haben dort unser Zuhause. Auch ich, Kryon, halte mich dort auf. Und wir alle sind bestrebt, an das Ende des Wurmlochs, an das Ende des Tunnels zu gelangen, um einzugehen in die völlige Einheit mit der Quelle. Einige von uns sind schon sehr weit fortgeschritten, sie haben viele Verdienste erworben. Sie haben sich in ihrem Licht so sehr vervollständigt und ausgedehnt, dass sie Bereiche betreten können, die anderen noch nicht zugänglich sind.

Immer dann, wenn du mit deinem Bewusstsein durch das Sternentor trittst, befindest du dich in diesem riesigen, ausgedehnten, Dimensionen überschreitenden Strudel. Und Millionen, ja Milliarden, Milliarden von Milliarden Lichtwesen befinden sich dort und sie alle arbeiten für ein Ziel. Sie alle wollen an das Ende des Tunnels und dafür geben sie ihre ganze Liebe und dafür stellen sie sich in den Dienst all derer, die noch keinen so weiten Weg zurückgelegt haben wie sie selbst. Immer dann, wenn du diese Bereiche betrittst, triffst du als erstes auf viele, viele aufgestiegene Meister und Meisterinnen. Sie sind euch so nahe, eure Brüder und Schwestern und sie reichen euch die Hände, um euch vertraut zu machen mit diesen Bereichen. Und wenn du diesen Tunnel etwas entlangblickst, dann wirst du Bereiche erkennen, in denen sich die Engel aufhalten. Viele verschiedene Arten von Engel in verschiedenen Bereichen. Du wirst Planeten und Sterne sehen, die den Aufstieg vor langen Zeiten bereits vollbracht haben und in das Licht eingegangen sind.

Jetzt versuche, mein lieber Lichtarbeiter, diesen Sprung in deinem Bewusstsein zu vollziehen: All das und noch viel mehr, was sich der menschlichen Sprache entzieht, was Kryon euch geschildert hat, was du vielleicht selbst erblickt hast, liegt in dir. Alles liegt in dir. Und vielleicht möchtest du Kryon jetzt fragen, ob es denn wirklich so ist, dass, wenn du in das Weltall hinausblickst, all die Planeten unbewohnt sind. Und ich sage dir: Nein. Sie sind in dem Maße bewohnt, wie du sie in deinem Inneren anerkannt und erfahren hast. Und so kannst du nichts erblicken im Außen, was du nicht selbst in dir gefunden hast. Erstaunt dich das? Das ist der Grund, warum wir euch immer wieder sagen, das Erwachen liegt in dir. Warte nicht darauf, dass etwas im Außen geschieht. Gehe diesen Weg, der der einzig Mögliche ist und der dir am allernächsten ist. So vollkommen ist der göttliche Plan, denn diesen Eingang kann dir niemand versperren außer du dir selbst. Jeder Mensch kann ihn finden. Er muss dazu nicht Länder bereisen, er muss nicht mit einem Raumschiff Planeten besuchen. Das ist Gerechtigkeit.

Und jetzt sei noch einmal mit deiner Aufmerksamkeit in diesem Wurmloch und lasse vor deinem inneren Auge die vielen Millionen Planeten entstehen, all die Sterne, die dort vorhanden sind. Blicke dich um. Dann wähle dir in vollkommenem Vertrauen, dass du die richtige Wahl triffst, einen Stern aus, der dich besonders anzieht, der dich besonders anfunkelt und stelle eine Verbindung zu ihm her. Du kannst dich ihm mit deinem Bewusstsein nähern oder deinen Herzensstrahl aussenden. Nimm Kontakt auf.

Und jetzt wird Kryon euch etwas sagen: Da wir all eure Energiestrahlen sofort erkennen, sage ich euch, dass in diesem

Moment jeder der Anwesenden diesen Kontakt hergestellt hat. Vielleicht befindet sich jemand unter euch, der glaubt, dass dies noch nicht geschehen ist. Doch ich sage euch, ihr alle seid deswegen heute gekommen. Ihr alle habt Beziehungen und energetische Ausrichtungen zu Sternen und ihren Bewohnern. Und alleine die Absicht hat diese Verbindung hergestellt. Du kannst sehen, dass viel mehr geschieht, als du in deinem Bewusstsein wahrnehmen kannst, wenn du nur vertraust. Diese Beziehungen zu bestimmten Sternen werden für die heutige Aufgabe, die wir euch bringen möchten, von Bedeutung sein.

Kryon möchte dich bitten, jetzt die Rückreise anzutreten und beim Verlassen deiner inneren Welten noch einmal innezuhalten, um dir klar zu werden, dass du diesen Zugang in jedem Moment hast und dass das Sternentor sich vor dir, hinter dir, über dir, unter dir, seitlich von dir befindet. Doch nur dann, wenn du es in deinem Inneren erkannt hast, manifestiert es sich auch im Außen.

Jeder von euch hat eine Verbindung aufgebaut zu einem anderen wichtigen Stern, mit dem die neue Erde jetzt verbunden werden soll. Es werden Magnetfeldstraßen errichtet. Durch das ganze Universum verlaufen diese und verbinden die Planeten und die Systeme miteinander. Solange ihr euch mit Mutter Erde in der Illusion befunden habt, waren diese Magnetfeldstraßen zwar vorhanden, aber nicht aktiv. Doch jetzt, und ihr wisst dies alle, beginnt der Prozess des Übertritts. In diesen Wochen und Monaten beginnt die Erde, sich vorzubereiten. Wenn du es mit dem Bild vergleichst, mit der Annäherung und Gefühlen von heiß und kalt, wie du es vielleicht erlebt hast, erlebt Lady Gaia jetzt die Annäherung an diese neutrale Zone, und während sie diese neutrale Zone durchquert, müssen all diese Magnetfeldstraßen neu angebunden werden, sodass sie aktiviert werden können. Über diese Magnetfeldstraßen werden Lichtimpulse, eine Art der Kommunikation zwischen den Welten, stattfinden. Kannst du dir vorstellen, was für einen Dienst du vollbringst? Die Aufgabe, die die 12 Räte an euch herantragen möchten, lautet folgendermaßen:

Begib dich einige Male, einfach so oft, wie es dir Freude macht und du die Gelegenheit hast, unter freien Himmel und blicke hoch zu den Sternen. Ihr könnt sie zu dieser Jahreszeit besonders gut sehen. Dann mache es ganz genauso, wie du es in deinem Inneren gemacht hast. Wähle mit deiner Intuition und dem völligen Vertrauen einen Stern oder einen Planeten aus, der dich anzieht. Das braucht kein dir bekannter zu Planet sein. Ich sage es für diejenigen, die neugierig sind, obwohl es nicht von Bedeutung ist, noch nicht, wie dieser Planet oder Stern heißt: Du kannst, wenn es dir Freude macht, auf Sternenkarten danach überprüfen, wie dieser Stern heißt, doch du brauchst dies nicht zu tun, um die Aufgabe zu machen. So suche dir also am Himmel einen Stern und dann baue, wie du es im Inneren bereits getan hast, eine Verbindung auf zu diesem Stern. Sende einen Lichtstrahl von dir zu diesem Stern. Verbinde dich zuvor mit Lady Gaia. Es kann sein, dass du dabei ganz wundervolle Erfahrungen machst und dir Botschaften oder Visionen übermittelt werden, dass du spürst, dass eine Verbundenheit da ist. Du kannst dir sicher sein, dass die Bewohner dieses Sternes auf deinen Strahl warten.

Wenn Kryon und die 12 Räte bei unserem nächsten Treffen dir Feedback geben, dann werden wir dir erzählen, was geschehen ist. Und obwohl wir dies bereits jetzt könnten, tun wir dies nicht. Denn wir wissen, dass du gar nicht anders kannst, als den richtigen Stern auszuwählen.

Kryon möchte für diejenigen, die heute das erste Mal anwesend sind, noch einmal sagen, warum sich diese Gruppe trifft. Wir, die geistige Welt, haben festgestellt, dass ihr so oft die

Geschenke nicht annehmen könnt, die wir euch bringen, manches Mal in Form von Auflösungen von alten Mustern, in Übertragungen von Liebesenergien, in Form von Zusammenführung von Seelenanteilen oder Heilung in deinem physischen Körper, weil ihr das Gefühl habt, dass ein Ungleichgewicht besteht und eure Seele euch dies spüren lässt. Und obwohl dies nicht der Wirklichkeit entspricht, ist es eine Wahrnehmung der Seele. Du kannst dieses Gleichgewicht herstellen, indem du diese hohen Aufgaben, um die wir dich bitten, die so Großes bewirken, in Zusammenarbeit mit uns erfüllst. Und wir, wenn wir dich betrachten und deinen Lichtkörper, wir können erkennen, dass es dir um vieles leichter fällt, dann aufrecht stehend, mit ausgestreckten Armen die Geschenke in Empfang zu nehmen. In diesen Momenten, wo die Engel vor euch knien, sind ihre Energiekörper gefüllt mit diesen Präsenten, eingepackt in Liebe, und sie legen sie euch zu Füssen. Und was immer es auch sein mag, wir möchten dich bitten, es anzunehmen voller Freude, und dir wird bewusst sein, dass du es dir verdient hast. Du hast es dir bereits mit deiner Geburt verdient.

Kryon und die Energie der Räte, die euch so nahe sind und euch so sehr lieben, werden noch verweilen bei euch. Wir sagen euch AN'ANASHA.

Kryon durch Namahim
Elias durch Adamea

Atlantische und lemurische Energien
19. 1. 2005

Meine Lieben, wir begrüßen euch voll der Freude und das magnetische Sein hält Einzug, OMAR TA SATT. Ich bin Kryon. Die 12 Räte der Tat füllen diesen Raum mit ihrer Präsenz, sie füllen diesen Raum mit ihrer Liebe, sie füllen ihn mit dem Licht der Vergangenheit, der Zukunft und der Einheit in der Gegenwart.

Meine Leuchttürme, vieles habt ihr geleistet. Ihr habt eure Aufgabe mit so viel Herz und so viel Hingabe gemacht, und wie wir euch versprochen haben, werden wir euch auch dieses Mal Feedback geben. Wir haben euch gesagt, dass ihr im Bande der Familie des golden-blauen Lichtes die lemurischen Energien vertretet, dass ihr Lichtarbeiter seid und an vorderster Front steht und euren Dienst verrichtet. Und wir haben euch gesagt, dass ihr eure göttliche Macht nicht unterschätzen sollt, dass mit ganz einfachen Aufgaben, die wir euch geben, ihr so viel erreichen könnt, so viel tun könnt für den Aufstieg, für euch selbst. Und das habt ihr getan. Vielleicht fragst du dich, ob wirklich auch du eine spezielle Verbindung hast zu einem bestimmten Stern und ich sage dir: Wahrlich, so ist es. Auch diejenigen unter euch, die neu dazugekommen sind, begrüße ich in der unermesslichen Liebe und euch möchte ich sagen:

Auch ihr seid Träger von Informationen, die in euch gespeichert sind und die euch verbinden mit einem ganz speziellen Stern. Es mag einen Teil deiner Aufgabe darstellen, diese Verbindungen wieder aufleben zu lassen.

Wie wir euch berichtet haben, beginnen in diesen Wochen und Tagen die Neuausrichtungen der Magnetfeldstraßen, Verbindungen magnetischer Art, die das ganze Universum vernetzen. Über dieses Netzwerk findet Kommunikation statt, jedoch noch viel mehr. Über dieses Netz fließt direkt aus der göttlichen Quelle zu allen Planeten die magnetische Liebespräsenz. Ihr, meine Lieben, habt großartige Arbeit geleistet. Ihr habt damit begonnen, gerade zu den Sternen, die in eurem Licht verankert sind, diese über so lange Zeit unterbrochenen Linien, diese Magnetfeldstraßen wieder anzubinden und zu aktivieren. Vielleicht mag noch manches Mal in deinen Gedanken die Überzeugung mitschwingen, dass du es für unwahrscheinlich hältst, was Kryon dir erzählt darüber, welche Bedeutung du, ja du, hast, welch großartiger Lichtarbeiter du bist. Doch dir sage ich, was glaubst du, warum senden wir euch diese Botschaften? Warum geben wir euch, gerade euch, diese speziellen Informationen, die ihr benötigt, um einen Ausgleich zu schaffen, um das Gleichgewicht der Seele herzustellen, sodass ihr etwas geben könnt für all die Geschenke, für all die Liebe, die wir euch bringen? Warum glaubst du, dass dies so ist? Und ich sage dir: Wir, die 12 Räte, geben dir diese Information, weil du ein großes Licht bist, weil du die göttliche Macht in dir trägst, die Realität zu verändern, den göttlichen Plan zu vervollkommnen. So geschieht es mit jedem deiner Gedanken und doch vor allem mit deiner Absicht.

Wir haben euch berichtet über die Arbeit der Delfine, ihr habt es vernommen und ihr habt gesehen, dass sich Großes verändert auf eurem Planeten, ihr habt gesehen, dass die Erde bebt, und vielleicht habt ihr dies auch mit Bestürzung wahrgenommen. Ihr habt es als Leid interpretiert. Ich möchte euch etwas sagen bei all der Liebe, die ihr in euch tragt für die Menschen: Unterscheide, was diese Nachrichten und diese Bilder des Schreckens, des Leids, wenn du sie dir ansiehst, bei dir auslösen. Löst es in dir Leid aus und einen Schmerz, löst es Angst aus oder spürst du Liebe? Macht es dein Herz weit, weil du in deinem Bewusstsein erkennst, dass es notwendig ist, weil du mit Mutter Erde fühlst und dich freust, wenn sie sich befreit von diesen alten Mustern? Macht es dich weit, weil du spüren kannst, dass hinter all diesem Leid und der Angst, die die Menschen haben, sich doch die Liebe verbirgt, dass die Menschen zueinander finden? Wenn du in deinem Herzen diese Ausdehnung spüren kannst zu diesen Themen, dann weißt du, dass du mitfühlst, dass es das reine Gefühl des Mitgefühls ist. Doch wenn es dich eng macht, dann würden wir das als Mitleid bezeichnen und das brauchst du nicht zu haben, denn es dient Mutter Erde nicht. Ihr wisst, dass all diese Seelen sich entschieden haben, diese Möglichkeit wahrzunehmen, den Planeten zu verlassen, und wir, wir haben sie empfangen. Mit Fanfaren der Ehre haben wir sie aufgenommen. Sie haben ihren Dienst verrichtet und sind jetzt zu Hause. Doch ihr, meine Lieben, ihr werdet verweilen und vieles an Aufgaben wird an euch herangetragen werden, und so möchten wir mit dem heutigen Thema beginnen.

Kryon möchte euch erzählen von den alten Kontinenten Lemurien und Atlantis. Die meisten von euch können es spüren. Sie wissen, dass die lemurischen Energien, und ganz besonders der lemurische Magnetismus, eine große Rolle spielt beim Erwachen zum göttlichen Menschen. Und doch trägst du in dir nicht nur lemurische Energien. In deinem Lichtkörper und in deinen Zellen sind verschiedene Frequenzen gespeichert und dort findest du auch die Verbindung zu Atlantis.

Die atlantischen Energien stellen in deinem Lichtfeld deine spirituell männliche Energie dar, die lemurischen Energien stehen für die weibliche, magnetische Energie. Während Kryon diese Worte zu euch spricht, beginnt sich die Energie von Elias in diesem Raum zu manifestieren. Elias wird heute zu euch sprechen. Wie ihr wisst, ist Elias einer der 12 Räte der Tat, die jetzt bei euch sind, und er kommt zusammen mit einer ganz speziellen Energieform. Doch das wird Elias euch selbst berichten. Um was es heute geht, meine Lieben, ist eine Programmierung. Doch viel mehr ist es eine Freisetzung gerade von diesen atlantischen und lemurischen Energien, die in dir verankert sind. So wird Elias euch in euren Zellen berühren, spezielle Kristalle werden über euch ausgeschüttet, sodass diese Programmierung vonstatten gehen kann.

Du weißt, dass die Kontinente dieser alten Zeitepochen wirklich existiert haben und dass noch heute Überreste davon vorhanden sind, für euch sichtbar. Doch vieles ist für euch nicht zu erreichen. Es befindet sich auf dem Grund des Ozeans und gerade dafür, meine Lieben, sind die Delfine zuständig. Sie erreichen diese Punkte mit Leichtigkeit und sind großartige Lichtarbeiter wie ihr. Kryon möchte euch die Information senden, dass vier geografische Punkte für diese Aufgabe von Bedeutung sind. Zum einen sind es die euch bekannten Osterinseln, doch auch ein Bereich, ein Stück nördlich von Hawaii. Diese Punkte stellen eine lemurische Ausstrahlung zur Verfügung, zwei andere Punkte atlantische Energien. Diese Punkte benenne ich für euch als die Bimini Inseln, sie befinden sich vor Florida, und der nördlichste Punkt von Atlantis dort, wo jetzt die Inseln der Azoren sich befinden. Diese Orte haben eine große Bedeutung. Und da wir euch gesagt haben, dass ihr die Lichtarbeiter, dass ihr die Träger seid dieser Energien, dass ihr, jeder Einzelne der Anwesenden, dieses golden blaue Licht in euch tragt, möchten wir euch bitten, mit diesen Punkten der Erde einen speziellen Kontakt herzustellen. Doch damit dies möglich wird, wird es eine Programmierung geben. Wenn du dir vorstellst, und das ist ein Bild für dich, dass deine linke Seite in deinem Körper, in deinem Lichtkörper, die weiblich-lemurische Energie aufnehmen soll und die rechte Seite den atlantischen Energien Raum geben soll, und wenn du deine Absicht der Liebe jetzt zu uns sendest, dann wird Elias in Zusammenarbeit mit einem hohen, lemurischen Wesen diese Energien für dich aktivieren, verstärken und ausgleichen. Ich, Kryon bleibe anwesend und beobachte das Geschehen. Ich betrachte es mit den Augen der Familie und ich möchte dir sagen, wie sehr wir dich lieben. Zentriere dich in deinem Herzen. Kryon übergibt die Aufmerksamkeit an Elias.

Ich bin Elias, ein alter Meister aus Lemurien, und ich begrüße dich, OMAR TA SATT. Welch eine Freude, in diesen Kreis der Fülle eintreten zu dürfen. Ich bin Elias und möchte euch, da dies auch ein Teil dieser gesamten Information und Übung über männliche und weibliche Energien und um deren Ausgleich, aber auch um deren Verschmelzung ist, als Erstes erzählen, wie meine Beziehung zu dem Medium, durch welches ich nun spreche, ist. Dieses Medium, das ich nun nutze und mit dem ich zusammenarbeite, war zu Zeiten von Lemurien eine spirituelle Meisterin. Ihr Name damals war Eleisa und wir haben zusammen gedient und wir haben eine wichtige Aufgabe übernommen, den Aufstieg, den Dimensionswechsel vorzubereiten. Wir haben damals auch als ein Paar in weiblicher und männlicher Schwingung gedient.

Wenn wir euch heute sagen, dass wir alte lemurische Meister sind, so hat dies bedeutet, dass wir in einer ganz spezifischen Energieform auf der Erde und in Lemurien tätig waren, die sich unterscheidet von den physischen Körpern, in denen ihr euch heute bewegt. Ihr alle habt auch zu diesen Zeiten des lemurischen Dimensionswechsels gedient. Dies ist ein Grund, weshalb ihr auch hierhergezogen werdet. Wieder habt ihr euch zur Verfügung gestellt, bei einem Dimensionswechsel auf der Erde zu dienen. Ihr alle habt, auch eine lemurische Zwillingsseele, so wie ich dies von mir, Elias, und Eleisa beschrieben habe. Eine lemurische Zwillingsseele in weiblicher oder männlicher Form. Beim Dimensionswechsel von Lemurien, das, was ihr in der heutigen Zeit den Abstieg, den Fall nennt, wurden viele dieser lemurischen, männlich-weiblichen Zwillingsseelen getrennt. Es war aber so vereinbart, dass diese männlichen und weiblichen Ausdrucksformen sich in verschiedenen Dimensionen wieder manifestieren werden, um im heutigen Aufstiegsgeschehen diese Dimensionen, ähnlich wie die Magnetbahnen, die Kryon beschrieben hat, zu aktivieren und wieder zu verbinden. Es ist möglich, dass einige ihre lemurische Zwillingsseele ebenfalls in der irdischen Inkarnation finden. Aber in den meisten Fällen ist die lemurische Zwillingsseele in einer anderen Dimension als du aus diesem einen Grund, um Verbindungen herzustellen, damit zu einem Zeitpunkt durch die lemurisch-magnetischen Energien wieder Verschmelzung geschehen kann. Dies ist auch eine Erklärung zu der Programmierung und Übung, die wir nun mit dir vornehmen werden, wenn du es willst. Denn du weißt, wie oben so unten, wie innen so außen. So hat alles seinen Spiegel und die Programmierung, die wir nun an dir vornehmen, und die Übung, die du auch mit deinem physischen Körper und deinem Lichtkörper nun einmalig machen wirst, ist ein Teil, man könnte sagen, das Innen. Dies wird sich ausdehnen ins Außen.

So zentriere dich, lasse ELEXIER [5] in deinem Herzzentrum sich formieren und ausdehnen. Zu meiner Seite steht nun in energetischer Form Oria. Oria ist die lemurische Meisterin der Programmierung, die nun mit deinem physischen Körper, mit deinen Zellen und auch mit deinem Lichtkörper arbeiten wird und diese Programmierung, man könnte es auch Öffnung nennen, energetisch an dir vornehmen wird.

So geh mit deinem Bewusstsein in deine linke Körperhälfte. Dies ist deine weibliche Körperseite, wie du sie schon seit Jahren nennst, es ist aber auch deine lemurische Körperseite. Oria beginnt nun mit Öffnungen und Programmierungen in deiner lemurischen Körperhälfte. Und jenseits deines physischen Körpers fängt die Programmierung und energetische Arbeit nun an, sich auszudehnen in deine Aurafelder, in deinen gesamten Lichtkörper.

Nun bringe deinen Fokus zurück in dein Herzzentrum, werde dir nochmals ELEXIER gewahr. Dann gehst du mit deinem Bewusstsein in deine rechte Körperhälfte, nimmst deine rechte Körperhälfte von den Zehenspitzen bis hoch zum Scheitel und in die Fingerspitzen wahr. Oria beginnt nun diese Öffnungen und Programmierungen auf deiner rechten Körperhälfte durchzuführen, um die Informationen deiner atlantischen Energiestruktur in den Zellen zu öffnen. Von deinem physischen Körper dehnt sich die Programmierung aus über all deine Aurafelder in den gesamten Lichtkörper.

Was du auch spürst oder fühlst, ist genau so, wie es für dich richtig ist. Wenn ich aus meinen Bereichen dich mit deinem gesamten Lichtkörper betrachte, dann sehe ich zwei riesige, wunderschöne Schmetterlingsflügel, die dich umgeben. Der nächste Schritt wird nun sein, die lemurischen und atlantischen Energiestrukturen zum Ausgleich zu bringen. Dies wird ebenfalls durch Oria, durch mich, Elias, und durch einen ganz speziellen Kristall unterstützt. Wenn dir das Bild der Schmetterlingsflügel dient, kannst du den Prozess des Ausgleichs unterstützen, indem du spürst, wie deine Schmetterlingsflügel sich bewegen und so die Energien zum Ausgleich bringen ... So ist es geschehen.

Ich möchte noch etwas anfügen, bevor ich das Wort wieder an Kryon übergebe, der euch noch etwas zu der Aufgabe erklären wird. Diese Programmierung und dieser Ausgleich eurer lemurischen und atlantischen Energien war eine Vorarbeit. Letztendlich wird es um die Verschmelzung dieser gehen. Darum ist es möglich, dass im Verlauf der nächsten Wochen in eurer linearen Zeit bei dir spürbar Energieverschmelzungen stattfinden werden. Wir werden nun mit lemurischen Klängen die Aktivität der Verschmelzung in deinem Lichtkörper vorbereiten, denn die Energien der Verschmelzung sind immer die magnetischen Energien und daher werden es die lemurischen Energien sein, die diese Verschmelzung zum richtigen Zeitpunkt bei dir einleiten werden.

(Anm.: Adamea schlägt im Raum die lemurischen Klanggabeln an. Zum Anhören dieser Töne siehe die Erklärung in den Erläuterungen, am Anfang des Buches.)

Und noch einmal spreche ich zu euch. Ich bin Kryon. Oh, meine Lieben, wenn ihr sehen könntet, was geschieht, so wie ich es betrachten kann. Doch du kannst fühlen, dass sich etwas verändert. Vielleicht mag dies noch etwas Zeit in Anspruch nehmen. Ich sollte euch Schmetterlinge, meine Schmetterlinge nennen. Ich sehe das als ein sehr liebevolles und ein sehr treffendes Bild, was die Ausdehnung deines Lichtes betrifft. Beginne zu fliegen und komme mit mir, dem Kryon, an die zuvor beschriebenen Orte. Breite deine Flügel aus und besuche mit mir die Insel Hawaii. Es genügt vollkommen, wenn du in deiner Vorstellung diese Reise mit mir machst. Die Energiefelder mit diesen starken, lemurischen Frequenzen befinden sich vor der nördlichen Küste von Hawaii. Und jetzt stelle dir vor, mein Schmetterling, wie du von deinem linken Flügel aus einen Verbindungsstrahl herstellst zu diesen kristallinen Strukturen, zu diesen Informationen, die in diesen Lichtbibliotheken gespeichert sind, weit unter dem Meer.

Wir können jetzt beginnen, uns den Osterinseln zu nähern, denn die Verbindungsstrahlen eurer Flügel haben sich verankert. So fliege mit mir zu den Osterinseln. Dort findest du an der östlichen Küste tief unten im Meer den zweiten lemurischen Punkt und ich möchte dich bitten, sende auch dort einen Strahl deines linken Flügels und verankere ihn dort. Und jetzt, meine Lieben, werdet euch eures rechten Flügels bewusst und kommt mit Kryon. Auch wenn du nicht genau dir vorstellen kannst, wo sich die Azoren befinden, so weißt du doch, dass die Absicht ausreicht, wenn ich, Kryon, dich dorthin führe. Und jetzt lasse dort einen Strahl deiner atlantischen Energien in das Meer eintauchen und sich dort verankern.

Wenn dies geschehen ist, möchte ich dich auffordern, mit deinem Bewusstsein dich vor die Küste von Florida zu bewegen. Dort, zwischen den Bimini Inseln, befindet sich eine weitere dieser atlantischen Lichtbibliotheken. Sende deinen atlantischen Strahl aus und verbinde dich.

Und jetzt werde dir für einen Moment gewahr, wie du diese vier Energiepunkte miteinander verbindest, wie du damit eins wirst und auch dieses Mal ist die Zahl 4 von Bedeutung. Es sind vier Punkte, verbunden mit dem Christusselbst in dir. Denn alles ist in diesem Licht vereint, ob du es atlantisch nennst oder lemurisch, ist nicht von Bedeutung. Irgendwann einmal erschöpfen sich die Möglichkeiten der menschlichen Sprache auch für uns, euch die Dinge darzulegen. Sei dir bewusst, dass du in diesem Zentrum der vier Strahlen eine Funktion erfüllst und sei voll der Liebe dabei. Die Programmierung und Ausgleichung, die bei dir vorgenommen wurde, ist das Geschenk, das wir heute für dich mitgebracht haben. Wir möchten dich bitten, dieses Geschenk dazu zu nutzen, dich in den Brennpunkt dieser vier Strahlen zu begeben. So oft und so lange du während des nächsten Monats dies auch immer tun möchtest. Da wir heute bereits viele Informationen durchgegeben haben, werden wir euch bei einem Wiedersehen noch etwas genauer informieren, was für eine Bedeutung dies hat, warum es von so großer Wichtigkeit ist und warum wir dies an euch herangetragen haben.

Ich, Kryon, und das Gefolge, ich, Kryon, und die anderen 11 Räte der Tat möchten sich bei euch bedanken, bei unserer Gruppe der Tat, die mit so viel Freude, mit so viel Hingabe und mit so viel Liebe dabei ist. Wir spüren, welche Liebe ihr sendet, in unsere Bereiche und wir möchten euch sagen, dass wir dies um vieles verstärkt auf euch zurückspiegeln. Wir möchten euch sagen, dass unsere Liebe grenzenlos ist für jeden Einzelnen von euch, denn auch wenn du es nicht oder nur zu einem Teil in deinem Bewusstsein erfassen kannst, wir wissen, wer du bist und dafür ehren wir dich, dafür achten wir dich und dafür lieben wir dich. Die Räte der Tat senden euch AN'ANASHA.

Toth der Atlanter durch Namahim

Die zwei Pole und die Illusion der Sprache
16. 2. 2005

Es begrüßt euch, ihr Lichtarbeiter, OMAR TA SATT, Tschakutet Toth, wie ich mich nenne, ein OM TAT SAT [6] wie du, jenseits des Sternentores und doch fest verankert auf Erden seit ewigen Zeiten.

Doch schwingt meine Energie auch in dir. Wir haben in – und wenn ich es »alten Zeiten« nenne, dann lasse ich für dich außer Acht, dass die lineare Zeit nicht existiert – zusammen Großes vollbracht. Jeder einzelne von euch, anwesend, folgte Toth, und ihr alle wart dabei, die Pyramiden zu erbauen. In euch ist das Erbe verankert, das Erbe der heiligen Sprache, der dritten Art. Die Lichtsprache, meine Lieben, das soll heute das Thema sein und darauf wird Toth näher eingehen.

Doch zunächst möchte ich meine Freude zum Ausdruck bringen, zu euch zu sprechen, wie dies viele Male zuvor geschehen ist. Ihr wart immer die Auserwählten. Ihr wart die, die sich zur Verfügung gestellt haben, so wie ihr dies heute tut, Wind und Wetter trotzend, habt ihr Sturm und Fluten überstanden. Nichts konnte euch beirren. Eure Absicht war so stark. Das hat euch zu großartigen Lichtarbeitern gemacht und genauso geschieht es wieder dieser Tage. Und davor verneige ich mich in großer Dankbarkeit. Ich sende euch die Botschaft, dass ich euch liebe, dass wir eins sind, dass wir alle dem Gesetz des Vaters unterstehen und an einem Stricke ziehen. Auch, und das

44

weißt du, wenn es zu allen Zeiten Kräfte gegeben hat, die an der anderen Seite dieses Strickes gezogen haben, ist doch alles eins. Auch was die Dunkelheit beinhaltet, ist eine Facette des Lichts. Ohne Dunkelheit kein Licht, ohne Licht keine Dunkelheit, keine Erfahrung, keine Ausdehnung des Bewusstseins. Und damit sind wir bereits bei dem wichtigen Punkt angelangt.

Warum, glaubst du, ist es so, obwohl du bereits ein hohes Bewusstsein und sehr viel Licht in dir trägst – sonst könnte Toth gar nicht zu dir sprechen – warum, glaubst du, ist es so, dass du immer wieder den Tücken der Dualität verfällst? Was löst dies aus, fragst du dich? Warum geschieht das sogar denjenigen unter euch, die bereits erwacht sind, wie kann es sein, dass, wenn du doch verschmolzen bist mit deinem Hohen Selbst, doch Gedanken dich plagen, dass dies vielleicht nicht der Fall sein könnte oder dass du immer noch glaubst, vielleicht irgendetwas falsch gemacht zu haben? Toth wird es dir sagen. Du bist gewohnt, in Kategorien zu denken. Du denkst in Oben und Unten. Du denkst in Licht und Dunkel. Du denkst dual. Und solange du ein Gehirn besitzt, das auf diese Art funktioniert, wirst du immer wieder der Dualität trotzen müssen.

Toth möchte euch heute eine Übung bringen, wie ihr erlernen könnt, dieser Dualität auszuweichen, euch in die Mitte zu begeben zwischen dem, was scheinbar richtig, und dem, was scheinbar falsch ist. Es ist der Ausdruck eures Denkens der euch überall hin begleitet: Die menschliche Sprache. Ich, Toth, bin der menschlichen Sprache mächtig, wenn auch nicht zugetan. Sie steckt voller irreführender Worte und Inhalte. Dualität eben. Du kannst erkennen, dass gerade in eurer Sprache es Worte gibt, die großgeschrieben werden, andere klein. Wie lange hast du das Ich kleingeschrieben? Wie lange hast du es für nötig befunden, dich klein zu machen?

Beginne heute damit, deinen Namen in Großbuchstaben zu schreiben, denn du bist großartig. Ihr kennt einen Punkt nach jedem Satz, eine künstliche Unterbrechung des Flusses, der Energie. Das Komma, das den Fluss ablenkt, und so fort. Wir sprechen ohne Punkt und ohne Komma, auch wenn es zu eurem Verständnis über das Medium anders zu euch dringt. Wenn wir im Universum Botschaften übermitteln, dann gibt es erst dann einen Stopp, wenn die Botschaft vollständig übermittelt wurde. Du kannst dir einmal vorstellen, wie es sich für dich anhören würde, wie ungewohnt, wenn wir so zu dir sprechen würden und doch wirst du erkennen, dass die Sprache des Herzens keine Unterbrechung kennt. Dass alles in einem ewigen Fluss und Kreislauf sich durch verschiedene Töne und Farben hervorhebt und ausdrückt.

Ihr kennt Teile der Lichtsprache, ihr kennt die Lichtkristalle, weil ihr sie in Händen haltend mit mir zusammen in der Pyramide verankert habt. Doch es gibt viel mehr an Lichtsprache, an Lichtkristallen, viel mehr Komponenten, die die Lichtsprache beinhaltet. Wie ich es bereits genannt habe: Farben, Töne und Empfindungen, Telepathie – zum Teil, Kristalle wirkend in Energiefrequenzen. All das verstehen wir unter der Dritten Sprache. Noch ist es nicht möglich, diese anderen Komponenten euch zu übergeben und damit zu kommunizieren. Doch wird dies in nächster Zeit geschehen. Gewisse Mechanismen in eurem Kopfbereich werden dekodiert werden, eine Art Übersetzer für die Lichtsprache. Dein Hohes Selbst und die Ebenen der Quelle kommunizieren so mit dir. Vielleicht sind es anfangs für dich nur Töne, die du nicht deuten kannst, doch sie werden sich auf deinen Körper übertragen und du wirst sie spüren. Mit deinem ganzen Sein wirst du erfassen, was die Botschaft beinhaltet. Dies wird so umfangreich sein, dass es dich überwältigt.

Ich möchte, dass du verstehst, welch einen großen Aufwand wir betreiben um die Sprache des Universums, in der wir uns unterhalten, den Menschen zugänglich zu machen. Wie viel geschulte Lichtwesen es benötigt, um durch ein Medium sprechen zu können und dann auch noch die Worte zu finden, die – ansatzweise – das ausdrücken, was wir euch sagen wollen. Dazu kommen die Missverständnisse. Wenn Toth sagt, ich bin ein Krieger des Lichtes und du auch, dann gibt es einige unter euch, die diese Energie spüren und wissen, ein Krieger des Lichtes ist immer voll der Liebe, und sie spüren die Kraft. Andere wiederum werden es als abstoßend empfinden. Sie glauben, die Energie eines Kriegers passt nicht in die heutige Zeit. Sie glauben, alleine nur das Wort Krieg bedeutet Dunkelheit und Schlechtigkeit. Welch eine Wertung.

Noch müssen wir Worte verwenden, um euch zu erreichen. Wie soll es sonst geschehen? In der menschlichen Sprache befinden sich jedoch Wortgruppen, die den alten Stammsprachen sehr nahe sind und damit auch der Wirklichkeit. So ist selbst in der menschlichen Sprache die Wirklichkeit und die Wahrheit der Liebe versteckt. Genauso wie in dir, auch in Zeiten tiefster Dunkelheit, immer das Christusselbst für dich geleuchtet hat, damit du den Weg nicht völlig verlierst und wieder zurückfinden kannst in die Einheit.

Du kannst die begrenzenden Worte erkennen, indem du ein Wort viele Male hintereinander aussprichst. Wenn nach mehrmaligem Aussprechen sich das Wort schal und leer anfühlt, kannst du dir sicher sein, dass es nicht der Wahrheit entspricht und nicht sehr viel Liebe darin mitschwingt. Bei anderen Worten wiederum wirst du feststellen, dass sie dieser Prüfung standhalten, und sie beinhalten die Wirklichkeit. Vielleicht eine spannende Aufgabe für dich, das zu überprüfen.

Auf einen anderen Aspekt möchte ich eingehen. Ich nenne euch eine der Stammsprachen. Ihr kennt sie unter dem Namen Sanskrit. Die Sprache Sanskrit lebt davon, dass sie richtig intoniert wird, dass sie in der Schwingung des Herzens gesprochen wird. Wenn jemand nicht gelehrt wurde, diese Schwingung des Sanskrit weiterzugeben, wird selbst diese Sprache fast wertlos, vermittelt nur noch einen Inhalt. Ganz ähnlich verhält es sich mit der Lichtsprache. Doch keine Sorge, liebe Lichtarbeiter, ihr alle werdet in diese Sprache hineinwachsen. Ihr werdet sie neu erlernen und ihr werdet euch erinnern. Diese Energien stehen bereit, stündlich sich erhöhend. Verantwortlich dafür sind Kryon und Engel Michael, doch auch Toth ist immer mit seiner Energie anwesend. Ich, Toth, wurde vom Herrn des höchsten Zyklus als Gott gesegnet. Ich bin der alte Gott Tschakutet Toth.

Ein anderes Merkmal eurer Sprache ist die Gegensätzlichkeit. Für jedes »für« gibt es ein »wider«. Sieh dir das einmal genau an. Etwas, das euch sehr oft genannt wird, ist der Ausdruck des Vertrauens. Doch was setzt Vertrauen voraus? Es setzt voraus, dass es so etwas wie Zweifel gibt. Und jetzt kannst du erkennen, dass bei dem Pol, den du als positiv bewertest – Vertrauen – es nicht möglich ist, eine Mehrzahl zu bilden. Es gibt das Vertrauen, aber nicht die Vertrauen. Doch Zweifel gibt es viele. Deswegen senden wir euch auch einen Kristall, der diese Energie des Vertrauens enthält. Doch was glaubst du? Glaubst du, dass es bei uns so etwas wie Vertrauen gibt? Wir brauchen kein Vertrauen. Wir bewegen uns im Sein. Es hat niemals einen Zweifel gegeben. Und doch stellen wir diese Energie für euch zur Verfügung, da ihr euch über so lange Zeit im Zweifel befunden habt, zumindest habt ihr das geglaubt und glaubt es manchmal immer noch. So braucht es einen Gegenpol, in den du dich begibst, sodass du danach in die Mitte finden kannst. Und die Mitte ist die Neutralität, die völlige

Wertfreiheit, die Nichtwertung der Pole. Es ist ein Spiel. Erkenne, dass es ein Spiel ist. Erkenne in deiner unendlichen Weisheit, die dir innewohnt, dass, wenn du dich darauf einlässt und dich in das Vertrauen begibst, du auch dem Zweifel deine Achtung zollst, denn der Zweifel hat es dir ermöglicht, dich zu erfahren. Und dann gehe bewusst in diese Mitte, werde bewusst neutral. Dann kannst du auch spüren, was die göttliche Liebe ausmacht.

Oftmals haben wir euch gesagt und vielleicht kannst du es schon nicht mehr hören: Werte nicht, richte nicht, so wie wir nicht werten. Doch was steckt dahinter? Es soll keine Reglementierung sein, die wir euch senden, kein Tadel. Es steht auch keine Strafe darauf, zu werten. All das ist dein Recht. Doch du weißt selbst am besten, dass es dir damit schwer fällt, in der Balance zu sein.

Toth möchte dir die heutige Übung vorstellen. Vielleicht wird es dich am Anfang schockieren. Doch dazu stehe ich mit meiner Energie und du kannst dir sicher sein, dass es zu deinem höchsten Wohl geschieht. Vielleicht magst du es bewerten als eine radikale Methode und vielleicht steigt in dir auch ein Gefühl auf, das du als nicht gut bewerten würdest. Doch lass es uns versuchen.

Hole dir einmal in dein Bewusstsein all das, was du in deinem Leben, so wie du es gelernt hast, für richtig und für gut hältst. Lass keinen Bereich aus. Keinen spirituellen, keinen menschlichen Bereich. Ich gebe dir dafür etwas Zeit.

Spüre dabei, wie es sich anfühlt, gut zu sein.

Hört jetzt, meine lieben Freunde. Nachdem eine Funktion in dir, die ich als das Ego bezeichne, bereits die Möglichkeit genutzt hat, während du über das Gute nachdenkst, dir auch den Schatten vor Augen zu führen, schleichend aus dem Hintergrund, das Gegenteil von dem, was du glaubst, was gut ist, und dir auch leise eingeflüstert hat, dass du viele Dinge gut machst, manche aber auch nicht so gut oder schlecht und dir dann erklärt hat, dass du aber doch im Großen und Ganzen ein guter Mensch bist, hast du dich gestempelt. So ordnest du dich selbst ein. So identifizierst du dich.

Jetzt, mein lieber Lichtarbeiter, führe dir bewusst all die Dinge vor Augen, die auf Erden geschehen, die du als böse, als schlecht und verwerflich empfindest. Spare dabei nicht an Fantasie. Geh bis in die Niederungen der menschlichen Seele oder zumindest dorthin, was du dafür hältst. Und spüre diese Energien. Wie nimmst du dich dabei wahr, wo stehst du? Was glaubst du? Möchtest du dich von dem distanzieren? Glaubst du allen Ernstes, dass du auf deiner langen Reise durch die Zeiten hier diese Erfahrungen ausgelassen hast? Ein Räuber, ein Mörder zu sein? Andere Menschen zu quälen, Hass zu empfinden und Niedertracht? Wie stehst du Menschen gegenüber, die jetzt zu diesen Zeiten gewählt haben, dies zu erfahren? Kannst du erkennen, dass du jetzt im Licht stehst, weil du die Liebe der Neutralität in dir beginnst zu entdecken? Ganz egal, was du jemals getan haben magst, was es auch gewesen sein mag. Kannst du dir vorstellen, dass Menschen, die du als dunkel bewertest, am Ende des Spiels ganz genauso wie du im Licht stehen werden?

Also warum geht es dir manchmal nicht gut? Weil du es nicht gut denkst. Und solange du dich in der Dualität befindest, erkenne mit aller Aufrichtigkeit, dass jedes Bewerten das Leid vergrößert. Wenn du für Krieg bist, wenn du gegen Krieg bist, bleibt es immer noch Krieg. Und weil ich weiß, dass es die einzige Möglichkeit für euch ist, euch aus dieser Dualität zu befreien, gebe ich euch diese Übung, in der du während der nächsten Tage und Wochen dir des Wertens bewusst wirst. Doch du sollst nicht sagen: Oh Gott, jetzt habe ich wieder gewertet, das ist nicht gut. Du sollst es einfach nur beobachten mit den Augen der Liebe.

Und jetzt kommen wir zum zweiten Teil der Aufgabe. Wir beginnen bei dem, was du als dunkel erachtest, als schrecklich, als gemein. Hole dir das in dein Bewusstsein, was dich an einem anderen Menschen am meisten abstößt und aufbringt. Und dann spüre das, als wenn du es gerade erleben würdest.

Und jetzt bewerte es um, egal, völlig egal, was es auch ist. Sage dir jetzt: Ja, das ist gut. Und versuche es zu spüren, dass es gut ist.

Jetzt verfahre mit dem anderen Pol genauso, umgekehrt. Ich weiß, dass das für dich nicht einfach ist. Doch was du jetzt machst, ist, dass du den Gegenpol sich ausdehnen lässt. Vielleicht fragst du dich, möchte dir Toth die Anarchie bringen, möchte er dich zu einem Mörder machen? Ich sage dir: Nein. Du sollst nur erkennen, dass es Dinge gibt, die in deiner Bewertung ein furchtbares Gesicht haben und dein Nächster mag es völlig anders herum sehen. Und die Spirale der Bewertung setzt sich fort. Du blickst zu diesem Mitmenschen und bewertest ihn als schlecht. Und er blickt zu dir, er versteht nicht, was in dir vorgeht, und bewertet dich als schlecht.

Ihr alle kennt Beispiele dafür. Doch ich werde eines anführen. Ihr nennt Menschen Terroristen. Kannst du dir für einen Moment vorstellen, dass ein Terrorist ein Mensch ist wie du? Kannst du dir vorstellen, dass er das, was er tut, aus bestem Wissen und Gewissen tut, dass er es so gelernt hat, dass er der völligen Überzeugung ist, dass er es für Gott tut? Was glaubst du, wie denkt ein Terrorist über dich? Vielleicht entspringt er einer anderen Kultur als der deinen und er betrachtet dich in deiner Kultur und er verachtet dich zutiefst. In seiner Kultur ist das höchste Vergehen Ehebruch und er sieht, dass du das ständig tust – und ich spreche hier zu niemand Bestimmtem.

Doch ist es in eurer Kultur etwas, was keine große Bedeutung hat. Er sieht dich ohne Ehre, ohne Gottesfürchtigkeit und er verachtet dich und du verachtest ihn. So funktioniert das Spiel der Dualität, eingebettet in menschlicher Sprache.

Ich weiß, dass es klare Worte sind, die Toth spricht. Doch weiß ich auch, dass du die Liebe spüren kannst, die dahinter steht, weil du mich kennst. Ich werte niemals über dich. Kein lichtes Wesen wird dies jemals tun und auch der göttliche Vater tut es nicht.

Wie viele Male hast du gedacht, dass du denkst, und auf manche Gedanken warst du sogar stolz. Und du hast geglaubt, es wären deine Gedanken. Ich sage dir, es gibt zwei Arten von Gedanken und es sind niemals die deinen. Einmal sind es kollektive Gedanken und zum anderen die des göttlichen Gedankenfeldes. Du bist nicht bestimmt zu denken, du bist hoher Geist. In Wirklichkeit hast du es nicht nötig zu denken. Doch du denkst, du denkst.

Meine Lichtarbeiter, ich möchte euch auffordern, euch dies immer wieder bewusst zu machen, denn das ist das Einzige, was euch selbst nach eurem Erwachen, selbst nach der Verschmelzung, nach der Neugeburt, wenn der Urzustand wieder hergestellt ist, manchmal glauben lässt, dass dies nicht der Fall wäre. Verwendet so oft es euch möglich ist die heiligen Silben, die Mantras der Lichtsprache, um etwas auszudrücken. Wenn du an Kraft denkst, dann denke an PRADNA [7], wenn du Liebe im Sinn hast, sieh vor deinem Auge ELEXIER. Wenn du dich freust, erhebe den Kristall TAN'ATARA in die Höhe. Das bringt dich der Wirklichkeit nahe.

Ich, Toth, bin ein Gott, der prüft. In Wirklichkeit prüfe ich nicht dich, um über dich zu richten, sondern ich wähle meine Worte auf eine Art, dass dir Prüfung möglich wird, dass du dich selbst prüfen kannst, ohne dich zu bewerten. Und wenn du diese Übung für einige Wochen, so oft es dir möglich ist, wiederholst, wirst du feststellen, dass sich deine Wahrnehmung der Welt völlig verändert, dass du viel weniger Widerstand generierst in dir selbst und im Außen. Du wirst feststellen, dass die Weisheit in dir immer mehr aufbricht und in deinem Herzen wird Frieden einkehren.

Ich werde es noch einmal kurz erläutern. Verfahre in beiden Richtungen, erkenne Oben, erkenne Unten. Erkenne alles, was du als gut bezeichnest in deiner Welt, und kehre deine Wertung um. Versuche es zu spüren als negativ. Lasse es dabei. Gehe zu allem, was du als schlecht und widerwärtig empfindest. Kehre es in deiner Bewertung um und spüre, dass es gut ist, und lasse es dabei. Damit gleichst du die Pole aus, die über so lange Zeit verschoben waren in deinem Denken.

Ich, Toth, bin eine Energie, die das Ego niederwirft. Ich bin klar und scharf wie ein Schwert. Übe deinen Verstand, schärfe ihn und entlarve diese Illusionen des Denkens und des Sprechens und du wirst wirklich den Frieden finden, nach dem du dich so sehr sehnst.

Ich bedanke mich bei euch aus ganzem Herzen, dass ihr so aufmerksam gelauscht habt, wenn der Weltenlehrer Tschakutet Toth zu euch spricht. Erkenne deine Größe. Lasse dir nichts anderes weismachen. Trete ein in das Sein, das jenseits ist von Gut und Böse, das einfach ist.

Ich liebe dich und sage dir AN'ANASHA.

Kryon durch Namahim

Die Blaupause
16. 3. 2005

Stille – Sein – Wahrheit – Friede. Meine Lieben, OMAR TA SATT. Ich begrüße euch, die Gruppe der Tat, im Namen der 12 Räte der Tat. Es spricht Kryon, in der Ausdehnung der magnetischen Präsenz diesen Raum erfüllend. Kristallines Licht, golden und blau, die Ausstrahlung deines Lichtes, deine Zugehörigkeit zur Familie. Ganz besondere Momente sind dies, die wir feiern, die Treffen, die Verbindung und die Vereinigung der Herzen im völligen Ausdruck von Allem – Was – Ist. Ich begrüße diejenigen unter euch, die neu dazugekommen sind, ich begrüße diejenigen in der Ferne, ich begrüße die Engel und das Gefolge.

Wir beginnen, wie wir dies immer tun, euch ein Feedback zu geben über das, was ihr geleistet habt, was ihr verändert habt und manifestiert, in den Bereichen der Wirklichkeit verankert, ausstrahlend auch in die Dualität, spürbar für alle Menschen, doch vor allem auch für euch selbst. Ihr habt lemurische und atlantische Energien verbunden, ihr habt sie verankert, ihr habt euch eingeklinkt in ein Tetraeder, das über die Erde verteilt in Punkten eine ganz spezielle Schwingung, eine Vereinigung der weiblichen und der männlichen Spiritualität darstellt. Und obwohl es keinen Gradmesser gibt, aus unserer Sicht, für den Erfolg eures Wirkens und wir euch keine Zahlen nennen können, vermitteln wir euch doch, dass ihr ganze Arbeit geleistet habt.

Vielleicht beginnt ihr zu erkennen, dass ihr es seid, die Stück für Stück diese neue Wirklichkeit erzeugen. Dass wir euch dafür heranziehen, weil ihr dazu in der Lage seid, weil ihr sehr ausgedehnt seid in eurem Licht und weil die Kraft eures Bewusstseins sehr ausgeprägt ist. Und manches Mal fragt ihr euch: Wenn das denn so wäre, wo bleiben denn dann die Manifestationen, die ich mir so sehr wünsche, auch für mich selbst? Wo ist all das, wovon uns immer erzählt wird, dass es kommt und dass wir es uns erschaffen werden? Und ich werde dir antworten. All das, was wir euch erzählt haben, bezieht sich auf das, was jetzt kommt. Darauf werde ich später noch weiter eingehen.

Ich möchte euch noch etwas sagen. Ihr habt letztes Mal eine Übung von Toth erhalten und viele von euch haben es als nicht leicht empfunden. Die völlige Umbewertung, das völlige Umkehren von allem gewohnten Denken und Fühlen. Und ich möchte euch noch einmal darauf hinweisen, dass es eine Übung ist und dass es nicht darum geht, den anderen Pol eures Denkens einzunehmen. Ihr sollt nicht das, was ihr immer als schlecht bewertet habt, jetzt als gut bewerten und umgekehrt. Ihr sollt dies nur zur Übung tun, sodass euch bewusst wird, dass es auch eine andere Sichtweise gibt, die jedoch nicht näher oder weiter entfernt ist von der Wirklichkeit als eure eigene. Die Wirklichkeit befindet sich dazwischen. Es ist weitab entfernt von dem, was deiner Vorstellung entspricht. Und ich sage euch nochmals: Diese Übung ist euch deshalb schwer gefallen, weil es euch immer schwer fällt, Gewohnheiten loszulassen, die ihr lieben gelernt habt, über die ihr euch definiert. Macht euch darüber keine Sorgen. Diese Gewohnheiten werden sich ändern und Gewohnheiten ändern sich immer dann, wenn du erkennst, dass es eine andere Lösung gibt, etwas, das dich noch mehr erfüllt, obwohl es neu ist. Und wenn es etwas ist, das funktioniert, dann geht es umso leichter.

Ihr wisst, doch Kryon möchte es euch noch einmal nahebringen, dass der 18. dieses Monats von ganz besonderer Bedeutung ist. Niemals zuvor hat etwas stattgefunden wie das. Alles, wonach du dich gesehnt hast, alles, was du mit Erfüllung, mit Wirklichkeit verbindest, liegt in dieser neuen Schwingung. Und es ist schon immer in der Schwingung der neuen Energien gelegen, doch meistens war es für dich verborgen. Doch das ändert sich jetzt.

Ich erzähle euch etwas über die Blaupause. Vielleicht mag dieses Wort euch befremdlich erscheinen, doch es ist wirklich so etwas wie ein ätherisches Abbild des göttlichen Planes, das über euch gelegt wird, über Mutter Erde, wonach sich die freien Energien und die Energiestrukturen anordnen. Eine Art Vorgabe des höchsten Lichtes und der Vollkommenheit und diese Blaupause trägst auch du in dir. Einige von euch, die sich Pioniere nennen, haben diese Blaupause völlig freigelegt. Sie haben vieles auf sich genommen und sind einen Weg gegangen, der nicht immer einfach war, und sie haben es zum Vorschein gebracht. Ihre Zellen offenbaren diese Blaupause und sie wird im Lichtkörper widergespiegelt. Doch alle habt ihr diese Blaupause in euch, bei manchen ist sie noch etwas verdeckt. Ich kann euch versichern, dass ihr alle, die ihr hier anwesend seid, auf bestem Wege seid, diese Blaupause sich ausdrücken zu lassen.

Manche von euch gehen den Weg von Mutter Erde, sie gehen in Resonanz und passen sich der Blaupause weiterhin an. Auch das ist ein gehbarer Weg und auch das bedeutet immer noch, ein Lichtarbeiter zu sein, ein Leuchtturm und die Energie in einer Konformität zu halten. Auch das ist eine Aufgabe, die wahrgenommen werden will. So oft unterscheidet ihr, und ihr vergleicht euch. Ihr blickt auf andere und glaubt, dass das, was sie tun, euch verwehrt bleiben wird. So oft bewertet ihr die

Aufgaben und die Taten anderer um so viel höher als eure eigenen. Warum ist das so? Eine Antwort darauf lautet, weil euch das, was ihr wirklich leistet, noch verborgen ist. Und trotzdem tut ihr es. Ist das nicht wundervoll? Ohne jedes Wollen nehmt ihr diese Aufgaben wahr oder sollte ich sagen, diese Versprechen, die ihr gegeben habt, ihr löst sie ein und bewirkt Großes.

Die Blaupause. Was geschieht nun, wenn ein Lichtpionier die Blaupause völlig offen gelegt hat und die Blaupause aus dem göttlichen Gedankenfeld sich auf euch herabsenkt? Ich werde es euch sagen. Sie geht mit der großen Mutterblaupause in Resonanz. Sie möchte sich decken, kongruent werden. Und genau diese Deckungsungleichheit, die noch vorherrscht, weil es bis jetzt nicht möglich war, in der Schwingung 996 die Blaupause anzugleichen, genau dieser Unterschied ist es, der euch manches Mal verzweifeln lässt, der euch nicht klar blicken lässt. Denn ihr spürt eure Blaupause, in der alles gespeichert ist, wer ihr seid, was ihr zu tun habt und dem gegenüber die große Mutterblaupause. All das, was euch Verwirrung bringt, wird in Klarheit wechseln, wenn sich diese Blaupausen übereinander legen. Das gilt für alle Menschen, doch die meisten Menschen werden diese Diskrepanz der Blaupause noch Jahre spüren. Kryon könnte sagen: Ihr habt euren Weg, der nur ein scheinbarer Weg ist, fast vollendet. Jetzt liegt es nicht mehr an euch. Ihr habt getan, was ihr tun konntet, um zu erwachen, und ich spreche jetzt besonders die Pioniere an. Jetzt wird Mutter Erde für euch, für alle Menschen eine Angleichung vornehmen und ihr könnt sie dabei unterstützen. Das soll am 18. März 2005 geschehen und wir laden euch alle herzlich dazu ein, das mit uns zu feiern.

Kryon möchte euch noch auf etwas hinweisen zur Manifestation, vor allem von Harmonie und Gesundheit. In der bisherigen Schwingung haben wir euch immer gesagt, manifestiert euch vollkommene Gesundheit, manifestiert euch Ausgeglichenheit und Frieden. Und wir haben euch das gesagt, weil es euch noch nicht möglich war, dass ihr einfach in Übereinstimmung mit dem göttlichen Gedankenfeld schlichtweg die Erlaubnis gebt, dass ihr euch in diesen Plan, in diese Anordnung der Göttlichkeit einklinkt. Wir werden heute zusammen eine Übung vollführen, damit euch das klar wird, dass ihr ein Bild habt, um was es geht.

Ihr seid der Dirigent eines wundervollen Ensembles, eines Chores, der schon so lange in euch tönt. Vielleicht könnt ihr diesen lemurischen Chor hören und spüren. Es ist das Singen eurer Blaupause. Und da ertönt noch ein anderer Chor, es ist der kosmische, der alles durchdringt und der verschmelzen und eine völlig neue Melodie zum Vorschein bringen möchte. Ein Akt der Schöpfung, wie es ihn noch nie gegeben hat, in Zusammenarbeit mit inkarnierten, göttlichen Menschen. Ich werde euch noch ein Bild geben, das ihr verwenden könnt. Stelle dir vor ein weißes Blatt Papier, deine Blaupause. Dann stelle dir vor, ein weißes Blatt Papier, nur unendlich größer und ausgedehnter, die göttliche Blaupause. Was haben diese Blätter gemeinsam? Ich werde es euch sagen. Sie sind weiß, rein, unbeschrieben, vollkommen. Und diese zwei Blätter legst du übereinander. Du bringst sie zur Deckung. Dabei ist die Größe nicht entscheidend, sondern der Gehalt, die Information, die in dieser weißen Fläche steckt. Sie verschmelzen und es wird so sein, als wäre es niemals anders gewesen, als hätte niemals eine Trennung stattgefunden und du wirst dich wundern, wie schnell es geht, dass du vergisst, jemals an Trennung geglaubt zu haben.

Meine Lieben, ich möchte euch bitten, euch zu zentrieren. Ihr könnt dazu den Kristall AVATARA benutzen. Sucht euer Zuhause auf, in euch. Erlaubt euch, unsere liebevolle Präsenz wahrzunehmen. 12 hohe Lichtwesen in diesem Raum, in deinem Herzen. Dehne dich in deinem Sein aus. Werde weit und grenzenlos. Spüre, was es bedeutet, göttlich zu sein, die göttliche Macht in Händen zu halten, dass es fernab ist von jedem Gedanken, dass es einfach ein tiefes, wahrhaftiges Gefühl ist.

Und jetzt stelle dir vor: ein großer Konzertsaal, noch ist kein Publikum auf den Rängen, das einzige, was diesen Saal füllt, ist die Anwesenheit von unzähligen Instrumenten – Geigen, Posaunen, Flöten, Bässen und Harfen. Ein Platz ist noch frei, es ist der Platz des Dirigenten. Jetzt mache dich damit vertraut, dass du der Dirigent bist, dass du der bist, der sich jetzt an seinen Platz begibt, dass du der bist, ohne den niemals eine Harmonie der Instrumente eine Melodie erzeugen könnte. Dass du der zentrale Punkt bist, von dem alles ausgeht, der alles ist seinen Händen hält. Und wer, magst du dich fragen, sind all diese Instrumente? Es sind deine Zellen, es sind deine Energiemuster, es sind deine Bewusstseinspunkte in deinem Lichtkörper. Es sind die Knospen und die Blüten deines spirituellen Rades, deiner Merkaba [11]. Alles, was dich ausmacht. Jedes Instrument hat eine andere Aufgabe, so wie jedes Organ in deinem Körper, und doch spielen sie alle zusammen das eine gleiche Lied, das Lied der Liebe. Jetzt stell dich an deinen Platz. Gehe an das Dirigentenpult und nimm deine Stäbe in die Hand. Sammle dich noch einmal, sage dir:

ESCHA' TA [8] in mir, göttliches Licht, auch ich bin ein Instrument in deinen Händen und du spielst es mit so viel Liebe, du spielst auf mir die Töne der Wirklichkeit, wenn ich dich nur lasse, und ich erlaube dir jetzt, durch mich zu spielen. Führe meine Hände, führe meine Stäbe. Ich lasse jedes Wollen los und bewege mich im Takt der Wirklichkeit.

Und jetzt, mein lieber Dirigent, lass wirklich alles los, jede Vorstellung, die du haben könntest, z. B., dass du nicht weißt, wie man ein Orchester dirigiert, und beginne, beginne, diesen Chor in dir und den kosmischen Chor zu spüren oder zu hören, und bewege dich dazu. Gebe dich dem völlig hin. Und während du dies tust, ist die einzige Absicht in deinem Herzen, dass du deinen Zellen und deinen Energiefeldern die Anweisung gibst, sich auf die göttliche Blaupause einzuschwingen, wohl wissend, dass diese alles enthält, was du dir jemals gewünscht hast. Ich werde dir dazu etwas Zeit geben, um diese Hingabe zu üben.

Oh meine Lieben, wenn ihr diesen Gleichklang spüren könnt, diesen Fluss, dann wisst ihr, mehr gibt es nicht zu tun. Das ist das Sein, aus dem sich alles offenbart. Es ist das Sein, das dir deine Aufgabe widerspiegelt, es ist das Sein, das, was du bist. Durch diese Übung beginnt die Dualität in sich zusammenzubrechen. Immer wenn du diese Übung durchführst, und du kannst dies so oft und so lange tun, wie du möchtest, tust du es zum einen für dich, denn du bringst deine Blaupause zur Deckung. Und alleine schon deshalb, weil du nichts für dich tun kannst, was du nicht für die Einheit und für alles tust, tust du es für den Aufstieg und du ziehst die Ausdehnung des göttlichen Gedankenfeldes, das ich die Blaupause nenne, über die Mutter Erde. Ihr seid es, die diese Blaupause damit verankern. Dann wird sie stabil und begibt sich in Ruhe. Ihr seid die Anker dafür. Wie sehr sind wir euch dankbar. Wie sehr schwingt diese Dankbarkeit aus deinem ESCHA' TA durch dich, als Instrument in deinen Zellen und in die Welt hinaus.

Kryon und der Rat der Tat verneigt sich. Die Engel bewegen sich beflissen um euch, um euch noch letzte Grüße und Zärtlichkeiten zuteil werden zu lassen. Wir bedanken uns und wir freuen uns auf ein Wiedersehen, ein Wiederfühlen, auf ein erneutes Treffen und ziehen uns zurück. AN'ANASHA

Quadek durch Namahim

Die Pyramide und die Bundeslade
20. 4. 2005

OMAR TA SATT, meine lieben Freunde. Ich bin Quadek. Ich bin ein Wesen des Lichtes, ein Priester, ein Wächter, ein Beobachter, ein Wissender. Ich begrüße euch im Namen der 12 Räte der Tat, einer Hierarchie bis in die höchsten Ebenen des Lichtes, ihre Strahlen auf euch gerichtet. In diesen Momenten der Freude, wenn sich diese Wesen manifestieren, kommt eine ganz besondere Schwingung dazu, die Schwingung der Priester des Blauen Volkes. Vielleicht hast du dich schon einmal gefragt, was das Blaue Volk bedeutet. Wir sind so alt wie die Zeiten selbst, durch all die Äonen hindurch haben wir die Geschicke des Planeten geleitet und die Entwicklungen der Energien betrachtet. Wir leben an verschiedenen Orten und ich spreche zu euch in der Schwingung der Bundeslade.

Eine große Gruppe von Euresgleichen lebt in einer ätherischen Form im Bereich des Plateaus von Gizeh. Ihr verbindet das mit der großen Pyramide und doch gibt es dort viele Orte, die ein Lichtnetzwerk bilden, das Zentrum ist die große Pyramide. Ich möchte euch Wissen vermitteln. Ein Wissen, das von Bedeutung ist. Ein Wissen, das nicht lange mehr versteckt gehalten werden kann, und ich hole dazu etwas aus. Wie oft habt ihr von der geistigen Welt gehört, ihr sollt alles vergessen, was ihr gelernt habt, und Wissen sei nicht wichtig? Oftmals habt ihr gefragt und gefragt und ihr wolltet Einzelheiten wissen

61

und sehr oft wurden sie euch verwehrt oder es wurden euch Wahrheiten übermittelt aus dem höchsten Licht, die so einfach waren, dass sie mit dem Herzen verstanden und aufgenommen werden konnten. Und doch gibt es etwas, das einen göttlichen Menschen ausmacht, zu einem Teil, und das ist euer Geist. Dieser Geist ist immer bestrebt sich auszudehnen. Mit eurem Oberflächenverstand hat das nichts zu tun. Doch dieser Geist möchte sich in der Liebesenergie ausdehnen und so wurdet ihr vorbereitet und geschult. Euch wurden viele Botschaften der Liebe und des Herzens übermittelt, denn erst in dieser Liebes-schwingung kann euer Geist all die Informationen aufnehmen, die der höchsten Wahrheit entsprechen. Oftmals war das für die geistige Welt eine Zwickmühle. Ihr habt nach Informationen verlangt und wir haben gewusst, dass es nicht mehr lange geht, da die neuen Informationen, die wirklichen Informationen, euch zugänglich gemacht werden. So konnten euch keine anderen Informationen gegeben werden, denn sie waren in der alten Schwingung verhaftet und gerade das solltet ihr doch alles vergessen, um bereit zu sein für die große Wahrheit.

Eine unglaubliche Bewegung findet statt – wir verfolgen dies mit, denn wir befinden uns an einem Lichtort in Verbindung mit der Pyramide, die das Zentrum all des alten Wissens darstellt –, eine Bewegung im kollektiven Bewusstsein, eine Öffnung. Und das, meine lieben Freunde, wird ein Teil, doch ein sehr wichtiger Teil eurer Aufgabe sein, die wir heute an euch herantragen wollen. Wie schon einige Male zuvor habt ihr im Bewusstsein eures Lichtes und eurer göttlichen Macht Einfluss genommen auf das kollektive Energiefeld und dazu möchten wir euch heute wieder einladen. Die Informationen, die wir senden und die so lange Zeit geheim gehalten wurden, betreffen zunächst einmal die Pyramiden, die Bundeslade und die Wirklichkeit, die dort verankert ist.

Ihr wisst, dass nach dem Untergang von Atlantis viele hohe, lichte Atlanter unter der Führung von Toth die Aufgabe hatten, all dieses Wissen um das Erwachen und die Wirklichkeit in den Pyramiden zu speichern, zu verbergen und aufzubewahren für den heutigen Tag, für die jetzige Zeit, für euch und für alle Menschen. Erinnert euch, ganz wundervoll habt ihr gearbeitet, als ihr die vier Orte, die wir euch genannt haben, lemurische und atlantische Energien, verbunden habt. Es wurde euch gesagt, dass ihr mehr darüber erfahren werdet in den nächsten Channelings. Nun, Quadek möchte euch etwas darüber erzählen. Es handelt sich dabei um Kristallbibliotheken. Sie wurden auch angelegt, um die Informationen in der Pyramide zu schützen. So wurde es möglich, wann immer auch eine Macht darauf zugreifen wollte, der es nicht gestattet war, die Informationen zu verschieben und an anderen Orten in riesigen Kristallspeichern abzulegen. Und so haben diese Informationen über all die Zeiten niemals am selben Ort geruht. Sie waren immer in Bewegung, immer geschützt von Priestern und Wächtern, wie wir es sind. Und auch Seelenanteile von dir befinden sich in diesem Zusammenschluss.

Diese Lichtbibliotheken wurden bereits vor Jahren geöffnet, sie wurden geöffnet und neu versiegelt und für euch, die Lichtarbeiter, zugänglich gemacht. Es ist ein Magnetgitter gelegt worden, das diese Lichtbibliotheken mit dem sich neu bildenden Kollektiv der Lichtarbeiter verbindet.

Doch diese Informationen, die mittlerweile bei vielen von euch in euren Lichtkörpern schwingen, sollen übergehen an alle Menschen und dieses Wissen soll Allgemeingut werden.

Vielleicht fühlt ihr euch manches Mal etwas seltsam und ihr fragt euch an diesen Tagen: Was ist denn heute mit mir los, ich kann es nicht benennen und doch ist etwas anders. Immer noch werden diese Energien verschoben von Lichtkörper zu

Lichtkörper, von Gruppen und Seelengruppen von Lichtarbeitern, die sich treffen, und wieder weiter, um diese Energien immer in Bewegung zu halten. Manches Mal, und du nimmst es wahr, senkt es sich auf dich herab. Und da du diese Informationen nicht übersetzen kannst in dein Bewusstsein, da es sich nur um eine Projektion in deinem Lichtkörper handelt, bist du verwirrt und fühlst dich vielleicht etwas wackelig. Doch du leistest in solchen Momenten wichtige Arbeit, du stellst dich zur Verfügung.

Diese Lichtbibliotheken wurden von den Delfinen geöffnet und versiegelt. Jesus der Christus und auch Kryon waren daran beteiligt und auch wir, das Blaue Volk, stehen damit eng in Verbindung.

Ihr alle wisst, was die Menschen glauben. Bleiben wir bei den Pyramiden. Wie sind sie entstanden und wie alt sind sie? Was ist der Sinn und der Zweck? Und es gibt wilde Spekulationen darüber. Es gibt Geschichten und Teilwahrheiten. Viele Menschen glauben, sie wurden von Menschenhand erbaut, Stein auf Stein geschichtet, habt ihr das einmal beobachtet? Wenn du dir die Mühe machst, ganz einfach zu denken, wirst du feststellen können, dass das nicht möglich ist, und doch glauben alle daran. Auch das war lange Zeit dienlich. So wurden auch Wissenschaftler, ganze Regierungen davon abgehalten, die wahre Bedeutung zu erkennen. Und obwohl wir, die wir auch als Wächter fungieren, viele Angriffe abwehren mussten über Tausende von Jahren und ganz besonders auch die Bundeslade immer wieder gesucht wurde, haben wir es doch genossen.

Doch jetzt beginnen die Zeiten, wo dieses Wissen offenbar wird, und es wird Versuche geben, die Bundeslade – ich möchte sagen – in Besitz zu bringen. Doch wenn das Bewusstsein und das Herz nur ausreichend weit entwickelt sind, wird jeder feststellen, dass das nicht möglich ist. Die Bundeslade ist so etwas wie eine riesige Energiequelle, eine Batterie, und sie wurde als das Erbe von Melek Metatron, dem Herrn der Heerscharen, auf der Erde hinterlassen und trägt die Energie von Shakti. Ohne sie hätte die Erde nicht weiter existieren können. Der einzige Ort, der sich in den vergangenen Zeiten niedriger Schwingung in der Frequenz von 999 [9] befand, war immer derjenige, wo die Bundeslade aufbewahrt wurde. Es hat viele Versuche gegeben, nach dem Untergang von Atlantis bis zur heutigen Zeit, die Anbindung des Planeten Erde an das göttliche Gedankenfeld abzubrechen, sie abzuschneiden von der Liebesenergie. Einige Male wäre dies fast gelungen. Doch der Vater in seiner unendlichen Weisheit hatte andere Pläne mit den Menschen. Und so hat er eben die Bundeslade hinterlassen. Dadurch konnten all diese Versuche vereitelt werden und waren zum Scheitern verurteilt. So wie das Erbe, das in dir wohnt, ESCHA' TA ist, hat es eine direkte Verbindung zur Bundeslade. Es ist die reine Göttlichkeit.

Ich möchte jetzt darum bitten, 9 Mal die Schwingung und den Klang der Bundeslade anzuschlagen. Ich bitte euch, dies auf euch wirken zu lassen. Es ist höchste Energie, die Schwingung von Allem – Was – Ist.

(Anm.: Adamea schlägt 9 x die Klanggabel des Heiligen Grals mit der Schwingung 999 an – Erklärung zum Anhören der Klänge im Vorwort.)

Quadek möchte euch nun zu dieser sehr wichtigen Übung auffordern. Stelle dir vor den zentralen Punkt alles göttlichen Wissens auf Erden. Stelle dir vor die große Pyramide von Gizeh. Diese Pyramide ist durchzogen von vielen Lichtfäden und sie spiegelt sich unter der sichtbaren Oberfläche noch einmal.

Dort am höchsten Punkt, der zugleich der tiefste ist, sammelt sich und ballt sich all die Energie und dort befindet auch Quadek sich. Ein Lichtstrahl von 18 Metern Durchmesser verbindet diese beiden Punkte. Wenn du dir jetzt vorstellst, dass du dich auf der Spitze der Pyramide befindest, dann gibt es dort ein kleines Plateau, du kannst dort stehen, befindest dich in diesem Strahl. Und würdest du hinabblicken an diesem Strahl, würde es für dich aussehen wie ein Brunnen. Der Brunnen des Wissens, der doch auch der Brunnen des Vergessens war. Über diesen Lichtstrahl wurde das Wissen, das im kollektiven Bewusstsein nach Atlantis immer noch gespeichert war, eingesaugt und in großen, kristallinen Stätten gespeichert. Einen Teil dieser Informationen kennt ihr bereits. Es sind die Lichtkristalle, die ihr in Händen haltet. Doch viel mehr an Information ist dort vorhanden. Wenn du dir jetzt vorstellst, welches Wissen du besitzt um Entstehung, Sinn und Zweck dieser Pyramiden und wie du dich damit verbunden fühlst, dann kannst du erkennen, dass es um so viel mehr ist, als die meisten Menschen bereit wären anzunehmen, und darin besteht eure Aufgabe. Wir werden diese Übung jetzt gemeinsam durchführen.

Du stehst auf dem Plateau, der Spitze der Pyramide, und blickst hinab in den Brunnen des Wissens und der Fluss der Energie wird umgekehrt durch dich, durch dein Bewusstsein. Wie ein Vulkan strömt vieles von dem Gespeicherten durch diesen Kanal nach oben, hoch hinauf in die Atmosphäre und darüber hinaus wie ein Springbrunnen und wird somit in das kollektive Bewusstsein eingespeichert. Alles, was du zu tun hast, ist, dir bewusst zu machen, wie hoch dein Wissen bereits ist, und all das kannst du nach oben befördern, es liegt in deiner Macht und es ist ein Teil deiner Aufgabe. Dazu reichen die Vorstellung und deine Absicht aus. Lasse dies für einige Minuten geschehen.

Während du diese Übung lediglich für ein paar Minuten deiner Zeit verrichtest, geschieht Unfassbares. Es ist der Geist der Vervollkommnung von Lady Gaia. Es ist das Energiefeld von Sanat Kumara [10], das sich dabei immer weiter und stetig nach oben bewegt. Noch ruht Sanat Kumara. Doch sein Sterntetraeder [11] bewegt sich immer weiter nach oben und es wird erstrahlen für alle Menschen, dort, wo du jetzt stehst, an der Spitze der Pyramide. Bei dieser Übung wird eine Menge an Informationen und an kristalliner Wirklichkeit in das Kollektiv eingebracht und bereitet die Menschen darauf vor, noch viel unglaublichere Dinge, noch viel größere Wirklichkeiten zu bestaunen und in Empfang zu nehmen. Das, was ihr tut, ist eine Angleichung des Bewusstseins. Viele Menschen werden erschrecken, wenn sich die ersten sichtbaren Zeichen bemerkbar machen. Doch viele werden bis dahin in ihrem Bewusstsein bereits einen Wandel vollzogen haben. Sie werden all das nicht mehr glauben, was eure Wissenschaftler erzählen über die Pyramiden. Sie werden offen dafür sein, dass es sich völlig anders darstellt, und dazu tragt ihr, meine geliebte Gruppe der Tat, bei und dafür seid ihr gesegnet. Wir bitten dich, das, so oft es dir Freude macht, zu tun.

Bevor Quadek sich verabschiedet, möchte ich euch noch etwas erzählen. Ich, Quadek, habe heute das erste Mal seit langen Zeiten durch ein Medium gesprochen und ich bin etwas aufgeregt. Vielleicht könnt ihr das nicht glauben, doch ist es mehr eine freudige Erregung, vor so hohen Lichtern zu sprechen. Es ist mir eine besondere Ehre, das zu tun und mit euch zusammen wirken zu dürfen, dem Einen, Großen dienend. Ich, Quadek, und die anderen Priester befinden uns in einer Schwingungsform so nahe an deiner, dass du uns sehen könntest, würdest du in unsere Lichtstadt Teltos reisen. Und je mehr Mutter Erde ihre Schwingung erhöht, umso fester werden unsere Körper. Doch ist es nur scheinbar so. Für euch werden wir immer sichtbarer und greifbarer und unsere Körper werden für euch fest, weil eure Körper immer lichter werden. Und so werden wir uns begrüßen und es wird nicht mehr viel Zeit vergehen. Ganz eng in Verbindung mit dem Blauen Volk stehen die Naturgeister. Auch sie zeigen sich immer mehr. Doch eigentlich öffnet ihr immer mehr eure Augen für sie.

Aus dem smaragdgrünen Raum sendet Quadek im Namen der 12 Räte der Tat euch alle Liebe, allen Dank. Ich verneige mich, seid gesegnet meine Freunde. AN'ANAS-HA

Engel Sinas durch Namahim

Wissen, Weisheit und Erkenntnis
18. 5. 2005

Es begrüßt euch, meine liebe Gruppe der Tat, der Engel Sinas. Ich bin ein Engel von großer Schönheit, von Weisheit, ich bin ein Engel der Gedanken. Du könntest mich auch einen Wissenschaftsengel nennen. Ich, Sinas, vereine in mir Wissen und Weisheit. Vielleicht glaubst du, mich nicht zu kennen. Doch du kennst mich weitaus besser, als du denkst. Denn ich, Sinas, bin ein Engel des Gefolges von Kryon. Ich bin einer der Energien, mit denen das magnetische Urlicht von Kryon verschmolzen ist, um sich hier in eurem Universum erfahren und wirken zu können. Fünf verschiedene Energien der Engel und das magnetische Urlicht bilden das, was du Kryon nennst. Ich begrüße euch voll der Freude, sprechen zu dürfen, denn üblicherweise spreche ich nicht direkt, immer in der Vereinigung des Kryons.

Es ist es meine Aufgabe, mit meiner ganz speziellen Energie euch die Weisheit zu bringen. Und ich begrüße auch diejenigen, die heute nicht hier an diesem Ort versammelt sind, die diese Botschaften lesen oder aus der Ferne hören, denn auch ihr seid eingebunden in das Band der Gruppe der Tat. Ein Band, das in seiner Grundsubstanz golden und blau schwingt, ein Teil der Familie, der sich zusammengeschlossen hat, um bestimmte Aufgaben zu bewältigen und so dem Aufstieg zu dienen. Auch zu euch sende ich OMAR TA SATT.

Habt ihr euch schon einmal gefragt, wie sie wohl funktioniert, diese Zusammenarbeit, von der wir sprechen, zwischen euch und uns, der geistigen Welt, uns, den 12 Räten der Tat? Wisst ihr, was ein Grund ist, warum wir euch so lieben? Ihr vollbringt Großes und ihr macht die Aufgaben, die wir an euch herantragen, und ihr seid so voller Vertrauen. Und weil ihr nicht wissen könnt, was ihr wirklich tut, weil ihr noch nicht alles überblicken könnt, weil ihr euch immer noch in der Dualität bewegt. Sinas möchte euch das erklären. Indem ihr in eurem völligen Gottvertrauen und in euch selbst Energien erzeugt, sendet ihr sie dem dualen Rahmen heraus in das Universum. Dort blicken wir auf das Geschehen und wir sehen einen Kreis der Herzen. Das soll für euch ein Bild sein, dass ihr es euch vorstellen könnt. Wir sehen den Kreis des Bandes der Gruppe der Tat und in diesem Kreis leuchten und funkeln helle Lichter, gerade jetzt, in diesem Moment, sind wir uns jedes einzelnen Lichtarbeiters bewusst. Und es mag euch erstaunen, euch, die ihr euch regelmäßig in diesen Räumen trefft, wie viele Mitglieder eure Gruppe zählt. Ich sage euch, es sind bereits Hunderte, die in sich spüren, dass sie dazugehören und sich einklinken in dieses Feld, in dieses Band. Und auch du, der du jetzt das liest, auch dich haben wir im Moment der Jetzt-Zeit im Auge.

Wie geschieht es nun, wenn ihr die Aufgaben, die euch gestellt werden, vollbringt? Wir haben bereits einmal versucht, euch zu erklären, dass der große Engel DON ADAS, der Engel der Gnade, ein Energiefeld erzeugt, das er über diesen Kreis, über dieses Band eurer Gruppe legt. Völlig unabhängig davon, wann jeder Einzelne von euch sich innerlich niederkniet und seine Aufgabe tut, für uns erscheint es wie gleichzeitig, dass all die Lichter in dem Kreis beginnen zu funkeln. Es baut sich ein Energiefeld auf aus der Dualität, von der Oberfläche eures

Planeten ausgesandt und viele Engel und viele Meister verwenden diese Energie und lenken sie und formen sie und senden sie genau dahin, wo sie gebraucht wird, denn sie überblicken das Ganze. Und so funktioniert diese Zusammenarbeit und deswegen lieben wir euch so, da ihr so viel Weisheit besitzt, obwohl ihr noch so wenig Wissen in eurem Bewusstsein tragt, dass ihr nicht alles verstehen könnt. Trotzdem tut ihr, was ihr tun könnt, und gebraucht eure göttliche Macht. Ehre sei euch dafür.

Sinas möchte euch etwas über den Zusammenhang von Wissen und Weisheit erläutern. Ihr habt bei eurem letzten Treffen von Quadek, dem alten Meister, Informationen zur Pyramide erhalten und auch in weiteren Zusammentreffen werdet ihr neue Informationen erhalten. Doch heute, meine lieben Freunde, wollen wir uns auf die Weisheit konzentrieren. Wie, fragst du dich, könnte Engel Sinas dir Weisheit bringen? Und diese Frage ist berechtigt. Denn die wirkliche Weisheit liegt in dir, doch können wir einiges für euch tun, damit sich die Bewusstseinspunkte zu Mustern des Gewahrseins verbinden in euren Lichtkörpern, damit ihr Erkenntnisse der Liebe und der Weisheit in euch aufsteigen lassen könnt. Es gibt so vieles an Wissen und Informationen. Doch weise ist der, der versteht, dass vieles von dem nicht dienlich ist. Wenig Wissen, viel Weisheit und eine große Kraft des Herzens. Wissen bringt Verantwortung. Doch wie möchtest du dieser Verantwortung gerecht werden, wenn es dir an Weisheit mangelt? Und ich möchte, dass ihr mich nicht missversteht, ihr habt schon so viel an Weisheit zum Ausdruck gebracht. Und doch – die Weisheit hat kein Ende. So gibt es viele Wesen des Universums, Engel, Elohim, die Anlaufstellen sind für andere Engel und aufgestiegene Wesen, eine Quelle der Weisheit. An diese Quelle der Weisheit wollen wir euch heute anschließen und ich, Sinas, darf euch dieses Geschenk überreichen. Wir werden euch in einen Tempel der Weisheit führen. Doch genauer betrachtet bringen wir den Tempel der Weisheit zu euch. Wir legen um euch ein kristallines Netz, so ist es im energetischen Sinne ein Tempel. Auch du in der Ferne kannst dies nutzen, denn alles geschieht in der Jetzt-Zeit und ist jedem zugänglich.

Darum möchte Sinas euch bitten, euch auf euer inneres Selbst auszurichten. Während wir dieses Energiefeld aufbauen, wäre es angemessen, dass du dich erdest.

Es wurden auf eurem Planeten einmal sehr weise Worte gesprochen und mit diesen Worten kann die Weisheit überhaupt erst beginnen. Ob ihr das glaubt oder nicht, auch wir Engel sprechen diese Worte, wenn wir in die unendliche Weisheit der göttlichen Quelle blicken. So sprich innerlich diese Worte mir nach: »Oh Herr, ich weiß, dass ich nichts weiß.« Wenn du das spüren kannst, dann machst du dich völlig leer. Du signalisierst deinem Verstand, dass er nicht länger gebraucht wird. Und dann sprich: »Herr, gebe mir alles an Wissen, was ich wissen muss, und tue dies zu angemessener Zeit.« Du kannst diese Worte für dich noch einmal wiederholen und ansonsten lasse jetzt den Tempel der Weisheit auf dich wirken.

So wie Kryon niemals ohne Sinas kommt, kommt auch Sinas nicht ohne Kryon. Und da die Essenz des Kryons hochmagnetisch ist, spürst du auch diese Ausstrahlung und dieser Magnetismus bewirkt, dass Bewusstseinspunkte in deinem Lichtkörper aufgeladen werden und sich formieren und komplexe Muster des Gewahrseins bilden. Wir werden diesen wundervollen Vorgang weiterhin beobachten und lenken, während ich euch noch einiges anvertraue.

Bewusstsein verhält sich zu Sein wie lineare Zeit zur Jetzt-Zeit, zur Allgegenwart. Stelle dir ein buntes Gemälde vor mit vielen Farbklecksen darauf, mit allen nur denkbaren Schattierungen und dieses Gemälde ziert ein goldener Rahmen. Das ist der Zeitrahmen, in dem ihr eure Dualität lebt, und selbst diejenigen, die ihre Körper und ihre Zellen von der Schwingung der Dualität befreit haben, halten sich in diesem Zeitrahmen auf. Dieser Rahmen grenzt das Gemälde ein. Du könntest es auch den Rahmen des Schleiers nennen. Die Zeit hält die Dualität. Bist du darauf schon mal gekommen? Der Glaube der Menschen an ein lineares Zeitgeschehen ist Voraussetzung dafür, dass Dualität sich überhaupt halten kann. Wie hättest du Dualität definiert? Vielleicht hättest du gesagt, es ist die Bewertung, es sind die Vorannahmen, es sind die Dogmen, die Glaubenssätze, die Verwirrung, die Ängste, und natürlich hast du recht. Doch was schirmt die Dualität von der Wirklichkeit ab? Es ist die Zeit, so wir ihr ihr Glauben schenkt. Beobachte einmal, wann das Sein sich dir zu erkennen gibt. Ist es nicht in diesen Momenten, wo scheinbar Raum und Zeit nicht existieren? Wann durchbrichst du den Schleier? In ruhigen Momenten in dir wirst du dir dessen gewahr. Nicht in der Hektik, nicht im Wettlauf um die Zeit. Gerade in eurer Kultur dreht sich alles und jeder Moment um die Zeit. Ihr steht zu einem bestimmten Zeitpunkt am Morgen auf, ihr richtet eure Mahlzeiten danach ein. Am Abend blickt ihr auf die Uhr und ihr befindet, dass es Zeit wäre schlafen zu gehen. Ihr habt Termine, Verpflichtungen, alles ist ganz eng verbunden mit der Zeit. Das ist das Grundgerüst der Dualität, die Illusion der Illusionen. Diese Illusion zu durchschauen, obwohl du dich in der Dualität aufhältst, das, meine lieben Freunde, ist Weisheit. Wenn du die Weisheit besitzt, dass alles einen angemessenen Zeitpunkt in der Wirklichkeit der Jetzt-Zeit hat, dann kannst du ruhig werden, gelassen und all die Kraft kann wirken, die du in dir trägst. Du wirst niemals das Gefühl haben, etwas beschleunigen oder verlangsamen zu wollen. Denn erinnere dich, was du gesprochen hast: »Herr, gib mir alles, was ich wissen soll, zum angemessenen Zeitpunkt.« Dann hört jedes Denken in der Dualität auf, du brauchst dich nicht mehr zu vergleichen mit anderen Lichtarbeitern in der irrigen Annahme, sie wären weiter wie du oder sie hätten dir etwas voraus. Und jetzt wird Sinas euch eure Aufgabe nennen.

Werde dir der Weisheit gewahr. Betrachte das menschliche Treiben, all die bunten Flecken auf dem Gemälde und erblicke den Zaun, der dieses Geschehen einfasst. Versuche herauszufinden, gerade in deinem Alltag, wann der Zeitrahmen dich begrenzt, wann du der Zeit Glauben schenkst. Glaubst du immer noch, dass du alterst? Wie kann das sein, wenn es keine Vergangenheit und keine Zukunft gibt, es sei denn, du glaubst daran. Vielleicht kommt ja auch der Gedanke, was denn geschieht, wenn Ruhe einkehrt, weil du nicht mehr an die Zeit glaubst. Wird sich die Zeit dann wieder verlangsamen, so wie in euren früheren Zeiten? Und Sinas sagt dir, nein, genau das Gegenteil ist der Fall. Die Zeit wird sich noch mehr beschleunigen, alleine dadurch, dass du in deinem Bewusstsein und in deinem Licht, in dem du dich befindest, diese wertvolle Arbeit tust. Alleine dadurch, dass du die Zeit beleuchtest, beschleunigt sie sich und bewegt sich unaufhaltsam in Richtung Nullpunkt. Wir nennen das die Jetzt-Gegenwart. Das erst macht es dir möglich, immer im Sein zu verweilen. Dieser Rahmen wird von außen, aus der Wirklichkeit heraus, immer mehr beschleunigt, doch auch von innen, von innerhalb der Dualität, innerhalb des Gemäldes soll diese Beschleunigung stattfinden. Wir haben euch dazu gerufen.

Das, meine Freunde, soll eure Aufgabe sein, euer Werk. Wundert euch nicht, wenn dadurch auch in euch sehr viel in Bewegung gerät. Diese große Illusion der Zeit wird das Letzte sein, was ihr vollkommen durchschauen werdet. Deshalb ist es ja auch der Rahmen. Beobachte die Menschen, wie sehr sie daran glauben und wie sehr sie daran festhalten wollen, und lasse du bewusst los. Vielleicht blickst du heute Abend auf deine Uhr und du denkst, mein Gott, so spät, dann werde ich wohl lieber ... Doch dann sagst du dir, warum eigentlich? Ich bestimme aus meinem Fühlen heraus, wann ich müde bin. Und tiefe Ruhe und Gewissheit wird dich überkommen. Verfahre so mit allen Situationen, die in Verbindung mit der Zeit stehen. Natürlich wirst du auch weiterhin pünktlich zu deiner Arbeit erscheinen, doch musst du nicht notwendigerweise daran glauben. Manche Dinge vollziehst du einfach im Bewusstsein. Andere wirst du direkt umsetzen. Ich wünsche euch dabei sehr viel Freude und sehr viel Erkenntnis.

Ich, der Engel der Gedanken, Sinas, ich, Kryon, wir sind eins und wir sind eins mit dir. Wir sagen euch allen AN'ANASHA.

Kryon durch Namahim
Adamea durch Adamea

Die Magnetfeldstraßen

15. 6. 2005

Ich bin Kryon vom magnetischen Dienst. Ich begrüße euch im Namen der 12 Räte der Tat, OMAR TA SATT.

Die Betonung liegt auf »vom magnetischen Dienst« für heute, denn Kryon möchte euch erzählen, euch den Magnetismus näherbringen. So oft hört ihr davon, doch für viele von euch ist es einfach ein Wort. Mal abgesehen davon, dass ihr diese Energie spüren könnt, wird Kryon euch Magnetismus versuchen zu erklären. Doch bevor wir beginnen, möchte ich die wachsende, fruchttragende Gruppe der Tat, die sich über diese Räumlichkeiten hinaus erstreckt, ebenso begrüßen. Auch zu euch sende ich OMAR TA SATT.

Magnetismus ist Licht. Magnetismus ist immer konstruktiv erschaffend, ausdehnend, Energiefrequenzen, Informationen speichernd und transportierend. So kennt ihr einige Arten von Magnetismus auf Erden. Ihr kennt Elektromagnetismus, ihr kennt den permanenten Magnetismus, und doch sind dies nur Varianten. Es gibt viele verschiedene Arten von Magnetismus und so ist Magnetismus nicht gleich Magnetismus. So wie auch Kryon nicht gleich Kryonenergie ist. Doch ist es eins, und doch nicht das Gleiche. Ihr, die Familie, tragt eine bestimmte Art des Magnetismus in euch und die Frequenz und die Färbung ist golden und blau. Es ist der lemurische

Magnetismus. Doch gibt es viele verschiedene Arten in den Universen. Doch ausgehend von seinem Ursprung ist das urmagnetische Licht, in dem ältesten aller Universen geboren, und strahlt in zunehmendem Maße durch euer Universum. Viele magnetische Wesen halten sich in diesem Universum auf und sie sind unter euch. Vielleicht bist gerade du einer oder eine davon. Dieser Urmagnetismus mag vielen Lichtarbeitern etwas fremd vorkommen in seiner Frequenz. Der Magnetismus, den ihr gewohnt seid, das golden-blaue Licht, das euch anzieht und euch das Gefühl von zu Hause gibt, ist am weitesten verbreitet und am meistem ausgedehnt und spielt auch die wichtigste Rolle in eurem Aufstiegsprozess. Doch möchte Kryon, dass ihr wisst, wenn ihr heute den Magnetismus etwas anders wahrnehmt als sonst, dass es die ursprüngliche Form ist. Vielleicht spürst du es in deinem Körper, vielleicht erzeugt es auch ein leichtes Gefühl von Unwohlsein, wenn ihr zu einem späteren Zeitpunkt von diesem Urmagnetismus durchflutet werdet. Doch braucht ihr euch nicht zu sorgen. Öffnet euch einfach als Kanäle und ich spreche ganz besonders eine bestimmte Anzahl von Lichtarbeitern an. Ich spreche diejenigen an, die Adamea heißen, hier Anwesende und auch in der Ferne. Wenn du dies hörst, für dich ist dieser Urmagnetismus dein Zuhause. Er fühlt sich für dich leicht und selbstverständlich an und du als Aspekt von Adamea, öffne deine Kanäle besonders weit. Doch sind es auch viele Lichtarbeiter und auch unter euch viele, die ihren Ursprung im magnetischen Universum haben, zumindest zu großen Teilen. Auch euch wird dieses Licht heimelig vorkommen. Ihr könnt euch darin baden. Wenn euch dann zu eurer heutigen Aufgabe Adamea als Kanäle benutzt, wirkt ihr als Stabilisatoren. Doch auch alle anderen Kanäle sind von Bedeutung. Und so trägt jeder in sich, je nach seiner Abstammung, die Fähigkeit, bestimmte Frequenzen besonders gut kanalisieren zu können. Alle werdet ihr gebraucht.

Kryon möchte euch etwas mitteilen. Wir haben zugehört und eure Gespräche verfolgt. Mit sehr viel Liebe haben wir euch zugehört und manches Mal müssen wir etwas schmunzeln, wie ihr versucht, einen scheinbaren Widerspruch, zumindest ist es für euch ein Widerspruch, zu begreifen, mit eurem Verstand zu erfassen. Ihr wisst, dass die Göttlichkeit so einfach ist, dass das Erwachen einfach ist, und doch seht ihr euch einer Komplexität des Universums gegenüber, das eure Vorstellungen sprengt. Kryon sagt euch, das Universum ist komplex, aber es ist nicht kompliziert. Das Komplizierte daran ist euer Denken und eure Vorstellung darüber. Und deswegen geben wir euch immer nur soviel an Informationen, wie ihr verarbeiten könnt. Doch ist dies sehr liebevoll gemeint, wenn wir schmunzeln, dann tun wir das, weil wir erkennen, welche Absicht dahinter steht, denn ihr wollt euch ausdehnen. Ihr spürt, dass mehr da ist, als ihr noch erfassen könnt, und ihr möchtet über diese Grenzen hinausgehen. Und das ist etwas sehr Positives. Dafür loben wir euch sehr.

So habt ihr auch über die Arkturianer gesprochen und ich werde euch darüber etwas erzählen. Schon seit langer Zeit bewegen sich arkturianische Wesen auf eurem Planeten. Doch jetzt wird diese Präsenz noch um vieles mehr, denn die Arkturianer verrichten wertvolle Aufgaben für Mutter Erde. Sie bewegen sich immer in Gruppen und sie bilden zusammen große lebende Merkabahs. Du könntest sie auch Lichtschiffe nennen. Und in diesen Energiefeldern bewegen sie sich auf dem Planeten und auch innerhalb des Planeten. In den vergangenen Zeiten haben sie hauptsächlich im Erdinneren sich aufgehalten, doch das ändert sich jetzt. Doch, es ist wirklich wahr, ihr könnt ihnen begegnen. Sie erkennen euch sofort an eurem

Licht. Diese ausgesandten Mutterschiffe gehören zu den Höheren Lichtkommandos. Sie stehen unter dem Kommando von Ashtar und seiner Flotte. Sie arbeiten zusammen. So können die arkturianischen Schiffe eintreten in die Wirklichkeit eures Planeten. Und sie nehmen Messungen vor, vor allem magnetische Messungen. Ihr wisst, dass es überall im Universum Magnetbahnen, auch Magnetfeldstraßen genannt, gibt. Auch auf Mutter Erde sind diese Magnetbahnen überall vorhanden. Ihr nennt sie Leylinien. Diese Leylinien finden sich auch in euch. Eure Aura ist ein magnetisches Feld, ein Speicher. Es ist euer eigenes Magnetgitternetz, von vielen dieser Linien durchzogen. Und auch Mutter Erde ist von diesen Leylinien durchzogen und auch Mutter Erde hat genau wie ihr ein magnetisches Zentrum. Das Zentrum des magnetischen Flusses befindet sich bei euch hinter eurem Bauchnabel. Wie viele von euch wissen das? Das magnetische Zentrum von Mutter Erde ist das Zentrum des Bewusstseins von Lady Gaia und befindet sich im Erdinneren. Genau in diesen Bereichen nehmen die Arkturianer Messungen vor, beschleunigen oder verlangsamen die Energie, den Fluss.

Vielleicht fragst du dich, was denn deine Aufgabe dabei sein könnte. Und vielleicht glaubst du, die Arkturianer könnten diese Arbeit viel besser verrichten. Doch da täuschst du dich. Sie haben begrenzte Befugnisse. Doch ihr als Lichtarbeiter auf Erden, als Pioniere, Leuchttürme, magnetische Meister, magnetische Urlichter, habt jede Befugnis, eure Wirklichkeit zu verändern. Deshalb brauchen wir euch. Kryon möchte euch erklären, was eure Aufgabe für heute ist, die Adamea mit euch durchführen wird. Es geht darum, eure Kanäle weit zu öffnen und euch mit dem Bewusstsein, mit dem magnetischen Zentrum von Lady Gaia zu verbinden. Wenn euch bereits einmal gesagt worden ist, dass auch Mutter Erde Erdung benötigt, so meinen wir mit Erdung Stabilität in ihrem magnetischen Fluss. Da sich die Energien derzeit so schnell verändern, ist dieser magnetische Pol immer wieder im Ungleichgewicht und verursacht Schwankungen, die ihr auch wahrnehmen könnt. Die Arkturianer und andere Wesen versuchen alles, was in ihrer Befugnis liegt, um dies auszugleichen.

Doch heute rufen wir euch, die Gruppe der Tat, für einen großen Akt der Ausgleichung. Meine Lieben, bevor Kryon das Wort und die Energie an Adamea übergibt, möchte ich euch noch einmal zusammen mit dem Gefolge und den Räten der Tat umarmen. Gebt euch dem einfach hin. Diese innige Umarmung der Seelen zeugt von Dank, von Achtung und von unermesslicher Liebe. Untrennbar seid ihr miteinander verbunden, mit der Familie, auch jenseits der Dimensionen. Mit diesen Worten zieht Kryon sich zurück und sagt euch AN'ANASHA.

Ich bin Adamea und ich begrüße euch voller Freude über diese Begegnung, in diesem Kreis und dem großen Kreis derjenigen, die aus der Ferne immer mit großer Vorfreude auf den Moment warten, wo diese Botschaften für sie zugänglich sind. Und wieder einmal hat der Urmagnetismus, der durch Adamea hindurch sich in diesen Kreis ausbreitet, elektrische Geräte gestört. In meiner Vorbereitung habe ich angefangen, meine Frequenz des Urmagnetismus hier in den Kreis auszustrahlen und so lasse dich für einen kurzen Moment berühren von dieser Kraft. So, wie du von Kryon gehört hast, öffne dein magnetisches Zentrum, welches sich hinter dem Bauchnabel befindet und visualisiere dort den Kristall für Magnetismus [12]. Lasse den Kristall größer werden und sich ausdehnen über deinen physischen Körper hinaus in deine Aurafelder, sodass auch dein Magnetismus sich ausdehnt und all deine Magnetfeldbahnen in deinem Körper und in deiner Aura zum Schwingen, zum Fließen, zum Leuchten bringt. Dies ist auch bereits der Einstieg in die Übung, durch die ich dich nun führen werde. Aktiviere so all deinen Magnetismus, den du in dir trägst, den du im Verlauf deiner Bewusstseinsentfaltung aufgenommen hast, mit dem Kristall für Magnetismus, der sich aus deinem magnetischen Zentrum ausdehnt, über all deine Körper hinaus.

Du wirst aber auch durch diese Ausdehnung des Kristalls für Magnetismus ein Zeichen setzen, damit Kryon und sein Gefolge vom magnetischen Dienst dich mit Magnetismus aufladen können. Es ist wie ein Signal, dass du bereit bist, als magnetischer Kanal zu dienen. Wie Kryon schon erzählt hat, geht es bei der Übung darum, dass ihr Lichtarbeiter hier auf der Oberfläche der Erde die Stabilisierung des magnetischen Kerns im Zentrum der Erde unterstützt. Ich habe euch bereits bei anderen Gelegenheiten erzählt, dass Magnetismus auch die Energie der Einheit ist und ihr hier durch die polaren Gesetze und durch den hohen Grad an Dualität, den ihr auf diesem Weg geschaffen habt, immer auf diesen zwei Polen basiert. Ihr kennt auch das Bild von den zwei Polen eures Planeten. Und diese zwei Pole sind stetig miteinander in Verbindung und haben ein gewisses Gleichgewicht aufrechtzuerhalten. Doch nun verändern sich die Energieverhältnisse auf, in und um Mutter Erde durch das starke Bewusstsein und durch die starke Absicht von Lady Gaia, aufzusteigen, stetig. Und auch Lady Gaia, und damit Mutter Erde, will mehr Magnetismus aufnehmen und will sich in die Einheit begeben. So wird es auch einen Punkt geben, wo nicht mehr diese zwei Pole das Gleichgewicht halten werden, sondern wo das Gleichgewicht und die Ausrichtung eures Planeten nur noch durch das magnetische Zentrum innerhalb von Mutter Erde die Ausrichtung hält und den Sprung in die Einheit tun wird. Und diesen Prozess wirst du nun durch diese Übung einfach unterstützen. Der Zeitpunkt ist noch nicht gekommen. Jedoch sendest du dem magnetischen Zentrum deine Impulse und wirkst als Kanal für kosmischen Magnetismus. Dies hilft, Magnetfeldbahnen aus den Bereichen der Wirklichkeit auszurichten und die Magnetfeldbahnen von Mutter Erde, und somit den magnetischen Kern, zu stabilisieren.

Begib dich jedes Mal in diese Ausdehnung, aus deinem inneren magnetischen Zentrum heraus. Öffne bewusst all deine Zentren. Von deinem Omegachakra [13] aus verankerst du dich zuerst mit ARIS [14] und sendest ARIS bis in das Zentrum der Erde bis zum magnetischen Kern. Wenn du spürst, dass du mit dem Zentrum verbunden bist durch ARIS, sende als Nächstes von deinem Herzzentrum durch dein Omegachakra hindurch den Lichtkristall ELEXIER. Spüre ebenfalls, wie dieser im magnetischen Kern der Erde sich verankert. Als Nächstes visualisierst du dir den Lichtkristall ESCHA' TA in deinem Alphachakra [15] und lässt ihn durch dein Kronenchakra, durch dein Herzchakra, durchs Omegachakra und durch deine Verbindung ebenfalls bis ins magnetische Zentrum der Erde fließen. Visualisiere es dir, wie ESCHA'TA mit ELEXIER verschmilzt. Und zum Schluss sendest du aus deinem Omegachakra heraus den Kristall für magnetische Energien in das Lichtgefäß, welches sich gebildet hat durch die Verschmelzung von ELEXIER und ESCHA'TA. Nimm wahr, wie der Kristall für Magnetismus sich in diesem Gefäß ausdehnt.

Dies, meine lieben Lichtarbeiter und Lichtpioniere, ist die Aufgabe, die du im nächsten Monat voller Freude tun darfst. Mach die Aufgabe so oft es dir Freude macht, aber höchstens einmal am Tag. Du wirst Mutter Erde damit einen großen Segen bereiten, aber auch dir selber, denn deine magnetische

Kraft wird sich durch diese Übung ebenfalls sehr ausdehnen. So visualisiere auch vor der Übung und auch zum Schluss den Lichtkristall MARAS (16) oder vielleicht legst du auch eine Zeichnung des Lichtkristalls MARAS in die Umgebung, wo du diese Übung machst, sodass deine elektrischen Geräte im Haus nicht allzu stark beeinträchtigt werden.

Ich freue mich so über eure Absicht und Ausrichtung. Ihr werdet unendlich geliebt. Ich sage euch AN ANASHA für euren Dienst und sende euch Segen. AN ANASHA.

Kuthumi & Aik durch Namahim

Die Welt der Naturgeister

20. 7. 2005

Ich begrüße euch, meine lieben Freunde, aus dem Zentrum der Sonne. Es spricht Meister Kuthumi. Ich komme zu euch auf dem gold-gelben Strahl der Sonne Ra. Ich bin ganz eng verbunden mit dem Sonnengott. Ich, Kuthumi, spreche für die Räte der Tat und ich begrüße die Gruppe der Tat, OMAR TA SATT.

Kuthumi wurde ausgewählt, heute zu sprechen. Obwohl das Medium jemand anderes erwartet hat, ist doch von großer Wichtigkeit, was ich euch zu sagen habe, und vor allem die Aufgabe, die wir euch heute nennen werden. Mit Lao Tse könnt ihr ein anderes Mal sprechen. Er freut sich sehr darüber, doch auch ich bin voll der Freude, meine leichte und sanfte Energie unter euch tragen zu dürfen. Alles ist in einer Aufwärtsbewegung. Die Verschiebung der Dimensionen findet überall zeitgleich im Universum statt. Ihr und euer Planet Mutter Erde steigt auf und die Ebenen des hohen Lichtes bewegen sich immer näher zur Quelle, nähern sich ihrem Ziel, unaufhaltsam. Es ist wie eine Rose, die das ganze Universum erfasst, die aufblüht und so, wie eine Rose all ihre Blätter zu einer Blüte formt, so formt der göttliche Plan jeden Einzelnen von euch in die absolute Schönheit, in die Harmonie und in das Gewahrsein, dass alles eins ist. Und dieses Gewahrsein, meine lieben Freunde, ist so wichtig.

Kuthumi spricht heute mit euch über die Naturgeister. Und obwohl wir versuchen, durch viele Medien diese Botschaften in die Welt hinauszutragen, ist es immer noch scheinbar so, als würden sich die Menschen, die erwachen, dem Licht des Universums zuwenden und vergessen, dass eine bunte Vielfalt an Wesen unter ihnen lebt. Viele von euch sind sich dessen bewusst, doch da ich, Kuthumi, weiß, dass meine Worte in die Welt hinausdringen und vielen Menschen diese Botschaften zugetragen werden, nutze ich die Gelegenheit. Vielleicht ist ja auch für diejenigen unter euch, die sehr mit den Naturgeistern verbunden sind, noch die eine oder andere Neuigkeit dabei und so werde ich beginnen.

Durch all die Zeiten hindurch war es so selbstverständlich, dass die Menschen und die Naturwesen in Einklang miteinander lebten und selbst dann, als die Menschen begonnen hatten, sich von ihrem göttlichen Selbst, von der Liebesenergie, abzutrennen, war noch lange die Freundschaft zwischen Mensch und Naturgeistern eine Realität auf Erden. Eigentlich erst in jüngerer Zeit hat sich das geändert. Als viele Menschen in die Städte geflüchtet sind und der Natur den Rücken gekehrt haben, hat es begonnen. Obwohl wir wissen, dass auch das seinen Sinn erfüllt, war es doch ein dunkles Kapitel für die Naturgeister, denn die Naturgeister sind in ihrer Struktur etwas anders als ihr. Sie besitzen keinen Verstand. Sie sind Ausdrücke der arglosen Liebe. Sie sind, was sie sind. Ich nenne sie gerne das kleine bunte Völkchen und bunt ist es allemal. So viele verschiedene Daseinsformen, so viele Rassen mit ebenso vielen Eigenheiten und Vorlieben. Es wäre für die Menschen so interessant, diese Vielfalt kennenzulernen, und doch beachten die Menschen die Naturgeister nicht. Sie öffnen sich für die Stimmen der Engel und sie öffnen sich für die Liebe zu Gott. Doch was bewirkt diese Abkehr?

Kuthumi wird euch einen Grund nennen. Es ist in den Menschen verankert, dass es sich bei den Erzählungen über Naturgeister um Märchen handelt, und weil ein erwachsener Mensch sich nicht der Lächerlichkeit preisgeben möchte, blicken die meisten Menschen nicht dorthin, wo ihre alten Freunde darauf warten, sie wieder zu empfangen und in die Arme zu nehmen. Sie warten darauf, auf euch, auf eure Aufmerksamkeit, denn sie leben von eurer Aufmerksamkeit. Sie erblühen, wenn ihr an sie glaubt, wenn ihr ihnen den Platz gebt, der ihnen zusteht. Ja, sie erblühen, wenn du ihre Reiche betrittst in dem Bewusstsein, dass alles lebt. Wie viele Menschen erfreuen sich an der Natur und erholen sich unter einem Baum oder auf einer bunten Wiese. Doch Kuthumi sagt euch, es ist nicht nur die Sonne und das Grün, das euch aufblühen lässt. Es ist die Energie der Naturgeister, die unmittelbar auf euer zweites Chakra wirkt. So haben die Naturgeister sich niemals wirklich von euch zurückgezogen, nein, die Menschen haben sich zurückgezogen, sie haben es verlernt, sie haben den Blick dafür verloren, all das wahrzunehmen. Doch spüren kann es jeder, ob es ihm bewusst ist oder nicht. Einige der Lichtarbeiter, ich nenne ganz besonders diejenigen, die aus der Sternensaat stammen, waren immer tief verbunden mit der Natur, mit Mutter Erde und mit den Naturgeistern. Sie haben auch in der neuen Zeit die Aufgabe, eine Brücke zu sein, die Tore wieder zu öffnen. Viele von ihnen tun das und kommunizieren mit den Naturgeistern. Anderen ist es nicht bewusst, doch sie lieben es, im Garten zu arbeiten. Sie spüren die Dankbarkeit der Blumen und wissen nicht, dass es die Dankbarkeit der Elfen ist, die bei diesen Blumen leben und sie versorgen, mit Energien und mit Liebesstrahlung.

Aber ich wende mich an alle Lichtarbeiter, die diese Worte vernehmen und ich bitte euch dringlich: Wendet euch den

Naturgeistern zu. Sprecht mit ihnen, habt keine Scham und keine Angst, lächerlich zu wirken. Erzählt den Menschen von dem wunderbaren kleinen Völkchen. Erzählt ihnen davon, so wie ihr ihnen von Engeln erzählt und von Aufgestiegenen Meistern. Das Sterntetraeder von Lady Gaia beginnt sich aufzuladen. Es bereitet sich vor, die erste Phase des großen Aufstiegs zu vollbringen in die göttliche Schwingung. Die Spitze dieses Sterntetraeders reicht bis tief in Lady Gaia, reicht in eine Ebene der Dimensionen, die sich etwas tiefer als die eure befindet, doch eigentlich nur durch eine kleine Drehung voneinander getrennt ist. Vielleicht ist es euch schon mal aufgefallen, wenn ihr euch in einem Wald bewegt und eine schnelle Kopfbewegung macht, dass ihr Schatten erkennen könnt. Oder wenn ihr eure Augen dreht und alles aus den Augenwinkeln heraus beobachtet, dann glaubt ihr manches Mal, irgend etwas wahrgenommen zu haben. Es ist eine 90° Drehung der Dimensionen.

Kuthumi hat euch damit bereits die Aufgabe formuliert und gegeben. Bewegt euch, gerade jetzt zu dieser Jahreszeit, wenn die Naturgeister sehr aktiv sind, in der Natur. Tut dies ganz bewusst, doch tut es einfach und tut es ohne eine Absicht. Es ist für eure Aufgabe nicht von Bedeutung, ob ihr mit euren physischen Augen Naturgeister sehen könnt, obwohl das in den nächsten Jahren für euch zur Selbstverständlichkeit werden wird. Es geht darum, dass ihr die Naturgeister anerkennt. Ihr braucht euch nicht seltsam dabei vorzukommen, laut zu sprechen und euch an sie zu wenden. Sagt ihnen einfach, dass ihr an sie glaubt und dass ihr euch freut und ihre Freundschaft sucht. Sprecht diese Worte und ihr werdet staunen, was euch in einem Wald alles begegnen kann, welche kleinen Wunder sich zeigen und welche Zeichen ihr erhaltet. Das ist ein Teil der Aufgabe.

Ein anderer Teil ist, dass ihr es den Menschen erzählt. Erzählt es den Menschen wie eine Selbstverständlichkeit. Erzählt ihnen, was ihr wisst. Der Aufstieg ist nahe, meine Freunde, und solltet ihr denken, dass ihr für verrückt gehalten werden könntet, so möchte Kuthumi euch damit trösten, dass sich dieses Blatt wenden wird, denn die Menschen werden die großen Veränderungen erkennen. Auch wenn sie euch vorher noch für etwas verrückt gehalten haben sollten, werden sie euch aufsuchen und mehr wissen wollen. Traut euch das zu.

Was sehr hilfreich ist, wenn ihr euch in der Natur bewegt, ist, ein Krafttier zu haben. Viele von euch wissen um ihr Krafttier, doch Kuthumi sagt auch euch, das Krafttier kann sich verändern. Es ist ganz einfach, dein Krafttier vor deinem inneren Auge zu erkennen, doch werde ich diese Übung jetzt nicht mit euch durchführen, das könnt ihr alleine unter einem Baum für euch tun. Schließt einfach die Augen dabei und bittet um Einlass und um Öffnung der Tore zur Anderswelt. Und während du dich an einem Platz aufhältst, der dir wohl tut, lasse vor deinem inneren Auge Tiere erscheinen. Es wird genau das Tier erscheinen, das für dich von Bedeutung ist. Nimm dann dein Krafttier an, was es auch sein mag. Und auch, wenn es ein Eisbär ist, und du glaubst, dass er hierzulande gar nicht vorkommt. Dann ist es für dich eben ein Eisbär.

Wisst ihr, was geschieht mit lieblichen Naturgeistern, wenn die Menschen an ihnen zweifeln? Es ist, als würde man dir die Luft zum Atmen nehmen, denn sie blicken auf zu euch. Sie bewundern euch, obwohl sie sich in der Liebe bewegen, bewundern sie eure Fähigkeit des freien Willens und eures Verstandes und eure Fähigkeit, logisch zu denken. Ihr seid ihre großen Brüder und Schwestern. So, wie ihr euch Hilfe suchend an die Engel und die hohen Meister wendet, und so, wie sie eure Brüder und Schwestern sind, die euch führen, bittet Kuthumi euch: Nehmt die Naturwesen bei der Hand. Geht Hand in Hand mit ihnen den Aufstieg. Dort, wo ihr euch befindet, in diesem Raum, bewegen sich Naturgeister. Glaube nicht, dass du sie nur im Grünen findest. Sie sind überall unter euch, in den Städten, in den Häusern, in den Parks. Natürlich wirst du auf einem Balkon, der keine Blumen hat und kein Grün, nur selten eine Elfe finden. Doch andere Arten von Naturgeistern begleiten euch dort, seit Langem. Hier in diesem Raum befinden sich Elfen und es befinden sich Gnome unter euch. Sie verstehen die Stimme von Kuthumi. Sie lauschen und sitzen stillschweigend in Andacht mit euch. Sie sehnen es herbei, dass sie für euch wieder zur Selbstverständlichkeit werden.

Kuthumi möchte noch einmal auf das Krafttier zu sprechen kommen. Ruft es einfach vor allem dann, wenn ihr euch draußen bewegt. Es öffnet für euch die Tore zur Anderswelt und es führt euch. Auch wenn ihr euch einmal verlaufen habt, könnt ihr euer Krafttier rufen. Habt ihr eigentlich gewusst, dass Kuthumi, aufgestiegen in sehr hohe Bereiche des Lichtes, jetzt mehr verbunden ist mit Mutter Erde als jemals zuvor? Immer näher rückt das Zentrum der großen Sonne und immer stärker wird die Verbindung zu den Planeten. Ich bin so nah bei euch und diejenigen unter euch, die ihre Kanäle geöffnet haben, können mich sehr leicht empfangen.

Ich erzähle euch von Pan. Pan ist ein mächtiger Gott und er wacht über die Tiere und über die Naturgeister. Ich, Kuthumi, stehe sehr nahe zu Pan. Dieser Pan ist den Menschen in früheren Zeiten sehr oft erschienen. Er hat sich gezeigt, als die Menschen noch offener waren. Die Menschen haben Pan wahrgenommen und Angst bekommen. Sie haben ihn den Teufel genannt mit Hörnern, mit einem Fell, einem Pferdefuß, einem Schwanz und mit roten Augen. Sie haben all ihre Ängste auf diesen vermeintlichen Teufel projiziert. Doch Pan ist, was er ist, er verkörpert in sich alle Arten der Tiere. Auch das war ein Grund, warum die Naturgeister sich entschieden haben, sich nur für diejenigen sichtbar zu machen, die die Liebe in ihrem Herzen tragen, denn die Liebe kennt keine Angst vor dem, was anders ist. Habt ihr gewusst, dass euer Wort »Panik« von Pan stammt? Die Menschen haben Panik erzeugt. Ich möchte euch noch einmal bitten, eure Ängste zu überdenken. Was würdest du sagen, was würdest du fühlen, wenn du Pan gegenüberstehen würdest, obwohl er die Liebe selbst ist? Pan hat eine Energie, die bei den Menschen sehr oft Angst auslöst. Das ist auch der Grund, warum er nicht direkt zu euch spricht. Doch möchte Kuthumi heute einem anderen Naturgeist die Möglichkeit geben, über sein Hohes Selbst, über Kuthumi, zu sprechen.

Meine lieben Freunde, gerade bei dieser Aufgabe, die die Räte der Tat euch überbringen, ist es besonders wichtig, dass ihr über euren Schatten springt. Natürlich sollt ihr den Menschen nichts aufdrängen, doch wie oft ergibt sich ein Gespräch in diese Richtung und du hältst dich zurück. Mache es diesmal anders. Und jetzt werde ich mich darauf vorbereiten, dass Aik zu euch sprechen kann. Ich, Kuthumi, sage euch im Namen der 12 Räte der Tat AN'ANASHA.

Hallo, liebe Menschen. Ich bin Aik und ich stelle mich bei euch vor. So was habe ich noch nie gemacht und vielleicht findet ihr es etwas lustig. Auch ich finde das lustig. Ich spreche durch einen Menschen! Ich spreche zu euch und ich bin voller Freude, das könnt ihr mir glauben. Diese Kommunikation ist manches Mal sehr einseitig, denn wir sprechen oft mit euch und ihr hört uns nicht. Ihr geht einfach eurer Wege. Ihr lauft durch Wälder und Flure in Gedanken versunken und wir hüpfen neben euch, wir pfeifen, wir singen. Aber – ihr könnt uns spüren. Und doch sehnen wir uns danach, von Angesicht zu Angesicht mit euch zu sprechen. Meister Kuthumi hat uns gesagt, dass das wieder so sein wird und darauf freuen wir uns sehr. Ich sage es noch einmal. Ich heiße Aik. Ich bin ein Wichtelgnom. Das ist etwas sehr Seltenes. Es gibt so etwas wie eine Vermischung von Energien. Und obwohl es, glaube ich, nicht ganz stimmt, etwas anders ist als bei euch, könnte ich doch sagen, mein Vater war ein Wichtelmann und meine Mutter eine Gnomenfrau. Und so trage ich in mir den Stolz und die Gradlinigkeit eines Wichtelmannes und die Gemütlichkeit und auch, wie manchmal gesagt wird, die Dummheit eines Gnoms. Doch ist das anders zu verstehen. Gnome sind sehr geschäftig. Doch dumm sind sie nicht. Vielleicht etwas naiv. Ich glaube, ein Gnom würde nicht zu euch sprechen, aber ich bin ein Wichtelgnom.

Vor langen Zeiten habe ich mich entschieden, unter die Menschen zu gehen, sie in ihren Häusern zu besuchen, in die Städte und in die Dörfer zu gehen. Und ich habe Freude daran, weil ich die Menschen sehr gerne mag. Deswegen bin ich auch heute bei euch. Einmal habe ich meinem Medium im Traum gezeigt, wo wir überall leben und es war ganz erstaunt, dass wir wirklich überall zu finden sind. Und es hat mir versprochen, das aufzuschreiben – und hat es noch nicht gemacht. Aber jetzt bin ich da und ich erzähle euch, wie es bei uns zugeht.

Es ist wirklich eine fröhliche Angelegenheit, doch manchmal ist es auch nicht leicht, genau wie bei euch auch. Wir sind auch manchmal traurig, denn wir haben ein Herz. Viele Dinge begreifen wir nicht. Doch was wir begreifen, sind die Energien und die Farben. Auf diese Art sprechen mit uns die hohen Meister, vor allem Kuthumi, wir begreifen sehr genau, was vor sich geht. Wir wissen, dass wir woanders hingehen werden, mit euch zusammen, wo alles wieder so sein wird, wie es einmal war, und wir miteinander spielen können und uns Geschichten erzählen und lachen, völlig unbefangen. Einfach so. Und deswegen haben sich die meisten Naturgeister aufgemacht. Sie gehen auf die Menschen zu, mehr denn je und sie kommen mehr denn je in eure Wohnungen und begleiten euch. Sie haben sich vorbereitet darauf, weil, wie Kuthumi sagt, wenn die letzten Schleier reißen, werdet ihr große Augen machen, was alles da ist, und ihr werdet euch fragen, wie ihr das übersehen konntet. Obwohl wir in euren Büchern und Geschichten niemals ganz gestorben sind, hat es doch so etwas bekommen wie etwas, was nicht wahr ist oder zu schön wäre, wenn es wahr wäre. Doch sind wir am Leben geblieben in euch und vor allem ihr, ihr könnt das erkennen.

Kuthumi hat euch zu uns geschickt. Er hat gesagt, geht dorthin und redet mit den Naturgeistern. Seid euch sicher, wir werden da sein. Vielleicht bringst du uns etwas mit. Etwas Buntes oder etwas Süßes oder ein Glöckchen oder so etwas, wir freuen uns sehr darüber. Natürlich nicht alle. Manche sind lieber ungestört. Es ist so ähnlich wie bei euch Menschen auch. Es gibt Naturgeister, die etwas brummelig sind. Aber was ganz wichtig ist, wenn ihr zum Beispiel einen Wald betretet, dann stellt euch einfach vor, dass überall kleine Männchen und Weibchen sind, und trampelt nicht so achtlos herum. Natürlich könnt ihr keinen Naturgeist zertreten, weil, wir springen weg. Aber einfach diese Achtsamkeit wäre schon schön. Anders ist das in euren Häusern. Dort sind wir Gast und wir machen uns meistens ganz klein und schauen aus einer Ecke heraus zu und wir finden euch so lustig.

Jetzt wird Aik sich verabschieden. Meister Kuthumi sagt mir das. Liebe Menschenfreunde, wir gehen auf eine Reise. Wir

alle zusammen. Dankeschön, dass ich zu euch sprechen durfte.
Euer Aik.

Lao Tse durch Namahim

Beantwortung von Fragen
17. 8. 2005

Meine lieben Freunde. In diesen Momenten versammelt sich in diesem Raum der Rat der Hohen Zwölf und ich, Meister Lao Tse, bin die Stimme der 12 Räte der Tat. Ich freue mich, zu euch sprechen zu dürfen. Die Energien dehnen sich aus und die Lichtkörper verschmelzen, ein wunderbares Schauspiel. Und in dieses Licht getaucht begrüße ich euch, OMAR TA SATT, ich begrüße euch, die Gruppe der Tat.

Ich, Lao Tse, werde euch heute zur Verfügung stehen und eure Fragen beantworten. Doch bevor ich dies tue, möchte ich einmal mit einem Irrtum aufräumen. Ihr glaubt sehr oft, dass wir, die hohen Lichter des Universums, unfehlbar sind. Doch vergegenwärtigt euch, wir sind hohe, lichte Wesen so wie ihr, die ihr hier sitzt und den Botschaften lauscht. Wir machen Erfahrungen so wie du, wenn auch nicht als Mensch, so doch in einem Erfahrungsraum, der weitaus größer ist. Wir können viele Bereiche des Universums durchleuchten, besuchen und dort Erfahrungen machen. Ich, Meister Lao Tse, ich sage euch, diese Erfahrungen, die wir mit euch gemeinsam gehen, den wundervollen und glanzvollen Aufstieg von Mutter Erde in die nächste Dimension, ist eine Erfahrung, die auch wir noch niemals zuvor gemacht haben. Vieles von dem, was geschieht, ist auch für uns nicht vorhersagbar, gerade deswegen, weil jeder einzelne Mensch einen freien Willen besitzt. Jede Entscheidung verändert das Zusammenspiel der Energien, verändert die Realität und wirkt sich im Universum aus. Um es anders auszudrücken, wir haben viele verschiedene Parameter, die sich ständig in Bewegung befinden und das macht es manches Mal auch für uns gar nicht so einfach, alles im Vorfeld richtig einzuschätzen. Deshalb bemühen wir uns, nur die Botschaften zu senden, wo ein hoher Grad an Wahrscheinlichkeit vorhanden ist. Doch die großen Dinge, was geschehen wird, sind unumstritten. Schwierigkeiten bereiten eher das Wie und das Wann. Wir staunen, wir staunen wie die Kinder über den Fortschritt, den die Menschen und Mutter Erde machen. Wir staunen und stehen mit offenen Mündern. Wenn wir Münder hätten, würden wir das tun. Ich möchte euch einladen, mit derselben Einfachheit die Dinge zu betrachten, die da kommen und zu staunen. Denn was geschieht, haben wir euch so oft schon gesagt, und dass es wunderbar ist und ihr keine Angst zu haben braucht. Doch auf was ich hinauswollte: Auch wir können nicht alles genau vorher berechnen. Wir lernen, so wie ihr. Wir lernen so, wie das ganze Universum lernt.

Ein anderes Missverständnis, und Lao Tse hat geglaubt, dass das Medium das weiß, möchte ich klären. Ich möchte das Medium korrigieren, wenn es sagt, dass es nicht wichtig ist, dass es das hört und vernimmt, was ihr als Fragen äußert. Dazu müsst ihr wissen, wie ein Medium funktioniert. Das Medium braucht zwar die Frage nicht zu verstehen, doch muss es sie aufnehmen. Vielleicht hat der eine oder die andere von euch sich schon einmal Gedanken gemacht, wie das mit dem Botschaften senden und empfangen funktioniert – sicher habt ihr das. Doch ist das Ganze gar nicht so einfach. Dazu müsst ihr wissen, dass verschiedene Kanäle genutzt werden. In diesem Moment verwende ich, Lao Tse, zwei Kanäle des Mediums. Den einen möchte ich den Kanal des Herzens nennen. Dieser

Kanal ist im Herzzentrum verankert. Eine Verbindung zum Halschakra besteht. Um die Botschaften zu senden, verwende ich einen Kanal, der an den Hypophysenvorderlappen angebunden ist. Dort gibt es verschiedene Kanäle.

Ich nenne euch folgendes Beispiel, weil ihr Kryon kennt. Kryon würde einen anderen Kanal benutzen als Lao Tse. Doch der Kanal des Herzens wird immer genutzt. Das ist sehr wichtig. Denn über diesen Verbindungskanal wird dem Medium die Energiefrequenz durchgegeben. Vielleicht habt ihr das schon einmal bemerkt, dass je nachdem, welche Energieform spricht, sich die Stimme etwas verändert oder auch die Lautsprache und die Schwingung der Stimme. Das geschieht über den Herzenskanal. Sicher ist das für einige von euch interessant, die üben zu channeln. Wenn du in deinem Vereinigten Chakra [17] dich befindest, öffnet sich dieser Herzenskanal und das ist die Voraussetzung dafür, dass die Kanäle an der Hypophyse geöffnet werden können. Das ist eine wunderbare Art zu channeln. Das bedeutet nämlich, dass, wenn ein Medium sich nicht in der Vereinigung seiner Chakren befindet, keine Botschaften durchgestellt werden können. Dieser Kanal des Herzens dient aber auch einem anderen Zweck. Es ist für ein geübtes Medium eine Art Rückkopplung zu spüren, ob etwas stimmig ist. Denn manches Mal sind die Kanäle, die im mentalen Feld sich befinden, so ausgerichtet auf die Wirklichkeit, dass wir Botschaften senden, die für euch unverständlich klingen. Dann kann das Medium das spüren und notfalls innehalten. Zumindest funktioniert das bei diesem Medium so. Es gibt auch andere Arten des Channelns, doch das ist etwas völlig anderes. Darüber wollen wir nicht sprechen.

Für diejenigen unter euch, denen ich, Meister Lao Tse, nicht bekannt bin, für die möchte ich mich vorstellen. Du spürst meine Schwingung. Sie wird getragen von einem Energiefeld, das ihr zusammen mit den Hohen Räten der Tat erstellt, das jetzt präsent ist. Auf diesem Feld breiten sich die Worte von Lao Tse und die Schwingung der Liebe und der Weisheit aus und diese Schwingungen erreichen deinen Lichtkörper. Denn ich, Lao Tse, habe vor langen Zeiten, so wie du, als Mensch gelebt und ich durfte aufsteigen und spreche jetzt zu euch aus den Bereichen der großen Seele Sananda. Zudem lenke ich meine Strahlen, etwas Ähnliches wie ein Hologramm meiner Selbst, eine Spiegelung, in diesen Raum, um bei euch zu sein. Manche von euch können dies erkennen, mit ihrem dritten Auge, doch ich weiß, dass ihr es alle spüren könnt. Und genauso verhält es sich mit den Räten der Tat. Auch sie projizieren Anteile ihrer Selbst in euren Kreis. Sie sind bei euch, zwischen euren Reihen und sie liebkosen euch und streicheln euch, weil sie euch so sehr lieben.

Jetzt möchte ich euch die Gelegenheit geben, Fragen zu stellen. Was möchtet ihr denn von Meister Lao Tse wissen?

Lieber Meister Lao Tse, ich möchte etwas über die Naturwesenheiten wissen, z. B. über die Zwerge, die in Lemurien schon um uns waren. Haben die auch eine Ruhephase, inkarnieren die auch oder sind die ständig auf der Erde?

Da könnte ich jetzt einen Witz machen. Ich könnte dich fragen: Vielleicht warst du einmal solch ein Zwerg? Und das ist gar nicht so weit von der Wahrheit entfernt. Zwar warst du kein Zwerg, aber du warst ein Kristallwesen. Viele von euch haben inkarniert, zum Beginn der Zeit auf Erden, in solchen Daseinsformen, als Naturgeister. Sehr viele von euch haben als Baumgeister oder Steinwesen inkarniert. Es gibt in diesem Sinn keine Inkarnationspause, wie du das genannt hast. Es ist vielmehr ein sich immer weiter Ausdehnen und Vordringen in das Menschsein. Manche hohe Seelen haben sich entschieden, über all die Zeiten hinweg als Naturgeister da zu bleiben. Doch viele der Lichtarbeiter haben eine menschliche Gestalt angenommen.

Lieber Meister Lao Tse, ich hätte eine Frage und zwar, wenn wir durch das Tor in die Wirklichkeit gehen und wir wollen z. B. zu Gott-Vater, dann sehen ja viele von uns oft eine ältere, liebevolle Gestalt. Jetzt meine Frage: Kann man das als Melek Metatron bezeichnen, als Auge Gottes oder ist das ein Aspekt von Gott?

Auch eine sehr interessante Frage. Es ist ein Aspekt von dir. Oh, weil du ja Gott bist. Es ist eine Projektion von dir auf das Licht des Vaters. Das Licht bleibt das gleiche, doch das Spiegelbild, das zurückgeworfen wird, ist deine Vorstellung vom höchsten Licht. Ich, Lao Tse, kann dir versichern, dass Melek Metatron keinen langen, weißen Bart hat. Das ist etwas anderes als in den Bereichen der Seele Sananda. Wir legen uns Körper zu, wenn wir das wünschen. Ich könnte jetzt, hier in dieser Zusammenkunft, meinen Körper verändern. Ich könnte erscheinen als alter, weiser Mann. Ich könnte dir auch als ein Jüngling erscheinen und doch wäre es das Gleiche. Doch die Quelle selbst ist Liebe und sonst nichts. Ich weiß, dass es für euch manches Mal schwierig ist, euch kein Bild zu machen, da ihr gewohnt seid, euch so auf Gott auszurichten, und so mögen innere Bilder sehr hilfreich sein. Doch um die Frage wahrheitsgetreu zu beantworten, sage ich dir: Melek Metatron ist reines Licht und reine Liebe und hat noch nie eine Gestalt angenommen. Das wäre so auch gar nicht möglich.

Ihr sprecht doch immer von Gott-Vater, Gott-Mutter und Sohn. Sohn ist klar. Heißt es einfach, dass Gott das Männliche und das

Weibliche zusammen in sich hat? Oder hat da irgendwann eine Teilung stattgefunden, dass es Gott-Mutter in dem Sinn auch gibt?

Da muss ich jetzt vorsichtige Worte wählen, mich genau ausdrücken. Es hat niemals eine Trennung von irgendetwas stattgefunden. Das ist ein Produkt des Denkens. Es ist ja in Wirklichkeit alles eins. Wir nehmen dabei keine Trennung wahr. Doch gibt es Bereiche, die in verschiedenen Frequenzen schwingen und sich doch gegenseitig durchdringen. Wenn ich jetzt sage, dass unser Universum eingeteilt ist in drei Hauptfrequenzbänder, dann wähle ich das Wort „geteilt" nur aus einer Not heraus, weil ich es nicht anders ausdrücken kann. Das eine bedingt das andere. Alles ist die Quelle. Alles ist, was ist. Und doch wenden wir uns – und auch ihr in eurem Bewusstsein – bestimmten Schwingungsfeldern zu.

Ich möchte noch etwas hinzufügen. Vielleicht wird es dann etwas klarer. Ihr wisst ja, dass Zahlen sehr viel ausdrücken können. Wenn ich von einer Dreieinheit spreche, so kannst du erkennen, dass die 3 dich scheinbar glauben lässt, dass es drei Teile sind. Doch es ist eine Einheit, untrennbar auf alle Zeit verbunden. Da jeder von euch in einem großen Maße, ungeachtet seiner Herkunft, eine dieser Frequenzen als Grundstruktur des Lichtkörpers in sich trägt und alles, was geschaffen wurde, ebenfalls, kannst du vielleicht erkennen, dass es wieder eine Einheit ergibt. Vielleicht ist auch Folgendes für euch noch interessant, denn wie mir auch schon zu Ohren gekommen ist, machen sich manche Menschen etwas Sorgen darüber, ob sich Melek Metatron vielleicht vernachlässigt fühlt, wenn du zu Jesus betest, oder anders herum. Und ich sage dir, nein. Da brauchst du kein schlechtes Gewissen zu haben. Wenn du dich niederkniest, so wie auch wir das tun, um zu beten, uns aufzuladen und uns hinwenden zum hellsten Licht, dann bete zu dieser Dreieinheit, in welcher Form und welchen Namen du dem auch geben möchtest. Zu mir, Lao Tse, braucht ihr nicht zu beten. Ihr braucht zu keinem Engel zu beten, ihr seid doch selbst Engel, meine Lieben. Ihr seid selbst aufgestiegene Meister. Doch kannst du auch immer zu dir selbst beten und das wäre wohl das Beste, wenn du erkennst, dass ja der göttliche Kern in dir genau diese Dreieinheit beinhaltet, du dich also nach innen richtest und zu deinem Selbst betest. Was möchtet ihr fragen?

Ich will was zum jetzigen Weltgeschehen fragen. Wie soll das irgendwie eingeordnet oder zugeordnet werden, was jetzt so in dieser Welt passiert an kriegerischen, terroristischen und sonstigen Auseinandersetzungen und Geschehen?

Darauf werde ich dir auf verschiedene Arten antworten. Ich beginne mit der Antwort in der völligen Schwingung der Wirklichkeit. Diese Antwort wird immer lauten: Sorge dich nicht, alles ist im göttlichen Plan. Kryon würde vielleicht sagen: Nichts ist, wie es scheint. Da pflichte ich, Meister Lao Tse, bei. Oft seid ihr geneigt, die Oberfläche zu betrachten. Ich gebe euch ein Beispiel. Ihr erinnert euch, was viele Menschen wachgerüttelt hat. Das Beben, das große Beben bei der Erhöhung und die Überschwemmungen. Ihr nennt diese Gegend Indonesien. Und jetzt, habt ihr euch die Mühe gemacht, einmal hinzublicken, welche Auswirkungen sich da ergeben haben? Die Menschen beginnen aufeinander zuzugehen. Manches Mal braucht es Auseinandersetzungen und den Gegenpol dazu, um Harmonie zu erzeugen. Glaube mir, egal wie es scheint, im Moment bewegt sich alles auf eine große Harmonie zu. Doch solange du dich in der Dualität bewegst, wirst du immer auch den anderen Pol finden. Ein weiser Mensch blickt nicht nach außen, um die Welt zu verändern. Er weiß, dass es ist, wie es ist. Und wenn du diesen Frieden in dir findest und dorthin blickst, wo die Liebe ist, dann tust du deinen Auftrag am besten. Warum möchtest du diesen Ereignissen Energie zukommen lassen? Die Liebe ignoriert all das. Die Liebe lässt alles sein, wie es ist, so lange, bis sich die Umstände und die Menschen nach der Liebe ausrichten. Lao Tse sendet noch einmal die Botschaft hinaus in die Welt: Macht jetzt auf all eure Tore des Herzens, es ist soweit, es hat begonnen. Lao Tse gibt euch ein Bild. Das Karussell des Aufstiegs beginnt sich jetzt zu drehen. Zusammen mit euch wurde das Karussell erbaut, in vielen Jahren, und jetzt ist es fertiggestellt und es wird eingeschaltet. Glaube mir, in kürzester Zeit dreht es sich sehr schnell und wenn ihr nicht aufpasst, dann verschlaft ihr noch den Aufstieg. So schnell wird es gehen. Spaß beiseite. Lenkt jetzt all eure Energien nur auf dieses Geschehen. Wende deinen Blick ab von allem, was dich irritiert. Das Wahre, Gute und Schöne zeigt sich jetzt. Konnte ich dir mit dieser Antwort dienen?

Ja, danke.

Du wirst erstaunt sein, denn ich werde euch heute eine sehr schöne Aufgabe nennen. Doch mache ich es noch etwas spannend mit euch, ich warte noch. Doch das passt sehr gut zu diesem Thema.

Lao Tse, wie geht es z. Z. den Delfinen?

Die Delfine bereiten sich vor. Sie werden die Erde verlassen. Sie kehren nach Hause zurück, wenn der Aufstieg sich vollzieht, und sie sind derzeit sehr beschäftigt, das vorzubereiten.

Denn dann haben sie ihren Dienst getan. Sie haben die Gitternetze gehalten und ausgerichtet und wenn dieser Vorgang abgeschlossen ist, werden sie sich von euch verabschieden, doch ihr werdet sie immer besuchen können. Sie verlassen Mutter Erde. Ich beantworte eine Frage vorweg: Sie werden nicht sterben. Sie werden einfach den Planeten verlassen mit ihren Körpern.

Gehören da die Wale auch dazu?

Da gehören die Wale auch dazu.

Wie kann man sich das vorstellen? Sind die dann einfach verschwunden?

So, wie es schon Male zuvor auf Mutter Erde Kulturen gegeben hat, die einfach aufgestiegen sind, nur mit dem Unterschied, dass die Delfine mit ihren Körpern gehen. Und, meine Liebe, auch die Wale. Einige werden bleiben, sie werden zu einem späteren Zeitpunkt aufsteigen. Vielleicht für euch auch eine interessante Auskunft, denn nicht alle Wale und Delfine sind hohe Lichtarbeiter, auch dort gibt es Unterschiede.

Meister Lao Tse, ich habe eine Frage, ob du uns was sagen kannst, was in der großen Pyramide im Moment so geschieht?

Weißt du, natürlich geschieht sehr viel und es gäbe vieles zu erzählen, doch ist das nicht der Moment, darüber zu sprechen. Ihr werdet auch in dieser Gruppe der Tat noch Informationen bekommen, speziell über die Pyramide, doch nicht zu diesem Zeitpunkt. Doch eines ist gewiss. Dort wird die Welt als Erstes hinblicken, wenn der Aufstieg vonstatten geht. Sie wird hell erleuchtet sein und Sanat Kumara wird sich zeigen.

Die Hebra Pelusha, die heilige Bruderschaft des Lichtes, ist die mit euch Hohen Räten des Lichts auch eine Einheit?

Eigentlich ist es so etwas Ähnliches wie die Aufgestiegenen Meister. Doch es ist nicht das Gleiche, das du da bezeichnest. Ich kann das an der Energieschwingung feststellen. Dazu müsste ich euch erklären, dass die Aufgestiegenen Meister und Meisterinnen in der großen Seele Sananda verweilen. Sie bewegen sich in der Christusenergie und aus dieser Energie heraus wirken sie. Es gibt auch andere lichte Bereiche, wo hohe Lichtwesen sich zusammenschließen. Doch deine Frage zu den Räten des Lichtes, das ist etwas anderes. Die Räte des Lichtes wurden ausgesucht, um verschiedene Ebenen abzudecken. Es befinden sich darunter aufgestiegene Meister und sie bringen die Christusenergie in hohem Maße ein. So wie ich, Meister Lao Tse, das tue. Alte Götter, sie bringen sehr starke und teilweise monumentale Energien mit, auch ein Bestandteil, denn auch die alten Götter aktivieren sich wieder.

Dann kann man das so sehen, dass die Wesen, die im heiligen Medizinrat sind, die Hüter des Lebens unter anderem und einige Naturwesen, dass das eine andere Ebene ist, aber die natürlich auch zu dem Licht ausgerichtet sind?

Es ist nicht so einfach zu sagen, dass es eine andere Ebene ist, es ist einfach ein anderes Frequenzband oder eine Mischung von Frequenzbändern. Zum Beispiel sind die indianischen Kulturen sehr angebunden an das Energiefeld der göttlichen Mutter. Es gibt keine Unterschiede in der Wertigkeit dieser Energie. Sie haben verschiedene Aufträge, verschiedene Spezialgebiete und manches Mal schließen sich Wesen zusammen, um einen neuen Zirkel entstehen zu lassen, so wie in diesem

Fall. Es gibt eine Vermischung des Lichtes, eine neu entstande-
ne Frequenz und diese Frequenz wird ausgesandt. All die, die
sich angesprochen fühlen, bilden darum ein Rad.

Und wenn es heißt, der Friedensfürst ruft seine Schüler? Können
wir uns dann angesprochen fühlen?

Natürlich kannst du das. Doch du musst das nicht. Ich möchte
dir etwas erklären. Vielleicht hätte ich das eingangs noch tun
sollen, als ich euch erzählt habe, dass auch wir nicht unfehlbar
sind und auch wir lernen. Habt nicht immer so viel Angst davor, etwas Falsches zu tun. Ihr macht Erfahrungen. Ihr lernt
vom Leben und so gibt es kein Richtig und kein Falsch. Doch
wenn du dich angesprochen fühlst, dann ist es eine Energiefrequenz, die dich anzieht und vielleicht denjenigen, der jetzt neben dir sitzt, nicht. Weißt du, dass es göttlich, ist sich zu erlauben, auch mal einen Fehler zu machen oder etwas zu versäu-
men? Gerade das macht ja euer Menschsein aus. Und als
göttliche Menschen braucht ihr keine Angst zu haben. Manches Mal ist es gar nicht so einfach, auch für mich, die richtigen Worte zu finden. Wenn ich zu euch sage, ein Fehler muss
nicht immer falsch sein, was würdest du dann denken?

Das ist paradox.

Es ist scheinbar paradox. Wenn ich zu jemandem sage: Du bist
der Meister deines Lebens und du bist dafür verantwortlich, so
ist es für viele Menschen paradox, wenn Lao Tse sagt, es gibt
keine Schuld, das sind eure Worte. Viele Menschen setzen verantwortlich sein mit schuld sein auf eine Ebene. Doch es sind
völlig verschiedene Energien und so sage ich euch: Strebt nicht
nach Perfektion. Ihr seid perfekt, ihr seid vollkommen. Lebt

euren menschlichen Ausdruck und nehmt den Druck von euch, keine Fehler machen zu dürfen, denn das würde heißen, dass du keine Erfahrungen sammelst. Wer möchte mich noch etwas fragen?

Ich hätte noch eine Frage zum Loslassen. Wir sind doch aufgefordert, das Alte möglichst alles loszulassen? Das Erkennen ist für uns Menschen einfach, aber das Loslassen bereitet uns, denke ich doch, immer wieder Schwierigkeiten. Um das zu überprüfen, wenn ich losgelassen habe, ist es dann so, dass es mich nicht mehr berührt?

Das könntest du so sagen, ja. Es berührt dich nicht mehr, es fällt dir auch gar nicht mehr auf. Das ist ein Effekt, der eintritt, ein Erwachenseffekt, den ihr manches Mal unterschätzt. Ständig lasst ihr Dinge los, Muster und Vorstellungen. Wenn diese Muster nicht mehr da sind, fällt es euch gar nicht auf. Ihr glaubt, es ist nichts geschehen. Doch habt ihr viel Arbeit geleistet. Und das ist gemeint, wenn wir euch sagen: Das Erwachen ist eine Selbstverständlichkeit. Es geschieht Schritt für Schritt und du kannst es nicht an Zahlen festhalten oder in Worte fassen oder zu Papier bringen, schwarz auf weiß, wie ihr so sagt. Es vollzieht sich in dir und es verändert deine Betrachtungsweise von allem. Du beziehst einen anderen Standpunkt. Du blickst die Welt nie mehr aus dem gleichen Blickwinkel an.

Kann man das als Stufen bezeichnen, die für jeden anders sind, so in etwa?

Diese Frage verstehe ich jetzt nicht.

Dieser Erwachungsprozess, der geht stufenweise bei einem vor, sage ich jetzt einfach, und ist bei jedem anders, oder?

Der Erwachungsprozess ist fließend, auch wenn ihr ihn abgehackt erlebt oder vielmehr wie ein Auf und Ab. Doch es gibt niemals einen Stillstand.

Wann weiß ich, ob ich als Mensch etwas loslassen muss oder ob ich daran festhalten soll und darum kämpfen? Wie spüre ich das?

Am besten kannst du das spüren, wenn du keine Freude mehr empfinden kannst. Dann wäre es an der Zeit, etwas loszulassen. Die Freude, meine Lieben, ist so ein wichtiger Punkt und unsere Aufgabe wird sich heute um die Freude drehen. Es ist ein Merkmal der neuen Energien, dass alles in Leichtigkeit und in Freude geschieht. Gerade am Schweren haltet ihr gerne noch immer fest. Ich sage jetzt, was eure Aufgabe sein soll.

Ich, Meister Lao Tse, ich möchte euch dazu anhalten, im nächsten Monat bewusst Freude zu empfinden. Immer in den Momenten, in denen du keine Freude empfindest, stelle dir die Frage: Was hindert mich daran, jetzt nicht froh zu sein? Was betrübt mein Herz? Schaue es dir genau an und sage dir dann: Nichts und niemand ist in der Lage, mir die Freude zu verwehren, außer ich selbst. Dann bemühe dich, die schönen Dinge zu sehen und dich darüber zu freuen. Versucht ein Energiefeld der Freude aufzubauen, ihr alle zusammen, ihr, die Gruppe der Tat. Hast du dir das schon einmal überlegt, welch tiefe Wahrheit darin steckt, wenn Lao Tse sagt: Niemand kann dir etwas verwehren, außer du dir selbst? Nur du kannst dich entscheiden, dich einfach umzudrehen und zu lachen und glaube mir, es gibt immer etwas zu lachen. Was kostet es dich, glücklich zu sein? Es ist einfach nur ein Muster, dass du glaubst, das nicht zeigen zu dürfen oder nicht empfinden zu dürfen. Geht im nächsten Monat bewusst über dieses Muster hinaus. Ich weiß, dass sich in manchem von euch eine Frage regt, und ich möchte sie beantworten. Die Frage könnte wie folgt lauten: Meister Lao Tse, ich kann mir doch nichts vormachen? Und ich sage dir: doch! Dein Leben lang hast du dir vorgemacht, nicht immer glücklich sein zu wollen. Auch das hast du dir nur vorgemacht. Und wenn du möchtest, kannst du dich entscheiden, dir vorzumachen, dass du glücklich bist. Du wirst sehen, es funktioniert genauso wie anders herum und es ist erlaubt, es ist legitim. Darauf gebe ich, Meister Lao Tse, euch mein Wort.

Steht irgendein Ereignis bevor, das uns signalisiert, wie sich die weiteren Aufstiegsbewegungen zeigen?

Es stehen viele Ereignisse bevor. Doch möchte ich euch einmal auf etwas aufmerksam machen. Wo schaust du hin? Eure Erde ist ein kleiner Punkt im Universum. Doch sie ist großartig. So klein wie der Punkt im Universum ist, der die Erde darstellt, ist oft euer Blick. Ihr blickt in euer nahes Umfeld. Jetzt ist das Dilemma, dass ihr euch in einem Gebiet bewegt, wo die Energien sehr schön ausgeglichen sind. Doch überall auf Erden sind diese Veränderungen sichtbar. Die Erde bebt stärker als jemals zuvor. Viele Sichtungen am Himmel geschehen. All das erscheint nicht in euren Medien, und trotzdem geschieht es. Doch es wird Ereignisse geben, die alle Menschen auf Erden wahrnehmen und erfassen.

Welcher Art?

Ich weiß, auf was du hinaus möchtest. Diese Botschaften werden gesandt, wenn es an der Zeit ist.

Lieber Meister Lao Tse, wie kann man kleine Kinder, die noch nicht selber entscheiden können, ins Erwachen führen?

107

Indem du ihre Entscheidung – und ihre Entscheidungsfähigkeit vor allem – nicht infrage stellst. Die Seele gibt den Weg vor. Das Bewusstsein, mit dem du oft glaubst zu entscheiden, ist eigentlich eher dafür gedacht, dich von diesem Weg abzubringen. Die Kinder leben aus dem Moment heraus und die meisten Seelen der Kinder entscheiden sich, diesen Aufstieg mitzugehen. Respektiere jede dieser Entscheidungen und stelle sie nicht infrage.

Wird es in der neuen Zeit Möglichkeiten geben, scheinbar unheilbare Krankheiten zu heilen?

Ja, darauf werde ich mit einem einfachen Ja antworten. Krankheit wird nur noch sehr selten sein und auch dann werden die Heilweisen des Universums euch zur Verfügung stehen.

Gehen alle den Aufstieg, alle Menschen?

Nicht alle Menschen werden den Aufstieg mitgehen, aber das weißt du doch.

Was ist mit denen, die nicht mitgehen?

Sie werden in andere Schulungsräume gebracht und haben noch etwas Zeit, bis das Fenster sich schließt. Und du wirst in deiner Eigenschaft als lemurische Meisterin diesen Menschen beistehen und du wirst wieder so, wie jetzt auch, ihren freien Willen respektieren.

Meine Lieben, ich werde mich jetzt langsam zurückziehen, meinem Medium geht etwas die Luft aus. Wisst ihr, wie das ist? Fragen zu beantworten ist viel schwieriger, auch für uns. Dieser Kanal wird dann von beiden Seiten her genutzt, um

Botschaften zu senden und zu empfangen. Ich weiß, dass viele von euch während einem Channeling schon mal gedacht haben: Wenn ich jetzt etwas denke, dann muss Meister Lao Tse das doch mitbekommen. Ich sage euch, so ganz einfach ist das nicht. Erstens unterliegen eure Gedanken meistens der Dualität. Wir blicken in eure Lichtkörper und wir sehen, wenn ihr ein Anliegen habt. So könnte ich sehen, wenn du Liebeskummer hast. Doch wenn eine Frage in einer bestimmten Wortwahl aus deinem Verstand sich in deinem Energiefeld befindet, kann ich das nicht nachvollziehen. Doch wenn du es laut aussprichst, es durch die Ohren eines Mediums, durch den Kanal geht, kann ich das sofort annehmen. Sonst könnten wir auf diese Art nicht miteinander sprechen.

Meine liebe Gruppe der Tat. Meister Lao Tse verneigt sich vor euch. Und ich verneige mich wirklich vor jedem, vor jedem Einzelnen von euch. Ich liebe es, in dieser Energie zu baden und anwesend zu sein. Ich sende euch eine Botschaft von Kryon. Nächstes Mal wird Kryon sprechen. Die Botschaft, die ich übermittle, lautet: Ihr werdet unermesslich geliebt.

Wir alle sind sehr stolz auf das Geschaffene mit euch zusammen. Wir freuen uns darüber und Kryon möchte euch mitteilen, dass ihr alle, jeder Einzelne, unermesslich geliebt werdet, so wie ihr da sitzt, auf euren Stühlen. Vielleicht mit dem Gedanken, zufällig da zu sein, sagen wir euch: Eure Seele hat euch hierhergeführt. Diese Botschaften sollten zu euren Herzen dringen und dafür danken wir euch. Wir sagen euch: AN'ANASHA.

Kryon mit Erzengel Michael durch Namahim

Alpha- und Omegachakra / Kanal sein

21. 9. 2005

Ich bin Kryon und ich begrüße die Gruppe der Tat. Während das magnetische Liebeslicht eure Herzen erfüllt, nehmen die 12 Räte der Tat Platz unter euch und sie überhäufen euch mit ihrer Liebe und mit ihrem Dank.

OMAR TA SATT an die Anwesenden. OMAR TA SATT an die, die in der Ferne diese Worte vernehmen. Auch ihr schwingt in der Frequenz des golden-blauen Lichtes. Auch euch wendet sich Kryon in diesen Momenten der Jetzt-Zeit zu, die alles in sich vereint. Ich nenne das die Familie, ich nenne das die Einheit. Und wenn ihr sehen könntet, welche Macht, im göttlichen Sinne, von euch ausgeht, und wenn ihr wüsstet, was ihr bereits bewegt habt, ihr würdet staunen. Glaubt mir, gerade deshalb nehmen unter euch die hohen Energien Platz und das Gefolge des Kryons bereitet den Weg.

Ihr wisst, dass Engel Michael einer der Räte der Tat ist, und obwohl Michael heute nicht sprechen wird – um seine Energien zu bündeln – ist gerade diese Frequenz von besonderer Bedeutung in den Stunden und Tagen der Erhöhung und Kryon möchte euch erzählen. Viele von euch wissen es und haben diese Botschaft bereits erhalten, dass sich die Energien noch einmal erhöhen, dass Kryon das Energiegitter von Mutter Erde noch einmal nach oben zieht, und ihr könnt dies spüren. Vielen von euch ist es in diesen Tagen schwindelig oder sie fühlen sich ausgelaugt, doch der Grund dafür sei euch zu Ehren genannt: Ihr dient als Kanäle für verschiedene Energien. Heute möchten wir euch einladen, ganz besonders für die Energie von Engel Michael als Kanal zu dienen.

Habt ihr gewusst, dass der Erzengel Michael in allen großen Religionen auf Erden anerkannt ist und welche Bedeutung dies für das Kollektiv mit sich bringt? Ist es doch Michael, der in den Phasen der Reinigung Klarheit in die Energien bringt, der ganze Völker vom Karma befreit, der Verkrustungen auf Mutter Erde löst. Und gerade deshalb, weil alle Menschen einen Bezug zu Michael herstellen können, hat dies so eine große Wirkung. Deshalb möchte Kryon heute die Botschaft senden für alle, die dies vernehmen, ganz egal, welcher Kultur und welcher Religion du dich zugehörig fühlst, es gibt keine Unterschiede in der Wertigkeit, alles ist eins. Michael ist für alle Menschen präsent, so wie auch wir dies sind. Wir fordern euch auf, euch mit dieser Energie vertraut zu machen. Dies geschieht bereits jetzt und so könnt ihr beginnen, euch zu öffnen. Während die Energie von Engel Michael sich ihren Weg durch die Dimensionen sucht, wird Kryon, wissend, dass diese Botschaften hinausdringen in die Welt, Informationen senden, die sehr vielen von den Anwesenden bekannt sind. Ich bitte dich, Hohes Licht, der du diese Informationen bereits hast, es dir noch einmal bewusst zu machen, welche Wichtigkeit dies in sich trägt.

Mit dem Beginn der neuen Energien hat sich für alle Menschen etwas Grundlegendes geändert. Ein altes Paradigma hat sich aufgelöst. Eure Chakren, die ihr in euren Körpern tragt und die seit den Zeiten des Abstiegs in die Dualität in einer 4D-Ausrichtung existiert haben, haben sich verändert. Dies betrifft alle Menschen und die Hellsichtigen unter euch können dies wahrnehmen, sofern sie sich in ihrem Bewusstsein darauf einlassen. Die Form eurer Chakren in einer Art Trichter ist nicht mehr existent. Eure Chakren formen sich zu leuchtenden Sonnen und verändern die Ausstrahlung, die Farbfrequenz und auch ihr Wirken. Viele von euch wissen, dass es auch Chakren außerhalb eures physischen Körpers gibt. Doch diese Chakren, meine Lieben, haben immer in eurem Lichtkörper in einer Kugelform existiert. Auf was Kryon hinaus möchte, ist eine Information, euer Alpha- und Omegachakra betreffend. Kryon bittet euch, dieses Wissen nicht für euch zu behalten.

Euer Alphachakra, ein leuchtendes Gebilde, das sich über eurem Kopf befindet, eine Kugel aus dem hellsten Licht, verbindet dich mit dem großen kosmischen Licht jenseits des Schleiers und darüber hinaus mit dem göttlichen Gedankenfeld. Es ist eine Art Verankerung deines Lichtkörpers in Bezug auf deinen physischen und deine feinstofflichen Körper. Dein Omegachakra, ebenfalls eine leuchtende Kugel aus goldenem Licht, das sich unter deinem Steißbein befindet, übernimmt die Aufgabe, deinen physischen Körper zu halten und ermöglicht dir die Kontaktaufnahme mit der Bewusstheit Lady Gaia. Lange habt ihr diese Energiezentren nicht benutzt, doch sie entwickeln sich nun bei allen Menschen auf Erden. Vor allem das Omegachakra ist für jeden von großer Bedeutung. Kannst du dir vorstellen, dass die Erhöhung deiner Zellen und deines Körpers eine Art Aufblähung bewirkt? Es ist fast wie ein Luftballon, der nicht festgebunden ist, wenn du dich über dein Omegachakra nicht mit Lady Gaia verbunden hast. So haben manche von den Lichtarbeitern das Gefühl in diesen Zeiten, dass sie abheben und neben sich stehen. Sie erden sich so, wie sie es gewohnt sind. Sie stellen eine Verbindung her zwischen ihrem Wurzelchackra und Mutter Erde. Doch Kryon sagt euch, tut dies nicht. Dies ist nicht mehr angemessen. Durch die Veränderung eurer Chakren und die stärkere Verbindung der Chakren untereinander fließt damit Energie, die bei dir bleiben sollte, über dein Wurzelchakra in einen Bereich, der energetisch auf Erden nicht mehr existiert. Das mag sich widersprüchlich anhören, denn Energie geht niemals verloren, doch sie kann für dich verloren gehen und dann fühlst du dich noch mehr ausgelaugt. Diese Aufgabe übernimmt dein Omegachakra und es tut noch viel mehr. Es verbindet dich direkt mit der Wesenheit Lady Gaia, mit ihrem Licht, mit ihrer Liebe und mit ihrer Kraft und Absicht, die sie in sich trägt.

Kryon fordert dich jetzt auf, aktiviere bewusst dein Omegachakra. Öffne es. Lasse es strahlen wie eine leuchtende Sonne. Dann sende von dort aus einen goldenen Lichtstrahl zum Bewusstsein von Lady Gaia und nimmt dir einen Moment Zeit, das zu fühlen.

Gib den Menschen, die sich körperlich geschwächt fühlen, die Symptome erleben, diese Informationen und du wirst erleben, wie sich vieles dadurch auflöst, wie die Energien wieder in Fluss kommen und wie die Überladung, die teilweise in den Zellen entstanden ist, abfließt.

(Anm.: Neuere Informationen zur Erdung siehe das Channeling „Die Erdung in der Neuen Zeit" vom 15.02.2006 mit Kryon.)

Nun, Lichtarbeiter, öffne dein Alphachakra über deinem Kopf und dehne diese Kugel aus, strahlend und hell. Stelle eine Verbindung her zwischen deinem Alpha- und deinem Omegachakra durch eine Lichtsäule von 15 cm Durchmesser, die all deine Körperchakren miteinander verbindet. Spüre, wie die Energie beginnt zu fließen, durch dich hindurch, ohne dich zu beanspruchen, ohne dass es dich Mühe kostet. Jetzt dehne dein Herz zu einer großen leuchtenden Sonne und vereinige darin alle deine Chakren. Während du dies tust, bereitet Erzengel Michael seinen Strahl vor.

Kryon wird euch Anweisung geben und dies wird gleichzeitig die Übung sein, um die wir euch bitten, während der nächsten Wochen. Visualisiert euch den Kristall TEEAS [18] und platziert ihn so im Raum ausgedehnt, dass er all eure Herzen miteinander vereint, dass er euch alle umschließt, sodass ihr als Gruppe wirken könnt. Stellt euch vor, dass der innerste der Ringe des Lichtkristalls TEEAS die Kerngruppe, von der die Strahlen in die Welt hinausgehen, bedeutet. Die Gruppenenergie überträgt sich auf alle Ringe in die Welt hinaus, allumfassend.

Dann macht euch bereit. Michael beginnt jetzt, euch als Kanäle zu benutzen. Es ist eine sehr liebevolle und klare Energie und jeder von euch ist als Lichtarbeiter mit Engel Michael verbunden, dem Hüter des Lichtes, dem Träger der Klarheit, dem Botschafter des Lichtes. Gebe dich einige Minuten diesem Wirken hin und ich, Kryon, unterstütze dies mit meiner magnetischen Liebesenergie und bin bei euch.

Die Übertragung dauert an und während Engel Michael dies vollführt, wird Kryon euch weitere Botschaften senden.

Habt ihr gewusst, dass Kryon und Michael gerade in dieser Energie, wie sie jetzt im Moment für euch spürbar und wirksam wird, für jeden Einzelnen eine große Bedeutung hat? Kryon und Michael etablieren zusammen die Lichtsprache. Es wird ein Netz angelegt, ein neues Bewusstsein der Kommunikation, der Sprache des Herzens, und auch in euren Lichtkörpern wird dieses Netzwerk errichtet. Es wird verankert an Punkten eurer Hautoberfläche, sodass die Gesamtheit für euch spürbar werden kann. Ihr könntet es so verstehen, dass ein neues Netz der Kommunikation weltweit errichtet wird, das euch endlich verbindet, wieder verbindet mit dem Rest des

Universums. Dieses Netz wird von Bedeutung sein, denn es wird der Tag kommen, wo eure gewohnten Mittel zu kommunizieren nicht mehr funktionieren werden. Es ein Geschenk für euch im Austausch dafür, dass ihr als Kanäle dient, dass verstärkt an euch dieses Netz errichtet wird. Dies kann immer dann besonders wirkungsvoll geschehen, wenn du dich öffnest und die Energie von Kryon und Michael rufst.

Das, meine Lieben, soll eure Aufgabe sein. Beim nächsten Treffen werden wir euch Bericht erstatten, denn es wird sich etwas Grundlegendes noch einmal verändern. Doch, und darauf möchte Kryon euch noch hinweisen, wie viel sich bereits verändert hat. Da ich weiß, dass manche von euch ungeduldig sind, da sie viele Botschaften erhalten haben, dass sich die Realität an die Wirklichkeit angleicht und für alle sichtbar wird, möchte euch Kryon einen Anstoß geben, warum ihr dies immer noch nicht oder nur in seltenen Momenten erblicken könnt. Viele von euch haben den Schleier beiseitegezogen, ihren eigenen Schleier durchlichtet, und doch scheint es gerade so, als wäre die Sicht immer noch nicht frei. Es ist der kollektive Schleier, durch den ihr hindurchblickt, und darüber sollt ihr euch einmal ernsthafte Gedanken machen. Wenn du zum Himmel blickst und Kryon dir sagt: »Kannst du sehen, dass das Licht sich verändert hat, kannst du sehen, dass die Sterne Impulse aussenden, dass die Magnetfeldbahnen leuchten?« Und du es nicht sehen kannst, dann liegt das daran, dass ihr gewohnt seid, einen kollektiven Himmel zu betrachten. Ihr klinkt euch mit eurer Wahrnehmung in die kollektive Wahrnehmung ein und ihr seht das, was immer schon gesehen wurde, über viele Tausende von Jahren. Ihr erblickt das, was ihr gewohnt seid zu sehen. In manchen Momenten, und da traut ihr euren Augen kaum, durchbrecht ihr diesen kollektiven Schleier und ihr seht die Wirklichkeit.

Das wird zur Selbstverständlichkeit werden und ihr tragt dazu bei. Könnt ihr dies erfassen? Ihr seht das, was ihr gewohnt seid zu sehen. Obwohl eure Augen etwas anderes aufnehmen, schiebt ihr ein kollektives Bild, einen Filter davor. Versucht, diesen Filter einmal beiseite zu lassen, staunend zu blicken wie ein kleines Kind, ohne Vorannahmen. Blickt genau hin, und wenn ihr glaubt, dass ihr genau hinblickt, dann schaut noch genauer. Seht hinter die Dinge, wie sie scheinen, denn das, das möchte euch Kryon auch noch übermitteln, wird sehr wichtig sein. Denn wenn der Schleier reißt und ihr die Wirklichkeit erblickt, wird es euch vorkommen, als wäret ihr vielleicht betrunken oder hättet Drogen zu euch genommen. Denn ihr werdet Dinge sehen, die ihr noch nie gesehen habt. Ihr werdet Energien sehen, Zusammenhänge erblicken und es wird euch überwältigen. Ihr werdet den magnetischen Fluss sehen können. Vielen Menschen wird das Angst machen. Deshalb wäre es sehr von Vorteil, wenn ihr euch an diese Vorstellung gewöhnt, und ihr diese Dinge, die manches Mal absurd erscheinen, trotzdem als wahr anerkennt. Krümmungen des Raumes, Brechungen des Lichtes und Dehnungen der Zeit werdet ihr erleben und es wird genauso sein, wie es immer ist, wenn etwas neu ist: Ihr werdet kurz verunsichert sein. Doch das wird sich sofort legen. Ängste werdet ihr keine kennen. Ihr werdet euch einstellen auf die neuen Gegebenheiten und die Menschen bei der Hand nehmen und ihnen das Wirken der Energien erklären. Dafür werdet ihr geschult und dafür leistet ihr euren Einsatz, dafür überbringen wir euch die Achtung, die Liebe und den Dank.

Und wie immer, wenn die 12 Räte der Tat unter euch sind, geschehen Wunder. Spüre einmal in den nächsten Wochen, was dieses heutige Treffen für dich verändert hat und ich versichere dir, es hat etwas verändert. Engel Michael nimmt seinen

Strahl zurück. Engel Michael tritt zurück und ihr könnt den Unterschied spüren.

Wir, wir lieben euch so unendlich, mit der ganzen Energie und Kraft unserer Herzen. Wir lieben euch unermesslich und ich, Kryon, als Führer des Wortes an diesem Treffen, ich sage euch, der Familie, der Gruppe der Tat, im Namen der Räte der Tat, AN'ANASHA.

Der Sonnengott durch Namahim

Erdung für Lady Gaia
19. 10. 2005

Ich bin der Sonnengott und ich begrüße euch, OMAR TA SATT. Im Namen der Räte der Tat bin ich ausgewählt worden, heute zu sprechen. Ich, der Sonnengott, ich bin was ich bin. Ich bin der, der in die Form hinein die Struktur erschafft. Ich bin das Zentrum des Universums.

Vor langen Zeiten, zu Beginn des kosmischen Tages wurde ich erschaffen von Melek Metatron. Melek Metatron erschuf ein Licht, das das ganze Universum erleuchtete und der Sonnengott war geboren. Warum ist der Sonnengott ein Gott? Vielleicht ist es für dich nicht leicht verständlich. Soll es noch andere Götter geben? Oder gibt es nur einen Gott? Ich sage dir, es gibt nur einen Gott. Doch gibt es viele Götter. Sie wurden in den Status eines Gottes versetzt. Und das bedeutet, sie wirken aus sich selbst heraus. Sie übernehmen Aufgaben im Dienste des Einen und Großen. So wie ich, der Sonnengott, die Geburtsstätte der Engel bin. Aus mir heraus erschaffe ich Welten, Galaxien und Universen. Jede der unzähligen Galaxien besitzt ein Zentrum und auch dieses Zentrum bin ich, der Sonnengott, die Zentrale Sonne des Universums. Ich diene allem, was im Universum erschaffen wurde. Doch bin ich selbst ein Schöpfer. Ich habe deine DNS erschaffen und so habe ich jegliche DNS erschaffen, die im Universum zu finden ist. Manches Mal wird es Wesen gestattet, eine DNS zu verändern.

Doch dies geschieht immer und ausschließlich mit dem Einverständnis des Sonnengottes.

Meine lieben Kinder, viele von euch tragen Anteile der Engel in sich. Viele von euch sind dadurch auf das Engste mit der Zentralen Sonne verbunden. Ich sende meine Strahlen in allen Farben in alles, was Form hat. Alles, was einen physischen Körper besitzt, in welcher Form auch immer, habe ich erschaffen. Ich, ich spucke die Sternensaat aus. Diejenigen unter euch, die der Sternensaat angehörig sind, sind aus mir heraus entstanden, und doch ist dies immer auf Anweisung des einen großen, unendlichen Lichtes geschehen. So habe ich auch die Heerscharen der Engel erschaffen und ich habe dies getan aus unendlichem Dank zu meinem Schöpfer, dem Herrn der Heerscharen.

So kannst du sehen, dass das Universum voll ist von Leben, und glaube mir, in solch einer Anzahl und Verschiedenartigkeit. Es ist wunderschön. Doch was geschieht jetzt? Wieder ist der Sonnengott auf jede nur erdenkliche Art das Zentrum des Universums, denn alles, was sich zur göttlichen Quelle hinbewegt, ob körperlich oder rein feinstofflicher Art, reiner Geist, und aufsteigt, benötigt meine Strahlen dazu. Es gibt Ausnahmen. Doch darüber möchte ich heute nicht mit euch sprechen. Fakt ist, dass ich für alle Planeten, für alle Sterne, für alle Sonnen, für alles, was in irgendeiner Form Materie ist, verantwortlich bin. Ich durchlichte die Strukturen und gebe ihnen neue Anordnungen. Ich setze das um, was der kosmische Tag des großen Lichtes Metatron gebietet. Doch bin ich vieles mehr, als ich euch jetzt erläutern kann. Damit hast du einen winzigen Einblick erhalten, was ich bin. Weder männlich noch weiblich. Ich bin Licht und ich bin Liebe. Ich stehe euch so nahe.

Vieles habt ihr geleistet, was es mir ermöglicht, meine Strahlen noch direkter über die neuen Energiefeldbahnen umzulenken. Diejenigen unter euch, die die Entwicklung dieser

Gruppe, die angeleitet wird von 12 hohen Lichtwesen, begleitet haben oder die, die ihr euch zugehörig fühlt, vor Ort oder irgendwo in der Ferne, ihr wisst, dass wir euch Aufgaben und Informationen verschiedenster Art gegeben haben, um etwas zu bewirken, um ein Kollektiv der Lichter und ein Band der Liebe zu knüpfen. Die Gruppe der Tat, diejenigen, die tun. Ihr seid die, die aus dem Sein heraus tun. Ihr werdet dafür belohnt werden, Ausgleich erhalten. Denn das, was ihr gebt und was ihr bewirkt, ist von so großer Bedeutung für den Aufstieg von Lady Gaia. Natürlich, wenn ich euch betrachte, hier in diesem Raum, und wenn ich alle erblicke, die sich dieser Energie der Gruppe der Tat angeschlossen haben, dann weiß ich, wie viele von euch wissen, was das Wichtigste, derzeit den Aufstieg betreffend, ist. Obgleich ihr diese Informationen erhalten habt, ist es doch wichtig, dies an dieser Stelle noch einmal zu senden. Die Welt soll es hören.

Der Aufstieg ist wieder ein großes Stück für euch näher gekommen, der große Aufstieg, der globale Aufstieg. Da ich über alles informiert bin, was das kollektive Bewusstsein von Lady Gaia betrifft, kann ich euch sagen, wie viele Menschen auf Erden – und mögen sie sich auch eure Führer nennen, eure Wissenschaftler und eure Politiker – verzweifelt nach Lösungen suchen. Wir anerkennen dies. Doch geschieht dies aus einem schlafenden Zustand heraus. Ihr, ihr wisst um so viel mehr. Ihr wisst, hinter die Dinge zu blicken, wisst, was wirklich vor sich geht. Alte Strukturen können nicht mehr gehalten werden. Keine Regierungsmacht der Welt könnte dies bewirken. Denn die Strukturen werden von mir verändert. Ihr habt darum gebeten im Kollektiv des Lichtes und Lady Gaia hat darum gebeten. Und so geschieht es.

Ihr wisst auch, dass Lady Gaia wieder einmal und stärker als jemals zuvor geschwungen hat, sich erhöht hat in ihren

Energien, so stark wie niemals zuvor. Ich sage euch ein Beispiel, damit ihr dies verstehen könnt. Denn in vielen Dingen ist Mutter Erde, in ihrem Bewusstsein Lady Gaia, euch so ähnlich. Sie besitzt wie ihr einen Körper, eine Seele und einen Geist, das spirituelle Licht. Stelle dir einmal vor, dass du Fieber hast. Wenn du dir das auch unbewusst erzeugst, tust du dies doch aus einem Sinn und Zweck, um dich zu reinigen. Dein Körper benötigt diese Reinigung. Das Gleiche ist das Schwingen von Mutter Erde. Wenn Lady Gaia eine Reinigung wünscht, lade ich, der Sonnengott, Mutter Erde auf und sie beginnt, sich zu schütteln und zu vibrieren. Sie beginnt zu schwingen und zu beben. Bestimmt kennst du auch das, dass du, wenn es dich schüttelt, wenn du Schüttelfrost hast, einen Punkt erreichst, an dem du dich nicht mehr beruhigen kannst, wo es dir schwer fällt, dieses Schütteln unter Kontrolle zu halten. Genauso ergeht es Lady Gaia. Denn wenn die Reinigung abgeschlossen ist und dieses Schütteln keinen Sinn mehr macht, muss wieder Stabilität und Harmonie hergestellt werden in einer neuen Energiefrequenz. Das ist etwas, das wir aus den geistigen Bereichen und auch ich, der Sonnengott, nicht bewirken dürfen. Dies ist eine Aufgabe, die das Kollektiv des Lichtes auf Erden, genannt Lichtarbeiter, Pioniere und Avatare, zustande bringen sollen. Dies ist eine kosmische Vereinbarung und es ist von höchster Wichtigkeit, dass diese Stabilisierung hergestellt wird.

Obwohl sich bei dem Aufruf, den wir an euch gesendet haben, viele Tausende von Menschen beteiligt haben und Lady Gaia den Lichtkristall ARIS geschickt haben, ist es doch immer noch so, dass sich die Sterntetraeder von Lady Gaia noch nicht beruhigt haben. Doch ist eine enorme Besserung eingetreten. Und so treten wir heute noch einmal an euch und alle, die dies vernehmen, heran und bitten euch noch einmal, im

Kollektiv des Lichtes Lady Gaia zu halten und zu erden. Es gibt derzeit nichts, was an Aufgaben diese Wichtigkeit übertreffen würde. Macht euch dies einmal bewusst, wie sehr der Aufstieg euch braucht. Damit die Quelle atmen kann, spielt es eine große Rolle, wie die Geschehnisse auf Mutter Erde sich entwickeln. Umso einfacher und reibungsloser vollzieht sich der Aufstieg durch alle Ebenen des Seins. Alles wird angehoben, alles rückt näher zur Quelle. Ihr, die Lichtarbeiter, ihr seid diejenigen, die meine Strahlen durch euch hindurchbefehlen können. Ihr seid die Kanäle, die wir brauchen, um diese kosmische Vereinbarung zu erfüllen. Ohne euch wäre kein Aufstieg möglich.

Ich möchte euch bitten euch vorzubereiten, und wenn du es erlaubst, werde ich, der Sonnengott, ein Höchstmaß an Energie durch dich senden, so, wie du es verkraften kannst und es deine Energiestruktur nicht schädigt. Du kannst dich völlig hingeben und darauf vertrauen. Es ist leicht möglich, dass es dir heiß wird oder dass du auch zu zittern beginnst. Doch ich versichere dir, niemals wird sich ein Schaden für dich ergeben. Also werde ich meinen Strahl in unterschiedlicher Stärke durch eure Lichtkörper senden. Je nachdem, wie du mir deine Bereitschaft signalisierst. Ich bitte darum, dass die Klänge der Zentralen Sonne angeschlagen werden, um eure Lichtkörper in Schwingung zu versetzen.

(Anm.: Adamea schlägt die Klanggabel der Zentralen Sonne über den Anwesenden an. Erklärung zum Anhören der Klänge, siehe Vorwort.)

Während dies geschieht, zentriert euch in euren Herzen. Tut dies mit dem Lichtkristall AVATARA ...

Während ihr eingeschwungen werdet, setze ich meine Strahlen an und ich bitte diejenigen unter euch, die sich ihres Alpha– und Omegachakras gewahr sind, diese Energiezentren weit zu öffnen. Der Kristall mit der größten Kraft für Lady Gaia ist ARIS. Ich bitte euch als Gruppe, in eurer Mitte den Kristall ARIS zu visualisieren. Lasst ARIS erscheinen in eurem Raum und nehmt die Energie auf, die dieser Kristall abstrahlt. Die Schwingung der Zentralen Sonne hat sich im Raum und in euren Lichtkörpern ausgebreitet und angeglichen. Ihr könnt das Anschlagen der Klänge beenden. Bevor wir beginnen werde ich, der Sonnengott, die Schwingungen eurer Lichtkörper harmonisieren. Jetzt, meine Lieben, braucht ihr nichts weiter zu tun, als einfach bei euch zu sein und das strahlend helle Licht der Sonne, des Zentrums des Universums, zu genießen und durch euch fließen zu lassen. Wir beginnen jetzt.

Die Schwingung von ARIS wird in den Lichtstrom eingebracht und direkt zu dem Sterntetraeder von Lady Gaia gelenkt …

Noch etwas wird mein Licht durch euch fließen in dieser Intensität, und währenddessen werde ich euch in Jetzt-Zeit den Dank und die Liebe von Lady Gaia übermitteln. Immer wieder werden Worte dieser Art an euch gesandt, dass ihr nicht ermessen könnt – dass ihr noch nicht ermessen könnt, was ihr bewirkt. Warum, glaubt ihr, dass wir dies so oft wiederholen? Glaubt ihr, dass es eine leere Phrase ist? Es soll euch verdeutlichen, welche Macht und welche Kraft in euch steckt. Wenn ich es zu eurem Verständnis in Prozenten ausdrücken sollte, dann würde ich sagen, mit dieser Energieübertragung habt ihr das derzeitige Schwingen von Lady Gaia, ihr und verbunden in der Jetzt-Zeit, alle Mitglieder der Gruppe der Tat, um etwa ein Viertel reduziert, um 25 Prozent. Könnt ihr sehen, was dies bedeutet?

Ich, Schöpfer, der Sonnengott, ziehe jetzt meinen Strahl zurück. Ich tue dies vorsichtig und langsam … So ist es vollbracht.

Da der Sonnengott seine Botschaften kurz und einfach hält, ist auch eure Aufgabe für die kommende Zeit denkbar einfach:
Wiederholt so oft es euch möglich ist diese Meditation.
Einen Moment noch werden die Räte der Tat in der möglichen Präsenz anwesend bleiben, um euch auszugleichen. Viele von euch spüren dies so sehr. Einige von euch sind erstaunt, wie leicht es möglich ist, Energien wahrzunehmen. Ich bin eine starke Energie, voller Liebe. Ich bin mächtig, und doch diene ich dem höchsten Licht. Ihr, die Engel mit euren Aspekten, die dienenden Engel, die forschenden Engel, die heilenden Engel. Diese Aspekte stecken in euch und noch viel mehr. Alle Arten und Frequenzen der Engel.
Die Ausgleichung hat stattgefunden und ich möchte euch noch einmal bitten, alle, die ihr dies vernehmt, egal, was ihr tut, egal, wie ihr engagiert seid, welche Aufgaben ihr übernommen habt. Dies ist das Vorrangige, das Erden von Lady Gaia. Wir werden euch sagen, wenn sich die Sterntetraeder wieder beruhigt haben. Ihr werdet diese und weitere Informationen erhalten und ich möchte euch beglückwünschen und ich sende euch die Botschaft: Ihr habt es fast geschafft. Nur noch ein kleines bisschen und der Aufstieg ist vollzogen. Gebt alles, was ihr geben könnt. Gebt all eure Kraft und eure Liebe in diesen letzten Akt, dann hat die Erlösung stattgefunden und ihr werdet frei sein. Ihr werdet von euren Aufgaben entbunden werden, wenn ihr dies wünscht. Doch der Sonnengott weiß, wenn das völlige Gewahrsein über euch kommt, dass ihr diesen Wunsch nicht hegen werdet. Somit bedanke ich mich bei euch. Ich sage euch, der Gruppe der Tat, mit all meiner Macht,

mit all meiner Liebe und mit all meinem herrlichen Strahlen,
AN'ANASHA.

Adamea

Eine Reise nach Shamballa
16. 11. 2005

Ich begrüße euch, die Gruppe der Tat, die am heutigen Abend zusammengekommen ist, um eine spezielle Reise zu unternehmen. Ich spreche zu euch aus dem Gewahrsein von Adamea, die ich bin, und in meiner magnetischen Energieausstrahlung übertrage ich euch auch die Anwesenheit der Energiefrequenz von Sanat Kumara.

Ich freue mich, euch heute nach Shamballa zu begleiten. Die Tore zu Shamballa sind weit geöffnet in diesem Monat der Feier der Flammenübertragung. Seit vielen, vielen Tausenden von Jahren findet jedes Jahr diese Feier in Shamballa statt. Aus allen Dimensionen kommen Lichtwesen, Lichtarbeiter und Lichtpioniere nach Shamballa und reihen sich ein in den Strom der Pilger des Lichts, die ihr Licht der dreifältigen Flamme von Shamballa darbringen. Shamballa war einer der ersten Lichtbrennpunkte auf Erden und hat nichts an seiner Kraft, an seinem Glanz und an seiner Wichtigkeit und Bedeutung für eure spirituelle Evolution auf Erden eingebüßt. Sei dir gewiss, dass auch in Shamballa das Geschehen des bevorstehenden Aufstiegs von Lady Gaia mit regem Interesse verfolgt wird. So ist auch die Feier der Flammenübertragung am Ende eures linearen Kalenderjahres ein großes Treffen von vielen Lichtwesen. Alle aufgestiegenen Meister sind zu dieser Zeit mit ihrer Energiefrequenz in Shamballa. Wir freuen uns, euch begrüßen zu dürfen. Ihr werdet nicht nur persönlich, als wer ihr seid, nach Shamballa reisen und in die heiligen Hallen eintreten dürfen. Nein, ihr werdet auch in der Energieschwingung des Kollektivs, als die Gruppe der Tat, die hier auf Erden solch wertvolle Arbeit und Unterstützung leistet, gerufen. In diesem Kollektiv werdet ihr vor die Flamme treten. All die Lichtarbeiter, die der Gruppe der Tat aus der Ferne angeschlossen sind, werden in der Ist-Zeit ebenfalls in diesem Kollektiv der ganzen Gruppe dabei sein. Wenn ihr den Lichtzuwachs der ganzen Gruppe der Tat aus dem letzten vergangenen Jahr in die dreifaltige Flamme von Shamballa geben werdet, könnt ihr euch vorstellen, welch eine Freude, welch eine Kraft und welch eine Stärkung dies bedeutet. Um ein Vielfaches deines persönlichen Lichtzuwachses wirst du zu der Verankerung der dreifältigen Flamme beitragen und um ein Vielfaches wirst du auch die Kraft und das Licht der Flamme zurückerhalten. So ist dies zu dieser Zeit eures Kalenderjahres auch einfach ein großes Geschenk und eine Form, jedem Einzelnen der Gruppe der Tat AN'ANASHA zu übermitteln.

So wird sich nun in diesem Raum durch die Klänge von Shamballa das große Dimensionstor öffnen, folge mir. Du befindest dich auf einem lichtvollen Pfad, umgeben von wunderbaren Gärten in einer hell strahlenden, kristallinen Berglandschaft. Es ist dies der Pfad nach Shamballa. Nicht ohne Grund assoziieren wir Shamballa mit dem Himalaya, denn die Umgebung erscheint wie diese großen, herrlichen, majestätischen Schneeberge, nur dass dieses riesige, kristallin funkelnde Gebilde im ätherischen Bereich sitzt. Shamballa wird vor dir sichtbar als eine prachtvolle Lichtstätte, in hellem Glanz erstrahlend. Je näher du dich auf Shamballa zu bewegst, umso deutlicher siehst du, dass du nicht alleine bist. Du reihst dich ein in eine Prozession von Lichtwesen und Lichtarbeitern, die den geöffneten Toren von Shamballa entgegenströmen. Reihe dich ein in diese Prozession durch die Tore, hinein ins Innere der Lichtstätte Shamballa. Wenn du dir jemals einen majestätischen, glanzvollen, heiligen Palast in deinen Träumen vorgestellt hast, dann wird dieser Anblick alles übertreffen, was du dir in deiner Fantasie jemals vorstellen konntest, denn es ist nicht nur der äußere Glanz und die Pracht und die Größe von Shamballa, die beeindruckend ist, sondern es ist die Energie, die dich umfängt, es ist das Licht, welches strahlt. Dein Herz öffnet sich, denn diese Energie ist dir nicht unbekannt. Schon oft waren deine Seele oder auch du auf geistigen Reisen in Shamballa zu Besuch. Du befindest dich in einer wunderbaren Halle. Du bist dort zusammen mit dem Kollektiv der Gruppe der Tat. Und wenn du dich umschaust, siehst du viele andere Lichtarbeiter, aufgestiegene Meister, Besucher aus anderen Dimensionen. Für eine Weile blickst du dich einfach mal neugierig um, verbindest dich mit Wesenheiten und genießt dieses Zusammensein und die freudige, gespannte Erwartung, die bei jedem herrscht.

Nun wirst du gerufen, durch ein weiteres Tor tiefer ins Innere von Shamballa einzutreten. Du kommst in einen Raum, in dem ein großes, wunderschön funkelndes Wasserbecken ist. Das Wasser schimmert und glitzert in allen Regenbogenfarben. Es ist, wie wenn man kristallinen Staub von verschiedenfarbigen Kristallen über das Wasser gestreut hätte, und du entledigst dich deiner Kleidung, der Wanderschaft nach Shamballa, und nimmst ein reinigendes Bad. Alle Besucher steigen in dieses kristalline Bad, um sich von ihrer weiten Reise zu reinigen, bevor sie ins innerste Heiligtum von Shamballa treten können. Aber dies ist nicht ein Bad, das nur der Reinigung deines Körpers dient. Tauche ein in das kristallin schimmernde Wasser. Es reinigt all deine Körper und es lässt deinen Lichtkörper erstrahlen, damit die großen Meister aus allen Dimensionen dich und auch deinen Lichtzuwachs, den du dir im letzten Jahr erarbeitet hast, erblicken können. Dieser Lichtzuwachs ist das, was du nach Shamballa trägst, um die große dreifältige Flamme zu nähren. Aber verwechsle eines nicht, es wird niemand bewertet. Möge ein Lichtzuwachs noch so klein sein, jeder ist willkommen. Es geht dabei nicht um einen Wettbewerb. Sei ein Lichtzuwachs noch so klein, wenn er von ganzem Herzen in die Flamme von Shamballa gegeben wird, sei dieser gepriesen und gedankt.

Du steigst nun aus diesem reinigenden Bad und fühlst dich leicht, prickelnd und strahlend. Für dich wurde heute noch ein spezieller Zugang in Shamballa vorbereitet, denn die Ankunft des Kollektivs der Gruppe der Tat war schon lange angekündigt, und so sei es dir gewährt, in eine spezielle Kammer einzutreten. Und zwar kannst du heute die Kammer betreten, in der die alchemistische Hochzeit gefeiert wird. Es ist dies ein spezieller Raum in Shamballa. Die alchemistische Hochzeit, die die Vermählung deines physischen Körpers mit deinem Hohen Selbst bedeutet, ist für alle Menschen auf Erden vorgesehen. Sie sollen vor dem Dimensionswechsel mit ihrem Hohen Selbst verschmelzen. In diese Kammer der alchemistischen Hochzeit kamen früher alle Aufgestiegenen Meister der Erde, denn sie konnten diese Verschmelzung zu Zeiten einer hohen Dichte auf der physischen Ebene nicht begehen. Auch sie mussten noch eines Todes sterben, aber nicht eines Todes, der sie wieder zurück in das karmisches Rad geworfen hätte, sondern sie kamen direkt nach Shamballa in die Kammer der alchemistischen Hochzeit. Dort wurden sie mit ihrem Hohen Selbst verschmolzen und haben von da an als Aufgestiegene Meister gewirkt. In diese Kammer wirst du nun geführt.

Es herrscht ein ganz spezifisches, magnetisches Frequenzband in dieser Kammer und du erhältst eine magnetische

Energieübertragung. Deine Schwingung erhöht sich und du kannst dich wahrnehmen als »der du bist«, als »die du bist« in Vereinigung mit deinem Hohen Selbst.

In diesem Gewahrsein wirst du herausgeführt aus der Kammer und wirst nun durch einen wundervoll lichten Gang geführt, hin zum Zentrum von Shamballa, in die große, heilige Halle. Du trittst ein in diesen riesigen Kuppelsaal, unendlich hoch und wunderschön, lichtdurchflutet, unbeschreiblich. Lasse diesen Raum und seine Ausstrahlung einfach auf dich wirken.

Nun wirst du von unsichtbarer Hand langsam in die Mitte des Raumes geführt und stehst vor der dreifältigen Flamme von Shamballa, die erstrahlt in den Farbfrequenzen Rosarot, Golden und Blau. Spüre die Kraft und die Energie, die von dieser Flamme ausgeht. Die dreifältige Flamme von Shamballa. Sie ist als ein riesiger Brennpunkt im ganzen Universum sichtbar und wahrnehmbar. Sie steht für die Liebe, für die Integrität und für den Mut. Attribute, die du als göttlicher Schöpfer voll zur Entfaltung zu bringen hast.

Bitte bereite dich vor, dein Licht, deinen Lichtzuwachs des vergangenen Jahres an die dreifältige Flamme von Shamballa zu geben. Das tust du am besten mit einem Gebet, das einfach, in wenigen Worten, aus deinem Herzen aufsteigt. Und mit diesem Gebet übergibst du deinen persönlichen Lichtzuwachs sowie den Lichtzuwachs des Kollektivs der Gruppe der Tat an die Flamme von Shamballa. So, wie die Flamme auflodert, wie die Flamme in Bewegung gerät und das Licht, das du ihr abgegeben hast, absorbiert und aufnimmt, in diesem Maße stärkt die Flamme von Shamballa das Licht auf Erden. So, wie du bereit warst, deinen persönlichen Lichtzuwachs loszulassen und dem Kollektiv und der Gemeinde der Lichtarbeiter und der Verankerung des Lichts auf Erden und in allen Dimensionen bereitwillig zur Verfügung gestellt hast, um dies wird deine innere dreifältige Flamme um ein Mehrfaches gestärkt. In diesem Sinne dehnt sich die Flamme nun zu dir aus und schenkt dir die Essenz ihrer Kraft, ihres Wesens und ihrer Ausstrahlung.

Du spürst, wie die Flamme von Shamballa in deinem Herzen sich ausdehnt und ausbreitet und bist für einen Moment eins mit dieser Flamme und du erhaschst einen Blick in die Unendlichkeit des Seins, in die Bedeutung und die Bedeutungslosigkeit des Seins, in die unendlichen Lichtmyriaden des Universums. Spüre, wie klein und gleichzeitig groß du bist.

Dieser Moment, wo du eins bist mit der Flamme von Shamballa, umarmt dich, lässt dich Unermesslichkeit ahnen. Ist ein Moment lang oder kurz?

Nun werde dich dir selber wieder gewahr, vor der Flamme kniend, im großen Saal von Shamballa. Bedanke dich bei der Flamme, bedanke dich bei ihr für diesen Augenblick, für diesen Moment, diesen Moment der Unendlichkeit. Langsam trittst du zurück von der Flamme und sowie du dich umwendest, wartet hier ein Aufgestiegener Meister oder eine Aufgestiegene Meisterin auf dich. Es ist jemand aus dem großen Kreis der Aufgestiegenen Meister und Meisterinnen, die sich schon immer ganz speziell dir zugewandt haben. Dieser persönliche Lichtbegleiter nimmt dich nun am Arm und führt dich aus dem großen Saal heraus. Ihr begeht zusammen einen wunderbaren, rosenumrankten Weg und ihr führt ein Zwiegespräch. Du erhältst persönliche Botschaften, Unterstützung für deine Aufgabe ...

Nun verabschiede dich von deinem persönlichen Führer, von deiner Führerin und lasse dich von den Engeln in den großen Ballsaal von Shamballa führen, denn hier findet nun das Fest statt, das einen ganzen Monat andauert, denn dein Kommen soll gefeiert sein. Das ist das Zusammentreffen von so vielen Lichtwesen aus verschiedensten Dimensionen, die alle die dreifältige Flamme von Shamballa nähren und von ihr genährt werden, den ewigen Zyklus aufrechterhalten. All dies will gefeiert sein. Tauche ein in dieses Fest, in den Tanz der Lichtwesen, in die Sphärenklänge. Trinke von den wunderbaren Elexieren und lasse dich einfach überraschen, was dir bei diesem Fest alles begegnet. Dehne dein Herz aus und spüre, wie es sich anfühlt, mit allen Lichtbrüdern und Schwestern gemeinsam zu feiern in den heiligen Hallen von Shamballa ...

Und dies sei dein persönlicher Ausklang unserer Reise nach Shamballa.

Jesus Christus durch Namahim

Die sechs Säulen der Illusion
21. 12. 2005

Flammend helles Licht am Horizont des neuen Morgens.

Ich bin, der ich bin, ich bin, der ich immer war und immer sein werde. Ich bin der Sohn des Universums, Jesus der Christus, die Vollkommenheit der Liebe, die Strahlen der Erlösung, und ich begrüße euch, die Gruppe der Tat. OMAR TA SATT.

Ich wurde gebeten von den 12 Räten der Tat, heute zu euch zu sprechen in den Energien des Aufstieges, in den Energien des Christusbewusstseins, der Vollkommenheit. Jesus, der Sohn, wendet sein Wort an euch.

Ich möchte damit beginnen, euch zu danken. Ihr, die wunderschönen Seelen, in euch tragend das Licht der Liebe und des Dienens, in euch tragend das Verlangen und die Sehnsucht, dass das Paradies auf Erden wieder Wirklichkeit wird. Ihr, die ihr so vieles bewegt. Ihr, die ihr euer Licht strahlen lasst und mich zum Ausdruck kommen lasst. Denn ich bin in euch und so ist Jesus, der Sohn, bei jedem eurer Treffen immer gegenwärtig. Ich halte meine Hand schützend über euch und in Momenten der besonderen Gunst lege ich meinen Segen über euch.

Doch heute, euch allen, die ihr diese Botschaften in euch aufnehmt, möchte Jesus ein Bildnis bringen, ein Gleichnis, das euch etwas bewusst machen soll. Die Erfordernisse der neuen Zeit wollen jetzt gehört werden und für alle von euch ist dies von Bedeutung. Denn so verschieden ihr auch seid in eurem Licht, so gleicht ihr euch doch an einigen Stellen alle, denn so habt ihr es beschlossen als Kollektiv und das möchte Jesus der Christus euch heute aufzeigen.

Ich bitte dich, mir zu folgen auf eine Reise deines Bewusstseins. Zentriere dich in deinem Inneren, verwende dazu AVATARA. Somit kannst du spüren, dass du göttlich bist. Du spürst dies in deinem Herzen und du hast es so oft gehört, dass es sich auch in deinem mentalen Körper verankert hat. Doch eine Ebene gibt es, die so tief liegt und erst jetzt, selbst bei den Lichtpionieren, durchdrungen wird. Jesus wird dir diese Ebene zeigen. Begib dich mit mir, an meiner Hand, auf einen Weg durch grünes Land, über einen Weg vorbei an Wäldern und Flüssen, an Eindrücken, die deiner Seele guttun. Wandle mit mir und lasse alles zurück, was dich belastet und was dich sorgt und spüre die Freiheit. Fühle dich getragen von den hohen lichten Energien des Sohnes. Vor dir erhebt sich in diesem Moment ein wunderbar anzusehender, großer, wunderschöner Tempel. Ein Tempel, leuchtend in Farben, die deine Seele berühren. So, wie du diesen Tempel wahrnimmst, ist es dein Tempel, dein persönlicher Tempel. Jetzt folge mir, wir wollen deinen Tempel gemeinsam betreten. Im Inneren erblickst du einen Raum, ausgedehnt und groß, und doch ist er umgeben von Mauern. Du blickst dich um und stellst fest, dass die Form des Raumes ein Sechseck bildet. Bewundere die schöne Architektur, wie ausgereift und vollkommen sie ist. Du befindest dich an einem heiligen Ort.

Ein Tempel ist nur dann ein Tempel, wenn in ihm die Vollkommenheit und die Wahrheit verkündet werden, wenn Worte der Liebe gesprochen werden und der Raum erfüllt ist von Göttlichkeit. Und nun blicke an die Decke und erkenne dort ein leuchtendes Gebilde hell und strahlend, funkelnd, und bemerke, dass dir dieses leuchtende Gebilde keineswegs fremd vorkommt. Es sind die Farben und die Frequenz deines Lichtkörpers. Der Tempel, in dem du dich befindest, ist der Tempel deines physischen Körpers. Irgendwann einmal hast du beschlossen, als hoher Geist in diesem Tempel zu wohnen, und so oft hast du dies, obwohl dein Tempel so wunderschön und vollkommen ist, als Einengung und Gefangenschaft erfahren. Sehr oft hat dich das traurig gemacht. Nur in den Momenten, in denen du dich zum Schlafe begeben hast, konnte deine Seele in die Bereiche der Wirklichkeit, zu ihrem zu Hause gehen und sich ausruhen. Doch immer, wenn du in deinem Bewusstsein des Tages warst, war dies deiner Seele nicht möglich und du hast deinen Körper als eng empfunden und als Belastung. Doch wie du weißt, hat auch dein physischer Körper ein eigenes Bewusstsein, und dieses Bewusstsein deines Körpers hat all deine Gedanken ihm gegenüber aufgenommen, anfangs wie ein kleines Kind, arglos und leicht verunsichert. Doch je öfter du Gedanken des körperlichen Mangels, des Dich-nicht-Wohlfühlens gedacht hast, umso mehr hat dein Körper dies in sich aufgenommen. Es ist für dich zur Realität geworden. Heute und für alle Zeiten wollen wir diese Realität durchbrechen. Wenn du zur Decke blickst und deinen Lichtkörper betrachtest, dann kannst du erkennen, dass es im Lichtkörper Kodierungen gibt, sechs an der Zahl, die die Grundfesten deines Körperbewusstseins bilden. Du hast es so gewählt. Die leuchtende Kugel, dein Lichtkörper, sendet Strahlen aus. Es sind Projektionen der kristallinen Gebilde, der Kodierungen. Stelle dir vor, in jede der Ecken deines Raumes projiziert ein Lichtstrahl ein Bild. Dieses Bild ist verschlüsselt, doch ist es klar und deutlich zu erkennen. Du hast in allen Zeiten die Aussage dieser Bilder gekannt, doch niemals hast du in Erwägung gezogen, dass dies eine Illusion sein könnte.

135

Das erste Bild, dem du dich jetzt zuwendest und das du betrachtest, ist für dich in seiner Aussage sichtbar und es bedeutet: »Ich bin verletzbar.« Betrachte dieses Bild und diese Aussage. Und jetzt mache dir bewusst, was in den Zeiten des Aufstieges und des Erwachens in deinem physischen Körper geschieht. Du trägst Sorge dafür, dass die Vollkommenheit wieder Einzug hält, dass in deinem Tempel nie mehr die Unwahrheit gesprochen wird, keine Illusion standhalten kann, wenn dein Hohes Selbst diesen Raum erfüllt. Viele von euch haben die Kodierungen in ihrem Lichtkörper gelöscht und das Gebilde an der Decke deines Tempels sendet diese Projektionsstrahlen nicht mehr aus. Und doch ist an den Stellen, wo über lange Zeiten hinweg dieses Bild sichtbar war, immer noch, bei dem einen mehr und bei dem anderen weniger, ein Hauch davon zu erkennen, wie eine Narbe ist es in dein Körperbewusstsein eingebrannt. Da es eine enge Verbindung gibt zwischen deinem Körperbewusstsein und deinem mentalen Körper, ist es so etwas wie Rückkoppelung, Energien, die sich selbst erhalten. Zu dem kommt, dass dein mentaler Körper angebunden ist an das kollektive Bewusstsein und im kollektiven Bewusstsein ist verankert: »Der physische Körper ist verletzbar.« Jetzt weißt du ja, dass deine Seele niemals verletzt werden kann, doch weißt du dies auch von deinem physischen Körper, auch wenn es sich jetzt für dich noch anders darstellt? So wirst du in meinem Beisein und mit deinem Einverständnis jetzt diese Aussage von ihrem Platz wegwischen. Nimm sie bewusst von der Wand deines Tempels und übergebe sie mir, dem Sohn. Jetzt hänge ein neues Bildnis auf, eben an diesem Platz. Dieses Bildnis lautet: »Nichts Wirkliches kann zerstört werden.« Wiederhole dies in deinem Inneren: »Nichts Wirkliches kann zerstört werden und ich wandle meinen Körper in göttliche Wirklichkeit.«

Jetzt wende dich dem nächsten Bildnis zu und betrachte, wo da geschrieben steht: »Ich altere.« Nimm dieses Bildnis der alten Energien ab und übergebe es in meine Hände. Und jetzt schreibe dein Alter neu. Ersetze das alte Bildnis mit der Aussage: »Ich bin die Jugend und mein Körper verjüngt sich mit jedem Atemzug, den ich tue, unaufhaltsam.«

Wende dich der nächsten Wand und dem nächsten Bildnis zu und erkenne, was dort geschrieben steht: »Krankheit gehört zum Leben.« Nimm diese Aussage aus deinem Tempel heraus. Übergebe sie mir und empfinde dabei AN'ANASHA. Ich nehme es von dir. Und jetzt fülle diesen Platz mit den Worten: »Ich bin vollkommen und heil, denn das ist mein Urrecht.«

Dann wende dich weiter und erblicke das nächste Bild, das dort noch sichtbar ist und das immer wieder deine Gedanken beschäftigt. Das immer wieder in dein Bewusstsein dringt, auch über das Kollektiv allgegenwärtig ist, das da lautet: »Physischer Tod ist unausweichlich.« Nimm es hinfort. Übergebe es mir und ich nehme es von dir. Dann projiziere auf diese Wand ein neues Bild und dieses Bild sagt aus: »Meine Biologie ist gedacht für 950 Jahre Lebensdauer. So ist es vorgesehen. Ich überwinde den physischen Tod, denn dies ist mein Urrecht.«

Betrachte das fünfte Bild in deinem Tempel. Die fünfte Säule der Illusion. Dieses Bild legt Zeugnis ab und es sagt dir: »Um meinen physischen Körper zu erhalten, brauche ich Nahrung, die ich zu mir nehme in Form von Lebensmitteln.« Übergebe auch dieses Bild mir, Jesus dem Christus, und ersetze es durch die Worte: »Mein physischer Körper ernährt sich durch Licht und erhält sich selbst, als Selbstverständlichkeit.«

Und damit wendest du dich der letzten Verankerung der Illusion zu, um sie zu entwurzeln. Vielleicht mag es dich überraschen, was du dort erblickst. Ein Dogma der Dualität. Dort steht geschrieben wie in Stein gemeißelt: »Zum Leben benötigt mein physischer Körper Luft. Ich muss Luft atmen.« Auch dies war über lange Zeiten eine Notwendigkeit. Doch ich, der Sohn, ich sage euch, selbst dies wird sich verändern. Du wirst zurückkehren zu einer völlig anderen, ursprünglichen Art der Atmung, das Licht des Kosmos in dich hineinatmen und Luft und Sauerstoff wirst du dazu nicht brauchen. Nimm dieses letzte Bildnis von seinem Platz, übergebe es mir und ersetze es durch das Paradigma der neuen Zeit: »Ich atme Licht. Ich bin Licht.«

In diesen Momenten ergibt sich eine großartige Wandlung in eurem Körperbewusstsein. Doch möchte Jesus euch auch sagen, dass ihr immer wieder dazu neigt, durch das kollektive Gedankengut diese sechs Säulen eures Körpergefängnisses aufrechtzuerhalten, und vielleicht habt ihr manches Mal das Gefühl, dass das kollektive Bewusstsein für euch bedrohlich ist. Doch ich, der Sohn, ich sage euch, ihr seid diejenigen, die mit ihren neuen Bildern der Wirklichkeit in euren Körpern und in eurem Geist das kollektive Bewusstsein verändern.

So soll es eure Aufgabe sein, die ich euch übermittle, immer wieder diesen Tempel eures Körpers aufzusuchen und ganz bewusst die Aussagen der neuen Zeit, die neue Wirklichkeit und die Wahrheit des Aufstieges zu verankern. Und dann tut Folgendes. Lasst von diesen Bildnissen Strahlen zum Lichtkörper, der sich in diesem Bild an der Decke des Tempels befindet, sich ausbreiten und strahlt die neuen Informationen über eure Lichtkörper in das kollektive Bewusstsein ab. Denn es ist so wichtig und auch ein großes Anliegen der geistigen Hierarchien, dass so viele Menschen wie möglich bei diesem Aufstieg, der in vollem Gange ist, ihre physischen Körper behalten können. Dies wird erst möglich werden, wenn die sechs Grundsäulen, die sechs Grundfesten der Illusion des physischen Körpers zerstört und neu gestaltet sind. Wenn die sechs Kodierungen im Lichtkörper aufgelöst sind, dann beginnt erst die Verantwortung jedes einzelnen Lichtarbeiters, all die mentalen Muster und körpereigenen Muster in vollem Vertrauen zu ersetzen. Dafür habe ich euch, den hohen Seelen des Lichtes, die diese Botschaften in sich aufnehmen, dieses Bildnis gesandt, diese Anleitung übermittelt. Immer dann, wenn du diesen Weg beschreitest und dich in deinem Tempel ausdehnst, bin ich bei dir. Immer stehe ich neben dir.

Es gibt Erzählungen aus meinen Zeiten, als ich als Jesus auf Erden gelebt habe, wo ich die Händler und die Geschäftsleute aus dem Tempel hinausgeworfen habe. Was glaubst du, warum ich das getan habe? Es ist nicht so, dass es mich gestört hätte, dass dort etwas verkauft wird. Es waren die Gedankenformen und Energien der Gier, der Übervorteilung und der Unachtsamkeit, die den Tempel verunreinigt haben. Damit möchte ich euch sagen: Haltet euren Tempel sauber von Gedankenformen der alten Energien. Reinigt den Tempel eures Körpers. Viele von den Lichtarbeitern glauben, wenn davon gesprochen wird, dass dein Körper dein Tempel ist und du ihn sauber halten sollst, dass sie dies oder jenes nicht essen dürfen, nicht zu sich nehmen dürfen. Doch ich sage euch, damit sind eure Gedanken gemeint. Denn völlig egal, was ihr euch zuführt, wenn eure Gedanken die neuen Säulen des Bewusstseins widerspiegeln, hat dies auf euch keine Wirkung.

Dies sind die Worte der Wirklichkeit. Dies sind die Worte des Christus, der auch in euch spricht. Dies sind die Worte des großen Lichtes Lord Sananda, Jesus Christus. In dieser Frequenz des kosmischen Christus möchte ich mich bei euch bedanken, dass ihr mit mir zusammen auf diese Reise gegangen seid und es euch erlaubt habt, euch umzublicken und die Illusion zu entlarven. Ich sage euch, der Gruppe der Tat, im Namen der Hohen Räte, die dieses Treffen begleiten, und im Namen des Sohnes AN'ANASHA.

Die 12 Räte der Tat
durch Namahim & Adamea
Ein Gebet für dich
18. 1. 2006

Es begrüßt euch Kryon vom magnetischen Dienst, OMAR TA SATT. Liebe Freunde, Gruppe der Tat. Ich, Kryon, ich bilde die Vorhut für etwas Großartiges, ein Geschenk an euch. Ein Geschenk für euer unermüdliches Tun. Die 12 Räte der Tat werden sich heute alle bei euch melden, energetisch und zu Wort. Wir möchten mit euch ein Fest der Liebe feiern, ein Fest von ELEXIER, euch zum Dank.

So versammeln sich jetzt, hier an diesem Ort und in der Jetzt-Zeit, überall dort, wo du, lieber Lichtarbeiter, dies vernimmst, Heerscharen von Engeln, Meistern, Lichtern und Energiefrequenzen, um dieses Fest mit euch zu begehen. Stelle dir einmal vor das rauschendste Fest, das du jemals erlebt hast, doch noch viel größer, viel bunter, viel aufregender und durchtränkt mit der kosmischen Liebe. Dies geschieht wirklich und es geschieht jetzt, in diesem Moment. Mache deine Seele frei und tanze, fliege und lasse dich treiben in diesem bunten Reigen des Lichtes der Freude. Die Schwingung von ELEXIER ist eng verbunden mit der Zahl 14. Vielleicht ist es dem einen oder der anderen aufgefallen, dass gerade zu eurem 14. Treffen Jesus der Christus zu euch gesprochen hat, der Ausdruck der bedingungslosen Liebe selbst. Und weil ich weiß, dass einige von euch dies nachzählen werden, sage ich euch, die nicht minder lichtvolle und großartige Feier in Shamballa haben wir nicht mitgezählt. Wir werden heute zum Abschluss der Zahl 14 mit euch dieses Fest begehen und es werden sich die Energiefrequenzen, die euch bereits so vertraut sind, zu Wort melden. Einige davon haben sich bis jetzt in dieser Gruppe noch nie zu Wort gemeldet, doch immer und bei jedem Treffen ist die geballte Energie der 12 Räte anwesend. Euch zum Geschenk, zum Beginn dieses wichtigen Aufstiegsjahres, senden wir euch ein Gebet in 12 Abschnitten, aufgeladen von den 12 Räten der Tat. Es wird jeder der 12 Räte eine Botschaft senden, ein Mantra oder einige Worte und diese Worte werden gefüllt sein mit der Frequenz des jeweiligen hohen Rates. Immer dann, wenn du diese Worte sprichst, wird diese Energie frei und beginnt zu wirken. Du kannst die einzelnen Mantren und Botschaften der hohen Räte in einer Reihenfolge zusammenfügen, wie es für dich richtig ist. Die Räte werden sich nacheinander melden und es wurde so abgestimmt, dass es von dem Energiespektrum für das Medium einfach ist.

Bevor Kryon beginnt, füge ich folgendes hinzu: Wenn du dieses Gebet anwendest, beginne damit, dass du sprichst: Ich bin, der ich bin (Ich bin, die ich bin) – EHYEH ASHER EHYEH, und auf die gleiche Art beende das Gebet: Ich bin, was ich bin, ich bin SO'HAM [19]. Eingebettet in dieses hohe Mantra der Christusenergien wird das Gebet der 12 Räte der Tat sein und so werden wir diese Worte in Ich-Form senden und euch bitten, dass, obwohl ihr die einzelnen Aussagen vertauschen könnt, ihr doch nicht andere Worte verwenden solltet als die, die euch gegeben werden. Denn genau diese Worte dienen als Träger der Energiefrequenzen. Mit der unermesslichen Liebe werde ich, Kryon, beginnen. Kryon sendet dir die Botschaft:

Ich werde unermesslich geliebt.

Kryon gibt das Wort an die magnetische Präsenz von Adamea.

Ich bin Adamea und begrüße euch im magnetischen Licht, das sein wird, das in der Ist-Zeit aus den Magnetfeldbahnen des göttlichen Gedankenfeldes zu dir und auf euren wunderbaren Planeten Erde strahlt und sich ausdehnt. In diesem magnetischen Aufstiegsjahr wird die Aufnahme von Magnetismus für dich sehr wichtig sein. Deshalb sei nicht verwundert, dass dieses Gebet mit den magnetischen Aufladungen von Kryon und Adamea beginnt. Ich übermittle dir:

Ich bin strahlende, magnetische Präsenz.

Meine lieben Freude, ich begrüße euch, OMAR TA SATT. Ich bin Meister Lao Tse. Ich bin ein Meister der Liebe, der Weisheit. Doch vor allem bin ich mein eigener Meister, so wir ihr eure eigenen Meister seid. Vorbei die Zeiten, in denen ihr aufgeschaut habt und von menschlichen Meistern Botschaften empfangen habt. Ihr seid die Meister, und das wird euch in diesem Jahr eurer Zeit sehr bewusst werden. Vieles wird sich für euch wandeln. Diese Botschaft habt ihr schon so oft gehört zur Vorbereitung, dass du dich daran gewöhnen kannst. Und es wird sich vollziehen. Ich, Meister Lao Tse, bin voll der Freude, beobachte das bunte Treiben um euch, beobachte, wie Aspekte eurer Seele sich in diesem Treiben der Lichter vermischen und vereinigen. Sei ganz einfach du selbst. Und das ist die Botschaft, die ich euch zu eurem Gebet gebe:

Ich bin ich selbst.

Es spricht Meister Kuthumi. Leichte Energien des Windes und der Luft breiten sich aus, wenn Kuthumi spricht. In diesem Moment ein Energiestrahl dich berührt, an deinem dritten

142

Auge. Es ist meine kosmische Hand, die ich dir sende und reiche. Ich verbinde deine Intuition und deine Hellsichtigkeit, deine Aufnahmefähigkeit für Dinge jenseits deiner gewohnten Realität. Ich bringe dein drittes Auge zum Schwingen. Kuthumi wird auf die folgenden Worte seine Energie aufbringen:

Ich bin sehend.

Ich bin der Engel Sinas. Schon einmal habe ich zu euch gesprochen und ich begrüße euch mit den Worten OMAR TA SATT. Der Engel, der Weisheit und Wissen paart, der Wissenschaftsengel, so habe ich mich bei euch vorgestellt. In diesem Jahr, das ihr begeht, wird viel Wissen einfließen und es wird euch noch mehr in eure göttliche Macht führen. Doch wisset eins: Kraft und Weisheit sollst du walten lassen und mit deinem Herzen diese Botschaften aufnehmen. Das gebietet die Weisheit. Und so ist Weisheit und Kraft immer mit der bedingungslosen Liebe verbunden und führt dich in deine göttliche Macht. Engel Sinas sendet dir die Botschaft:

Ich bin kraftvoll, weise und wissend.

Strahlend blaues Licht dehnt sich aus. Engel Michael ist unter euch. Meine lieben Freunde des Lichtes, Krieger, Priester, Heiler, all das, was ihr in euch tragt und was ihr seid, begrüßt Michael mit den Worten OMAR TA SATT. Es ist das Jahr der Freiheit, das Ende der Knechtschaft. Ketten werden gesprengt werden, Grenzen müssen neu definiert werden. Die Ausdehnung des Geistes wird Wirklichkeit. Ich, Engel Michael, bringe euch einen zentralen Baustein eures Gebetes. Engel Michael moduliert sein Licht auf die Worte:

Ich bin frei.

Zum ersten Mal in dieser Gruppe spreche ich, Engel Chamuel, das Große Kosmische Licht. Wellen der Liebe werden über euch gesandt. Wie ein rosaroter Teppich, in den du dich versinken lassen kannst, behütet und geborgen, alles in sich einschließend, vereinend, das Eine Licht. Mit diesen Gaben kommt Engel Chamuel zu euch, reiht sich ein, um zu sprechen, Worte der Ehre und der Liebe, zu euch – zu dir. Der Engel deines Herzens bin ich. Auch ich werde dich im kommenden Jahr begleiten und ganz besonders kannst du dies spüren, wenn du die Worte aussprichst, die ich dir gebe, aufgeladen mit der Liebesenergie von Chamuel:

Ich bin Licht, ich bin Liebe.

Das Gnadenreich hat euch erreicht. Ich bin die Gnade selbst. Der große, mächtige Engel des Gnadenreiches wird DON'ADAS gerufen. Ein Energiefeld, ausgedehnt und alles durchdringend, im Kosmos der Einheit allgegenwärtig, der Bote Gottes, der dich erreicht, wo du auch bist. Öffne dich für die Gnade, die dir zuteil wird. DON'ADAS übermittelt dir:

Gnade ist mit mir, denn ich bin, was ich bin.

Es begrüßt euch, Quadek, einer euresgleichen. Ich bin voller Liebe und Freude in diesem Moment und begrüße euch, OMAR TA SATT. Bereits einmal durfte ich zu euch sprechen und ich tue dies, so wie damals, aus der lichten Stadt. Der Beobachter, der Hüter und der Priester. Wenn Quadek zu dir spricht, werden gerade diese Anteile in dir zum Schwingen gebracht. Quadek möchte dir auch eine Botschaft zu deinem Gebet geben und diese Botschaft soll lauten:

Ich bin mutig.

Dies ist eine entscheidende Aussage, denn durch all die Zeiten hindurch hat es sehr viel Mut erfordert, all die Inkarnationen zu durchleben. Mut, dass du immer wieder, auch wenn du manches Mal blind warst und das Licht nicht sehen konntest, doch aufgestanden bist und dich wieder dem Licht zugewandt hast. Mutig wie ein Löwe.

OMAR TA SATT, meine Gruppe der Tat. Es spricht zu euch der Sonnengott, das mächtige Licht, das die Strukturen durchdringt, das Strukturen erschafft. Der Sonnengott durchleuchtet die Ebenen des Seins, in sich die Einheit, die Liebe. Viele von euch haben mich oft schon gespürt, aber ich sage euch, nur wenige haben meine wahre Größe erkannt, nur annähernd erfahren, was ich bin. Ich der Sonnengott, ich bin in deinem Körper verankert, in jeder Zelle befinde ich mich. Ich halte die Struktur aufrecht. Ich mache menschliches Leben erst möglich. Dass du einen physischen Körper besitzen kannst, darauf richte ich meine Strahlen der Projektion. Ich hebe diese Strahlen an in der Schwingung und ich ziehe dich, hohes Licht, in deinem physischen Körper in den Aufstieg und durch das Tor der Dimensionen. Der Sonnengott gibt hinzu, zu deinem Gebet, seine Schwingung und die Worte:

Ich liebe meinen physischen Körper,
denn ich bin auch mein physischer Körper.

Gleißendes Licht durchfährt dich, wenn der Weltenlehrer Toth spricht. Ich begrüße euch und sage euch OMAR TA SATT.

Eine Welle der Liebe sende ich euch. In diesem Moment ist meine Energie in Vereinigung der hohen Räte des Lichtes so präsent, dass du mich fast greifen kannst, mich, Toth. Du kannst mich atmen, du kannst mich spüren, mit jedem Haar an deinem Körper, wie elektrische Ladung. Toth betrachtet, was ihr getan habt und ich habe euch bereits einmal gesagt, dass ihr große Lichtarbeiter, OM TAT SAT seid, dass ich euch damals gerufen habe und dass ich euch auch jetzt rufe. Ihr seid dem Ruf gefolgt, wie könnte es anders sein. Dafür verneige ich mich vor euch zutiefst. Toth sagt euch: Wenn du ein Gebet sprichst, sprich es mit Feuer und Hingabe, mit dem Feuer deines Herzens, kraftvoll, kompromisslos, bedingungslos. Toth sendet euch aufgeladene Worte mit der Energie des alten Kämpfers des Lichtes, der auch in dir zu einem Teil steckt. Um dich zu entflammen, sage ich dir:

Ich bin das lodernde Feuer meines Herzens.

Ich bin Elias und über die Schwingung der lemurisch-magnetischen Energien der Einheit berühre ich dein Herz. Aus den Welten der lemurischen Energie der Einheit, des Paradieses, welches dieser Planet war, ist in der lemurischen Zeit die Dualität aus den Gefilden eurer Kreationen entstanden und hat euch ein großes Abenteuer leben lassen. Auch dieses Jahr wird ein wichtiges, lemurisches Jahr sein. Ich gebe dir eine Botschaft und ein Geschenk in meinen Worten mit. Ich lege in meine Worte den Schutz, welchen Elias für dich in den lemurischen Energien darstellt. Wann immer du dieses Gebet sprichst, wird über meine Worte dieser Schutz in deinen ganzen Lichtkörper fließen. Der Dimensionswechsel von Lemurien war der Anfang der Dualität und ihr befindet euch am Ende dieses langen Zyklus und der Kreis schließt sich. Der Anfang und das Ende

146

werden eins. Und so übermittle ich dir die folgenden Worte zu deinem so kraftvollen und heilenden Gebet:

Ich bin der Anfang und ich bin das Ende.
Ich bin Alpha und Omega.

Noch einmal meldet sich Kryon zu Wort. Kryon betrachtet das Ganze und es entfaltet sich daraus eine Blume, die dir Kraft und Freude bringen soll. Nimm diese Teile, die du erhalten hast, und füge sie nach deinem Ermessen zusammen, so, wie es für dich passt und sich richtig anfühlt. Kryon wird sich jetzt bei euch verabschieden, doch dieses Fest, das in vollem Gange ist, wird nicht enden. Beginnt zu feiern, jeden Tag. Beginnt euch bewusst zu werden, dass jeder Tag in diesem Jahr einzigartig ist, ungewöhnlich, dass jeder Tag alle Chancen bereithält, alle Möglichkeiten für dich, dass jeder Tag dein Tag ist. So werden die Tage, wie du sie kennst, langsam zu Ende gehen und ein neuer Morgen bricht heran. Damit verabschiede ich mich im Namen all der anwesenden Räte der Tat, sage euch, wie unermesslich wir euch lieben und: AN'ANASHA.

Kryon durch Namahim

Die Erdung in der Neuen Zeit
15. 2. 2006

Ich bin Kryon und ich begrüße euch, die Gruppe der Tat.

Kryon, magnetisches Licht, spricht die Worte der Begrü-
ßung, OMAR TA SATT. Meine lieben Lichtarbeiter, Pioniere
des Lichtes, es versammeln sich die 12 Räte und wir überschüt-
ten euch mit Ehre, mit Liebe, mit Dankbarkeit. Manches Mal
ist es so viel, was wir bringen, dass du es fast nicht annehmen
kannst. Deshalb wurde diese Gruppe ins Leben gerufen, um
etwas zurückzugeben, den Ausgleich in der Seele wiederherzustellen. Deshalb werdet ihr an Aufgaben herangeführt, mit Informationen betraut, damit ihr sie dienend einsetzen könnt.
Eine Gruppe des Dienens. Wenn du dir selbst dienst, dienst du
dem Ganzen, und wenn du dem Ganzen dienst, dienst du dir
selbst. Ein Gesetz des Kosmos, das die Vollkommenheit in sich
birgt, das den Anfang und das Ende miteinander vereint.

Wir, jenseits des Schleiers, wir haben uns beraten, was diesmal für euch die Aufgabe eures Liebesdienstes sein soll. Und da
nichts im Universum festgeschrieben ist und wir immer nach
den Erfordernissen der Jetzt-Zeit uns an euch wenden und
euch Botschaften senden, haben wir beschlossen, noch einmal
über die Erdung mit euch zu sprechen. Obwohl es so nicht im
Sinne der geistigen Welt ist und auch im Regelfall so nicht
funktioniert, dass wir verschiedene Medien mit gleichen Botschaften besenden, werden wir dies doch tun, damit das, was

wir euch hier in der Gruppe sagen, auch hinausdringt in die Welt, in die Bereiche der Gruppe der Tat, die über euer Internet und in anderen Gruppen diese Botschaften wahrnehmen, weil dieses Thema so wichtig ist. Kryon sendet euch die Botschaft: Das Erden, das du gelernt hast über dein Wurzelchakra *(wurde bereits im Channeling vom 21. 9. 2005 besprochen)* oder auch über dein Omegachakra ist nicht mehr möglich. Lange war es so, dass, wenn du dein Omegachakra geöffnet hast, die hohen Energien durch dich fließen konnten in das Bewusstsein Lady Gaia, und du hast Mutter Erde damit gedient. Im Gegenzug hat Mutter Erde dich geerdet. Dies ist Mutter Erde nicht mehr möglich. Sie schwingt selbst so hoch in ihren Energien, dass sie für dich keine Erdung mehr herstellen kann. Nun wirst du dich fragen, wie soll die Erdung sich dann vollziehen? Doch auch für das gibt es eine Lösung und diese Lösung ist schon sehr alt. Denn bereits zu Zeiten von Atlantis haben wir uns zusammen mit euch überlegt, was wir tun können, wenn der Aufstieg sich zeigt. Wenn die Schwingung von Mutter Erde so hoch ist, dass sie keine Erdung mehr zur Verfügung stellen kann. Dazu wurde eigens ein mächtiger, großartiger Lichtkristall erschaffen und ihr alle kennt den Kristall, er heißt ARIS.

Kryon möchte die Gelegenheit nutzen, euch noch einmal in aller Dringlichkeit darauf aufmerksam zu machen, dass die Lichtkristalle aus der Pyramide, die Lichtkristalle aus Atlantis eine große Bedeutung haben, dass es nicht einfach nur Symbole sind. Es ist das Erbe der Menschheit. In diesen geometrischen Strukturen ist zusammengefasst, alles enthalten, was jeder Mensch und Mutter Erde für den Aufstieg brauchen. Doch weiß ich auch, dass einige, die diese Botschaften jetzt vernehmen, denken mögen: Warum soll gerade ich einer von den wenigen sein, die jetzt diese Informationen erhalten – warum ich? Und Kryon sagt dir: Erlaube dir nicht zu denken, dass dies nicht angemessen wäre. Denn stelle dir einmal vor, wir würden diese Informationen einer anderen Gruppe von Lichtarbeitern auf Erden senden und diese Lichtarbeiter würden sagen – warum wir? Sie würden glauben, es wäre vermessen zu sagen, dass das Erbe der Menschheit in ihre Hände gegeben wird. Doch das ist eure Verantwortung. Und Kryon wiederholt: Erlaube dir nicht zu denken, dies sei vermessen, wo du doch in deinem Herzen spüren kannst, dass diese Aussage, die Kryon an euch sendet, von Wahrheit beseelt ist. Trete nicht zurück, sondern hervor und nimm die Herausforderung an, um gerade diese neuen Botschaften unter die Menschen, unter die Lichtarbeiter zu tragen.

Natürlich könnte es sein, dass es Menschen gibt, die dies nicht glauben möchten, Menschen, die dir entgegenbringen: »Warum soll dies jetzt auf einmal anders sein?« Solange haben wir uns über die Mutter Erde geerdet. Es kann sein, dass es Menschen gibt, die dies nicht annehmen möchten. Kryon möchte euch daran erinnern, dass es eine Zeit gegeben hat, wo die Menschen geglaubt haben, die Erde wäre eine Scheibe, doch die Wahrheit ist, dass Mutter Erde rund ist und die Vollkommenheit in sich birgt. Wie lange hast du gewusst, dass deine Chakren Scheiben sind – und siehe da – die Wahrheit ist, sie sind rund, es sind Kugeln. Wie lange hast du geglaubt an die Ausdehnung deines physischen Körpers und siehe da, dein wirklicher, galaktischer Körper ist eine Kugel, ein vereinigtes Lichtfeld.

Doch weiß Kryon, wie schwierig es manchmal ist, einen Paradigmenwechsel herbeizuführen, eine neue Ära einzuleiten. Zu früheren Zeiten wurden diese Menschen der Ketzerei bezichtigt und vielleicht warst auch du einer von diesen Ketzern. Vielleicht fällt es dir auch deshalb manchmal schwer, die Menschen zu unterrichten, ihnen dein Wissen zu übermitteln, völlig gelassen und aus der Liebe heraus, ohne Ängste zu spüren, die dir die Kehle zuschnüren. Kryon bittet dich, über deine Grenzen hinauszugehen. Es sind Erinnerungen. In dieser Zeit, in der ihr lebt, habt ihr nichts zu befürchten. Diese Angst hat keinen realen Hintergrund. Gehe über deine Grenzen hinaus, denn die Zeiten sind angebrochen, in denen die Menschen aufmerksam werden, wo sie beginnen, den Schein und den Schimmer der Wirklichkeit durch den Vorhang der Dimensionen zu erkennen. Wir haben euch gesagt, dass sich die Strukturen auflösen, und blicke dich um. Was geschieht? Strukturen brechen zusammen.

Über Jahre deiner spirituellen Arbeit hast du dies am eigenen Leib erfahren. Deine eigenen, mentalen Strukturen wurden durchgerüttelt und dein Weltbild hat sich völlig verändert. So geschieht es auch im Kollektiv. Die mentalen Strukturen werden aufgebrochen und die Menschen beginnen, etwas tiefer zu blicken. So geschieht dies auch in den physischen Strukturen, so weit ist der Aufstieg fortgeschritten. Mache dir das einmal ganz bewusst. Immer hast du gefragt: Kryon, wann ist es denn soweit? Wann kommt denn all das, was ihr uns erzählt? Und jetzt ist es da. Manches Mal neigst du dazu, eine logische Erklärung dafür finden zu wollen, es rational zu benennen, physikalische Gesetze zu bemühen oder den Schnee dafür verantwortlich zu machen *(Bezug auf das im Winter eingestürzte Dach eines Eisstadions)*. Noch einmal stelle ich die Frage: Wie schwer ist es manches Mal, ein altes Paradigma loszulassen und sich der Veränderbarkeit und der Flexibilität der Wirklichkeit anzugleichen? Doch genau das ist von euch gefordert. Es gibt nichts außerhalb davon. Deshalb sagt Kryon euch: Haltet an nichts fest, haltet auch nicht an Botschaften fest, die einmal gegeben wurden. Alles ist im Fluss und in Bewegung, das ist die Wirklichkeit, meine Lieben. Manches Mal fragst du dich auch, warum es dir noch verwehrt ist, tiefere Einblicke in die Wirklichkeit zu haben. Und auch da sagt dir Kryon: Stelle dir einmal vor, wie es dich verwirren würde, wenn du sehen könntest, welch enormer Fluss im Universum besteht und dass das Einzige, was im Universum konstant ist, Veränderung bedeutet.

Und jetzt möchte Kryon euch noch auf etwas hinweisen. Die Erdung betreffend. Zu früheren Zeiten hast du dich über dein Wurzelchakra geerdet. Du hast gelernt, Wurzeln oder einen Lichtfaden in die Mitte von Mutter Erde zu senden und dort zu verankern. Doch seit Anbeginn des Jahres 2003, als Mutter Erde sich entschieden hat, in die emotionale Ebene des Aufstieges einzutreten und ihre alte, feste Frequenz zu verlassen, seit diesem Zeitpunkt ist Erdung über das Wurzelchakra nicht mehr möglich. Nun sind einige Jahre vergangen und jetzt hast du dich gerade daran gewöhnt, dich über dein Omegachakra zu erden und siehst dich Botschaften gegenüber, die dir sagen: Auch diese Ära geht zu Ende, es gibt etwas Neues. Richte dich aus, den neuen Gegebenheiten entsprechend, sei flexibel!

Kryon wird nun in der energetischen Einheit zusammen mit dem Sonnengott Energiefelder erzeugen, mit deinem Mitwirken, die dich erden und die der Frequenz und Stabilität des höheren Prinzips, dem des Sonnensystems entsprechen. Der Sonnengott wird dafür sorgen, dass diese Energiefelder sich mit allen Menschen verbinden, die diese Wahrheit in sich aufnehmen möchten. Denjenigen, die diese Botschaft vernehmen und zweifeln, sagt Kryon: Du brauchst es noch nicht einmal zu glauben – probiere es einfach aus! Lasst uns beginnen. Stelle sicher, dass deine beiden Beine den Boden berühren. Spüre noch einmal, wie deine Beine den Boden berühren. Tun sie dies in gleichem Maße, mit gleichem Druck, in der gleichen Stellung deiner Füße oder gibt es Unterschiede? Nimm jetzt das Vorher wahr, um dann das Nachher besser zu sehen … Zentriere dich in deinem innersten Selbst. Rufe den Kristall AVATARA an und damit die Energie des Sonnengottes …

Nimm in deinem innersten Kern deine göttliche Kraft wahr und mache dir bewusst, dass es dein Zutun braucht, dass du in dieses erschaffene, energetische Feld eingebunden werden kannst. Jetzt dehne deine Schöpferkraft und deine Liebe aus – kugelförmig – über deinen physischen Körper und über deine Aura und immer weiter, so weit es dir möglich ist...

Und jetzt erzeuge in deiner Vorstellung um deine Füße herum energetische Felder – auch in einer Kugelform, lasse diese Kugeln deine Füße umschließen. Stelle es dir vor wie einen leuchtenden Feuerball, wie eine Sonne und jetzt setze in diese beiden Kugeln den Kristall ARIS ein und verankere ihn dort. Während du dies tust, wirken wir mit dir zusammen, um diese energetischen Gebilde auszurichten und zu stabilisieren und anzubinden an das Kollektiv des Lichtes der neuen Energien … Spüre währenddessen die Veränderung … die tiefe Erdung und mache dir klar, dass diese energetischen Kugeln jetzt tatsächlich erschaffen wurden und dort verweilen. Sie üben eine ähnliche Funktion aus wie zuvor dein Omegachakra, doch ohne Anbindung an Mutter Erde, sondern verbunden mit dem Sonnengott. Und so ist es vollbracht.

Du kannst immer dann, wenn du wahrnimmst, dass du dich wackelig fühlst, dass du Energiestauungen empfindest, wie Kopfschmerzen, die plötzlich auftreten, Gliederschmerzen, Muskel- und rheumaartige Symptome oder Schwindelgefühle, dich wieder ausrichten und dir deine Erdungskugel in Erinnerung rufen, sie noch einmal aufladen mit dem Kristall ARIS und du wirst sehen, dass die Symptome verschwinden. Natürlich, und auch das sollst du wissen, gibt es Symptome deiner

Lichtkörperentwicklung, die nicht auf mangelnde Erdung zurückzuführen sind, sondern auf die Transmutation deines Körpers. Diese werden vielleicht nicht verschwinden, doch dann
weißt du, dass du diese Symptome einfach tragen musst eine
gewisse Zeit, bis dein Prozess abgeschlossen ist.

Somit wird Kryon euch eure Aufgabe übermitteln. Mein lieber Lichtarbeiter, meine liebe Lichtarbeiterin, vernehmt die
Botschaften des Kryons. Erspüre, wie viel Wahrheit für dich
darin enthalten ist, und wenn du mitschwingst, dann erhebe
dich und zeige dich und tue dein Wissen kund. Doch es gilt,
und das möchte Kryon noch hinzufügen – und Kryon weiß,
dass dies in deiner Weisheit liegt, den freien Willen anderer zu
respektieren. So brauchst du Menschen, die sich nicht dafür
öffnen möchten, nicht unter Druck zu setzen. Doch das weißt
du und du wirst die richtigen Worte finden. Diejenigen Seelen, die dies annehmen möchten, werden den Weg zu dir finden, und ich weiß auch, wenn du jetzt einmal in dich hinein-
horchst, dann weißt du bereits, welche Seelen in deinem Umfeld dies sind. Du kannst dieses einfache Ritual an sie
weitergeben, dass sie aus ihrer Göttlichkeit heraus diese energetischen, kugelartigen Gebilde um ihre Füße herum erschaffen
und dabei Kryon und den Sonnengott anrufen und darum er-
suchen, an das Kollektiv des Lichtes der neuen Erdung angeschlossen zu werden, und es wird geschehen. Auch der Kristall
ARIS sollte nicht fehlen. So gib diesen Kristall bevorzugt weiter und er kann auch angewendet werden, so wie du es kennst,
im Lichtkörper, in der Aura, auf den Händen und Füssen. Auf
jede nur erdenkliche Art stellt ARIS Erdung sicher.

Kryon ist unter euch, Kryon ist bei euch, Kryonenergie
trägt euch, muntert euch auf, erkennt die Rose deines Herzens.
Jede Rose besitzt eine andere Duftnote, eine andere Färbung
und Form der Blätter und Kryon ist wie ein Gärtner – er kennt

alle Arten der Rosen und er schätzt und liebt sie alle, ohne Unterschied, ohne Ausnahme, ohne Vorbehalte, unermesslich. 12 Strahlen der Liebe senden euch das Signal der Dankbarkeit und Kryon formt Worte, an euch gerichtet: AN'ANASHA.

Engel Sinas durch Namahim

Dein Platz in der Familie des Lichts
15. 3. 2006

Ich bin der Engel Sinas. Ich begrüße euch, die Gruppe der Tat, OMAR TA SATT. Bereits einmal hat Sinas zu euch gesprochen und ich habe mich vorgestellt als ein Engel der Gedanken, ein Engel des Wissens und der Weisheit. Ich entspringe dem Gefolge des Kryon. In diesem Moment, wenn Sinas zu euch spricht, haben die Räte der Tat jeden Einzelnen im Auge.

Was als ein Experiment begann, hat sich ausgedehnt und ist zu einer Gruppe der Fülle und – wahrlich – der Tat geworden. Auch wenn ihr, die ihr hier sitzt, nur die anwesende Gruppe sehen könnt, wird Sinas euch doch verraten, dass es bis jetzt schon beinahe 1000 Menschen sind, Lichtarbeiter, die diesen Botschaften jedes Mal auf das Neue lauschen. Dafür möchten wir AN'ANASHA sagen. Es ist aber nicht nur das Lauschen, es ist auch das Tätigwerden, das Erschaffen. Auch dafür sagen wir AN'ANASHA. Wir haben euch bereits einmal dafür gedankt, dass ihr so voller Vertrauen die Aufgaben, die euch gestellt werden, verrichtet, fühlend die Bedeutung, doch in vielen Fällen nicht wirklich ermessend, was ihr da tut.

Sinas möchte heute versuchen, euch ein multidimensionales Geschehen näherzubringen. Das Geschehen »Gruppe der Tat«, das Wirken dieser Gruppe über die Grenzen hinaus. Es gibt verschiedene Ebenen, die zusammenspielen, und obwohl Ebenen nicht durch einen klaren Strich voneinander getrennt werden können – weil die Übergänge fließend sind, werde ich euch doch vier Ebenen benennen. Vier Ebenen der Schwingung, vier Ebenen der Ausdehnung und vier Ebenen des Bewusstseins, in einem.

Das Wirken der 12 Räte der Tat, zusammen mit der Gruppe der Tat, ein Wirken durch drei Ebenen hin zu einer vierten Ebene. Du könntest es die Zielebene nennen. Da Sinas der Engel der Weisheit ist, habe ich meine Strahlen auf euch gelenkt, denn es erfordert wirklich Weisheit, um dies zu verstehen, was euch heute gesagt wird. Um es nicht misszuverstehen, benötigt es die Liebe im Herzen, doch ich weiß, dass ihr diese Liebe in euch tragt und so ist jetzt der richtige Zeitpunkt dafür. Sehr oft wird bewertet in höhere Energie und in tiefere Energie. Wenn Menschen sich eine Hierarchie vorstellen, denken sie dabei oft bewertend an die Spitze der Hierarchie, an der Macht ausgeübt wird, und an die Basis der Hierarchie, wo Unterdrückung stattfindet. Es wird euch nicht überraschen, wenn ich euch sage, dass es dies in der geistigen Welt und im Kollektiv des Lichtes nicht gibt. Obwohl jedes Lichtwesen seinen Platz hat in manchmal verschiedenen Ebenen, einer Art Hierarchie, gibt es keine Bewertung, denn jeder weiß, dass es nur so Sinn ergibt und ein Ganzes, welches wirken kann. Wenn Sinas das Wort »Hierarchie« benutzt, dann nur in Ermangelung eines anderen, treffenden Wortes. Jetzt bitte ich euch, euch für das Kommende zu zentrieren, damit ihr mit dem Herzen hören könnt.

Gehe in das Innere deiner Seele hinein. Spüre deinen göttlichen Kern und deine Einzigartigkeit, deine Schönheit. Somit wollen wir beginnen. Eine Ebene der Gruppe der Tat ist die geistige Welt, die 12 Räte der Tat, die sich zusammengefunden haben, um euch Informationen zu geben und euch Energien zu übertragen, mit denen ihr weiterarbeiten könnt. Eine Zusammenarbeit, die alle drei Ebenen der Gruppe der

Tat miteinander verbindet. Warum hat Sinas von drei Ebenen bzw. von vier Ebenen gesprochen? Dies wird euch jetzt erläutert werden. Die erste Ebene habe ich euch genannt, es sind hohe, lichte Wesen, die ihr kennt. Jedes dieser Lichtwesen hat bereits einmal, und mindestens einmal, zu euch gesprochen. Ihr habt die Energie gespürt und ihr habt euch geöffnet. Dazu möchte euch Sinas sagen, dass die 12 Räte der Tat nicht verschiedenen energetischen Strömungen im Universum als Repräsentanten dienen. Es ist vielmehr eine Besonderheit, dass im Zusammenschluss Wesen in ihrer Persönlichkeit – wenn du es so nennen möchtest – als diejenige Lichtgestalt, so wie sie gerufen werden, wirken. So sind einige der Räte der Tat autonom und nicht in eine Hierarchie eingebunden. Als Beispiele nenne ich euch Toth und den Sonnengott. Andere wiederum wirken aus einer Hierarchie des Lichtes heraus in verschiedenen Ebenen, mit Ausnahme von Engel Chamuel und dem Engel der Gnade. Doch was diese Ausnahme beinhaltet, wäre ein zu weites Feld und ist heute nicht unser Thema. Was ich euch vermitteln möchte ist, dass diese Wesen voller Liebe zusammenwirken und auch diejenigen, die der Hierarchie entspringen, tun dies ohne jede Wertung und sie bringen sich selbst ein, so wie es ihrem Licht entspricht, so wie sie es gewählt haben.

Damit entsteht ein multidimensionaler Bau eines Hauses. Ich nenne dieses Haus den Aufstieg. Wenn ein Haus gebaut wird, braucht es ein Fundament, es braucht Säulen, die tragen. Ihr seid diese Säulen, die für sich gewählt haben und die große Verantwortung auf sich genommen haben, voranzuschreiten, Pioniere des Lichtes zu sein, die erwachten, göttlichen Menschen. Das ist das Fundament, mit dem es beginnt, sprich, die zweite Ebene, doch ist damit noch kein Haus gebaut. Viele Seelen haben sich angeschlossen und ich nenne sie, in vielen

Variationen wirkend, die Sternensaat, hohe Lichtarbeiter, alte Seelen, in sich Weisheit, Stärke und Liebe tragend. Sie bilden bei diesem Haus die Decke und die Wände, die dritte Ebene. Sie geben Sicherheit und Geborgenheit für die Zielebene, für Ebene vier.

Für was ist ein Haus gut, wenn niemand darin wohnt? Diejenigen, die darin wohnen werden, bezeichne ich als die vierte Ebene. Es sind die vielen Menschen und das kollektive Bewusstsein. Es sind viele Menschen, die noch schlafen, die in diesem Haus Zuflucht finden, Sicherheit, Geborgenheit und Verständnis. All das geschieht unter einem Dach, und dieses Dach bilden wir, die geistige Welt, und in diesem speziellen Fall die 12 Räte der Tat. So werden viele Häuser gebaut, vielerorts auf Erden. Gruppen finden sich zusammen und wirken in bestimmten Farbspektren. Du könntest es auch Lichtfamilien nennen. Auch sie bauen Häuser, die sich jedoch manches Mal in der Form und in der Größe unterscheiden, und doch tun alle dies für das Eine, große Wahre. Doch soll zwischen diesen Häusern Einverständnis herrschen und Achtung. Das ist sehr wichtig. Was nicht unbedingt vonnöten ist, und auch das wird oft missverstanden, ist, dass diese Familien sich mischen in ihrem Wirken. So haben verschiedene Gruppen verschiedene Aufgaben und sie lösen diese Aufgaben aus ihrer Wahrheit und ihrer Frequenz des Lichtes heraus. Vielleicht möchtest du fragen, was das Besondere und Einzigartige ist in der Gruppe der Tat, und ich werde es dir sagen. All diese Familien tragen in sich eine Struktur, eine Hierarchie, eine Hierarchie der Liebe und des Lichtes. Doch was das große Experiment bei dieser Gruppe ist ... Und jetzt wird es multidimensional:

Wir senden Botschaften, die zu vier Ebenen des Bewusstseins durchdringen sollen, und wir tun dies nicht in einer Abfolge, wir tun dies in einer Botschaft. Die Informationen werden gewählt und die Schwingungen so gesandt, dass sie immer eine Ebene, vornehmlich aber Ebene zwei und Ebene drei direkt ansprechen und dort Resonanz finden. Vielleicht wird es für dich jetzt etwas kompliziert, doch ich sage dir, versuche jetzt nicht zu denken und höre weiterhin mit deinem Herzen zu. Ein Teil der Botschaften wird ausgesandt für die Pioniere des Lichtes. Manches Mal ist es vielmehr ein Zwischen-den-Zeilen-lesen und –hören. Ein Auffangen von versteckten Botschaften, die ein sehr ausgedehntes Bewusstsein erfordern, und manchmal sind es Botschaften, die durch dich in das Kollektiv der noch Schlafenden sickern sollen und für dich vielleicht keine Neuigkeit darstellen.

Doch jetzt kommt das Wichtige, das Miteinander. Die Pioniere gewährleisten, indem sie dies erdulden und dies ist wiederum ohne Wertung gemeint, duldsam und stark in ihrer Energie, dass sich diese Informationen wie Wellen fortsetzen können. Sie sind das Fundament, sie tragen. Es ist die vierte Ebene, die Ebene des kollektiven Menschenbewusstseins, die eigentliche Zielebene. Doch es erfährt jeder in dieser Hierarchie des Lichtes eine Ausdehnung für seine Bereitschaft und seine Durchlässigkeit, was diese Botschaften betrifft. Manches Mal werden Botschaften gesandt, die zunächst von den Ohren vieler Mitglieder dieser Gruppe nicht gehört werden, doch das Bewusstsein der Pioniere tut dies und gewährleistet, dass diese Informationen durchsickern können in die nächste Ebene.

Engel Sinas betrachtet euch in euren Lichtkörpern und ich kann erkennen, dass euch dies etwas verwirrt. Doch versucht, die eine große Botschaft darin zu erfühlen. Egal, wo du glaubst, dass du dich befindest, wo du dienst in der Hierarchie, es geht nicht ohne dich. Nähre deinen Selbstwert, wenn Sinas wiederholt: Ohne dich ist es nicht möglich, egal, wo du dich befindest. Wir möchten euch auf etwas hinweisen und dies ist eine Botschaft an die Sternensaat in erster Linie. Es geht um die Dualität. Was ist Dualität? Wie immer gibt es verschiedene Belegungen von Wörtern, doch wenn wir zu euch sprechen, verwenden wir die Wörter folgendermaßen: Ihr lebt in einer Welt, wo alles zwei Pole besitzt. Man könnte dies auch die Polarität nennen. Doch was erzeugt in dieser Polarität die große Illusion? Es ist das Bewerten der Pole. Was daraus entsteht, nennen wir die Dualität. Dazu wird Sinas euch jetzt ein Beispiel nennen, zum Wirken von Energien in der Dualität: Wenn das Kollektiv mit Informationen irregeführt und verblendet wird, so, dass Ängste entstehen, ganz egal, woher sie ihren Ursprung haben, ist die Angst ein Pol. Doch wenn diese Massen von Menschen in ihrem Bewusstsein es erlauben, diese Ängste zu spüren, zu fühlen, ist es eine große Transformation. Ein Liebesdienst. Es ist die Liebe. Zwei Pole. Was ist die Wirklichkeit? Dass es ist, wie es ist, und wie es ist, ist es gut. Denn nichts befindet sich außerhalb des göttlichen Planes.

Ich bringe euch ein anderes Beispiel. Auch dies beschäftigt euch. Doch hat es viel größere Ausmaße, als ihr glaubt. Wie lange hat das Kollektiv der Menschen einen Pol erschaffen und dieser Pol heißt Erderwärmung, Klimaerwärmung? Was wäre der Gegenpol zu Wärme? Es ist Kälte. Also bedingt die Erwärmung einen anderen Pol. Es wurde ein Pol erzeugt, der bewirkt, dass die Pole von Mutter Erde durch Wärme abschmelzen. Und es zeigt sich ein neuer Pol, eine Kälteperiode, indem es aussieht, als würde der Golfstrom abreißen. Dies ist erzeugt in der Dualität und nicht so gewollt oder geplant. Doch was bewirkt es, aus der Neutralität heraus betrachtet? Eine große Unterstützung für Lady Gaia in ihrer Reinigung. Es ist, wie es ist. Nichts befindet sich außerhalb des göttlichen Planes. Multidimensionales Geschehen – erfühlbar, nicht wirklich zu verstehen.

Jetzt möchte ich, Engel Sinas, euch anbieten, euch einmal, jeder für sich, in einer Minute der Wahrheit und der Verbindung mit seiner Seele, anzusehen, ohne Wertung, in der Schwingung der Liebe, wo in der Hierarchie du deinen Platz gewählt hast. Ich lasse euch dafür etwas Zeit und werde schweigen … Wenn du jetzt für dich deinen Platz erkannt hast, deine Wahl, werde ich dir aus ganzem Herzen zu deiner Wahl gratulieren. Du hast richtig gewählt. Doch höre auch, was ich dir jetzt sage. Nichts ist endgültig. Du bist ein göttlicher Mensch und hast jederzeit die Wahl. Wenn der Zeitpunkt kommt, wo du deine Wahl überdenken und neu treffen möchtest, kannst du dies tun und dann werde ich, Sinas, mich vor dich stellen und werde dir sagen, aus ganzem Herzen: Ich gratuliere dir zu deiner Wahl, du hast richtig gewählt. Ich weiß, dass dies die Grenzen deines Verstandes sprengt, doch das ist die Wirklichkeit. Keine Wertung. Es ist, wie es ist, und es ist richtig und gut. Wie kann es anders sein, denn du bist richtig und gut, du bist göttlich, du bist die Liebe.

Es wurde euch von Kryon bei eurem ersten Treffen gesagt: Ihr werdet eingebunden in ein Band der Liebe. Eure Herzen werden miteinander verbunden und schlagen im Gleichklang. Heute wird, wenn du es erlaubst, ein neues Band hinzugefügt. Das Band des Wissens und der Weisheit, das wir um euch legen. Doch ist die Voraussetzung dafür, dass du erlaubst, dass dieses Wissen vor allem ein Wissen der Liebe ist und somit Weisheit und durch dich hindurchfließen darf in die anderen Ebenen der Gruppe der Tat, ohne Wertung. Wenn du dies erlauben möchtest, dann bitte ich dich jetzt, visualisiere dir den Kristall TEEAS.

Kannst du in TEEAS diese vier Ebenen erkennen, von denen Sinas gesprochen hat? Und doch ist der Kristall eins. Gebt eure Absicht und Erlaubnis, dann wird das Band der Weisheit um euch gespannt. Es benetzt und durchdringt euch und es erlaubt, dass jeder Einzelne, doch auch die ganze Gruppe, in ihrem Lichte wächst und verstärkt die Zielebene des kollektiven Bewusstseins erreicht. Wir beginnen damit jetzt. Entspanne dich einfach und vergegenwärtige dir noch einmal deinen gewählten Platz ...

Es ist vollbracht und ihr werdet dies spüren. Es kann sein, dass viele Erkenntnisse euch überkommen, wie aus dem Nichts und wie immer bitten wir euch, euer Wissen und euer Licht weiterzugeben. Doch die Aufgabe für dieses Mal, meine hohen Lichter, alle die ihr jetzt hier bei uns seid, im Raum, in der Ferne, in der Verschiebung der Zeit, es spielt keine Rolle, betrachte dir noch einmal deine Wahl in der Hierarchie und dann gleiche diese Wahl, die du zu irgendeinem Zeitpunkt getroffen hast, mit deiner Seele ab. Wenn du dich ruhig fühlst und im inneren Frieden, dann lasse es nicht zu, dass dein Verstand durch Bewertungen dir erzählen möchte, du wärst nicht am richtigen Platz. Doch wenn du Unruhe fühlst und einen Drang in dir, dann weißt du, du hast erneut die Wahl. Treffe diese Wahl ganz bewusst und nicht leichtfertig, in Abstimmung mit deiner Seele. Sei dann auch bereit, die Verantwortung auf dich zu nehmen, denn in der Hierarchie große Aufgaben zu übernehmen bedeutet, dass du Verantwortung übernimmst. Je mehr Verantwortung du trägst, umso höher steigen deine Aufgaben. Je mehr du bereit bist, alles zu geben, umso mehr wirst du dich ausdehnen. Und du benötigst diese Ausdehnung auch, um deine Aufgaben zu erfüllen. Das alles trägt keinen Selbstzweck und keine Willkür in sich, wie es menschliche Hierarchien an sich haben. Die Macht ist die Liebe, die Bereitschaft, alles zu geben und Verantwortung zu übernehmen.

Eingehüllt in das Band und das Netz der Weisheit und des Wissens, getragen von Sinas und gehalten von den Räten der

Tat, bist du, mein liebes Kind, göttlicher Mensch, hohes Licht. Ehre sei dir. Sinas bedankt sich bei euch. In unermesslicher Liebe sage ich euch AN'ANASHA.

Elias durch Adamea

Fall und Auferstehung von Lemurien

19. 4. 2006

Ich bin Elias, der lemurische Meister, und ich begrüße euch, OMAR TA SATT, im Namen der 12 Räte der Gruppe der Tat und heiße euch willkommen. Die, die ihr euch zu dem heutigen Abend in diesem Raum eingefunden habt, und alle der Gruppe der Tat, die aus der Ferne den Botschaften lauschen oder sie lesen.

Es ist heute an der Zeit, in eurem Kreis über Lemurien und die Geschehnisse in dieser Zeit zu sprechen. Es fließt lemurisch-magnetische Energie in den Raum und zu jedem, der mit diesen Botschaften in Berührung kommt. Die lemurisch-magnetische Energie ist für euch eine wichtige Frequenz in der Transmutation eurer Körper. Mit lemurisch-magnetischer Energie in Berührung zu kommen, hilft und unterstützt euer Zellbewusstsein, sich wieder an die lemurische Zeit zu erinnern. An den Beginn der lemurischen Zeit, als euer wunderschöner Planet Erde im Magnetfeld des Göttlichen seinen festen Platz hatte und dadurch alles Leben, was auf dem Planeten herrschte, in der Einheit mit dem Göttlichen war. Wenn alle Wesen in der Einheit mit dem Göttlichen sind, sind sie in der Einheit mit sich selbst, sie sind ein vollständiges Wesen und sie sind in der Einheit mit jedem anderen Wesen, aus welchen Bereichen es auch stammt, in der Einheit mit allen Wesen, die im gottlichen Gedankenfeld verbunden sind. Ein tiefe Einheit der

Herzen, aber auch eine tiefe Einheit der Gedanken und der Gedankenübertragung war zu dieser Zeit auf Erden möglich. Die Naturwelt, die Tierwelt, die Reiche der Naturwesen und die Menschen, aber auch hohe Engels- und Sternenwesen, die oft auf der Erde zu Besuch weilten, konnten sich alle als das erkennen, als ein göttliches Wesen in seiner Ganzheit, ohne Trennungen, ohne Abspaltungen ihrer Anteile. So war es im Anfang, zu Beginn der lemurischen Zeit. Es war die Zeit, die euch auch als das Paradies bekannt ist.

Es geschah auf höchst kosmischer Ebene, dass hohe, sehr lichtvolle Engelswesen, die in den höchsten Hierarchien nahe an der Gottesquelle den Wunsch verspürten, die Erfahrung zu machen, getrennt zu sein vom Göttlichen, sich von der göttlichen Liebesenergie abtrennten. Auf der Quellenebene wurde ihrem Wunsch entsprochen und so kam es, dass diese Engel sich von der göttlichen Quelle lossagten, um zu erfahren, wie dies ist. Wahrlich war ihre Absicht keine bösartige, es war die reine Absicht, eine Erfahrung zu machen.

Diese Engelswesen, die wir hier die gefallenen Engel nennen, machten verschiedene Stationen und Erfahrungen im Universum, bevor sie sich den Planeten Lemuria auswählten und in dieser paradiesischen Zeit auf die Erde kamen. Die Erde, die schon immer für ihre Schönheit und für ihre Fülle an Möglichkeiten bekannt war, hieß damals Lemuria. Diese gefallenen Engel waren in ihrer Erfahrung, getrennt zu sein von der göttlichen Liebesquelle, bereits weit fortgeschritten. Sie hatten jeglichen Bezug zu ihrem Ursprung, und zu dem, was sie waren, verloren und sie hatten an anderen Stationen, die sie durchlaufen haben, höchst kriegerische Energien aufgenommen. Sie kamen auf die Erde und ihr Plan war, auf der Erde Gott selbst zu spielen. Dies geschah jedoch ohne Liebe und Mitgefühl. Diesen Plan konnten sie jedoch nur verwirklichen, indem sie die Erde aus den Magnetfeldbahnen des göttlichen Gedankenfeldes herauskatapultierten. Ihre Macht hatten sie behalten, nur, dass sie die Liebe dabei verloren hatten. Und so geschah es, dass diese gefallenen Engel den Planeten Erde aus der Einheit mit dem Göttlichen herausrissen und durch diese Trennung das Geschehen des Verlaufes des Bewusstseins auf der Erde vollkommen veränderten. Dies ist, was ihr die Vertreibung aus dem Paradies nennt. Für die lemurischen Wesenheiten war dies ein großer Schock. Stellt euch vor, dass sie aus ihrem harmonischen und liebevollen, hoch entwickelten Zusammenleben, mit ihrer Einheit im Göttlichen herausgerissen wurden in eine ganz andere Schwingung. Große Bestürzung, große Ohnmacht, großer Schmerz herrschte. Viele dieser Empfindungen konnten die lemurischen Wesen gar nicht einordnen, weil sie diese nie gekannt hatten. Man könnte viel über diese Zeiten berichten. Dies ist jedoch nicht der Anlass, tiefer darauf einzugehen.

Die gefallenen Engel haben vieles verändert auf Erden. Denn die Wesenheiten, die sie aus ihrer göttlichen Einheit herausgerissen, waren für sie wie ein Spielzeug zur Manipulation und zum Missbrauch und die höchsten Avatare, die höchsten Meister konnten ihr Bewusstsein und ihre hohen Energien nicht beibehalten. Der Planet Erde mit all seinen Bewohnern stürzte in dunkle, höchst chaotische Zeiten. So viel Leid, so viel Durcheinander, so viel Chaos herrschte in dieser Ära auf der Erde, dass sich die Gottesquelle nicht nur Gedanken machte, sondern auch die Absicht aussprach, diesen Planeten wieder in die Quelle einzusaugen, was das Ende der Erde und ihrer Bedeutung als Lichtpunkt zur Folge gehabt hätte. Trotz dieses Beschlusses sollte es nicht zur Durchführung kommen, denn die hohen Liebeswesen der Venus baten die göttliche Quelle um eine Intervention, sie baten um einen Aufschub. Tausende von venusianischen

Wesen in ihrer hohen Liebesschwingung stellten sich zur Verfügung, auf die Erde zu kommen und sich mit diesen gefallenen Engeln zu paaren. In der Absicht, dass durch diese Paarungen die Liebesschwingung in den gefallenen Engeln wieder entzündet würde, damit Liebe und Mitgefühl sich in ihnen wieder regen und gedeihen könnten und so das ganze Geschehen auf der Erde eine Wende nähme.

Diese wirklich große Opferbereitschaft der venusianischen Wesen wurde in die Tat umgesetzt. Versteht das Wort Opferbereitschaft nicht mit eurer dual-menschlichen Prägung, sondern spürt diese große Liebe, diese große Kraft und diese große Absicht hinter diesem Plan. Dass höchste Liebeswesen sich zur Verfügung stellen, in diese dunklen Zeiten der Erdengeschichte einzutreten mit dem Wunsch und der Absicht, wieder mehr Licht erstrahlen zu lassen. Im Wissen, worauf sie sich einlassen, im tiefen Wissen, dass sie sich mit wirklich chaotischen Energien zu verbinden haben. Keines dieser venusianischen Wesen hat auch nur einen Augenblick gezweifelt, da dieser Einsatz unabdingbar war, denn die Erde sollte damit gerettet werden, und es schien ihnen kein Aufwand zu groß. Dieser Plan wurde umgesetzt, auch wenn er in seiner höchsten Absicht nicht wirklich die Liebesenergie bis in die Herzen der gefallenen Engel durchdringen lassen konnte. Doch haben sich die Dinge gewendet und so sind auf Erden in den Lebewesen das Chakrensystem entstanden und die verschiedenen Qualitäten, die sich in diesen Zentren widerspiegeln. Von der Basis aufsteigend bis zum Scheitel, bis zur Verbindung zum Göttlichen. Die vollkommene, venusianische Liebesenergie konnte diese Mächte nicht wirklich voll und ganz durchdringen. Es ist diese Vielzahl von Emotionsfacetten entstanden. Instinktiv geleitete Emotionen, auch machtvoll geleitete Emotionen, Herzensenergien und Emotionen der Klarheit. Aber diese Verschmelzung der gefallenen Engel mit den Venusianern hat auch die Dualität in diesen emotionalen Qualitäten hervorgerufen, diese beiden Seiten, das Dunkle und das Lichtvolle. So konnten diese emotionalen Qualitäten – in den Chakren angelegt – jeweils auf zwei Seiten oder in zwei Qualitäten gelebt werden. Die Entscheidung, die freie Wahl war geboren.

Viele weitere Dinge im physischen Körper, in den Organen, wurden durch diese Verschmelzungen ebenso herausgebildet. So auch die Trennung der zwei Hirnhälften, die wiederum das duale Denken widerspiegelt. Es wurde im Verlauf all dieser Geschehnisse der Weg der Erde besiegelt, dass die Wesenheiten in der scheinbaren Trennung vom Göttlichen, ihren Weg in die Dualität begannen. Dies war der Fall von Lemurien, die Vertreibung aus dem Paradies, in die Erkenntnis von Gut und Böse. Ihr werdet euch fragen, weshalb wir versuchen, euch in einfachen Worten viele komplexe Geschehnisse aus dieser Zeit nahezubringen. Versteht, dass dieses Herausschleudern eures Planeten und der lemurischen Wesen – die ihr auch wart – aus der Magnetfeldbahn des Göttlichen der Anfang des Weges in die Dualität war, der Anfang der Geschichte auf Erden, in der ihr alle mitgespielt habt. Denn ihr wart die, die sich entschieden haben, aus diesem hohen, lemurischen Gewahrsein heraus auf Erden zu bleiben und die Erde zu behüten auf diesem Weg. Ihr habt die Absicht geäußert, diesen Weg mit Lady Gaia zu gehen bis zum Ende. Denn es wurde viel unternommen, es kam später nochmals eine weitere Delegation von venusianischen Wesen, um die Energien und das Licht auf Erden anzuheben, ebenfalls in lemurischen Zeiten. Diese venusianischen Wesen kamen nicht mehr, um sich zu verschmelzen, sondern sie kamen als Lehrer und große Meister. In diese Zeit gehört auch die Anbindung an Shamballa, dieses große Eintrittstor von Sanat Kumara von der Venus.

So gab es auch lichtvolle Zeiten und großes Meisterwissen, das sich auf der Erde, zu lemurischen Zeiten, wieder etablieren konnte. Aber die physischen Körper, die Emotionen und die Gedankenmuster waren nun von der Dualität geprägt und davon gab es keine Abkehr mehr und ihr alle habt diesen Weg mitgemacht. Aber es war auch immer der große Plan der göttlichen Quelle und vieler großer Wesen, auch von mir, Elias, der ich zu dieser Zeit, als der Dimensionswechsel von Lemurien stattfand, in die geistige Welt aufgestiegen bin, um Lady Gaia von jenseits des Schleiers zu unterstützen, damit der Planet wieder nach Hause geholt wird. Wir hohen Wesen wussten immer, dass die Erde zurückkehren wird in die Magnetfeldstraßen. Das ist, was ihr als den Aufstieg von Lady Gaia und was ihr auch als euren Aufstieg mit euren physischen Körpern betrachtet. Ihr werdet wieder zurückkehren ins Paradies. Die Erde wird sich wieder verankern im Gedankenfeld des Göttlichen.

In der linearen Zeit betrachtet war dieser Sturz aus dem Paradies der Beginn der Zeit und Dualität auf Erden. Nun, in eurer Jetzt-Zeit, befindet ihr euch am Ende dieser Zeit. Wenn ihr aus eurer linearen Zeit einen Kreis schließt, schließen sich der Anfang und das Ende. Ihr seid in der Qualität der Jetzt-Zeit an einem ganz ähnlichen Punkt wie damals, als die Erde aus den Magnetfeldbahnen herauskatapultiert wurde. Aus diesem Grund ist das Wissen über Lemurien und die Entstehung vieler Veränderungen, die durch diesen Zeitensprung gekommen sind, für euch sehr wichtig, da ihr wie in einer parallelen Welt lebt. Eure Jetzt-Zeit und die Zeit vom Dimensionswechsel von Lemurien fühlen sich sehr ähnlich an. Auch heute herrscht ein großes Chaos verschiedenster Bewusstseinszustände auf eurem Planeten zur selben Zeit. Höchst spirituell entwickelte Wesen, wie ihr es seid, und tiefste Verwirrung und Chaos, kriegerische

Zustände, Verzweiflung und Mordtaten. Alles herrscht zur selben Zeit. Es ist dieselbe Energie, dieselbe Bestürzung, dieselbe Ohnmacht wie damals.

Dies zu verstehen und in keinster Weise zu beurteilen, ist eure Aufgabe. Diese Zeitenqualitäten als das zu betrachten, was sie sind, das letzte Chaos vor der Heimkehr, und dem keinen Fokus und keine Kraft mehr zu geben. Das ist es, was du begreifen sollst. Ich möchte euch zum Abschied meines Besuches und zu dem, was auch eure Aufgabe als die Gruppe der Tat sein soll, mit den reinen, venusianischen Energien, die auf Erden sind, verbinden. Durch die Paarungen der gefallenen Engel mit den Venusianern sind diese mächtigen Wesen entstanden, die wir euch als die Mächte erläutert haben. Die Mächte, die auch heute immer noch einen großen Einfluss auf die Erde haben. Die Mächte, die den Aufstieg der Erde verhindern wollen. Wir haben euch auch erklärt, dass jeder von euch Anteile dieser Mächte in sich hat, diese Anteile sind euer Ego. Aber genauso habt ihr alle auch Anteile der venusianischen Liebesenergien in euch. Ich möchte euch einfach spüren lassen und vermitteln, wie groß die Absicht und die Liebe und Kraft dieser venusianischen Wesen war, auf die Erde zu kommen, ihren wunderschönen Liebesplaneten zu verlassen und über all diese Millionen von Jahren ihre Energie hier auf Erden zur Verfügung zu stellen. Welch ein großer Auftrag, welch eine große Brüderlichkeit.

Ich bitte euch, dass ihr euch mit dieser Energie verbindet, mit dieser großen Kraft der Hilfestellung, die euer Planet erhalten hat. Indem ihr dieser großen Kraft die Ehre erweist und anerkennt, was für eine Bereitschaft dies bedeutet hat. Diese Energie breitet sich in euren Reihen aus, dieser Funke von höchst selbstloser Bereitschaft zu dienen, denn auch du trägst diesen Funken in dir. Lasse diesen Funken in dir wachsen und zu einer großen Flamme werden. Es ist dein Feuer, ein Lichtarbeiter zu sein, es ist dein Feuer, ein Lichtpionier zu sein, es ist dein Feuer, alles zu geben, um den Planeten Erde wieder heimzubringen und zurückzukehren ins Paradies. Es ist dein Feuer, welches in dir lodert, alles zu geben. Es ist diese große Bereitschaft, die die Venusianer euch vorgelebt haben, um den Planeten zu retten. Durch diesen Funken, der in euch lodert und den ihr zu einem großen Feuer ausdehnen könnt, seid ihr diesen Weg gegangen, Inkarnation um Inkarnation. Es ist dieses Feuer, was euch zu Kriegern des Lichtes macht.

So soll es die Aufgabe sein bis zu unserem nächsten Treffen, in jeder Situation, in der du in deinem Alltag über etwas zweifelst, Ängste verspürst, Trägheit oder keine Lebenslust empfindest, oder wenn dich jemand ärgert und all diese Dinge, die aus der Dualität und aus dem Kollektiv immer noch Einwirkungen auf dich haben, dieses Feuer leuchten zu lassen. Immer, wenn du dir einer solchen Situation gewahr wirst, dann aktiviere dieses Feuer der Hingabe, der großen Absicht und Kraft der venusianischen Liebe, dann wirst du dir bewusst, dass du ein Krieger des Lichtes bist und alles gibst, in jeder Situation.

Elias wünscht euch wundervolle, kraftvolle Erfahrungen, indem ihr so oft wie möglich in diesem Feuer der Kraft seid und in der Liebesenergie der Venus. Ich sage euch AN'ANASHA für euren Dienst und verabschiede mich in ELEXIER.

Toth, der Atlanter durch Namahim

Du bist Gott – du bist Schöpfer
17. 5. 2006

Ich bin Toth, der Weltenlehrer, der atlantische Meister. Ich begrüße die Gruppe der Tat mit der heiligen Formel – OMAR TA SATT.

Meine lieben Freunde, Krieger des Lichtes. Heute ist Toth zu euch gekommen, um das, was ihr tut, zu würdigen. Meine Anwesenheit ist bedeutungsvoll, voller Kraft und voller Liebe. Auch wenn ich, Toth, die Worte manches Mal etwas scharf wähle, sind sie doch angemessen und sie bewegen dich, umzudenken. Warum nenne ich mich einen Weltenlehrer? Ich bin ein OM TAT SAT, genau wie du. Ich hatte oft ganz ähnliche Aufgaben wie einige unter euch, die die Aufgabe tragen, die Menschen zu lehren. Ich bin ein geistiger Lehrer. Ich bin eine sehr klare Energie. Es ist die Wissenschaft des Geistes, die Gültigkeit erfährt im Universum. Alles ist Geist. Alles ist durchdrungen von Geist. So gibt es geistige Gesetzmäßigkeiten. Und bereits einmal habe ich zu euch gesprochen und ich habe euch die Gesetzmäßigkeit der Polarität gelehrt: Alles hat zwei Pole – beide Pole sind eins. Heute möchte Toth mit euch zusammen weiter in die Geheimnisse des Geistes vordringen.

Unser Thema soll lauten: Alles ist eins – Eins ist alles. Vielleicht hast du das schon oft gehört. Doch was bedeutet es wirklich? Alles ist eins – Eins ist alles. Wenn du für Eins die Einheit setzt, könntest du sagen: Alles ist eine Einheit – Einheit ist alles.

173

Wenn du für Eins Gott setzt, könntest du sagen: Alles ist Gott – Gott ist alles. Wenn du für das Wort Eins die Zahl 1 setzt, könnte es bedeuten, und bedeutet es: Eins symbolisiert das göttliche Selbst, die große Einheit, die Zahl 1 beinhaltet alles, was ist. In der Zahlenreihe von 1 bis 9 findest du am anderen Ende die 9. Zwischen diesen beiden Zahlen entfaltet sich die gesamte Schöpfung, in vielen Aspekten und Facetten. Die 9, die göttliche Zahl. So kommst du aus der Einheit der 1 und durchläufst in deinem Bewusstsein verschiedene Stadien, eine Kombination aus vielen verschiedenen Zahlenreihen. Jede dieser Zahlen beinhaltet ein Bewusstsein. Irgendwann kommst du bei der Zahl 9 an und dann erkennst du in deinem Bewusstsein, dass alles eins ist und du zählst die 1 und die 9 zusammen und es ergibt 10 und ist wieder die 1. Du siehst, es ist die Einheit. Alles ist eins – Eins ist alles. Wenn alles Gott ist und Gott alles ist, dann bedeutet das, es gibt nichts außerhalb von Gott, und es bedeutet auch, du bist Gott. Es ist eine ganz einfache und logische Erklärung. Du bist Gott. Wie könnte es anders sein, wenn nichts außer Gott existiert, wenn alles Gott ist? Aus dieser Zahlenlogik, verbunden mit dem kosmischen Gesetz, Alles ist eins – Eins ist alles, erkennst du, dass die verschiedenen Bewusstseinszustände, die du durchlebst, die dich irgendetwas anderes glauben machen, Illusion sind. Die Wahrheit ist, du bist Gott. Schwäche es nicht ab, indem du sagst, du wärest göttlich. Anerkenne, dass du göttlicher Ausdruck auf Erden bist. Du bist Gott auf Erden.

Ich möchte heute mit euch über euer Schöpfertum sprechen. Über das Schöpfen aus der Wirklichkeit, weil ich weiß, dass dies für euch ein sehr wichtiges Thema ist, um nicht zu sagen, es ist das wichtigste Thema überhaupt. Alles dreht sich darum, dass du anerkennst, dass du Schöpfer bist. Nur so kann das Werk vollendet werden. Wie könntest du auch hier in der

174

Gruppe der Tat etwas bewirken, wärest du nicht Schöpfer? Doch um bei der Logik zu bleiben: Es gibt davon keine Ausnahme. Die Aussage ist: Du bist Schöpfer. Das bedeutet, dass auch die Dinge, die dir nicht gefallen, du erschaffen hast oder du hast sie miterschaffen auf die eine oder andere Weise. Bevor wir beginnen und tiefer einsteigen in diese Lehrstunde, möchte Toth euch eine Reinigung zukommen lassen. Ich werde, wenn du es mir erlaubst, deinen mentalen Körper reinigen von allen nicht dienlichen Gedankenformen. Ich werde auch eine Art Schutz über euch ausbreiten. Es soll dies ein Schutz sein vor den kollektiven Gedankenenergien, die an allen Orten spürbar sind, an manchen Orten mehr und an anderen Orten weniger. Heute werde ich, Toth, das für dich tun. Doch sei dir gewiss, du selbst kannst dies erreichen. Wenn ich es für dich tue, nenne ich es einen Schutz. Wenn du es für dich selbst tust, und das liegt in deiner Macht, tue es nicht mit dem Gedanken, dich zu schützen, sondern dich auszuklinken, und wende dich dem göttlichen Gedankenfeld zu. Du öffnest dich für das göttliche Gedankenfeld, wenn du ganz bewusst dein Alphachakra öffnest und einen Lichtstrahl aussendest, dich einklinkst in das göttliche Gedankenfeld und dich im gleichen Atemzug aus dem kollektiven Bewusstsein zurückziehst. Dies geschieht sehr einfach.

Das Problem ist vielmehr, dass es nicht oft genug geschieht. Oft vergisst du das und nimmst wieder, wie selbstverständlich, kollektive Gedanken auf. Ein Kennzeichen von kollektiven Gedanken ist, dass es nur sehr kleine Fragmente sind von etwas Großem. Du siehst etwas, ordnest es ein und gehst damit sofort in Resonanz, in Resonanz mit dem Kollektiv. Augenblicklich fließt dir dazu ein passender Gedanke zu. So denkst du sehr oft kollektive Gedanken. Versuche einmal, einen Gedanken zu Ende zu denken. Kollektive Gedanken sind Gedankenformen, die nicht zu Ende gedacht sind und auch von dir nicht zu

Ende gedacht werden. Tätest du dies, würdest du feststellen, dass diese Gedanken oft völliger Unsinn sind. So mache es dir zur Angewohnheit, selbst zu denken. Kannst du einen Gedanken, soweit du dazu in der Lage bist, bis zum Ende verfolgen? So kannst du aussortieren zwischen wirklichen Gedanken und Gedanken der Illusion.

Und jetzt, wenn du bereit bist und die Zustimmung gibst, wird eine Reinigung geschehen. Gehe in dich. Ziehe deine Energie von außen ab und verschiebe sie in den Mittelpunkt deines Herzens, in dein Herzzentrum. Dann triff eine Entscheidung. Möchtest du von Toth gereinigt werden? Wenn du diese Entscheidung getroffen hast, dann gebe mir das Signal. Dies geschieht in den nächsten Minuten deiner Zeit. Spüre, wie ich an dir wirke ... So geschehen.

Jetzt entspanne deinen Geist und höre die Worte von Toth. Du bist Schöpfer. Möchtest du überhaupt Schöpfer sein? Weißt du, was es bedeutet Schöpfer, zu sein? Ich werde es dir sagen. Es bedeutet, dass du Verantwortung übernimmst für deine Schöpfungen. Es bedeutet auch, dass du niemanden dafür verantwortlich machen kannst, was du erlebst und was du erschaffen hast. Ich frage dich noch einmal: Möchtest du denn überhaupt Schöpfer sein? Möchtest du diese Verantwortung auf dich nehmen? Wenn du noch zögerst, dann lasse dir Folgendes gesagt sein: Verantwortung zu tragen, gibt Kraft. Für was brauchst du diese Kraft? Um noch mehr Verantwortung tragen zu können. Denn das gibt dir noch mehr Kraft. Das ist etwas, was sehr oft außer Acht gelassen wird, wenn ihr euch kraftlos fühlt und gar nicht göttlich. Dass es Verantwortung ist, die Kraft erzeugt.

Was noch ein sehr wichtiger Aspekt ist: Entscheide dich, wähle. Immer dann, wenn du eine Entscheidung triffst, fließt dir Kraft zu. Darum lasse niemals jemand anders für dich entscheiden. Er nimmt dir deine Kraft und du gibst sie ihm. Entscheide selbst, du bist Gott. Entscheide dich! Möchtest du Schöpfer sein? Was geschieht, wenn du dich zu etwas entschließt und es danach bezweifelst? Toth wird es dir sagen. Keine Kraft fließt dir zu. Oftmals sprechen die Menschen: » Aber ich habe mich doch entschieden«. Doch nicht mit voller Kraft, mit Zweifeln. Wie soll Kraft entstehen? Wie soll es möglich sein, dass du Verantwortung übernimmst, wenn du an deiner Entscheidung zweifelst? Vielleicht bereitet es dir auch Sorge, wenn Toth dir sagt, dass jede Entscheidung, die du triffst, etwas zu tun, zu denken, zu sagen, etwas nach sich zieht, eine Schöpfung. Du bist Schöpfer. Bist du bereit, die Verantwortung für deine Schöpfungen zu übernehmen? Vielleicht kreierst du dir manches Mal etwas, was dir hinterher gar nicht so gut gefällt. Bist du auch dann bereit, die Verantwortung dafür zu übernehmen, es nicht auf andere zu schieben? Auf die geistige Welt, auf Gott oder gar den Teufel. Bist du dazu bereit? Wenn du diese beiden Fragen der Entscheidung und der Verantwortung mit einem klaren Ja beantworten kannst, hast du bereits sehr viel Kraft gewonnen.

Was ist das Nächste, wenn du bewusster Schöpfer sein willst? Es ist die Absicht. Manche von euch kennen das kosmische Gesetz: Absicht und Kraft und Liebe. Dazu werde ich euch noch etwas sagen. Kraft ist Liebe. Eine liebevolle Absicht erzeugt Kraft. Alles ist Liebe. Wenn du das erkennen könntest. Doch zunächst einmal sollst du erkennen, dass Kraft Liebe erzeugt, bedingungslose Liebe – ELEXIER. Eine reine Absicht, wenn du sie dazu gibst, bist du Schöpfer der Wirklichkeit und es geschieht. Ihr wurdet in den letzten Channelings auf diese Lehrstunde mit Toth vorbereitet. So hat Elias euch bereits gesagt: Das Feuer in eurem Herzen, der Hingabe, der Kraft, der Absicht und der Liebe macht euch zu Kriegern des Lichtes.

Auch ich, Toth, habe eine Botschaft gesandt in dem Gebet, das wir euch gegeben haben. Ich habe dir gesagt: »Ich bin das Feuer meines Herzens«. Das Feuer der Kraft, der Absicht und der Liebe. Ich werde es für euch noch einmal darlegen.

Wenn du etwas manifestieren möchtest für dich, beginne damit, dich zu entscheiden, was du möchtest. Dann frage dich: Möchte ich das wirklich? Wenn deine Seele mit dem in Übereinstimmung ist, wirst du spüren, dass Kraft in dir entsteht. Ist dies nicht der Fall, kommt dieser Wunsch aus deinem Ego und du solltest ihn verwerfen.

Die zweite Frage lautet: Bin ich bereit, dafür Verantwortung zu übernehmen? Wenn dein Selbst damit in Übereinstimmung ist, wirst du in diesem Moment Kraft verspüren. So beginnst du deine Manifestation, indem du Kraft erzeugst durch Entscheidung und Verantwortung. Dann formuliere deine Absicht klar und kurz und ich, Toth, nenne es absichtlich nicht deinen Willen. Es soll die Absicht deines Herzens sein, rein und klar, kurz und prägnant. Am besten wäre es, ein Bild zu erzeugen, ohne viele Worte. Dann, als nächsten Schritt, nimm die Kraft, die du erzeugt hast, und gebe sie hinzu. Tue dies am besten mit einem lauten Schrei. Dadurch steigert sich die Kraft um ein Vielfaches. Ich werde dir erklären, warum. Vieles, was die Menschen manifestieren, wird in einer Energie der Wut manifestiert. Wenn du wütend auf dich selbst bist, auf andere oder auf Gott, wie immer du es auch erlebst. Wut ist eine starke Emotion. Und Wut beinhaltet sehr viel Kraft. Wenn du diese Kraft und dieses Gefühl der Kraft erzeugen kannst, indem du dir vorstellst, wie es ist, wütend zu sein, eine Wut die einfach da ist, auf niemanden gerichtet, dann erzeugst du Kraft. Wenn du aus deinem Inneren heraus laut, so laut es dir möglich ist, schreist, kannst du in dieses Gefühl hineingehen. Nur für einen kurzen Augenblick. Davor brauchst du nicht zurückzuschrecken. Wer hat dir gesagt, dass du nicht wütend sein darfst? Sehr oft, besonders wenn große Transformationen stattfinden, ist Wut der Transformator überhaupt. Es ist nicht umsonst, dass ihr sagt, nach einem Streit ist die Luft geklärt. Das bewirkt die Wut. Und so kannst du sehen, dass in der Dualität die Wut einen Gegenpol hat. Der andere Pol ist die Versöhnung. Mit dir selbst, mit Gott, mit einem anderen. Dies nur, um dir zu erklären, wie es sich anfühlt, so ein Schub von Energie, von Kraft in dir, dass dein Körper bebt, mit einem lauten Schrei. Der nächste Schritt wäre, wende dich etwas anderem zu und lasse es ruhen, indem du dir sagst: So ist es.

Jetzt möchte Toth mit dir eine Übung vollziehen. Werde dir bewusst, was dein Wunsch ist, was möchtest du erschaffen?

Entscheide dich klar dafür oder dagegen.

Prüfe die Kraft dieser Entscheidung, indem du dich fragst, möchte ich dies wirklich?

Wenn die Antwort Ja lautet, dann frage dich: Bin ich bereit, für diese Entscheidung die Verantwortung zu übernehmen?

Und prüfe die Kraft. Wenn du auch hier Kraft verspürt hast, dann erzeuge deine Absicht in knappen Worten oder einem Bild. Jetzt nimm all deine Kraft und steigere sie ins Unermessliche, indem du einen markerschütternden Schrei ausstößt!

Ihr seid sehr mutig. Viele Menschen trauen sich das nicht. Irgendjemand hat ihnen irgendwann einmal gesagt, dass sie sich ruhig zu verhalten haben. Ich bin stolz auf euch. Du kannst diese Übung auch in einem abgeschlossenen Raum oder in deinem Keller vollziehen. Doch schrei für einen Moment so laut wie du kannst und dann lasse es ruhen. Gesetze des Geistes, ewig gültig im Universum.

Jetzt möchte ich euch eure Aufgabe nennen als Gruppe der Tat. Manifestiert Licht auf Erden. Licht im Bewusstsein der

Menschen. Das ist zu dieser Zeit sehr wichtig und ich möchte euch bitten, so oft es euch möglich ist, diesen kurzen Schöpfungsakt zu vollziehen. Die Absicht soll lauten: Licht und Bewusstsein auf Erden. In einem Bild stelle dir hellstes Licht vor, das die Erde umgibt und sie und alle Menschen durchdringt. Das ist Dienst am Ganzen, in Vollendung, meine Lieben.

Meine Gruppe der Krieger, alles was uns möglich ist, tun wir selbstverständlich. Doch weiß Toth auch, dass es nicht selbstverständlich ist, dass ihr dies tut, und deshalb sind wir so voller Dankbarkeit, voller Liebe für euch, voller AN'ANAS-HA. Toth sagt im Namen der 12 Räte, der Gruppe der Tat, euch allen AN'ANASHA.

Kuthumi & Pan durch Namahim

Kontakt mit den Naturgeistern
21. 6. 2006

Ich bin das hohe Licht Kuthumi. Freunde des Lichtes. Ich begrüße die Gruppe der Tat. Ausgesandt meldet sich Kuthumi zu Wort, um stellvertretend in der Energie der 12 Räte der Tat zu sprechen. Und ich begrüße euch, OMAR TA SATT.

Spürt, wie die Energie von Kuthumi den Raum erfüllt. Mit Leichtigkeit und Beschwingtheit. Öffne deine Sinne. Was nimmst du wahr? Was bewirkt Kuthumi in deinem Lichtfeld? Was spürst du, wenn Kuthumi den Raum betritt? Ich, Kuthumi, bringe dein Herz in Bewegung. Ich bin so sanft. Ich, Kuthumi, ich beflügele deine Fantasie und schärfe deine Sinne. Was schmeckst du, wenn Kuthumi spricht? Welche Düfte nimmst du wahr, wenn Kuthumi spricht? Klingt ein Ton in deinen Ohren, wenn Kuthumi spricht? Kuthumi, der so sehr verbunden ist mit euch allen und ein Meister der Liebe, erkennt jeden Einzelnen von euch, der diese Botschaft in sich aufnimmt, als Meister an. Kuthumi bringt euch eine Botschaft. Ich diene heute als Botschafter für ein sehr mächtiges Wesen, auch ein Wesen des Lichtes und doch, so wie kein zweites Wesen in eurer Erdgeschichte, diskutiert und auch gefürchtet, doch ohne Grund. Der Gott der Naturwesen, Pan. Bereits einmal hat Kuthumi anklingen lassen, dass gerade das Erscheinungsbild von Pan viele Menschen befremdet. Ja, dass Pan sogar oftmals von den Menschen als der leibhaftige Teufel bezeichnet wurde.

Doch nichts liegt dem ferner. Wie ihr in eurer Entwicklung und mit eurem Bewusstsein wisst, gibt es so etwas wie den Teufel nicht. Es gibt nur das Ego in all seinen Ausdrucksformen als Gegenspieler der Göttlichkeit. Doch Pan steht und ist immer im Licht gestanden. Er hat eine Form gewählt, die eine ganz natürliche Erscheinung ist unter den Naturgeistern. Jetzt wird Kuthumi als Übermittler bereit stehen und Pan wird zu euch sprechen.

Über das Hohe Selbst von Kuthumi spreche ich, Pan. Wenn du dich auf meine Energie einlässt, kannst du meine Herrlichkeit und meine Größe erspüren. Ich werde als der Gott der Naturwesen bezeichnet und ich bin sehr mächtig. Durch alle Zeiten hindurch war ich in Verbindung gestanden mit meinem Hohen Selbst Kuthumi und habe die Weisungen und die Direktiven des hohen Lichtes empfangen und an mein Volk weitergegeben. In vielen Zeitepochen war Pan Mittler und Botschafter zu den hohen Lichtern auf Erden, doch auch zu den gewöhnlichen Menschen, die nichts von ihrer Göttlichkeit wussten. Ich war geachtet und anerkannt in meinem Ausdruck. Jetzt wisst ihr, dass die Zeitdimension der Naturgeister gerade in eurer Neuzeit und mit dem Verschwinden der Energien von Avalon immer mehr und zunehmend in die Erdenergie aufgenommen wurde. Gleichzeitig haben damit die Menschen immer weniger Zugang zu diesem Bewusstsein der Natur und vor allem mit den ätherischen Wesen der Natur bekommen. Wie zu allen Zeitepochen und jeder Rückstufung der Dimensionen war es für alle Beteiligten kein einfacher Prozess. In den Übergangszeiten wurden wir sogar gefürchtet und als etwas sehr Negatives dargestellt. So war es ratsam, auch für mich, Pan, sich immer mehr zurückzuziehen und darauf zu hoffen, dass der Aufstieg auf Erden sich zeigen möge, denn wir wussten, wenn dies geschieht, wird unsere herrliche und farbenfrohe

Dimension wieder voll und ganz in die Jetzt-Zeit von Lady Gaia einfließen, wieder verbunden werden mit dem Gedankenfeld von Lady Gaia, mit ihrem Magnetgitter. Somit werden auch die Menschen wieder mehr zu diesem Bewusstsein hingeführt, dass sie nicht allein auf Erden sind.

Viele dieser Erddimensionen sind wichtig und an jedem geöffneten Tor herrscht Freude. Doch so sehr, wie die Naturgeister sich freuen – ohne dies zu bewerten, gibt es das wohl kein zweites Mal. Wir teilen euch mit: Wir sind eure Freunde und wir bitten euch, jede Vorstellung und jede Bewertung, auch unserem Aussehen gegenüber, fallen zu lassen. Viele von euch werden sich fragen: Wenn denn jetzt bereits die Tore so weit geöffnet sind, warum können wir euch dann nicht alle sehen? Und noch einmal wird euch dies aus der Sicht des Pans erklärt werden. Sehr wichtig für uns ist, dass dieser Übergang sanft geschieht. So sehr wir uns auch freuen, wissen wir doch, dass so, wie wir uns zeigen, in vielen verschiedenen Rassen und Formen, ja, veränderbaren Formen, viele Menschen erst einmal zurückschrecken würden. Nicht alle Naturgeister sind aus eurer Sicht so lieblich anzusehen wie die feinen Elfen, libellengleich wie Schmetterlinge. Die Vielfalt ist so groß und über lange Zeit haben die Menschen mit ihren Archetypen gekämpft. Die Naturgeister erkennen ganz genau, wenn du ihre Bereiche betrittst, an der Schwingung deiner Aura, inwieweit du völlig ausgesöhnt bist mit gewissen Archetypen deiner Seele, die entstanden sind über die Zeiten. Sie erkennen, wie sehr die bedingungslose Liebe in Form von Neutralität in dir schwingt. Das ist auch der Grund dafür, dass beschlossen wurde, dass diejenigen unter den Naturwesen, die vom Bild her euch erfreuen, sich als Erste zeigen und bemerkbar machen. Diejenigen, die euch ängstigen könnten, halten sich zurück. Es herrscht große Übereinstimmung in diesen Reichen, doch glaubt mir, egal was euch erzählt wurde, in diesem Reich gibt es kein Gut und kein Böse, sie alle sind, wie sie sind. Ich, Pan, ich bin, was ich bin. Damit ist es wie bei den Menschen auch, vielleicht magst du eine bestimmte Vorliebe haben für eine Rasse, vielleicht gefällt dir die Eleganz und die Anmut der schwarzen Rasse, eine Vorliebe, die du hast. Vielleicht gibt es sogar Rassen unter den Menschen, die auch in dir Befremdung auslösen, ganz unbewusst. Deshalb ist es sehr wichtig, dass diese Neutralität in euch allen Menschen gegenüber und allen Wesen, egal wie sie sich zeigen, weit fortgeschritten ist. Was sich nicht verändern wird, ist, dass du, auch wenn du völlig im Bewusstsein der Einheit dich befindest, dich zu manchen Energiefrequenzen mehr und zu anderen weniger hingezogen fühlst. Doch die neutrale Liebe wirst du mit allen teilen. Liebst du alle Menschen, liebst du alle Naturwesen.

Ich weiß, dass diese Botschaft auch diejenigen erreicht, die uns sehr genau sehen können und auch mit uns direkt sprechen. Euch sende ich die Botschaft, dort liegt eure Aufgabe. Ihr tragt eine Besonderheit in eurem Licht, die es euch möglich macht und schon zu allen Zeiten möglich gemacht hat, uns zu sehen. Doch nicht alle der Lichtarbeiter tragen diesen Auftrag in sich. Wir wissen wohl, wie sehr ihr euch wünscht, uns zu sehen. Doch glaube mir, Pan, würde dies geschehen, jetzt und in vollem Umfang, würdest du glauben, den Verstand zu verlieren. Versucht ihr, die ihr noch niemals mit eigenen Augen ein Naturwesen betrachten konntet, euch vorzustellen, wie es wäre, wenn du in den Wald gingest und ein nacktes, kleines Männchen würde deinen Weg kreuzen. Welche Freude, doch welche innere Aufregung auch, würde es erzeugen. Doch das könntest du leicht verkraften. Ein niedliches, kleines Männchen. Doch die Vielfalt und die Formen der Naturwesen sind so unterschiedlich und manches Mal auch etwas bizarr für euer Auge.

So sagt euch Pan in der Sprache der Liebe, wenn du unsere Reiche betrittst, dann tue dies immer mit einer inneren Verneigung und vertraue darauf, dass die Naturwesen in der Weisung, die sie erhalten haben, handeln, wenn sie sich dir nicht zeigen, sondern sich an dich herantasten und an deine Sinne auf eine andere Art und Weise. Zweifle nicht daran, dass du dazu in der Lage wärst, und glaube nicht, dass dein drittes Auge nicht weit genug geöffnet wäre. Ihr alle, die ihr hier anwesend seid, könntet die Naturwesen sehen, mit euren physischen Augen. Wenn die Naturgeister in eurer Aura, in eurer Seele das Signal erkennen, dass sie sich zeigen dürfen, werden sie das sofort tun.

Vielleicht fragst du dich jetzt, warum deine Seele diese Erlaubnis scheinbar nicht gibt. Das hat wiederum mit deiner Aufgabe zu tun. Das hat damit zu tun, dass du jetzt mit deiner Aufmerksamkeit gebraucht wirst für den Aufstieg und dass diejenigen, die diesen Auftrag in sich tragen, mit den Naturgeistern zusammen für den Aufstieg zu arbeiten, dies auch wahrnehmen. Zu denjenigen sagt Pan, wo ihr auch seid auf der Welt, habt ihr wunderbare Arbeit geleistet. Ihr habt zusammen über viele Jahre hinweg mit den Naturgeistern dieses Tor geöffnet. Mit dem Zutun von Lady Gaia und ihrer Erlaubnis konnte es geschehen. Und ich sage euch, es ist vollbracht. Diejenigen der hohen Lichtpioniere, Lichtarbeiter überall, die diesen Kontakt jetzt noch nicht so direkt haben, können sich sicher sein, dass es für sie etwas anderes zu tun gibt, das jetzt Vorrang hat, denn sonst, und ich sage das etwas im Spaß, würdet ihr eure Augen nicht mehr abwenden von dem kleinen bunten Volk. Es würde euch so in seinen Bann ziehen, dass ihr eure ganze Aufmerksamkeit dorthin lenken würdet. Denn glaubt mir, es gibt kaum Orte mittlerweile, wo wir uns nicht befinden. Wenn wir nicht aufpassen würden, würdest du über uns stolpern. So bitte ich euch, damit im Frieden zu sein.

Doch was geschieht, hier an diesem Ort dieser Tage, ist, dass euch Energien geschickt werden, die ihr deutlich wahrnehmt. Wir sind bei euch und zwar so unmittelbar, wie es bis zu diesem Zeitpunkt kein anderes geistiges Wesen sein kann und wir tanzen mit euch. Wir lachen und trommeln für euch. Auch Pan wird da sein, zu diesem Zeitpunkt, der ein ganz besonderer ist, der Sommersonnenwende. Seit jeher für die Naturgeister ein ganz besonderes Ereignis. Wir beginnen sogar, dieses Ereignis in etwa 12 Tage vor der eigentlichen Sonnenwende zu feiern. Und wir feiern darüber hinaus 13 Tage.

Pan überbringt euch jetzt eure Aufgabe für die Gruppe der Tat. Für diese Aufgabe habt ihr den Zeitraum zur Verfügung, bis der Mond sich wieder voll zeigt. Wir bitten euch, entzündet ein Feuer. Nimm ein Papier zur Hand und schreibe auf dieses Papier: »Ich will Naturgeister sehen«, und dann verbrenne dieses Stück Papier und lasse diese Gedanken los. Das hat eine besondere Bewandtnis, wenn du dieses Ritual bewusst vollziehst. Denn wenn du in deinem Seelenkleid diese Energie des Wollens trägst, ist es für die Naturgeister noch schwieriger, sich zu zeigen. Wenn du dies einfach loslassen kannst, dann dienst du dem Ganzen sehr, sodass es sich wandeln darf in ein Eintreten in die Reiche, »wo alles darf und nichts muss«. Vielleicht erinnerst du dich an diese Aussage, die sehr wichtig ist. »Es darf und muss niemals.« Das ist ein Schlüssel. So also, wenn ihr dies tut, wenn ihr dieses Ritual vollzieht, wird viel einengende Energie, die gerade bei spirituellen Menschen im Hinblick auf die Naturgeister vorhanden ist, aufgelöst werden und die Zeit jetzt ist ideal dafür. Wenn die Sonne hoch im Zenit steht, wirkt dieses Ritual besonders kraftvoll.

Das ist eine Botschaft an euch und ich gebe zu – etwas auf Umwegen, weil über Kuthumi – von direkt neben euch zu euch, von der Gottheit Pan, der sich sehr mit euch verbunden fühlt. Glaubt mir, es spricht sich unter den Naturgeistern sehr schnell herum, wenn ihr ihre Gebiete betretet, denn wir erkennen, dass, ob Wollen oder nicht, ihr die Liebe im Herzen tragt, dass ihr Boten des Lichtes seid, und wir heißen euch immer willkommen, und ihr tut soviel Gutes mit eurer Arbeit.

Pan bedankt sich bei der Gruppe der Tat und Pan bedankt sich bei dem Licht Kuthumi, dass ich sprechen durfte und den Kanal des Mediums nutzen. Doch wird die Zeit kommen, wo wir uns gegenübersitzen und diese Zeit ist viel näher, als du glaubst. Dann werde ich mit etwas Bangen erwarten, wie du auf meine Gestalt reagierst, denn ich bin so, wie ich bin, ich bin Pan, wie du wunderschön und ein göttlicher Ausdruck. AN'ANASHA.

Mutter Maria durch Namahim

Die Achtung vor dem Leben
19. 7. 2006

Ich bin, die ich bin, ich bin An'Amia Miar. Du kennst mich unter dem Namen Mutter Maria und ich begrüße dich, voll der grenzenlosen Liebe, in der ich zu dir spreche, zu dieser Gruppe, soweit sie sich auch ausdehnt, sage ich, An'Amia Miar, OMAR TA SATT.

Vielleicht bist du etwas überrascht, da ich im eigentlichen Sinne nicht zu den 12 Räten der Tat gehöre, und doch wurde ich gebeten, heute zu euch zu sprechen. Im Moment finden im Universum große Verschmelzungen statt. Eine dieser Verschmelzungen ist die Verschmelzung der Buddha-Energien. So ist dies eine sehr wichtige Energie für euren Aufstieg und der Strahl des Hakinim Buddha sorgt in diesem Universum für viele neue Aspekte des Lichtes. Auch ich An'Amia Miar trage hohe Anteile der Buddha-Energie in mir in diesen neuen Zeiten der völligen Veränderungen. Es ist die Energie des Mitgefühls und der Achtung vor allem, was ist und lebt. Vielleicht wird diese Botschaft, die heute gesandt wird, für euch nichts grundlegend Neues darstellen, außer vielleicht die Worte, die ich jetzt zu euch gesprochen habe und die ich euch jetzt noch über mein Licht und meinen göttlichen Ausdruck zukommen lassen werde. Ansonsten ist es eine Botschaft voll der göttlichen Wahrheit für Menschen, die die Göttlichkeit in sich spüren, und für Menschen, die nicht nur der Meinung sind, dass Botschaften wie diese nur gegeben werden, um ihnen einige angenehme und geborgene Momente zu vermitteln. Es ist eine Botschaft für Menschen, die wissen, dass es etwas darüber hinaus gibt, und das drückt sich aus in der Gruppe der Tat. Tätig werden, die Informationen und die Botschaften leben und weitergeben.

Eine Botschaft der neuen Zeit lautet: An'Amia Miar, die den Menschen bekannt ist als die Mutter Gottes, spielt eine etwas andere Rolle, als dies die Menschen über lange Zeit geglaubt haben und wie es dir gelehrt wurde. An'Amia Miar ist die Botschafterin der Muttergöttin Shakti und so bin ich viel mehr Muttergöttin als die Mutter Gottes. Wie einige von euch vielleicht wissen, habe nicht ich Jesus auf die Welt gebracht, sondern ich, als Hohepriesterin, habe ihn aufgelesen und ihn gelehrt. Ich habe ihn ein Stück seines Lebens begleitet bis zu dem Zeitpunkt, an dem er sich entschlossen hat, die für ihn vorgesehenen Schritte des Erwachens zu gehen. Das war meine Aufgabe, doch darauf möchte ich jetzt nicht näher eingehen. Du kannst einfach mal hineinspüren, was dies für dich bedeutet, was es in dir auslöst.

So beginne ich mit unserem Thema, das viel mehr ist als ein Thema. Innere Freiheit entsteht dann, wenn du in deinem Mitgefühl bist. Oftmals habt ihr das Wort Mitgefühl vernommen und auch oft habt ihr schon Mitgefühl gespürt. Doch nicht immer ist dies der Fall. So habt ihr festgestellt, dass in manchen Fällen oder manchen Menschen gegenüber du dieses Mitgefühl nicht empfinden kannst. Vielleicht hast du auch festgestellt, dass du dieses Mitgefühl dir selbst gegenüber oft vermisst, dass anstelle des Mitgefühls manchmal die Härte tritt und die Strenge. Ich, An'Amia Miar, möchte dir sagen, dem Mitgefühl geht eine Einstellung voraus und diese Einstellung in deinem Geiste bedeutet Achtung und Respekt vor jedem

Wesen, doch vor allem auch vor dir selbst. Wenn du den Menschen in die Augen blickst, dann sieh in ihnen ihr eigenes, vollkommenes Licht und versuche gleichzeitig, das Christuslicht, das in jedem Menschen verankert ist, in ihren Augen zu erkennen. Vielleicht musst du manches Mal durch eine Art Schleier, der über den Augen liegt, hindurchblicken. Doch wenn du dies tust, wirst du hinter all den Masken und all den Fassaden nur das eine finden, die Göttlichkeit und die Liebe. Blicke den Menschen in die Seele, durch ihre Augen hindurch, und empfinde Achtung.

Wie drückt sich Achtung aus? Du kannst dies ganz einfach üben und an dir selbst erproben. Dazu möchte ich mit euch eine Übung durchführen. Hole einfach vor dein inneres Auge einen Menschen, mit dem du nicht ganz im Reinen bist. Lasse jedes Gefühl und jeden Gedanken, der dir dazu kommt, einfach zu. Wenn es keinen Menschen gibt, der dir spontan dazu einfällt, dann nimm einfach eine Situation oder vielleicht einen Menschen aus dem öffentlichen Leben, von dem du glaubst, dass mit ihm irgendetwas nicht in Ordnung sei. Dann stelle dich vor diesen Menschen, in deinem Geiste, hin und blicke ihm in die Augen, blicke der Situation in die Augen. Wenn du eine Situation deines Lebens gewählt hast, mit der du nicht im Reinen bist, dann stelle dir einfach vor, wie du dir selbst gegenüberstehst, und dann blicke dir selbst in die Augen. Jetzt gehe einen Schritt zurück und verneige dich vor dieser Person, verneige dich vor dir selbst und nimm dabei wahr, wie aufrichtig und offenen Herzens du diese Verneigung durchführen kannst. Vielleicht fällt es dir schwer, dann sage dir: Genau wie ich auch versucht dieser Mensch, in seinem Leben glücklich zu sein. Genau wie in mir ist in ihm das Christuslicht und die Vollkommenheit. Und dann richte dich wieder auf und blicke diesem Menschen oder dir selbst noch einmal in die Augen und spüre, ob sich etwas verändert hat. Dann entlasse diese Person und sei wieder ganz bei dir.

An'Amia Miar, die Botschafterin der göttlichen Mutter, die Botschafterin der Liebe und des Mitgefühls, des Schutzes und des Trostes, möchte dir eine sehr wichtige Botschaft überbringen, die vielleicht sehr tief in deinem Herzen etwas bewegt und vieles auslösen kann. Es ist so wichtig für dich, um frei zu sein, um ganz du selbst sein zu können, dass du diese Achtung empfinden und diese tiefe Verneigung vor dem Leben tun kannst. Das Leben auf Erden haben dir deine irdischen Eltern ermöglicht. Es gibt in eurem Kulturkreis wunderschöne Arbeiten, wo gerade dieses Verneigen vor den Eltern der wichtigste Bestandteil ist, weil es die Freiheit bedeutet, du selbst zu sein, um deine Eltern und all die Anteile, die du von ihnen in dir trägst, in Frieden und in Liebe ziehen zu lassen. Es wäre so einfach und mit einem Mal würde die Seele aufatmen. Eine einfache, tiefe Verneigung und du signalisierst dem Leben, dass du mit ihm im Fluss bist, und es fällt alles von dir ab an jeglichem Karma, das du in dieser Inkarnation aufgebaut hast, mit der Erlösung deines Ursprungs auf Erden, mit deinen Eltern.

Doch weißt du auch, dass du einen anderen, wirklichen Ursprung besitzt, dass du teilweise von sehr weit hergekommen bist, um das mitzuerleben, was sich jetzt vollzieht? Manche von euch fragen sich, wie sie mit ihren kosmischen Eltern besser in Verbindung treten können. Und auch hier sagt An'Amia Miar euch: Holt euch vor euer inneres Auge eure kosmischen Eltern und verneigt euch in Demut, dass sie euch erschaffen haben. Damit signalisierst du auf einer höheren Ebene, auf einer kosmischen Ebene, dass du bereit bist, das, was dich ausmacht und als was du erschaffen wurdest, voll und ganz anzunehmen ohne Wenn und ohne Aber. Das bedeutet für dich eine große Achtung dir selbst gegenüber und aus dieser

Achtung erwächst das große Mitgefühl für dich selbst, für alle Menschen, für Lady Gaia, für alle Tiere und alle Wesen.

Ihr habt in einem vorherigen Channeling von der Wesenheit Pan Botschaften erhalten und es wurde euch gesagt, wie wichtig es ist, auch für die Naturgeister, dass ihr sie achtet und respektiert in ihren verschiedenen Ausdrucksformen. Auch sie haben euer Mitgefühl verdient, denn Mitgefühl bedeutet nicht, jemanden zu bedauern. Wenn du Mitgefühl spürst, wird dein Herz ganz weit und du wirst unendlich groß. Doch während du so groß wirst, erkennst du, dass niemand kleiner ist als du. Damit kannst du die Größe von allen erkennen, von jedem Einzelnen, der dir begegnen mag. So ist die Achtung und das Mitgefühl ein sehr schöner Weg, dein Licht auszudehnen und dich in diesem Lichte zu erfahren. Es ist nicht einfach eine Technik, es soll im Herzen vollzogen werden.

In diesen Minuten des Zusammenseins seid ihr eingehüllt in das blaue Licht von An'Amia Miar und gerade der Aspekt des Mitgefühls ist es, der in euren Lichtkörpern etwas bewirkt. Es ist niemals einfach ein Zufall, welches kosmische Wesen zu euch spricht zu welcher Stunde. Ihr, die Gruppe der Tat, die ihr in eurem Bewusstsein so ausgedehnt seid, von euch wird erwartet, dass ihr beginnt, diese Informationen über die Achtung und das Mitgefühl in eurem täglichen Leben sich ausdrücken zu lassen. Ihr seid aufgefordert, es Menschen zu vermitteln, Menschen, die in sich suchend sind, doch immer ins Außen blicken. Sagt ihnen, nachdem ihr ihnen in die Augen geschaut habt, in Einfachheit und in Liebe, wie wichtig es ist, sich vor den Eltern, vor sich selbst und vor allen Menschen zu verneigen. Große Heilung und Erlösung werden geschehen.

Und dies ist bereits die Bitte und die Aufgabe an euch und mir ist es vergönnt, euch diese zu überbringen: Alles, was gesagt wurde in diesem Gespräch, nach außen zu tragen – und ich weiß, dass ihr die Weisheit besitzt, niemanden damit zu überfallen, sondern eben mit dem besprochenen Mitgefühl und mit der Achtung vor jedem Einzelnen dies weiterzugeben. Viele von euch kennen diese Tatsachen und manches Mal gerät es wieder in Vergessenheit. Doch ihr seid Lichtarbeiter und gerade jetzt, wo die Schwingung der Buddha-Energie und des Mitgefühls sich ausdehnt, könnt ihr auf diese Art so viel Heilung erreichen. Doch solltest du auch selbst täglich diese Verneigungen üben. Es gibt viele Gelegenheiten dazu. Doch immer ganz besonders dann, wenn du Disharmonien wahrnimmst, in dir selbst oder um dich herum, wirst du durch diese innerliche Verneigung die Lösung erzeugen. Als Unterstützung kannst du mich jederzeit anrufen. Es ist eine meiner vielen Aufgaben, denn ich habe ein sehr großes Amt inne und ich bin direkt verbunden mit der kosmischen Mutter Shakti. Meine Liebe, meine Fürsorge, mein Trost, mein Schutz, mein Mitgefühl und vor allem, passend zu dieser Botschaft, die unendliche Achtung vor euch sind in meinem Licht beinhaltet. Darum bitte ich dich, nutze jeden Tag in dem Bewusstsein, dass der große Aufstieg der Menschheit nahe ist. Viel näher, als du glaubst. Ihr seid die Botschafter des Lichtes, so wie ich eine Botschafterin des Lichtes und der Liebe bin. Arbeiten wir Hand in Hand, um das Paradies auf Erden wieder hervorzubringen. So habe ich heute zu euch gesprochen und mein Strahl wirkt immer noch. Lasse ihn in deiner Seele schwingen und du wirst dich weich und frei fühlen.

Ich bedanke mich bei dieser wundervollen Gruppe, vor Ort und in der Ferne, die so viele Mitglieder zählt, die so eine große Absicht in sich trägt, tätig zu werden, tätig zu werden für den Aufstieg, und dafür, dass ich bei euch Gast sein durfte. Ebenfalls bedanke ich mich bei den 12 Räten der Tat, dass ich sprechen durfte. Ich sage euch AN'ANASHA.

Lao Tse durch Namahim

Der Aufstieg / Beantwortung von Fragen
16. 8. 2006

Meine lieben Freunde. Einmal mehr begrüßt euch Meister Lao Tse mit den Worten OMAR TA SATT. Der Gruß ergeht an die Gruppe der Tat, ausgesandt von den lichten Bereichen der 12 Räte der Tat. Ich, Meister Lao Tse, bin heute euer Bote. Ich begrüße die Anwesenden und ich begrüße jeden Einzelnen, der diese Botschaft vernimmt, egal auf welchem Wege.

Lao Tse, der Meister der Liebe, der Freude, doch auch des Wissens und der Weisheit, möchte heute damit beginnen, euch eine Rückmeldung zu geben zu eurem letzten Wirken, zu eurer letzten Aufgabe. Wir haben beobachten können, dass einige von euch, um nicht zu sagen viele, sich die Worte von Mutter Maria sehr zu Herzen genommen haben. Dass sie sich bemüht haben, diese Schwingung des Mitgefühls den Menschen und sich selbst entgegenzubringen. Es wurde dadurch etwas erzeugt im kollektiven Bewusstsein. Es wurde eine Art Netz erzeugt und dieses Netz kann genutzt werden von den Buddha-Energien, die das Mitgefühl auf Erden bringen. Wie ihr wisst, gibt es das Christusbewusstseinsnetz, das über die Erde gespannt wurde und den Menschen die Erlösung bringt. Doch es gibt vielerlei verschiedene Netze dieser Art und sie alle sind magnetisch aufgeladen, sind Träger von Energien und Frequenzen. Nicht zuletzt mit eurer Hilfe entsteht zu diesen Zeiten ein neues Magnetnetz, angereichert mit den Energien aus dem Buddha-Universum. Viele Helfer von dort scharen sich um Mutter Erde und um euch. So habt ihr alle, die ihr diesen Akt bewusst vollzogen habt, diesen Vorgang unterstützt und dafür gebührt euch unser ganzer Dank und Meister Lao Tse sagt noch einmal AN'ANASHA.

Vielleicht gibt es immer noch einige unter euch, die es sich nicht so recht vorstellen können, dass dieses Üben der Aufgaben, die wir euch geben, so Großes bewirken kann für alle Menschen auf Erden. Deshalb wiederholt Lao Tse noch einmal die Botschaft, die euch schon mehrmals gegeben wurde. Unterschätzt niemals eure göttliche Macht. Ihr seid ausgedehnte Lichter in einem hohen Bewusstsein und diese göttliche Macht bewirkt um so viel mehr, als du jetzt schon begreifen kannst. Vertraue darauf, das ist dein Dienst und dafür lieben wir dich. Es gilt der besondere Dank denjenigen, die die Stammgruppe bilden, die hier vor Ort erscheinen und damit ihre Absicht kundtun. Und natürlich wirst du denken, dass doch alles miteinander verbunden ist, und doch gibt es immer einen Ausgangspunkt, wo etwas entsteht. Wenn etwas erschaffen wird, ist es genau dieser Ausgangspunkt, von dem eine besondere Kraft ausgeht, von wo aus die Wellen der Liebe und Information gesendet werden. Dieser spezielle Punkt ist hier an diesem Ort, wo ihr euch zusammenfindet und eure Lichtkörper ineinander gehen und eine große Kraft und Absicht erzeugen. Doch natürlich auch alle anderen, ihr, die Lichtarbeiter, die ihr aus der Ferne dies vernehmt und die Übungen vollzieht, habt seinen sehr großen Anteil daran. Auch dafür sagen wir euch AN'ANASHA.

Doch jetzt möchte Meister Lao Tse euch noch eine Botschaft senden, die aus kosmischer Sicht von so großer Tragweite ist. Es wird in drei Tagen nach eurer Zeitrechnung, von jetzt an, Lady Gaia in ihrem Bewusstsein und in ihrer Schwingung noch einmal nach oben gezogen werden. Es werden verschiedene, von langer Hand vorbereitete Gitternetze an das göttliche Gedankenfeld angeschlossen. Du könntest das auch eine Art Fertigstellung von Magnetfeldstraßen nennen. Das wird noch einmal einen deutlichen Ruck erzeugen, doch dieses Mal werdet ihr nicht dazu aufgerufen, dies zu unterstützen. Meister Lao Tse möchte euch aber auch sagen, warum. Weil dies ein Vorgang ist, der sich über eine längere Zeit hinzieht und im Großen und Ganzen von der geistigen Hierarchie aus bewerkstelligt wird. Ihr könnt den Vorgang staunend betrachten. Noch wissen wir nicht, wie der Körper von Lady Gaia, Mutter Erde, darauf reagiert. Das hat damit zu tun, wie die Spannungen an der Erdoberfläche sich verteilen. Doch könnt ihr in den nächsten Tagen und Wochen offenen Herzens in die Welt hinausblicken und betrachten, was vor sich geht. Ich werde jetzt gleich beginnen, euch eine Frage zu beantworten, die viele von euch beschäftigt und auch schon genannt wurde. Es geht um das Land Israel, das, was ihr den Nahen Osten nennt und das angrenzende Gebiet. Dazu ergeht folgende Botschaft, die auch im Zusammenhang stehen wird mit eurer heutigen Aufgabe.

In der Dualität ist so manches und vieles, das Verwirrung stiftet unter den Menschen, Angst erzeugt. Auf der anderen Seite betrachtet hat es einen spirituellen Hintergrund und ist nicht wirklich auf der menschlichen Ebene erzeugt. Es ist eine Auswirkung, doch die Menschen betrachten es mit den menschlichen Augen und so werden Feindbilder erzeugt, in der Angst und in der Not. Doch euch, den Lichtarbeitern, sagt Meister Lao Tse, und ich muss meine Worte sorgfältig wählen, da es sehr oft missverstanden wird: Es ist ein Zeichen des Aufstieges, es ist ein Zeichen dafür, dass die Schattenseiten hoch gewirbelt werden. Auf der anderen Seite wird mit aller Vehemenz versucht, den Aufstieg zu behindern. Vielleicht merkt ihr, die ihr die Gesetzmäßigkeit der Dualität kennt, dass alles zwei Seiten hat, dass es zum einen Bestrebungen sind der menschlichen Mächte, das Göttliche zu stören. Doch auf der anderen Seite, und so sollt ihr es betrachten, kann die Wirklichkeit weder gestört noch zerstört werden und diese Wirklichkeit zeigt sich jetzt. All das, alle Seiten, die du in der Dualität erkennen kannst, ob du sie als positiv oder als störend empfindest, ist ein Teil des Ganzen und das göttlichen Planes. Und jetzt sagt Meister Lao Tse euch die mit Bedacht gewählten Worte:

Freut euch ob dieser Dinge, so wie eine Mutter, die ihr Kind gebiert, obwohl sie großen Schmerz empfindet, doch voller Freude ist und voller Glück. Sonst wäre dieser Vorgang gar nicht möglich. Natürlich werdet ihr euch in eurem Mitgefühl nicht darüber freuen, dass den Menschen Leid widerfährt. Ihr werdet euch darüber freuen, dass ihr den Horizont erblicken könnt, wo dieses Leid ein Ende nehmen wird, und dies hängt unmittelbar mit dem Aufstieg zusammen. Deshalb, egal was auf Erden vor sich geht, nimmt der Jubel in den geistigen Bereichen über die Größe und Stärke von Lady Gaia kein Ende. Auch du sollst einstimmen in diesen Jubel und all deine Projektionen von Ängsten und Feindbildern zurücknehmen. Sei du als Lichtarbeiter frohen Mutes. Wenn du – und ich sage dies mit Absicht auf diese Art – den ganzen Vorgang unterstützen möchtest, im Gesamten, vollziehst du eine einfache und wirksame Übung. Du richtest dein Bewusstsein auf solche Orte aus und du brauchst nichts weiter zu tun als die Worte EHYEH ASHER EHYEH [20] immer wieder zu wiederholen. Dies ruft unmittelbar die Erlösungsenergien an. Da du Träger der Erlösungsenergien bist, ist dies besonders wirkungsvoll.

Bevor wir beginnen und Meister Lao Tse euch eure Fragen beantwortet, möchte ich mit euch zusammen diese Übung vollziehen. Diese soll gleichzeitig die Übung sein bis zu unserem nächsten Treffen und auch darüber hinaus. So richte deinen Fokus auf das, was ihr den Nahen Osten nennt, aus. Versuche dies in aller Neutralität zu tun. Blicke einfach dorthin, ohne jede Bewertung, und dann lasst uns gemeinsam die Worte wiederholen:

EHYEH ASHER EHYEH
EHYEH ASHER EHYEH
EHYEH ASHER EHYEH
EHYEH ASHER EHYEH
EHYEH ASHER EHYEH
EHYEH ASHER EHYEH
EHYEH ASHER EHYEH
EHYEH ASHER EHYEH
EHYEH ASHER EHYEH
EHYEH ASHER EHYEH
EHYEH ASHER EHYEH
EHYEH ASHER EHYEH
SO'HAM – Alles ist Gott.

So, meine Lieben, dann können wir ja zum gemütlichen Teil übergehen.

OMAR TA SATT, Meister Lao Tse. Jesus hat uns vor einiger Zeit sechs Säulen gegeben und eine Säule davon hat geheißen: »Meine Biologie ist gedacht für 950 Jahre Lebensdauer«. Über diese eine Säule stolpere ich so oft. Wieso gerade 950 Jahre, was ist danach? Könntest du mir diese Frage bitte beantworten?

Das hat etwas mit der Genetik zu tun, die in einem menschlichen Körper möglich ist. Es hat etwas mit der DNS zu tun und mit dem gesamten Erbgut als göttlicher Mensch. Du musst wissen, dass noch niemals zuvor etwas Ähnliches im Universum stattgefunden hat. Noch niemals haben hohe Lichtwesen nach ihrem Erwachen ihren physischen Körper behalten. Und so ist es eine ungefähre Angabe. Es können auch mehr Jahre sein, doch ist der Aspekt der Jahreszahlen sowieso nicht von Bedeutung. Denn die Zeit, so wie du sie kennst, wird es nicht mehr geben. Stelle dir einfach vor, dass es eine Spanne an Zeit sein wird, an kosmischer Zeit, die du in etwa so empfinden wirst, wie du jetzt in etwa 1000 Jahre empfindest. Das bedeutet jedoch nicht, dass du deinen Körper nicht früher verlassen könntest, wenn du dies wünscht. Es bedeutet auch nicht, dass du dir keinen neuen Körper erschaffen könntest, wenn du dies wünscht.

Meister Lao Tse. Was sind die Voraussetzungen, um als Mensch in die fünfte Dimension aufzusteigen und was erleichtert diesen Vorgang?

Das ist eine sehr gute und wichtige Frage. Aufsteigen kannst du jederzeit, doch um was es sich dreht, ist, dass du deinen physischen Körper behalten kannst bei diesem Übergang. Viele Menschen könnten von uns in ihrem Seelenkleid in eine Art Zwischenschicht gebracht werden, ja, beinahe die meisten Menschen, die sich jetzt auf Mutter Erde befinden, denn ihre Lichtkörper beginnen sich auch zu entfalten und es wäre um so viel leichter, diesen Vorgang so zu vollziehen. Doch was das Schwierige dabei ist und auch das Besondere, ist der physische Körper. So ist es wichtig, dass die Zellen auf eine gewisse Art umstrukturiert werden. Es muss vollständig der Fall sein, dass die neue DNS vorliegt und der physische Körper eine Grenzschwingung erreicht. So wird es viele Menschen geben, die mit ihrem physischen Körper den Aufstieg vollziehen in einem unbewussten Zustand. Sie werden dabei auch Symptome in ihrem Körper spüren. Es kann auch schmerzhaft sein für den Moment. Doch gibt es so viele wunderbare Möglichkeiten und so viele Lichtarbeiter und Heiler stehen bereit, um diesen Menschen zu helfen.

Geliebter Lao Tse, AN'ANASHA, dass du wieder bereit bist, uns Fragen zu beantworten. Was können wir tun, um uns für den Aufstieg vorzubereiten?

Aber das weißt du doch. Du wirst doch geschult. So ist es in manchen Fällen etwas anderes und bestimmte Vorbereitungen werden getroffen. Doch möchte ich es an die breite Gruppe richten und im Eigentlichen ähnelt es sich sehr. Mache dein Herz völlig frei und beginne jetzt, mit allen Gedankenmustern aufzuräumen die irgendeine Einschränkung bedeuten. Die 12 hohen Räte arbeiten mit euch zusammen, und obwohl ihr jedes Mal einen Dienst leistet, werdet ihr auch mit Botschaften und Übungen beschenkt, die euch auf diesen Aufstieg vorbereiten sollen. Es ist kein Channeling und kein Treffen vergangen, ohne dass dies geschehen ist. Mache deinen Geist bereit für die Unendlichkeit.

Meister Lao Tse, meine Frage ist, jeder Mensch hat seinen eigenen Ton. Was passiert mit dem Ton, wenn der Mensch geht?

Der Ton bleibt erhalten. Was meinst du mit »geht«, wenn er seinen physischen Körper verlässt?

Ja!

Dann bleibt dieser Ton erhalten.

Wo erhalten?

Im Äther, doch das ist auch eine Frage, die man differenziert betrachten kann. Wenn Meister Lao Tse den Äther nennt, gibt es auch noch die hohen Schwingungsbereiche der Wirklichkeit. Die Menschen, die ihren physischen Körper verlassen, werden durch eine Ätherebene gezogen. Viele von ihnen bereiten sich vor, neu zu inkarnieren, zu dieser Zeit allerdings nicht mehr auf der Erde. Manche von ihnen gehen in die Bereiche der Wirklichkeit. Dies sind bewusste Entscheidungen der Seele. Doch wie dem auch sei, bleibt der Ton immer erhalten. Wie soll etwas enden, das aus dem Göttlichen heraus erschaffen wurde?

Meister Lao Tse, dazu hätte ich noch eine Frage. Wenn wir nicht Brücken bauen für Verstorbene, für die Seelen, die keinen Körper mehr haben, gehen die dann über das Licht, über die Lichtbrücke in den Ätherbereich oder gehen die gleich, oder geht das dann weiter, in die höchste Göttlichkeit rein?

Da es ja keine Regel gibt, die festgeschrieben ist, antworte ich dir so: Die meisten von ihnen werden in das Licht gehen. Der Ätherbereich ist eine Durchgangsstation, verwechsle das aber nicht mit dem astralen Gürtel. Der Ätherbereich ist nicht an das irdische Rad der Reinkarnation angebunden, so wie es der astrale Bereich war. Es gibt so gut wie keine Reinkarnationen mehr auf der Erde, es kommen nur noch aufgestiegene Seelen auf die Welt.

Lieber Meister Lao Tse, eine Frage von mir. Es gibt ja bekanntlich Menschen, die nicht wollen, dass wir uns weiterentwickeln und aufsteigen, die sogar versuchen, uns massiv daran zu hindern. Können dies auch Verstorbene sein, bzw. Wesen aus dem Astralreich, die uns hindern wollen? Wenn ja, wie können wir damit umgehen und uns schützen?

Das »wenn ja« erübrigt sich, denn die Antwort lautet: nein. Dazu musst du wissen, dass es seit einigen Jahren eurer Zeit keinen astralen Bereich mehr gibt. Der astrale Bereich wurde völlig geräumt, noch bevor Lady Gaia ihren ersten Schritt zum Aufstieg getan hat. Doch womit du Recht hast, ist, dass von Wesen auf Erden diese Versuche ausgehen. Davor solltest du dich schützen, indem du erkennst, dass alles, was du, vor allem aus den Medien, an Information erhältst, gerade zu diesem Zwecke dient, auch wenn es nicht sofort erkennbar ist. Manches Mal ist es nur die Wahl der Worte oder die Schwingung der Worte, die vermittelt werden in euren Nachrichten, die versuchen eine Bewusstseinskontrolle herzustellen. Doch auch die Informationen an sich, was das Geschehen auf Erden betrifft, sind eine große Illusion, erzeugt für das Bewusstsein des Kollektives. Deswegen sagen wir euch immer wieder: Zieht euch aus dem kollektiven Bewusstsein zurück und beginnt, wirklich selbst zu sehen, hinter die Kulissen, und zwischen den Zeilen zu lesen. Die Kunst dabei ist, meine Lieben, dass ihr euch dabei nicht so sehr berühren lasst. Genau die Übung, die wir euch heute gebracht haben, in einer Neutralität blickend zu wissen, »Du bist Gott« und »Alles ist Gott«. Auch das, was sich auf Erden im Moment zuträgt, ist Gott. Das ist eine sehr tiefgreifende und weitreichende Erkenntnis.

Lieber Lao Tse, darf ich noch eine Frage stellen? Kannst Du noch einmal genau sagen, was die Seele ist, wie viele Seelenanteile, die ich ja hoffentlich zu einem vereint habe, ich habe und vielleicht über den Seelenpartner und überhaupt. Ist die Seele der Bestimmer über mein Leben?

Da möchte ich dir sagen, du sollst keinen Fehler in deinem Denken machen. Das sind Gedanken der Trennung, die du denkst. Du bist die Seele. Ich werde, so wie wir es oft nennen, deinen Seelenkörper bezeichnen als deine Aura, wo all deine Erfahrungen in all diesen Körpern gespeichert sind, aus allen Leben. Doch bist du nicht nur die Summe dieser Erfahrungen. Du hast einen göttlichen Kern und dieser göttliche Kern ist das ESCHA'TA in dir und das schwingt in einer ganz besonderen Frequenz, die dich ausmacht. Dies zusammen ist deine Seele und du stehst immer unter der Führung von deinem ESCHA' TA, das du ja selbst bist. Nun möchte dir dein Denken und dein Verstand, der du am wenigsten bist, vormachen, dass es andersherum ist. Ich werde dir noch etwas zu den Seelenanteilen sagen. Die Seelenanteile bringen eine Schwingung ein, vor allem in deinen Lichtkörper, denn deine Seelenanteile sollen ja nicht deine Persönlichkeit verändern, die in deiner Aura gespeichert ist. So sind es Frequenzen von deiner Überseele, die dir etwas bringen, wie ein Geschenk, eine Erweiterung, ohne etwas zu verändern in deinem Selbst. Diese Verschmelzung wird sehr oft missverstanden. Es ist vielmehr eine Ankopplung, wie Verbindungsfäden, die gelegt werden zu deinem kosmischen Bewusstsein. Über das Thema Seelenpartner möchte ich heute nicht sprechen.

Meister Lao Tse, was war hier in dem Land los, bei der Fussball – WM? So viel Freude, Einheit und Miteinander habe ich noch nicht erlebt.

Auch dazu gäbe es sehr viel zu sagen. Die Menschen in eurem Land haben sehr viel auf sich genommen. In eurem letzten großen Krieg wurde von eurem Volk viel Karma auf sich genommen und natürlich ist auch das nicht zufällig geschehen. Wie ihr wisst, steigt Phönix aus der Asche, und so erhebt sich der Phönix in eurem Land und vieles wurde transformiert, in einem Gefühl des Stolzes und der Einheit.

Vielen Menschen ist es zum ersten Mal um so vieles leichter. Ein großes Ereignis, das sehr viel an Karma transformiert hat, sodass die Menschen beginnen aufrecht zu stehen, losgelöst von Schuld.

Meister Lao Tse, wie ist es mit der Astrologie? Verliert die ihre Richtigkeit nach dem Aufstieg?

Ja, so ist es. Doch es wird eine andere Astrologie geben. Auch das wird ein Beruf der neuen Zeit sein. Das hat damit zu tun, dass sich euer solarer Logos verändert und das Sonnensystem völlig neu betrachtet werden muss. So werden sich die Menschen auch nicht mehr nur auf die Erde bezogen erleben, sondern ein kosmisches Bewusstsein entsteht. Damit wird eine neue Wissenschaft beschrieben werden. Ob ihr sie auch Astrologie nennt, ist mir nicht bekannt zu diesem Zeitpunkt.

Meister Lao Tse, steht schon fest, wie in der neuen Zeit die Landmassen und das Wasser verteilt sein werden, in einem gleichen Verhältnis oder so wie jetzt 1/3 zu 2/3?

Du meinst eine Art Bauplan für die neue Erde?

Ja, vielleicht.

So könntest du das sehen. Vieles ist bereits erschaffen worden, doch kann es immer zu leichten Abweichungen kommen. Doch was soll ich dir jetzt dazu sagen? Ich kann dir so viel sagen, es wird klimatisch ein viel ebenmäßigerer Planet werden. In manchen Bereichen, in den meisten Bereichen, milder, auch wenn sich vorerst noch einmal eine völlige Veränderung des Klimas abzeichnet. Die Menschen werden noch Extreme zu spüren bekommen, solange die Dualität wirkt. Doch dann … Und dies ist auch etwas, das den Menschen überlassen sein wird, wie Mutter Erde gestaltet wird. Es wird einen Hohen Rat geben auf Erden, eine Art Ältestenrat, und es wird beschlossen werden, wie sich Lady Gaia und die Menschen gegenüber dem Universum präsentieren. Auch da werdet ihr gefragt sein.

Meister Lao Tse, es wurde gesagt, dass alles zeitgleich verläuft, das, was wir jetzt als Vergangenheit betrachten, läuft praktisch auch gleichzeitig ab. Das würde doch heißen, dass praktisch alle unsere Inkarnationen auch jetzt ablaufen. Und dann gibt es doch, nach dem Aufstieg, wenn ich das richtig in Erinnerung habe, ein Hologramm dieser Erde. In diesem Hologramm, sind dann auch unsere Inkarnationen noch drin oder hebt sich das dann auf?

Du stellst aber komplizierte Fragen. Es war zu allen Zeiten so, dass sich alles zeitgleich abgespielt hat. Der Unterschied ist, dass, wenn wir sagen, die Zeit, wie du sie kennst, wird enden, das menschliche Bewusstsein bereit sein wird, die Zeit der Wirklichkeit in sich aufzunehmen, der Gleichzeitigkeit. Da die lineare, menschliche Zeit nur ein Konstrukt ist, war es immer eine Illusion, zu allen Zeiten. Die Illusion wird von euch genommen, nicht die Zeit. Auch in der Wirklichkeit gibt es eine Zeit, sozusagen eine Gleich-Zeit. Über diese Hologramme, die entstehen, haben wir bereits einmal gesprochen, und ist es nicht so einfach, euch dies zu beschreiben. Diese Frage möchte ich etwas zurückstellen.

Ich habe noch eine Frage zu dem Astralbereich. Weshalb ist der geräumt? Was hat es da für Auswirkungen gehabt und warum?

Weil der astrale Bereich nur so lange gebraucht wurde, wie das Rad der Wiedergeburt auf Erden gewirkt hat. Doch das gibt es nicht mehr. Dafür gibt es ja diese Art Schicht, ich habe es für euch den Ätherbereich genannt, wo die Seelen hindurchgebracht werden, um auf anderen Hologrammwelten wieder zu inkarnieren. Zuvor war dieses Geschehen an Mutter Erde gebunden. Deshalb war es ein erster Schritt, den astralen Bereich zu räumen, weil es sonst für Mutter Erde nicht möglich gewesen wäre, in die erste Phase ihres Aufstieges zu treten, mit diesem astralen Band der vierten Dimension. Lao Tse wird noch eine Frage beantworten.

Darf ich diese Frage noch stellen?

Aber natürlich.

Wie ist es mit unserem Währungssystem? Wird das Geld eine andere Art werden oder wird es ganz zusammenbrechen, dass es gar kein Geld mehr gibt?

Für eine Zeit des Überganges wird Gold eine sehr wichtige Rolle spielen auf eurem Planeten. Gold hat auch die Eigenschaft der Transmutation. Das Element Gold bewirkt sehr vieles. Es bewirkt Heilung auf allen Ebenen.

Und danach?

Das ist noch nicht entschieden. Auch das ist etwas, was der Hohe Rat der Menschen gemeinsam verwirklichen wird.

Diese Botschaft, die Lao Tse jetzt noch sendet, soll noch alle erreichen. Die große Gesetzmäßigkeit auf Mutter Erde lautet: Ausgleich von Geben und Nehmen. Das ist die planetare Gesetzmäßigkeit, die über allem steht. Das hat etwas damit zu tun, dass jeder Mensch weibliche und männliche Energien in sich trägt. Deshalb wird auch weiterhin, in einem erwachten Zustand, damit die Harmonie der Energien gewährleistet ist, dieser Ausgleich von Geben und Nehmen eine große Rolle spielen. Doch wird es für die Menschen selbstverständlich sein und ihnen nicht mehr so große Probleme bereiten, wie dies jetzt der Fall ist.

Meine Lieben, Meister Lao Tse hat sich sehr gefreut, mit euch in einfachen und auch manchmal sehr menschlichen Worten zu plaudern. Doch ist es nicht nur ein Plaudern. Natürlich wollen wir euch auch Informationen zukommen lassen und ich freue mich sehr, dass ich vom Medium gerufen wurde, dies heute für euch zu tun. Ich werde mich jetzt zurückziehen. Doch es ist im eigentlichen Sinne kein Zurückziehen mehr, da der Schleier bereits so viele dünne Stellen aufweist. Voller Freude sage ich euch, es wird der Tag kommen, an dem es Meister Lao Tse erlaubt ist, sich so zu verdichten in dieser Gruppe, dass ihr mich mit euren physischen Augen erblicken könnt. Für Meister Lao Tse wäre dies eine Leichtigkeit, doch noch ist es mir nicht gestattet. Doch auf diesen Moment freue auch ich mich sehr und so verbleibe ich mit aller Liebe und Dankbarkeit euch gegenüber und sage euch AN'ANASHA.

Adamea durch Adamea
Kryon durch Namahim

Die Wirkungsweise von Magnetismus

20. 9. 2006

Ich bin Adamea und ich begrüße euch aus den magnetischen Bereichen mit den Worten OMAR TA SATT.

Das ursprüngliche, magnetische Licht strömt zu euch in den Raum. All die magnetischen Wesen, die hier im Ersten Zentralen Universum im Dienste stehen – der euch wohl Bekannteste ist Kryon – haben ihre Aufmerksamkeit auf das Geschehen auf eurem wunderschönen Planeten gelenkt. Denn neue Anbindungen an das magnetische Gitternetz geschehen. Neue Magnetfeldbahnen können wieder erschlossen werden, um Lady Gaia in ihrem Aufwärtsstreben, bei ihrem Übergang in eine neue Dimension zu unterstützen und letztendlich hochzuheben. So ist eurem Planeten und auch euch, ihr lichten Wesen, viel Aufmerksamkeit aus den magnetischen Bereichen gewiss. Ihr werdet heute auch Aktuelles und Neues erfahren, denn der Umgang mit magnetischen Energien wird immer wichtiger für euch. Denn auch eure physischen Körper werden mehr und mehr in diese magnetischen Bahnen eingebunden. So gebt wieder Fokus auf die Aktivierung, die Ausdehnung und einen geregelten Fluss der magnetischen Energien in euch. Lenkt euren Fokus für einen Moment, innerhalb eures physischen Körpers, auf euer magnetisches Urzentrum, welches sich hinter dem Bauchnabel befindet, und nehmt es wahr als eine sich drehende Spirale, vom Innersten dieses Zentrums nach außen. Öffne mit deinem Bewusstsein dieses Zentrum und wenn dir der Kristall für Magnetismus [12] aus Quadril 5 ein Begriff ist, dann stelle dir diesen vor, wie er verankert ist in deinem magnetischen Zentrum und sich ausdehnt über all deine Körper. Nun werde ich jeden von euch mit magnetischer Energie berühren, deinen Fluss an magnetischen Energien stabilisieren, regulieren und ausgleichen, wo es nötig ist. Öffne all deine Kanäle und lasse es geschehen ... So ist es geschehen.

Ich möchte euch noch etwas erzählen zu der Funktion all der Wesen, die in ihrem Ursprung die Energie der Adamea in sich tragen. Adamis, der Schöpfer aus Quadril 5, des magnetischen Universums, hat als erstes Adamea – in euren Worten würde man sagen – einen weiblich-magnetischen Aspekt erschaffen. Adamis und Adamea waren die Erschaffer aller magnetischen Wesen in ihrem Universum, was vielen von euch unter dem Ausdruck der kosmischen Eltern ein Begriff ist. Dieser weibliche Aspekt, die Energien der Adamea, haben sich für ihre Aufgaben in anderen Universen in ein Mehrfaches aufgeteilt und immer, wenn es auf einem Planeten neue magnetische Ausrichtungen gibt, sind viele magnetische Wesen dort zu finden, um diesen Prozess zu unterstützen mit ihren spezifischen, magnetischen Verankerungsenergien. Dies ist auch eine Aufgabe aller Aspekte von Adamea. Adamis begibt sich immer nur in einem Ausdruck seiner Urenergie, dieser männlichen Erschaffungsenergie aus dem magnetischen Universum, in das Geschehen. So ist es auch auf Erden. Doch gibt es ein Vielfaches der weiblichen Energie von Adamea. Diese Ausdrücke in menschlicher Form bilden zusammen ein Gitternetz, in welches sich alle magnetischen Energien der verschiedenen Nuni-Aspekte [21], die auch auf Erden inkarniert sind, hineinweben.

So seid euch alle, die einen Adamea-Aspekt in sich tragen, dieser Aufgabe einfach bewusst, dass ihr auch da seid, um magnetische Energien zu verankern. Ich mache nun den energetischen Raum frei, damit Kryon euch weitere Erläuterungen geben kann.

Im Namen des Aufstieges, im Namen der 12 Räte der Tat, begrüße ich euch mit dem Worten OMAR TA SATT. Ich bin Kryon vom magnetischen Dienst. In all meinen Aspekten dringe ich zu euch durch und während ich die Begrüßungsformel des »Ich bin vom magnetischen Dienst« übermittle, fließen die Engel des Gefolges von Kryon in den Raum und sie nehmen unter euch Platz, euch, der Gruppe der Tat, zu Füßen. Euch bewundernd und liebend.

Kryon bedankt sich bei Adamea für ihre Gegenwart und dafür, dass etwas Neues beginnen kann. Obwohl viele von euch wissen, wie Kryon sich zusammensetzt, werde ich dies heute noch einmal darlegen. Ich finde es im Übrigen ein wundervolles Symbol, das ihr geschaffen habt, mit Rosen und einer Mitte in Weiß. Kryon wurde, wie ihr bereits gehört habt, im magnetischen Universum erschaffen. Ich wurde gerufen, um die Einheit in diesem Universum wiederherzustellen. Doch Kryon ist nur eines von vielen wirkenden Lichtwesen, von vielen der gleichen Art. Kryon hat auf Erden einen solchen Bekanntheitsgrad erreicht, weil ich mir vor vielen Jahren ein Medium gewählt habe, das meine Botschaften weitergab. Ich spreche durch viele Medien, wie eben jetzt. Doch viele andere magnetische Meister arbeiten in derselben oder ähnlichen Art wie Kryon, um euch zu unterstützen. So habe ich mich, als ich gerufen wurde, darauf vorbereitet, und bin in meinem vollen, magnetischen Aspekt als Nuni in die Energiefrequenz des Vaters eures Universums eingetreten. Du könntest es die Übertrittspforte nennen. Ich wurde in den hohen Bereichen von El Shaddei [22] empfangen und es wurde beratschlagt, wie meine Energie, die des Kryons, am besten wirken kann. Es wurde beschlossen, dass ich als urmagnetisches Licht eine große Verschmelzung eingehen werde. Nachdem ich in mir das golden-blaue Licht verankert hatte, die Energie von Melek Metatron und Jesus dem Christus, war es mir möglich, mich in die lichten Bereiche der Elohim zu bewegen.

Die Wahl der geistigen Hierarchien und des Kryons fiel auf die Bereiche der Elohim, die im Universum als die Techniker und Wissenschaftler bekannt sind. Es ist die Frequenz des kupferfarbenen Lichtes. So wurde ich verschmolzen mit Engelswesen des kupferfarbenen Lichtes. Dieser Farbstrahl wird überall dorthin im Universum gelenkt, wo Messungen, magnetische Erschaffungen und technische Dinge zu bewältigen sind. Die Lichtgestalt Kryon war niemals zuvor als Techniker bekannt gewesen. Doch durch diese Verschmelzung und das große Wissen dieser Engel ist etwas Neues entstanden. Es ist die Verschmelzung, die Kryon ausmacht, so wie du Kryon jemals erfahren hast. Wären diese Verschmelzungen nicht geschehen, könnte ich meinen Dienst nicht tun. Auch du könntest mich nicht wahrnehmen. Ich möchte sogar noch weitergehen und sagen, du dürftest mich gar nicht wahrnehmen. Ich werde dir sagen, wieso.

Es ist nicht so einfach, Universen zu wechseln, denn jedes Universum stellt einen Erfahrungsraum dar, der nur in sehr seltenen und dringenden Fällen verlassen werden kann. Doch da das magnetische Universum in seinen Erfahrungen ausgereift ist, ist dies für uns Nunis möglich. Ihr habt die Worte von Adamea vernommen und von Adamis gehört. Unbestreitbar die hellsten Lichter der Schöpfung neben den anderen Hakinim [23]. Und doch ist es weder Adamis noch Adamea erlaubt, in diesem Universum, hier, zu wirken. Die einzige Ausnahme besteht darin, dies über inkarnierte Aspekte von Adamis und Adamea zu tun. So ist es entsprechend der planetaren Entwicklung diesen Größen des Lichtes noch nicht gestattet, unmittelbar zu wirken mit ihren Strahlen, es sei denn, wie eben erwähnt, durch Samen, die sie ausgestreut haben, die Verankerungspunkte bilden. Und die Bedingung ist, sie müssen inkarniert sein und sich als Mensch erfahren haben. Da der große Herr, Melek Metatron, die Gesetzmäßigkeiten, die er einst selbst erschaffen hat, auch ehrt und achtet, war es selbst für Melek Metatron bis vor einigen Jahren in dieser Zeit nicht möglich, direkt auf Erden zu wirken. Wie ihr alle wisst, hat sich dies verändert, und mit Gewissheit wird es sich auch ändern, dass das Urlicht von Adamis und Adamea hier, im Ersten Zentralen Universum, zur Entfaltung und zur Wirkung kommen kann. Deshalb, meine Lieben, ist es immer dann etwas Besonderes, wenn Adamis oder Adamea sich im Raum manifestieren durch ein Medium, das in sich den Aspekt des Adams trägt. Es kann dann auf magnetischer Ebene so vieles geschehen und ihr könnt dies in euch aufnehmen. Kryon und viele andere magnetische Meister, wie z. B. die Gruppe von Elias, die eine ganz ähnliche Verschmelzung durchgemacht hat, wirken über die Gesetzmäßigkeiten dieses Universums.

Magnetismus, ein Wort, eine Macht, die Wirklichkeit, die Einheit, wie niemals zuvor auf diesem Planeten erfahren, bricht sich Bahn. Für viele nur ein Wort, doch für uns der Inbegriff der Vollkommenheit und des Aufstieges. Kryon hat bereits einmal zu euch gesprochen, um euch Magnetismus näherzubringen. Dort werden wir heute fortfahren. Magnetismus ist das am meisten und am stärksten ausgerichtete Licht, das es gibt. Es gibt keine Abweichungen. Es ist eine kristalline Lichtstruktur, die die Schönheit der Quelle selbst ausdrückt. Magnetismus ist aus unserer Sicht, zu anderen Frequenzen des

Lichtes in einem Verhältnis zu sehen, wie du Luft und Wasser vergleichst. Magnetismus ist licht und dicht, doch nicht so, wie ihr die Dichte kennt. Es ist dicht an Information, an Ausrichtung und Struktur. Es trägt etwas inne, was ihr mit dem Verstand nicht begreifen könnt.

Warum ist das so? Warum besitzt du zwei Augen und zwei Teile deines Gehirns, doch nur ein Herz? Und dieses Herz kann diese Vollkommenheit und diese Einheit wahrnehmen. Darum versuche nicht, Magnetismus mit deinem Verstand zu erfassen, und glaube mir, Kryon, die Bereiche des Magnetismus, die du als Mensch kennengelernt hast, elektromagnetische Formen und Strukturen, sind ein Randprodukt des ursprünglichen Magnetismus, entstanden in einem Umfeld, das sich polar verhält. Ich bin mir bewusst und ich werde auch damit fortfahren, dass dieses Channeling technischer Natur ist, wissenschaftlicher Natur, und dies aus einem ganz besonderen Grund. Diesen Grund werde ich euch jetzt nennen und dafür öffne dein Herz und prüfe, ob es bereit ist, ohne die Zuhilfenahme deines Verstandes, Magnetismus eine Bedeutung abzugewinnen. Diese Botschaft wird ausgesandt für all jene, die sie vernehmen, und doch in einem ganz speziellen Fall für diejenigen, die von Kryon und den Elohim des kupferfarbenen Lichtes gerufen werden. An diejenigen gerichtet, die in ihrer Energiestruktur, ebenso wie Kryon, die Formel »vom magnetischen Dienst« tragen. Einige sind in dieser Gruppe hier anwesend, doch viele Lichtarbeiter auf Erden tragen diese Kennung in sich und dies bedeutet, dass sie sich von Kryon in einer ganz besonderen Art und Weise angezogen fühlen. Es sind diejenigen Seelen, die zusammen mit dem Gefolge von Kryon in der Frequenz von Kupfer das Magnetgitter auf Erden erstellt, verändert, kalibriert und geschaffen haben. Manche von euch lösen, wenn Kryon diesen Ruf aussendet, Anteile ihrer Seele, meist während des Schlafes. Diese Anteile, die das alte und neue Wissen in sich tragen, wirken zusammen im kupferfarbenen Licht in diesem Dienst. Doch wird sich dieses Wirken, ganz besonders nach dem Aufstieg von Lady Gaia, für dich – vom magnetischen Dienst – im vollen Bewusstsein vollziehen.

Es verbreitet sich die Kunde über viele neue Berufe, die für die Lichtarbeiter und Lichtpioniere durchgegeben werden. Obwohl ich darüber heute nicht sprechen werde, ist es doch gerade ein Beruf, der unmittelbar mit Kryon zusammenhängt, der Beruf des Technikers und Wissenschaftlers der neuen Zeit. Dieser Tätigkeitsbereich umfasst viele Möglichkeiten. Zum einen geht es darum, so wie es bereits Adamea erwähnt hat, die Magnetfeldlinien auf Erden, im solaren Logos und im galaktischen Logos wieder zu verbinden, auszurichten, fein abzustimmen. Messungen vieler Art sind vonnöten. Ihr werdet Formeln von uns bekommen und die Gabe entwickeln, diese Magnetfeldlinien zu sehen. Einige von euch sind zu diesem Zweck auf Erden gekommen. Kryon möchte, dass du einmal für dich nachspürst. Auch wenn Technik für dich in diesem Leben nicht viel bedeutet hat, ist es trotzdem möglich, dass genau dies das Gelöbnis deiner Seele und damit deine Aufgabe ist. Wiederum andere, die sich mit der menschlichen Technik beschäftigen und mit ihrer ganzen Liebe dabei sind, werden die Wissenschaft und die Technik der neuen Zeit nicht ansprechend finden. Sie tragen andere Aufgaben in sich.

Was bewirkt Magnetismus? Er bewirkt den großen Wechsel der Paradigmen. Oft hörst du das Wort Dualität. In dieser Dualität, wo alles zwei Pole hat und erschaffen wurde, um in voneinander divergierenden Richtungen zu wirken, auseinanderstrebend, hat es zu allen Zeiten ein Für und ein Wider gegeben im Denken der Menschen. Zweifel, welche Richtung denn die richtige wäre. All das wird es nicht mehr geben. Der zunehmende Fluss des Magnetismus auf Erden depolarisiert die alten Gefüge und Strukturen. Die Pole vereinen sich und werden zum Gleichen. Das ist kosmische Weisheit und Physik. Magnetismus bewirkt Veränderung. Denn wenn die alten Konzepte von Für und Wider, von Pol und Gegenpol zueinander streben, um in sich neutral zu werden, können sich die alten Strukturen nicht mehr halten. Konstruktiv erschaffend wirkt Magnetismus und erzeugt die Struktur der Wirklichkeit, Einheit und führt zum Einheitsbewusstsein.

Wie ist es in deinem Denken? Was hindert dich am meisten? Kryon wird es dir sagen. Dein niederer Geist funktioniert auf die Art, dass er ständig das Für und Wider abwägt. Doch damit entsteht eine energetische Pattsituation. Ungeheure Energie wird verbraucht, um diesen Zustand aufrechtzuerhalten. Dein niederer Geist, dein Denken hält dich, wenn du es ihm erlaubst, immer am selben Ort, denn Veränderung ist nicht erwünscht. Auch die Illusion der Zeit birgt in sich diese Pole – Vergangenheit und Zukunft. Dadurch kannst du die Jetzt-Gegenwart nicht wahrnehmen. So wirkt dein niederer Geist. Er hält dich fest. Er möchte Dir weismachen, dass Veränderung gefährlich ist, denn er weiß genau, wenn du diese Art des Empfindens aufgibst, wird es ihn nicht mehr geben. Jetzt weißt du, warum wir so oft zu dir sagen: Lege deinen Verstand beiseite, damit dein Geist, dein hoher Geist, fließen kann. Denn der hohe Geist ist immer verbunden mit dem Universum selbst und Veränderung ist ständig gegeben. Manche von euch und viele der Lichtarbeiter hängen an diesem Punkt ihrer Entwicklung und sie verbrauchen sich in ihren Energien. Angst vor Veränderungen. Zum einen wird gefordert, dass der Aufstieg sich vollziehen möge und sich alles verändere, doch die Veränderung in einem selbst bereitet die größte Angst, etwas Altes aufzugeben und das Neue zu wagen.

Doch, meine Lieben, ihr alle werdet Dienste, Berufungen ausüben die der neuen Energie entsprechen, etwas völlig anderes zum Ausdruck bringen als das, was ihr jetzt tut. Es wird einen Moment geben, wo du dorthin springst. Das ist es, was wir meinen, wenn wir sagen: Höre auf dein Herz, erlaube jede Veränderung, die sich zeigt, denn Veränderung bedeutet immer Fortschritt. Kryon hat den Ruf ausgestoßen und deshalb spüre diesen Ruf mit dem Herzen und, ob du dies zu vollziehen bereit bist.

Ich werde noch ein wenig fortfahren, euch das Wirken von Magnetismus zu veranschaulichen. Die hohen magnetischen Ströme bewirken die Auflösung von Strukturen. Strukturen im Physischen, im Emotionalen, im Geistigen und auch im Spirituellen. Was, glaubst du, passiert, wenn magnetische Wellen ein polares, elektrisches Konzept durchdringen und depolarisieren? Es bleiben unausgerichtete Abfallprodukte der alten, elektrischen Ladungen überall dort zurück, in allen Bereichen. Es ist gerade so, als ob diese Teilchen sich wie eine Art Staubschicht über euch legen, über eure Aura, Chakren und Teile eures Lichtkörpers. Das kann das Durchdringen eures mentalen, hohen Geistes durch die Blaupause erschweren oder verhindern. Jetzt weißt du auch, warum wir euch immer wieder dazu raten, euch täglich zu reinigen. Da diese unbrauchbaren Ladungsteile überall auf Erden verteilt sind, entstehen daraus viele menschliche Probleme. Zum einen funktionieren die Dinge nicht mehr in der gewohnten Art, da die alten Strukturen nicht mit der Wirklichkeit und dem magnetisch – kristallinen Licht kompatibel sind, zum anderen verteilen sich diese Partikel überall. Es gehört mit zu eurer Aufgabe, die ihr in der Bewusstheit seid, diese Partikel zunächst einmal aus euren Aurakörpern heraus zu reinigen. Ihr kennt verschiedene Methoden, doch ich möchte jetzt mit euch zusammen ein Bild erzeugen.

Stellt euch in der Kraft eurer Gruppe einmal vor, wie der gesamte Planet Erde, in seinem Bewusstsein Lady Gaia, übersät ist von diesen Teilchen. Es dürfen von uns, den geistigen Hierarchien, nur diejenigen Teilchen entfernt und gereinigt werden, die in die Bereiche der Blaupause von Lady Gaia vordringen. Ihr – und auch das wird ein Teil der Aufgabe der neuen Erdheiler sein – werdet die anderen Schichten des Magnetgitters, der Aura, von Lady Gaia reinigen. Ich rufe euch jetzt dazu auf – und dies soll der erste Teil eurer diesmaligen Aufgabe sein, euch euren Planeten im All schwebend vorzustellen.

Dann lasst uns gemeinsam Melek Metatron, den Herrn der Heerscharen, anrufen mit den Worten: KODOISH, KODOISH, KODOISH, ADONAI TSEBAYOTH [27]. Höchstes Licht. Sende aus das platine Netz, sende es zu uns, denn wir sind in der Absicht, es über den Planeten zu legen. Dieses platine Netz soll alle unbrauchbaren, transformierten Ladungsteilchen anziehen und aufnehmen.

Stelle dir vor, wie das platine Netz eine tiefe Reinigung von Lady Gaia bewirkt …

Und so sprecht: Wir, die Inkarnierten, wir bitten dich, Melek Metatron, ziehe das platine Netz hinfort und transformiere alle aufgenommenen Energien. So sei es.

Wenn eine Gruppe wie ihr, ausgedehnt in der göttlichen Macht, diese Übung regelmäßig vollzieht, bewirkt es Wunder. Ich wiederhole es an dieser Stelle noch einmal, dass jeder, der diese Zeilen liest, sich einfach in das Geschehen einklinken kann, zu jeder Zeit. Dies gewährleistet der Engel der Gnade, DON'ADAS. Viele, auch von den Lichtarbeitern glauben und sagen: »Kryon, trotz der spirituellen Entwicklung auf Erden gibt es so viel Chaos, Krieg und Emotionen.« Doch ich, Kryon, ich sage euch, nicht trotz der spirituellen Entwicklung, sondern gerade deswegen. Das Zusammenbrechen der alten

Konzepte, die Verunreinigung der Energiekörper durch die zurückbleibenden Partikel belasten die Menschen sehr. Dadurch ist oft nicht möglich, dass sich zum einen die Aura der Menschen auf natürlichem Weg reinigen kann, denn jeder Mensch durchläuft z. Z. diese Transformation. Zum anderen wird es den Menschen und auch den Lichtarbeitern die sich bewusst bewegen, dadurch erschwert, einen Zugang zu ihrer Blaupause zu schaffen. Die Offenlegung der Blaupause ist sehr wichtig, da darin alles enthalten ist, was dich ausmacht und was du wissen musst. Um die Blaupause anzusprechen, geben wir euch an dieser Stelle eine Invokation. Sprich aus dem Zentrum deines Herzens mit Nachdruck:

Sei still und wisse – Ich Bin Gott. Mit all meiner göttlichen Stärke und Macht rufe ich die Elohim des kupferfarbenen Strahles. Ich fordere die Freilegung, Angleichung und Ausrichtung meiner Blaupause, sodass ich erkenne, was mein Auftrag ist.

Sei still und wisse – Ich Bin Gott. Ich rufe die Elohim der Gnade, des silberfarbenen Strahles. Ich fordere, dass dieser Vorgang mit allen Erfordernissen unterstützt wird.

Sei still und wisse – Ich Bin Gott. Ich erbitte das Gleiche für alle Lichtarbeiter und Menschen, sodass sie zu ihrer Aufgabe finden, soweit dies richtig und gut ist. AN'ANASHA.

Fordere für dich, bitte für deinen Nächsten, so soll es geschehen. Die Aufgabe soll sein, bis zum nächsten Treffen, Lady Gaia und dich selbst, wenn möglich, einmal täglich auf die geübte Weise zu reinigen und die Invokation zu sprechen. Meine Lieben, jetzt wird Kryon sich von euch verabschieden. Ich sage euch AN'ANASHA. Kryon vom magnetischen Dienst.

Kryon durch Namahim

Magnetismus und Aufstieg

18. 10. 2006

Ich bin Kryon vom magnetischen Dienst und voll der Freude begrüße ich euch mit den Worten OMAR TA SATT. Wie immer geschieht dies unterstützt von den 12 Räten der Tat und jedem Einzelnen von euch, ob anwesend oder aus der Ferne teilnehmend.

Wieder melde ich mich mit »vom magnetischen Dienst«, denn noch einmal soll Magnetismus das Thema sein. Ich werde noch einmal darauf eingehen, wie unmittelbar Magnetismus mit eurem Erwachen verbunden ist. Doch bevor wir beginnen, möchte ich euch auffordern zu spüren, wie die hohen Engel des Gefolges von Kryon, hier anwesend, um euch bemüht sind, wie sie euch berühren und wie sie euch feiern. Sie werden niemals müde, das zu tun, denn ihr seid es wert, jeder Mensch auf Erden ist es wert. So sind die Engel die Mittler und Botschafter zwischen den Menschen und dem göttlichen Gedankenfeld und mehr als jemals zuvor sind die Legionen und Heerscharen, diese wundervollen Wesen, zwischen euch. Öffnet euer Herz dafür und lasst euch von den Engeln berühren.

Kryon möchte damit beginnen, euch zu erzählen. Es wird für euch alle auch etwas Neues dabei sein, und obwohl dies nicht die essenziellen Botschaften sind, ist es doch manchmal einfach wunderschön, mit euch zu plaudern und euch aus dem

Universum zu erzählen. Es wurde ein Schwingungsname genannt und darauf möchte Kryon kurz eingehen. Es handelt sich dabei tatsächlich um Kyron *(Küron gespr.)*, ebenfalls ein hoher Meister des Magnetismus und, wenn du so willst, ein Bruder oder eine Schwester von Kryon. Kyron ist ebenfalls wie Kryon mit hohen Engelsenergien verschmolzen, doch trägt Kyron nicht das kupferfarbene Licht um sich wie einen Mantel, wie Kryon dies tut, Kyron wurde verschmolzen mit den Elohim des silberfarbenen Strahles. Vielleicht erinnerst du dich, dass du bei unserem letzten Treffen die Elohim des silberfarbenen Strahles gerufen hast. So war auch Kyron anwesend und hat mit euch zusammengearbeitet. Ihr wisst, dass der silberfarbene Strahl die Energie der Gnade in sich trägt. Auf eine gewisse Art ist auch Kyron mit seinem Gefolge Techniker, doch die Ausübung seiner Technik, seines Wissens liegt in einem etwas anderen Bereich und ist doch ebenfalls angereichert mit purem Magnetismus. Kyron ist einer der hohen Meister, der euch behilflich ist, Muster, die in euch, zum Teil in euren Lichtkörpern schwingend zu entfernen. Ihr würdet es nicht glauben, würde Kryon euch eine Zahl nennen, wie viele Wesen alle zusammenarbeiten, jeder auf seinem Gebiet und trotzdem in der Einheit verbunden. So gibt es neben Kryon und Kyron noch viele andere magnetische Lichter, die aus den geistigen Bereichen heraus wirken. Hätte Kyron vor Jahren eurer Zeit den Auftrag bekommen, durch ein Medium zu sprechen, so wäre es vermutlich jetzt Kyron, der zu euch spricht, und nicht Kryon. Doch die Aufgabe, durch Medien zu sprechen und die Menschen und die Lichtarbeiter direkt zu rufen, muss nicht von jedem hohen Lichtwesen ausgeführt werden. Obwohl Kyron und all die anderen inmitten des Geschehens sind, sind sie doch für euch wie gute Geister, die im Hintergrund ihre Arbeit tun. Dafür sagt Kryon AN'ANASHA.

Ich möchte euch noch etwas – und ich weiß, dass einige von euch lachen werden – erzählen. So haben viele hohe, magnetische Meister, auch Kryon und Kyron, Stationen im Universum, die sie betreten, um sich mit Magnetismus aufzuladen. Diese Stationen sind wie Kanäle, du könntest es mit einem Wurmloch vergleichen, die aus dem Universum Quadril 5 in dieses Universum reichen. Ein reines Energiefeld, ein Planet, ganz anders, als ihr euch einen Planeten vorstellt, ist die Station, auf der sich Kryon regelmäßig sammelt, auflädt und sich zurückzieht. Dieser Planet nennt sich Krypton. Ich sage dies deshalb, weil es für dich möglich ist, wenn du Kryon anrufst, dass ich dich auf Krypton mitnehme, um dich aufzuladen. Vielleicht wird dies nicht jeden von euch ansprechen, doch weiß ich, dass es all die Nunis sehr wohl berührt. Doch jeder ist willkommen. Wenn du dich am Abend schlafen legst, kannst du mich, Kryon, rufen, um Anteile von dir auf Krypton mitzunehmen. Obwohl ich nicht zu allen Zeiten dort verweile, ist es doch ein kleines Geheimnis der Jetzt-Gegenwart, dass dies zu allen Zeiten möglich ist. Vertraue einfach darauf. Es kann sehr gut sein, dass du des Morgens erwachst und Erinnerungen davon in dein Bewusstsein mitbringst oder dass du in einem luziden Traum etwas höchst Ungewöhnliches und Erstaunliches erlebst. Du wirst spüren können, dass du dich danach stark aufgeladen fühlst. Auch für diejenigen unter euch, denen Lichtkörpersymptome zu schaffen machen, ist dies ein sehr schönes Angebot, das Kryon euch unterbreitet.

Und so werde ich jetzt fortfahren mit der Erläuterung des Vorganges des Erwachens über den Magnetismus. Ich gebe dir ein Bild, das dir in deiner Seele sofort einleuchtet: Du gießt in einen Krug mit schmutzigem Wasser klares, reines Wasser und du tust dies so lange, bis in dem Gefäß kein einziger Anteil mehr des schmutzigen Wasser vorhanden ist. Das ist es, was geschieht. Du bist das Gefäß. Jeder Mensch ist das Gefäß und auch Lady Gaia ist ein solches Gefäß. Es gibt verschiedene Worte, die gewählt wurden und doch das Gleiche bezeichnen. So ist der Ausdruck kristallines Licht oder Photonenlicht eine andere Beschreibung für den Magnetismus und mit dem Eintritt in den Photonengürtel hat dieser Vorgang begonnen. Dies ist zu Anfang eurer neunziger Jahre geschehen und es wurde damit begonnen, ganz langsam klares Wasser, kristallines Licht, Magnetismus über euch auszuschütten, und nach und nach hast du dieses Licht in dich aufgenommen. Jede Pflanze und jedes Tier, jeder Mensch und alles, selbst die scheinbar toten Wesen auf Erden wie Mineralien, und ich sage scheinbar tot, haben dies in sich aufgenommen, auch die Naturwesen. Ohne es zu wissen, seht ihr euch in manchen Bereichen einer Welt gegenüber, die bereits aufgestiegen ist. Es sind die Wesenheiten, die so etwas wie ein mentales Feld, einen niederen Geist, nicht besitzen. Sie haben sich zu keiner Zeit dagegen gewehrt und konnten dieses Licht völlig in sich aufnehmen.

Eure Wissenschaftler entdecken, dass sie in der Umwelt Strahlungen und freie Teilchen messen können in einer Stärke, wie dies vor Jahren nicht der Fall war, und sie rätseln. Sie betrachten zum Teil aufgestiegene Anteile von Lady Gaia. Doch ihr wisst, dass auch Lady Gaia ein empfindsames Seelenwesen ist, genauso wie ihr. Und so hat sich auch Lady Gaia auf einer Ebene unbewusst über lange Zeit gegen den Aufstieg gewehrt, genau wie du. Doch dieser kritische Punkt ist längst überschritten, genau wie bei dir. Es vollzieht sich jetzt das, was zu keinem Moment vorhersehbar war und doch zu allen Zeiten so geplant, das größte Ereignis im Universum, der multidimensionale Aufstieg der Welten, ausgehend vom Planeten Erde, wie Wellen durch die Welten. Nun hat Kryon euch das vorige Mal erzählt, dass durch dieses Eingießen der kristallinen

Strukturen des Magnetismus in euch alle, die elektrischen Ladungen und Teilchen verdrängt werden, ebenso wie das schmutzige Wasser in deinem Glas. Doch was geschieht, wenn du Wasser in ein Glas füllst, das bis oben gefüllt ist? Es läuft über und auch der Schmutz wird herausgewaschen. Du würdest ein Tuch nehmen und diesen Schmutz hinwegwischen und genau das ist es, was ihr das letzte Mal getan habt, denn wir, wir dürfen in diese Bereiche deiner Aura und in die von Lady Gaia nicht oder nur bedingt eingreifen. Deshalb die Aufforderung an euch, Reinigung über Mutter Erde und über euch zu bringen. Ein natürlicher Prozess wäre es, dass eine Aura, die ausgeglichen ist und voller Licht, diese Teilchen weiter nach außen trägt bis an die Grenzschicht heran. In dieser Grenzschicht, die an die Blaupause grenzt, in dieser Grenzschicht dürfen wir wirken.

Doch was geschieht? Ihr, die ihr spirituell ausgedehnt seid, im Bewusstsein seid, eure Aura arbeitet und ist oft schon zu einem großen Lichtfeld verschmolzen und übernimmt diese Aufgabe mit Leichtigkeit. Doch bei den meisten Menschen auf Erden ist dies so noch nicht der Fall. Das bedeutet, dass diese Menschen zum Teil sehr schwer tragen. Sie tragen all die unbewussten Inhalte, die aus den Zellen nach oben geschwemmt werden, in ihren Aurakörpern. Verbunden über das kollektive Bewusstsein verteilen sich diese Schwingungen, und da auch du noch oft an das Kollektiv angebunden bist, strömt dies auch zu dir. Du bist ein Meister der Transformation und du tust dies oftmals unbewusst, einfach dadurch, dass du bist. Dies ist dein so großer Dienst. Doch wenn du bewusst diese Reinigung unterstützt, in dir selbst, unterstützt du natürlich die Reinigung des Kollektivs – dein Dienst an den Menschen und dem Aufstieg. Das ist ein Teil von dem, was du tust.

Oft wundert ihr euch, warum ihr müde seid und ausgelaugt. Ich sage es euch: Weil ihr so fleißig seid und diese Liebesdienste auf euch nehmt. Doch was dies wiederum auch zur Folge haben kann, wenn du nicht wirklich jeden Tag Reinigung für dich erbittest oder selbst vollziehst, dass es eben in der Grenzschicht zur Blaupause Ansammlungen gibt von diesen Teilchen und du es dir dadurch erschwerst, dass sich die Blaupause völlig auf dich legen kann und dir bewusst wird.

Was ist die Blaupause? Mit einfachen Worten gesagt ist in der Blaupause alles gespeichert, was dich ausmacht. Natürlich gibt es deinen göttlichen Kern, dein „Ich Bin", und das ist das Nonplusultra, so möchte Kryon es nennen. Daran gibt es nichts zu hinterfragen, denn auf „Ich Bin" folgt nichts weiter als „Ich Bin". Doch du hast viele Erfahrungen gesammelt in Inkarnationen auf Erden, Erfahrungen in Inkarnationen auf anderen Planeten, Erfahrungen als geistiges Wesen in verschiedenen Bereichen des Universums. Du hast viele Namen getragen und dich auf die eine oder andere Art definiert, ein Selbstverständnis von dir bekommen, so wie ich, Kryon, mich melde mit »Ich bin Kryon vom magnetischen Dienst.« Die unmittelbare Wahrheit besagt »Ich Bin«. Genauso verhält es sich mit dir. Das bringt dein göttlicher Kern zum Ausdruck. Doch was dazwischen liegt, zwischen dem göttlichen Kern und einem Wesen, das wünscht sich so lange zu erfahren, bis es wieder vollkommen mit der Quelle verschmilzt, all das ist gespeichert in der Blaupause und glaube mir, es ist so unendlich viel. Wüsstet du all das, würde es dich erdrücken. Doch nach und nach sickern die Informationen der Blaupause in dein Bewusstsein, auch in dein Gefühl, und das Bild von dir selbst wird immer größer und multidimensionaler. So ist der Zugang zur Blaupause eine sehr wichtige Sache auf dem Weg des völligen Erkennens, wer du bist. Deswegen haben Kryon und das kupferfarbene Licht für euch an eurer Blaupause gearbeitet, so wie ihr dies erlaubt habt, für jeden speziell und individuell, denn wir kennen euch, wir kennen euch so gut.

Dieses Mal, meine Lieben, möchte Kryon euch bitten, etwas zurückzugeben für das Kollektiv der Menschen ebenso wie für Lady Gaia. Ihr wisst, dass es Direktiven und Vereinbarungen gibt, inwiefern wir eingreifen dürfen. Der Schlüssel seid ihr, eine Art Umgehung, eine Brücke für uns, die diese Direktiven außer Kraft setzt, ihr, die ihr auf Erden inkarniert seid. Wenn du es erlaubst und wenn du, wie Kryon es dir gesagt hat, Kryon rufst, um dich mit auf eine Reise zu nehmen, wirst du mit Aspekten an die Kryonenergie angebunden und Kryon wird, zumindest bis zu dem Zeitpunkt, an dem du etwas anderes entscheidest und signalisierst, durch dich wirken. Für einige unter euch kann dies bedeuten, dass aus der Blaupause gerade das heraus- und hervortritt, was in Verbindung steht mit deinem Dienst, mit deiner Aufgabe und vielleicht auch, dass du dich als zum magnetischen Dienst zugehörig erfährst. Für andere wird es einfach ein wundervolles energetisches Erlebnis sein, eine Ausdehnung und eine Reifung der Blaupause bewirken. Ihr seid alle aufgerufen, dies zu tun, ihr, die Gruppe der Tat. Wir können jeden Einzelnen von euch für diese Aufgabe wunderbar gebrauchen. Doch du entscheidest es selbst. Nicht hier und jetzt, sondern für dich, ob du dies möchtest, und so wird es geschehen.

Dieses Mal ist es keine bewusste Aufgabe, die wir an euch herantragen, doch es kann sehr wohl zu einer bewussten Erfahrung werden. Wir sind sehr bemüht, den Lichtarbeitern auf Erden jetzt zum Zugang zur Blaupause zu verhelfen. Oftmals dürfen wir euch nicht einfach durch ein Medium sagen, was in eurer Blaupause verankert ist. Auch dies ist eine Gesetzmäßigkeit, die wir achten. Du sollst es selbst erfahren, indem du etwas dafür tust, indem du dich reinigst von kollektiven Energien, auch von eigenen unbewussten Inhalten, die vom Magnetismus, weil überflüssig, nach außen befördert werden. Befrei dich von deinem Unterbewusstsein, sodass nach und nach die Wirklichkeit deines Hohen Selbst Einzug halten kann.

Für diejenigen, die in sich selbst noch so sehr die Transformation spüren, euch sage ich, verzagt zu keinem Zeitpunkt, auch wenn, um bei diesem Bild zu bleiben, in manchen Zeiten viel Schmutz aufgewirbelt wird. Es gibt keinen anderen Weg. Lenkt euren Blick auf das klare Wasser, das in euch einfließt. Seid in der Lebensfreude und in der menschlichen Liebe, denn damit geschieht Wundervolles. Eure Aurakörper schwingen dadurch und werden aufgelockert und diese Teilchen entfernen sich fast wie von selbst. Kryon möchte euch noch ein Bild geben. Was im Moment geschieht, könntest du dir vorstellen wie ein Haus, das bereits seit vielen Jahren Risse im Fundament, in den Wänden und im Verputz hat. An manchen Stellen kannst du sehen, ist etwas abgebröckelt. Dieser Zustand wird so bleiben, bis in einem Moment die Struktur völlig versagt. Lange hast du geglaubt, es verändert sich nichts, es waren zwar Risse zu sehen, doch diese Risse wurden nur unmerklich größer. Doch auf einmal stürzt dieses Haus ein, oder große Teilbereiche des Hauses, und das wirbelt sehr viel Staub auf, den wir in unserem Gespräch als die elektrischen Teilchen bezeichnet haben. Das Haus, von dem ich spreche, sind die mentalen und emotionalen Strukturen der Menschen. Doch wird sich dies auch übertragen auf die physischen Gebilde. Wenn die Wirklichkeit Einzug hält, kann nichts Unwirkliches bestehen bleiben, das ist der Vorgang. Diesen Vorgang erlebt auch ihr, das ist der Aufstieg, das ist das Erwachen und ist manches Mal für euch mit Schmerz und mit Druck verbunden. Denn euer physischer Körper reagiert darauf. Doch es sind Lichtkörpersymptome und keine Anzeichen von Verfall, denn ich weiß, du, du Hohes Licht, du lenkst deinen Blick auf das Licht und nicht auf den Schatten. Kryon freut sich sehr, denn ich erkenne in euch eine Welle der Bereitschaft, mit Kryon zusammen zu reisen und auch zu wirken. Dafür möchte ich mich bereits jetzt bei euch bedanken und so wird es geschehen.

Es wurde euch damit eure Aufgabe in Form einer Bitte übermittelt. Wir, die hohen Lichter des Universums, wir verneigen uns gerade jetzt vor jeder Lichtarbeiterin und jedem Lichtarbeiter, ungeachtet der Herkunft, ungeachtet seiner energetischen Signatur. Wir lieben euch alle gleichermaßen unermesslich. Kryon vom magnetischen Dienst sagt AN'ANASHA.

Lord Sananda durch Namahim

Schwangerschaften in der Neuen Zeit
15. 11. 2006

Ich bin, der ich bin. Ich bin Lord Sananda – Jesus der Christus. Ich begrüße euch in der göttlichen Liebe, in der Ausdehnung des Lichtes mit den Worten OMAR TA SATT. All das vollzieht sich unter der Aufmerksamkeit von 12 Ebenen des Lichtes, genannt die 12 Räte der Tat. Ich, Jesus der Sohn, überbringe euch in meiner Eigenschaft als kosmischer Christus eine 13. Ebene.

Ich sage euch, die Erlösung ist so nahe. Verschiebungen nie dagewesenen Ausmaßes vollziehen sich und aus allen Bereichen des Lichtes strömen die Seelen herbei, um dabei zu sein. Ich möchte heute mit euch über etwas ganz Besonderes sprechen. Über die hohen Seelen des Lichtes, die sich als eure Kinder auf Erden inkarnieren. Viele von ihnen, aus dem höchsten Licht herabgestiegen, sind jetzt dabei, um dem Aufstieg beizuwohnen. Sie geben jetzt ihr Licht, ihre Essenz zum Ausdruck des Vollkommenen. So kommen diese Seelen und sie wissen, dass es nicht mehr lange dauern wird. Sie kommen so voller Liebe, ohne Kodierungen und ohne Karma zu euch, so, dass sie die Liebe ganz zum Ausdruck bringen können, und sie sprechen das Kind in euch an. Sie zeigen euch, was es bedeutet, frei zu sein, ohne Beschränkungen als göttlicher Mensch geboren zu werden und aufzuwachsen. Unter euren Augen, unter eurer Fürsorge zeigen sie euch die Wirklichkeit. Sie sind wahre

Botschafter. Selbst wenn sie kleine menschliche Körper besitzen, so blickt ihnen in die Augen und ihr werdet erkennen, welche Größe der Seele sich dahinter verbirgt. Viele von ihnen kommen als das, was ihr Indigokinder nennt, sie kommen als Kristallkinder und es inkarnieren sich auch Seelen, die weit jenseits von diesen, von Menschen erzeugten Kategorien sind. Manche kommen von sehr weit her und manche sind mit der Erdenergie sehr gut vertraut. Doch ohne Ausnahme kommen sie ohne Karma und manche von ihnen sogar ohne einen Schleier des Vergessens.

Die Zeit ist gekommen, meine Lieben, und die Antakarana des Lichtes beginnt sich wieder zu stabilisieren, die Magnetbahnen werden angeknüpft und ermöglichen es, Strahlen des Lichtes auf die Erde zu leiten wie niemals zuvor. Vieles von dem wisst ihr bereits, doch möchte ich, Jesus der Christus, gerade diejenigen Lichtarbeiter ansprechen, die sich auch als Paare zusammengefunden haben, und diesen Seelen eine Möglichkeit bieten zu inkarnieren. Immer mehr finden die hohen Lichter auf Erden, genannt die Lichtarbeiter, zueinander und selbst jene, die sich bereits für zu alt gehalten haben, erkennen, dass dies in der neuen Zeit keine Rolle spielt und sie öffnen sich. Es werden Vereinbarungen geschlossen, Verbindungen der Heiligkeit entstehen und hohe Lichtwesen nutzen die Gelegenheit, sich auf Erden zu begeben. Wenn es bis vor einiger Zeit noch gar nicht so einfach war für eine hohe Seele des Lichtes, sich Eltern auszusuchen, die weit genug entwickelt waren, um das Licht des Kindes übertragen zu können, so geschieht dies doch zu diesen Zeiten vermehrt. Selbst diejenigen Menschen, die ihr Bewusstsein noch nicht geöffnet haben für die neuen Energien, für die Spiritualität in ihnen, sind oftmals in ihrem Licht schon weiter entwickelt, als sie dies glauben würden. Auch durch diese Menschen, die sich nicht bewusst als Lichtarbeiter bezeichnen, werden hohe Seelen geboren.

Doch manches Mal geschieht etwas Unerwartetes. So kann es zuweilen passieren, dass die Seele des Lichtes sich noch einmal zurückzieht, noch einmal den Odem des Lebens aus dem Körper der Mutter in die geistige Welt zurückfließen lässt. Dies sind Unterbrechungen in der Schwangerschaft, ungewollt und für viele Eltern oftmals sehr schmerzvoll. Gerade diejenigen, die es nicht wissen können, dass es immer eine Vereinbarung zwischen den Seelen ist, dass so etwas Wunderbares überhaupt geschehen kann, sind zutiefst traurig und oft auch von Scham erfüllt. Doch ich, Jesus der Christus, ich sende die Botschaft hinaus in die Herzen der Menschen und ich sage euch: Ihr, die ihr diese Bewusstheit in euch tragt, dass es keinen Tod gibt und kein Ende, könnt diese Menschen trösten. Doch auch bei sehr spirituellen Menschen ist es niemals leicht, wenn ein Kind scheinbar verloren geht. Doch sage ich, keine Seele geht jemals verloren. Diese Seelen tragen einen Auftrag in sich und sind gewillt und fest entschlossen, auf Erden zu inkarnieren. Manchmal sind sie so sehr entschlossen und es drängt sie und sie senden ihr Licht, ihren Odem des Lebens durch die Geburtskanäle des Planeten. Dann kann es zunächst so aussehen, als könnten sie sich im Körper der Mutter nicht halten. Doch genau das Gegenteil ist der Fall, es ist so, dass sehr oft die Mütter die Kinder nicht halten können in ihrer Energie.

Was geschieht, wenn eine hoch entwickelte Seele sich darauf vorbereitet, durch die auserwählten Eltern einen physischen Körper anzunehmen, der gleich wie ihr Lichtkörper frei ist von Begrenzungen? Aufgeladen mit magnetischem Licht, mit dem Licht der Wirklichkeit, begibt sich die Seele in eine physische Struktur, die sie nähren und halten soll. Doch die Energien sind nicht kompatibel, es trifft, wie ihr in den letzten Channelings von Kryon erfahren habt, das magnetische Prinzip auf ein elektrisches und Abstoßung erfolgt. Dies, meine Lieben, ist zu diesem Zeitpunkt der häufigste Grund dafür, dass sich diese Seelen vorübergehend wieder zurückziehen müssen, weil ihre physische Mutter ihr Licht nicht halten kann.

Jetzt könntest du dich fragen, warum diese Seelen es denn dann versuchen, ob dies nicht offensichtlich ist, für uns nicht erkennbar. Und da hast du natürlich recht, denn zu einem gewissen Teil können wir die Energiestruktur des Körpers messen. Doch es gibt einen Punkt, wo die Wahrscheinlichkeit sehr groß ist, dass es funktioniert, und diesen Moment nutzen die Seelen, die so voller Drang sind, zu euch zu kommen und sie versuchen es einfach. Doch wenn du nun deinen Blick erhebst und aus unseren Bereichen den Vorgang nachvollziehst, wirst du erkennen, dass dies zu keinem Moment ein Drama darstellt. Es ist ganz einfach ein misslungener Versuch. Wir betrachten dies ganz nüchtern und neutral. Sobald die Seele zurückgekehrt ist, bereitet sie sich von Neuem vor und sie wird so lange versuchen, durch diese Eltern zu inkarnieren, wie es möglich ist, so lange, bis sie es geschafft hat. Auch wenn es mehrere Anläufe benötigt.

Natürlich bedeutet es für diese Seelen auch große Anstrengungen, denn es ist nicht so einfach, gerade aus den hohen Bereichen des Lichtes in die Körperlichkeit zu gehen. Zu früheren Zeiten, in der alten Energie, war dies viel einfacher. Fast alle Seelen, die inkarnierten, taten dies aus den Bereichen der vierten Dimension und von innerhalb des Karmarades aus. Doch da ihr wisst, dass dieses Karmarad nicht mehr existiert, legen diese Seelen einen weiten Weg zurück, unmittelbar von der Wirklichkeit in die Dualität. Und glaubt mir, wenn ihr meint, dass es für euch schwierig ist, aus der Dualität in die Wirklichkeit zu gelangen und zu erwachen, um wie vieles schwerer ist es doch für diese Seelen, diesen vorübergehenden Abstieg zu bewerkstelligen. Doch sie sind jenseits von Leid, jenseits von Schmerz, nur angefüllt mit Liebe und sie nehmen dies gerne auf sich. So sollt ihr auch wissen, dass dies immer mit der Einwilligung der irdischen Eltern geschieht. Wenn die Eltern ein bestimmtes Bewusstsein erreichen und sich mit der Seele in Verbindung setzen, können sie die Seele auch bitten, sich andere Eltern zu suchen. Auch dies ist möglich und auch dies wird auf der neuen Erde die gängige Form von Verhütung sein. Wie könnte es jemals zu einer Schwangerschaft kommen, bestünde keine Abmachung, keine Übereinkunft zwischen den Seelen des Kindes und der Eltern?

So möchte ich euch bitten, diese Informationen nicht für euch zu behalten, dies den Menschen, die sich in Not erleben und in Schmerz über ihren Verlust, mitzuteilen. Vor allem ist der größte Trost jener, dass selbst dann, wenn es einen Abbruch gibt in einer Schwangerschaft, es bei einer erneuten Befruchtung genau dieselbe Seele sein wird, die einen neuen Versuch startet. Obwohl all dies nichts Schlimmes beinhaltet, ist es doch auch unserer größter Wunsch, dass all die hohen Lichter aus dem Universum, die zu euch kommen möchten, dies so schnell wie möglich auch tun können. Dafür bitten wir euch, die Gruppe der Tat, um Unterstützung. Wir ernennen euch sozusagen zu kosmischen Hebammen und Geburtshelfern. Ihr seid so ausgedehnt in eurem Licht und die Liebe schwingt in euch und jeder von euch, auch diejenigen, die diese Botschaften auf einem anderen Wege erhalten als die Anwesenden und die ihr Herz geöffnet haben, können dies tun. Ihr alle seid Träger von magnetischem Licht. Auch wenn es manches Mal den Hinweis gibt, dass manche der Lichtarbeiter in Bezug auf Magnetismus eine besondere Aufgabe tragen, ist Magnetismus doch die Energie der Einheit und die neue Energie, die für alle zur Verfügung steht. Ihr alle, die ihr das Erwachen vollzieht, nehmt Magnetismus auf, zu jeder Zeit. Dieser Magnetismus soll heute dazu dienen, einen Teil davon weiterzugeben. Ihr, die ihr inkarniert seid, ihr habt die Befugnis, aus dem Kollektiv der Menschen und dem Kollektiv des Lichtes eins zu machen, um Vereinigung herzustellen.

So bitte ich dich mit mir, Lord Sananda, eine Übung zu vollziehen. Eine kurze, doch sehr kraftvolle Übung. Diese Übung soll deine »gute Tat« sein. Beginne damit, dass du dich erdest und dich tief mit Mutter Erde verbindest. Werde dir bewusst, dass alles eins ist. Werde dir bewusst, dass du göttlich bist. Jetzt dehne dich in deinem Licht aus und Jesus der Christus wird dies unterstützen. Spreche die Worte der Bekenntnis und der Wahrheit: EHYEH ASHER EHYEH – EHYEH ASHER EHYEH – EHYEH ASHER EHYEH – SO'HAM. Nun stell dir die vielen werdenden Mütter auf Erden vor. Sie alle, ob Lichtarbeiter oder vielleicht noch schlafender Mensch, sie alle tragen damit einen großen Auftrag in sich. Sie sind es, die schwanger gehen mit der neuen Erde. Sie sind es, die sich bereit erklärt haben, eure Sternengeschwister, eure Zwillingsseelen und Raumbrüder in sich aufzunehmen und ihnen als Kinder das Licht der Welt zu zeigen. Breite deine Hände aus in deinem Schoß und lasse zwischen deinen Händen ein magnetisches Energiefeld entstehen. Du kannst dies tun, du bist im Bewusstsein, du erlangst Bewusstheit, du bist Gewahrsein. Spüre das magnetische Feld zwischen deinen Händen und jetzt sende diesen Magnetismus allen Schwangeren auf Erden. In diesem Fall brauchst du die Seelen der Betreffenden nicht zu fragen, ich, Jesus der Christus, bin anwesend und so wird es geschehen, dass nur diejenigen, die in sich bereit sind, dieses Licht aufnehmen. Von dir gesandt, entsteht ein Teil der Wirklichkeit, von innerhalb der Dualität. Gerade das ist so etwas

Besonderes. Halte diese Übertragung noch für einige Momente und tue dies mit all deiner Liebe.

So ist es vorerst genug, doch kannst du diese Übertragung so oft durchführen, wie du möchtest.

Bei eurem nächsten Treffen wird die Intensität der Übertragung um ein Vielfaches angehoben. So wurde die Bitte an Adamea ausgesandt, zu euch zu sprechen, um diese Übung zu unterstützen und zu verstärken. Ihr werdet dies unter Einbindung des magnetischen Kristalls tun. Da ich, Jesus, weiß, dass viele von euch diesen Kristall kennen, möchte ich euch noch bitten, zunächst einmal nur mit der magnetischen Energie zu arbeiten, die ihr in euren Händen erzeugt. Was dabei geschieht, ist, dass die Mütter aufgeladen werden mit Magnetismus und es somit für die hohen magnetischen Wesen des Lichtes einfacher ist, anzukommen und sich zu verbinden. Die Folge wird sein, dass weniger unerwartete Rückzüge der Seelen geschehen. Dies treibt den Aufstieg voran, es lindert Schmerz und Enttäuschung bei den Menschen und es gibt euch eine großartige Möglichkeit zu dienen. Oftmals ist es die Angst der Mutter vor dieser grenzenlosen Liebe, die diese Seelen mit sich bringen, die eine Art Abstoßung bewirkt, ein Zusammenziehen, ein Krampfen, auch der physische Körper verhält sich so. Seid in dem Bewusstsein, dass ihr Großartiges vollbringen könnt, dass ihr die Macht und die Liebe dazu in euch tragt und dass ich, Jesus der Christus, und die Räte der Tat euch dazu auffordern. Wir sagen euch für eure Aufmerksamkeit, für euer Vertrauen und für eure Beständigkeit AN'ANASHA.

Adamea durch Adamea

Für die werdenden Mütter
20. 12. 2006

(Anm.: Zeichne dir den Kristall für Magnetismus auf und lege ihn dir während des Channelings zwischen die Handflächen.)

Ich bin Adamea. Aus den höchsten magnetischen Bereichen spreche ich zu euch und begrüße euch in der Sprache des Lichts, OMAR TA SATT. Sowie ich das Wort an euch richte, ist die Aufmerksamkeit der 12 Räte der Tat in eurem Kreis und bei all jenen, die diesen Worten in der Ferne begegnen. Sobald die Energien der Räte der Tat in diesen Raum fließen und wir alle versammelt sind, baut sich das Gitternetz eurer Verbindung auf.

Heute ist es an mir, als magnetisches Schöpferlicht zu euch zu sprechen. Hinter mir stehen zwei Wesen, die euch ebenfalls begrüßen möchten. Es sind die Frequenzen von Jesus und von Buddha. Dieser beiden hohen Lichter der allumfassenden Liebe und des allumfassenden Mitgefühls, werden mitschwingen in den Botschaften, die wir heute zu verkünden haben. Ein weiteres Mal geht es um die Ankunft der hohen Lichtwesen, die nun auf Erden inkarnieren wollen, um ihren Segen zum Aufstieg von Mutter Erde beizusteuern, sowie um die Menschen, die sich bereit erklären, diese zu empfangen. Diese hohen Lichtwesen sind wahrlich ein großer Segen. Sie alle kommen mit einem solch hohen Bewusstsein, einer Ausstrahlung der Reinheit und des Lichts und der allumfassenden Liebe. Sie sind die Fackelträger der neuen Generation und sie werden Großes leisten, um euch allen beim Übertritt behilflich zu sein. Und sie sind große Botschafter in der neuen Zeit. Sie sind die Pfeiler, auf denen die neue Erde aufbauen kann. In die Bedeutsamkeit ihres Kommens seid ihr eingebunden, um ein weiteres Mal als kosmische Geburtshelfer tätig zu werden. Es ist eine wunderbare Aufgabe und sie ist in dieser Form auch einmalig.

Zunächst möchte ich zu euch sprechen aus der Energie der weiblichen Schöpfung des magnetischen Universums. So vieles habt ihr schon gehört über die Aspekte von Adamea. Ihre Aufgaben sind verschiedenartiger in diesem Universum, als sie es in ihrem Ursprung waren. Wie ihr auch schon gehört habt, kann sich bislang nur sehr wenig der Energieaussendung von Adamea überhaupt hier auf Erden verankern. Aus der Neutralität der magnetischen Energien möchte ich euch, als weiblicher Schöpfungsaspekt, ein paar Dinge erläutern. Auch diese hohen Lichtwesen, die nun auf Erden inkarnieren wollen, haben ihre Eltern ausgesucht. Aber immer noch gibt es so viele Anhaftungen aus den Bereichen des menschlichen Kollektivs, die eine Elternschaft eher als Besitztum ihrer Kinder sehen. Wisset, dass es die Seelen sind, die sich suchen, und, je höher dass die Energien schwingen, umso freier sind auch eure Seelen, die Seelen der Eltern, und vor allem auch die Seelen dieser hohen Lichtwesen. Die Eltern dieser Wesen sind in erster Linie dazu da, um diesen noch so unbeholfenen Säuglingen auf der Erde ein zuhause zu gewähren, um sie zu umsorgen, um all die Dinge für sie zu tun, damit sie ihr Licht erstrahlen lassen können. Für diese Wesen ist es jedoch absolut wichtig, dass die Energien in ihrer Umgebung möglichst neutral sind, dass es hohe Liebes- und Lichtschwingungen sind und keine persönlichen Anbindungen. Diese Seelen kommen in Freiheit und sie

236

werden keine karmischen Aufgaben mehr übernehmen. Sie lassen sich nicht mehr in eure Familiensysteme verstricken. Doch, und erinnert euch, was der Christus euch darüber gesagt hat, sie sind euch Spiegel, sie nehmen die Muster der Eltern auf, vor allem mentale Muster. Es ist die Aufgabe der Eltern, diese Lichtseelen auch möglichst dahingehend zu entlasten, indem sie ihre eigenen Begrenzungen im Denken auflösen. Diese Kinder brauchen Offenheit, Wahrheit und eine möglichst neutrale Liebesschwingung. Wenn sich die Eltern einer starken Bewertung der Dinge im Außen hingeben, zeigen ihnen die Kinder das, indem sie »auffällig« und rastlos werden. Oft entwickeln sie auch körperliche Symptome, die die Eltern zum Umdenken bringen sollen. Adamea bringt euch ein Beispiel: Wenn Eltern sich der kollektiven Angst vor Krankheiten hingeben und ihre Kinder mit Impfungen schützen wollen, dann zeigen diese Seelen das an, indem sie ihre Eltern bis an die erträgliche Grenze hin fordern, auffordern, nach Lösungen zu suchen und diese Ängste abzulegen. Das ist eine der Hauptaufgaben der neuen Kinder, die Transformation des kollektiven Bewusstseins. So machen sie es mit allen begrenzenden und einengenden Gedankenformen, sie sprengen sie – für euch, für das Ganze. Seid dafür dankbar und begreift.

Wir werden nun gemeinsam mit den Frequenzen von Jesus dem Christus, mit den Frequenzen des Buddhas und mit dem magnetisch-energetischen Licht von Adamea ein Lichtband knüpfen. Es ist ein Lichtband in einer goldenen, in einer violetten und einer dunkel bordeauxroten Frequenz und du hilfst mit, dieses Lichtband zu weben. Siehe, wie diese drei Farbbänder sich in einem wunderschönen Muster verweben, bis ein kräftiges, pulsierendes Lichtband entsteht. So, wie du im letzten Monat deine magnetischen Energien zu werdenden Müttern auf dem ganzen Erdball gesandt hast, so sendest du nun

genau diesen werdenden Müttern, mit all denen du dich verbunden hast, dieses Frequenzband. Du sendest es ihnen und
verknüpfst sie mit diesem energetischen Band. Stelle dir vor,
wie alle werdenden Mütter, auf dem ganzen Erdball, in dieses
Frequenzband aus dem göttlichen Bereich eingehüllt werden.
Wir erschaffen so gemeinsam in all diesen Familien einen neu-
tralen Raum, einen Raum, der alle Mitglieder dieser Familie
stützt. Ein Frequenzband der Neutralität, in welchem das Neu-
geborene sich ausdehnen kann.

So, wie du das Frequenzband zu all diesen Familien ausgesandt hast und wie du spürst, wie dieses Band sich um diese
Familien geschlossen hat, sendest du in dieser Kraft nun gemeinsam mit dem Engel der Gnade den Lichtkristall MONA'
OHA [24] durch das Gitternetz der Frequenzen, das wir zusammen erschaffen haben. Auf dieses Vertrauen können alle
Beteiligten jederzeit zurückgreifen. Es fließt ihnen zu als Geschenk. Spüre die große Kraft deiner Manifestation. So hast du
mitgeholfen, einen idealen Raum zu schaffen, einen Raum, in
welchem diese hohen Lichtwesen im Vertrauen und in einer
Energie des Friedens ankommen können. Das wird allen Beteiligten zu großem Wachstum verhelfen.

Gehen wir nun dazu über, in einer noch höheren Frequenz,
magnetische Energien in diesen werdenden Müttern zu verankern. Ihr habt bereits soviel erreicht mit eurem Tun, in eurer
klaren Absicht und in eurer Kraft. Aber wir werden heute nochmals einen Schritt weitergehen, denn noch ist diese Arbeit nicht
abgeschlossen. Ihr habt alle den Lichtkristall für Magnetismus
erhalten. Lege diesen nun in deine Handflächen hinein. Ich
werde euch noch einmal etwas über die Bedeutung dieses Lichtkristalls sagen. Dieser Lichtkristall für Magnetismus, der euch
von mir, Adamea, übergeben wurde, kommt aus den höchsten
magnetischen Frequenzen und er dient dazu, Magnetismus in

euch selbst besser verankern zu können, und er dient euch, euren Magnetismus, den ihr in euch tragt, besser ausdehnen zu können. Wenn du einfach für dich, für deinen Ausgleich und deine Harmonie, mit den magnetischen Energien, die nun auf die Erde einströmen, im Gleichgewicht und in der Ausdehnung sein willst, dann verankere dir diesen Lichtkristall in deinem magnetischen Zentrum hinter dem Bauchnabel. Visualisiere und spüre ihn einfach des Öfteren, wie er sich in deinem physischen Körper, über all deine Körper hinaus ausdehnt und vibriert. Dies stärkt dich in deinen eigenen, bereits integrierten und aktivierten magnetischen Energien und dient dir, die einfließenden magnetischen Energien besser zu absorbieren und in einer regelmäßigen Wellenbewegung in all deinen Körpern aufnehmen und ausstrahlen zu können. Du kannst das mit diesem Lichtkristall auch für andere Wesen tun. So liegt es nun an dir, innerlich für dich die Absicht auszusprechen, sodass du diesen Lichtkristall für magnetische Energien in deinen Handflächen einprogrammiert erhältst. Wenn du diese Absicht für dich aussprichst, wird Adamea dies jetzt für dich tun.

Öffne nun deine Handflächen und lasse den Lichtkristall, den du dazwischen gelegt hast, ruhig hinausgleiten und spüre nun das Pulsieren und die magnetische Energieverstärkung in deinen Handflächen. Damit werdet ihr ein weiteres Mal eure Handflächen all diesen werdenden Müttern, die diesen Magnetismus brauchen zu ihrer Stärkung und zur Aktivierung des Magnetismus, auflegen. Wendet ihnen wieder eure Hände zu, damit sie diese hohen Lichtwesen, diese lichten Seelen halten können.

Beende die Energieübertragung, indem du deine Hände wieder zurücknimmst und neutralisiere mit deiner Absicht die Energie in deinen Handflächen. So, wie du noch mit all den Seelen dieser werdenden Mütter in Verbindung bist, spreche nun wie ein Engel zu ihnen und sage ihnen, dass sie sich in nächster Zeit ausruhen sollen, und ihre Seelen werden dies aufnehmen. Intuitiv werden alle das Richtige tun, denn nach dieser magnetischen Übertragung brauchen diese Frauen Ruhe, um all das zu integrieren.

Es soll im Verlaufe des nächsten Monats weiterhin eure Aufgabe sein, in dieser Art und Weise zu wirken. Bitte macht euch bewusst, dass ihr diese Übertragung an die werdenden Mütter bis zum Aufstieg immer wieder machen könnt, denn es werden weiterhin solch hohe Seelen zu euch kommen wollen. Erachtet dies nicht als einmalig oder beendet, auch wenn die Aufgabe, dies zu tun, einmalig ist in ihrer Art und Weise.

Es ist ein Geschenk an euch, dass dieser Kristall für Magnetismus nun in euren Händen programmiert ist. Geht achtsam und liebevoll damit um. Ihr könnt diese magnetischen Energien auch für andere Energieübertragungen oder Heilsitzungen gebrauchen. Seid euch der großen Kraft und Auswirkung dieses Geschenkes bewusst. Somit wird unser gemeinsames Wirken mehr und mehr eines der Einheit auf allen Ebenen, durch alle Dimensionen, in allen Schichten. In der Verbindung unserer Herzen, verabschiede ich mich für diesen Moment, der alles beinhaltet von euch. AN'ANASHA für diesen Zyklus, für dieses weitere Jahr in der linearen Zeitrechnung eurer Dimension, das wir gemeinsam gegangen sind. Bereitet euch vor auf ein wundersames, ereignisreiches weiteres Jahr, in dem wir uns die Hände reichen werden. AN'ANASHA.

Engel Chamuel durch Namahim

Ein Lied der Liebe für Lady Gaia

17. 1. 2007

Ich bin Engel Chamuel. Ich bin der lebendige Ausdruck des göttlichen Geistes. Ich bin das Große Kosmische Licht. Ich bin eine Quelle des Lichtes im Universum. Ich begrüße euch voll der Freude und der Liebe, OMAR TA SATT.

Meine Gruppe der Tat, tatsächlich spreche ich das erste Mal zu euch. Als ein Engel des Fühlens kann ich die Freude fühlen. Ich kann fühlen, was ihr fühlt. Ich bin so nah bei euch. Doch bin ich auch so eng verbunden mit Lady Gaia. Gerade in diesen Tagen, die mitunter die schwierigsten für Lady Gaia sind, ströme ich all mein Licht und meine Liebe aus zu Lady Gaia und den Menschen. Es wird Licht auf Erden. Chamuel wird heute eine Botschaft der Liebe und des Dankes aussprechen. Ich nenne es ein Lied der Liebe. Um Lady Gaia haben sich Legionen der Engel versammelt. Sie bilden einen Chor und sie singen mit euch. So brauchst du heute nicht im üblichen Sinne zu singen, sondern du wirst die Melodie deines Herzens erklingen lassen. Du wirst liebevolle Gedanken aussenden und die Engel werden dies in Empfang nehmen und sie werden singen und es wird überall im Universum hörbar sein. Doch vor allem soll dieses Lied der Liebe Lady Gaia gewidmet sein. Lady Gaia, die so wundervoll ist in all ihren Aspekten, so voller Liebe, so voller Licht. Wie oft wird dies von den Menschen vergessen. Sie nennen Lady Gaia einen Planeten. Auch die Bezeichnung

„Mutter Erde" entspricht nicht der Tiefe des Wesens von Lady Gaia. Nicht umsonst wird Gaia „Lady" genannt. Ein ganz besonderer Titel im Universum, den nicht viele Lichter tragen. Wenn du dir vorstellst, dass z. B. Lady Nada als das bunteste und schillernste Licht in der großen Seele Sananda bezeichnet wird, übertreibe ich, Chamuel, nicht, wenn ich dir sage: Lady Gaia ist einer der schillernsten Lichtpunkte im Universum, wenn nicht sogar der schillernste.

Werde dir einmal gewahr, wo du dich befindest. Wir nennen Lady Gaia auch liebevoll den funkelnden, blauen Stern. Wenn wir Lady Gaia einen Stern nennen, nehmen wird dabei keine Rücksicht auf diejenigen, die jetzt vielleicht sagen werden: »Aber Lady Gaia ist doch kein Stern, sie ist ein Planet.« Und ich sage dir, sie ist ein Gestirn am Firmament des Vaters, sie ist ein leuchtender Stern. Ihre Oberfläche wirst du in ähnlicher Form nirgendwo im Universum finden, in ihrer Vielfalt und Schönheit. Ebenso ist die Seele Lady Gaias so licht, so hell und strahlend, dass es sich den Worten entzieht. Ich, Engel Chamuel, ich hoffe, ich kann dir näher bringen auf welch wundervollem Wesen du verweilst. Du verweilst nicht nur dort, du bist eins mit diesem Wesen Lady Gaia, das fühlt wie du, das wahrnimmt wie du, eine Seele, einen Lichtkörper besitzt so wie du. So wie du auch, geht auch Lady Gaia ihren Weg des Erwachens. Stelle dir einmal vor, du liebst einen Menschen so sehr, dass nichts diese Liebe trüben kann, selbst dann nicht, wenn dieser Mensch dich manches Mal beleidigt, dich unfair behandelt, dich verleugnet, auf dich tritt und dich mit Schmutz bewirft. Solch eine Freundin hast du in Lady Gaia. In ihrer grenzenlosen Liebe hat sie all dies hingenommen. Denn selbst dann, wenn Lady Gaia, so wie du, in der Dualität verweilt hat, war ihr doch eines immer bewusst, nämlich dass sie mit allen Menschen eins ist, dass diese Trennung, die ihr so oft fühlt, nicht existiert. Spüre einmal hinein, inwieweit du bereit bist Lady Gaia als dieses Wesen, zwar selbstständig, aber doch unendlich liebend und verbunden mit dir, zu erkennen.

Wenn sich die Menschen oftmals fragen, wie sie Lady Gaia helfen können ... Es wäre doch so einfach. Die Anerkennung und Würdigung der vielleicht wundervollsten Freundschaft, die du jemals auf diesem Planeten gelebt hast, ihr diese Achtung entgegenzubringen, wäre die größte Hilfe.

Du kannst beobachten, dass es Menschen gibt, die glauben, ja sogar das Wetter müsste so sein, wie sie es sich im Moment wünschen. Dabei verkennen sie aber, dass sich Lady Gaia jedes einzelnen Windes, jeder einzelnen Träne des Wassers, die sie weint, bewusst ist ... Dass ihr das ganz genau bewusst ist und sie das Wetter steuert, so wie es sich für sie richtig anfühlt, um sich zu befreien. Spüre einmal darüber nach, was passiert, wenn gerade ihr, die Lichtarbeiter und die Pioniere, die ihr so eng über euer Omegachakra mit Lady Gaia verbunden seid, solche Gedanken aussendet. Wenn ihr euch grämt, weil ihr nicht Skilaufen könnt. Und Lady Gaia bemüht sich doch, alles zu tun zum großen, ganzen, vollkommenen Aufstieg. Vielleicht überrascht es euch, aber Lady Gaia liebt alle Menschen gleichermaßen. Sogar diejenigen, die sich so vehement mit all ihrer Macht gegen den Aufstieg stemmen und Lady Gaia so sehr zusetzen, versuchen sie einzuschüchtern und zu verletzen, ganz bewusst. Selbst diese Menschen liebt Lady Gaia gleichermaßen, selbst bei diesen Menschen tut es ihr unendlich leid, wenn sie ihnen Schaden zufügen muss, um ihren Übertritt und damit den Aufstieg der Menschheit zu gewährleisten. Wenn du einen Moment daran zweifelst, ob dies gerechtfertigt ist, dass Lady Gaia selbst diese Menschen unermesslich liebt, die vielleicht in deinem Bewusstsein zu mancher Zeit als

Feindbild existieren, hast du noch nicht völlig begriffen, dass alles eins ist. Lady Gaia liebt alles, was ist.

Lady Gaia ist so wunderschön, weil sie zwei ganz besondere Qualitäten ihrer Seele, ohne Wenn und ohne Aber, lebt. Lady Gaia ist so mutig und Lady Gaia besitzt so viel Hingabe. Sie besitzt auch den Mut zur völligen Hingabe. Das ist der Grund dafür, dass ihre Absicht stets die höchste ist. Das ist der Grund dafür, dass mit jedem Tag, der vergeht, der Aufstieg in greifbare Nähe rückt.

Stelle dir noch einmal etwas vor. Ein Mensch steht an einem erhöhten Punkt, er bereitet sich vor, einen Sprung zu wagen in das Unbekannte. Er steht dort und er versucht, mit sich in Harmonie zu kommen, all seinen Mut zu sammeln, loszulassen, sich hinzugeben, um diesen Sprung zu wagen, doch er wartet auf den richtigen Moment, den seine Seele ihm gibt, um zu springen. Jetzt steht hinter diesem Menschen ein anderer Mensch, der ihm ständig ins Ohr flüstert: „Nun spring endlich. Wann ist es denn soweit? Was stehst du denn da? Worauf wartest du? Es ist doch nichts dabei. Ich warte schon so lange darauf. Nun spring endlich." Wie, glaubst du, fühlt sich dieser Mensch? Er fühlt sich unter Druck gesetzt. Würde er springen, täte er es nicht aus dem Impuls der Seele, sondern weil er dem Druck nachgibt. Doch Lady Gaia ist weise genug, den richtigen Moment abzupassen. Obwohl sie diese Stimmen hört, ja selbst oft von den Lichtarbeitern, aber auch die vielen wirren Stimmen der Menschen, die schlafen, die auf sie schimpfen, ihre Reinigung als Katastrophen bezeichnen. Auch diese Stimmen vernimmt Lady Gaia. Was glaubst du, wie schön wäre es, wenn eine liebevolle Stimme, die leise und sanft genug ist, um all das laute Geschrei zu übertönen, Lady Gaia zuflüstern würde: „Lasse dir nicht Bange machen. Du hast alle Zeit, die du benötigst. Fühle dich sicher und geborgen. Ich bin bei dir."

Nun wirst du erkannt haben, dass dieser Mensch, der am Absprung steht, ein Bild sein soll für Lady Gaia. Die Aussage ist mit Wahrheit beseelt, dass dieser lang ersehnte Aufstieg nicht mehr so lange auf sich warten lassen wird. Doch wer soll den Zeitpunkt genau nennen, wenn alleine der Impuls von Lady Gaia entscheidend ist? Wenn wir diesen Impuls erhalten und Lady Gaia springt, werden wir da sein, sie auffangen und hochheben und sie einbetten in ein neues Gewahrsein. So bitte ich dich, dich, der du das Verständnis in deinem Herzen trägst, Lady Gaia ein Lied der Liebe zuzuflüstern. Es wäre sehr schön, bevor wir damit beginnen, wenn noch einmal die Klänge ertönen könnten, die euer Herz zuvor berührt haben. Wundervolle Klänge voller Kraft und Klarheit, wie ein Chor der Engel. Während dieser Zeit werde ich, Chamuel, deine Merkabah zum Schwingen bringen. Wenn es dir noch nicht bewusst ist, werde ich dir sagen, dass das Sterntetraeder von Engel Chamuel als Ausdruck des göttlichen Gedankenfeldes, dein Sterntetraeder und das von Lady Gaia zusammen schwingen müssen in einer Frequenz, damit der Aufstieg samt Mensch erfolgt. Ich bitte dich, gehe in dein göttliches Selbst, gehe in dein Zentrum der Liebe. Spüre, wer du bist. Spüre deine Macht und spüre die Kraft der Liebe in dir und dehne dich aus in deinem Licht.

Nun öffne dein Alphachakra, indem du ANA [25], das Licht von Engel Chamuel, in dich hineinatmest. Dann öffne ebenfalls dein Omegachakra und lasse ANA entlang deiner Aufstiegsröhre [26] zirkulieren und fließen. Werde zu einer Säule des Lichtes. Nimm über dein Omegachakra ganz bewusst Verbindung mit Lady Gaia auf. So wird deine Zuwendung zu Lady Gaia, in Wort und in Schwingung, mit dem Strom des Lichtes zu ihr gebracht. Nun öffne dein Herz ganz weit und höre die Töne, die Musik, und lasse dich in Schwingung versetzen. Wenn es dir dabei heiß wird, ist dies ein Zeichen, dass deine Merkabah schwingt. *(Anm.: Berührende Musik wird gespielt.)*

Nun, meine liebe Gruppe der Tat, lasst euer Herz tätig werden, lasst euer Herz tanzen für Lady Gaia, wenn ihr leise, innerlich, in der Schwingung der Liebe, die Worte von Engel Chamuel nachsprecht. Lege dabei so viel Gefühl hinein und spüre das, was du sagst:

Liebe, liebe Lady Gaia. Endlich kann ich klar sehen. Ich kann dich aus meinem Herzen betrachten. Wie lange und wie oft, in einer Vielzahl meiner Leben, wo ich auf dir sein durfte, habe ich verkannt, an welch' wundervollem Ort im Universum ich mich befinde, eingebettet in deinen Schutz, geborgen in deinem Schoß, genährt auf allen Ebenen durfte ich mein Menschsein erfahren. Oh Lady Gaia, meine große Liebe gilt dir als Dank und ich wünsche mir so sehr, dass alle Menschen auf Erden in dieses Gefühl der Einheit und des Miteinanders mit dir gehoben werden. Ich bete dafür. Ich lebe dafür. Ich liebe dafür. Ich verspreche dir, dass ich jede deiner Entscheidungen, die du triffst, achte und sie unterstütze. Ich kann fühlen, dass du diese Unterstützung im Moment sehr gut gebrauchen kannst, und so, wie du lange Zeit für mich da warst, möchte ich jetzt für dich da sein. Ich reiche dir meine Hand. Ich erkläre dir meine Liebe und meine Freundschaft. Ich arbeite zusammen mit den Hierarchien des Lichtes und den hohen Lichtern auf Erden, Hand in Hand. Wir bilden um dich einen Kreis des Schutzes, des Geborgenseins und wir ermutigen dich. Höre unsere Stimme, die wir vereint als Kollektiv des Lichtes aussenden. Ich bin ruhig und voller Zuversicht und genau wie du trage ich nur eine Sehnsucht im Herzen, die Rückkehr nach Hause. Doch ich weiß, dass es dafür einen bestmöglichen Zeitpunkt gibt. Und diesen Zeitpunkt gewähre ich dir, Lady Gaia, aus ganzem Herzen, zu entscheiden. Meine Liebe

und meine Achtung ist dir gewiss. Lady Gaia, ich liebe dich. Ich
bin für dich und mit dir.

Meine Lieben, könnt ihr euch vorstellen, was dies Lady Gaia
bedeutet? Ihr habt die Macht und die Bewusstheit, ihr habt die
Verbindung zu Lady Gaia, denn eure Kanäle sind offen, um
solch eine Botschaft des Herzens zu übermitteln. Und wir, die
12 Räte der Tat, wir bitten euch, dieses Gebet als Aufgabe anzunehmen und nicht auf diesen Monat zu beschränken.
Sprecht dieses Gebet immer wieder, bis Lady Gaia aus sich heraus den Impuls gibt, dass es soweit ist. Dann werdet ihr euren
Gefühlen freien Lauf lassen und singen, tanzen, jubeln. Es ergeht an euch und euer Wirken eine Welle der Dankbarkeit
und der Verehrung. Wir lieben euch so sehr und wir sagen
euch AN'ANASHA.

Kryon durch Namahim

Das golden-blaue Licht
21. 2. 2007

Ich bin Kryon und ich begrüße euch, meine Lieben, im Namen der 12 Räte der Tat. Ich begrüße euch im Zeichen der Familie, der Schwingung golden und blau. Wir sind so nah bei euch und wir blicken bewundernd. Ihr könnt es spüren, dass ihr eine Familie seid. Wie fröhlich ihr seid. Ihr könnt zusammen lachen. Wir fangen diese Energie auf, es ist eine göttliche Energie und sie befreit euch in eurem Herzen. So ist es für uns ein Leichtes, die Tore zu öffnen und hereinzuströmen, um unter euch zu sein. Und ob ihr dies glaubt oder nicht glaubt, auch wir lachen auf unsere ganz besondere Art. Es mag sich anders anhören, als wenn ein Mensch lacht, doch auch wir setzen dabei eine Frequenz ab, die eingefärbt ist von jedem Lichtwesen in seiner Art. Es ist ein Lachen der Freude und Glückseligkeit. Wir lachen mit euch, denn es ist wundervoll. Ihr seid so schön in eurem Licht und ihr seid wahrlich OM TAT SAT, Gott in Ausübung seiner Macht auf Erden seid ihr. Gott in seiner Schönheit, in seiner Vielfalt, das seid ihr. Wir sind so gerne bei euch und wir berichten euch, wollen euch Rückmeldung geben über das letzte gemeinsame Treffen, zu dem Engel Chamuel aufgerufen hatte.

Ein Lied der Liebe. Wie schön dies ist und wie sehr, wie sehr Lady Gaia sich darüber freut. Wie sehr es ihr hilft, auf Verständnis und Geborgenheit zu stoßen. Lady Gaia übermittelt

Kryon, dass sich im letzten Monat 711 Menschen mit ganzer Hingabe, nicht nur oberflächlich, sondern mit ihrem Herzen diesem Gebet angeschlossen haben. Was für eine Zahl in ihrer Schwingung. Lady Gaia möchte euch dafür danken. Auch wir tun das, sagen euch dafür AN'ANASHA und gesegnet seid ihr, die Weisen, die Heilenden, die Liebenden und die Wissenden. Da ihr diese Herzensqualitäten in euch tragt, ist es uns erlaubt, Informationen zu senden und euch immer wieder, auch von jenseits des Schleiers, zu berichten, wie das Universum sich zusammensetzt, wie wir wirken, wie wir die Dinge empfinden. Heute möchte Kryon euch den Begriff der Familie etwas näherbringen. So ist die Familie auf Erden, die menschliche Familie, ein hohes Gut, doch eine Familie ist umso stärker, je mehr Mitglieder sie hat. Ich möchte euch etwas über die Familie des golden-blauen Lichtes erzählen.

Ich werde damit beginnen zu erwähnen, dass die Familie des golden-blauen Lichtes nicht die einzige Lichtfamilie ist, die auf Erden wirkt, dass es viele dieser Familien gibt und manche wirken in einer großen Anzahl, manche in einer niedrigeren Anzahl, auf verschiedene Arten und Weisen. Durch all die Zeiten hindurch haben sich auch Lichtfamilien abgewechselt, haben den Planeten besucht und ihn wieder verlassen. Vielleicht hast du dich schon einmal gefragt, was es denn bedeutet, zur Familie des golden-blauen Lichtes zu gehören? Es bedeutet, dass du in deiner großen Seele ein Gelöbnis trägst, das allen anderen Mitgliedern dieser Familie gemein ist. Genauso verhält es sich bei anderen Lichtfamilien. Sie haben einen bestimmten Auftrag. Manche dieser Aufträge, Bestimmungen, wurden auf Erden verankert und die Familien des Lichtes haben sich wieder zurückgezogen in die Bereiche der Wirklichkeit. Viele Wechsel hat es gegeben, alles hatte seinen Sinn, doch ich werde darauf verzichten, andere Lichtfamilien namentlich zu erwähnen. Es ist viel wichtiger, ob du dich zu einer bestimmten Art von Menschen und Seelen, die wirken, hingezogen, ja, geradezu wie magnetisch angezogen fühlst. Ob es dich berührt, was dort vor sich geht. Namen sind zweitrangig.

Da diese Botschaften wie immer viele Menschen erreichen, die sich spirituell aufgemacht haben, und ich jeden Einzelnen von diesen Menschen in diesem Moment vor mir habe, sage ich zu jenen: Wenn du wissen möchtest, ob du zur Familie des golden-blauen Lichtes gehörst, dann achte darauf, ob dich die Worte des Kryon in dieser Frequenz berühren. Dabei ist es nicht wesentlich, ob sie dich auf eine sehr angenehme oder vielleicht auch unangenehme Art berühren. Dies ist nicht entscheidend, denn dies unterliegt nur deiner Wertung, deinem Empfinden in der Dualität. Das Entscheidende ist, dass es dich berührt. Dann stehst du mit der Familie in Beziehung, in Beziehung deshalb, weil sowohl der eine als auch der andere Pol der Art der Berührung, die du empfindest, ein Ausdruck der Dualität ist. Und meine Lieben, Beziehungen finden nur in der Dualität statt. Wir in der Wirklichkeit, wir sind miteinander verbunden. Wir spüren die Verbindung von allem, was ist. Vielleicht schwankst du manches Mal, weil du dich vom golden-blauen Licht angezogen fühlst, doch auch von Energieschwingungen anderer Art. Du siehst dir an, nach welchen Prinzipien oder auf welche Art und Weise die Menschen der jeweiligen Familien sich bewegen und ihr Licht leuchten lassen, welche Botschaften sie übermitteln, und oftmals erkennst du einen Widerspruch. Doch lasse dir sagen, der Widerspruch ist menschengemacht. So hat es für den großen Aufstieg aber auch eine Bedeutung und einen Sinn, dass die verschiedenen Lichtfamilien nicht in direkter Beziehung zueinander stehen. Der Aufstieg und der Übertritt in das Gewahrsein wird es ans Tageslicht bringen, alles ist miteinander verbunden, lasse dich nicht verwirren.

Berühren dich die Worte in dieser Form, so wende dich hin zu deiner Familie und stimme mit ein in den Lobgesang der Engel auf Erden und im Universum und nimm deinen Platz ein, der immer für dich frei war und den du nie verlassen hast.

Eine Besonderheit, und dies unterliegt keiner Wertung, ist es, dass die Familie des golden-blauen Lichtes seit Anbeginn der Zeit auf Erden wirkt. Wenn dir Lemurien ein Begriff ist und du vielleicht spürst, dass dieses gewaltige, mächtige Wort, das eine Eigenschwingung trägt, so groß, dich berührt, wiederholt Kryon die Aussage: Ob du dich angezogen oder abgestoßen fühlst von Lemurien, hat keine Bedeutung, du bist ein alter Lemurier. Dann gehörst du auch zur Familie des golden-blauen Lichtes. Wie viele von euch wissen, war Lemurien der Beginn deiner Reise durch die Dualität und die Jetzt-Zeit ist das Ende dieser Reise. Doch gleichzeitig, wenn du diese beiden Enden einer Linearität zusammenfügst, entsteht ein Kreis und die Jetzt-Gegenwart wird eingeläutet. Zeitepochen wurden geboren und sind vergangen. Familien des Lichtes sind gekommen und wieder gegangen. Doch ihr, meine Lieben, ihr wart immer da. Euer Gelöbnis der Seele war es, den Planeten nicht zu verlassen, bis der Aufstieg sich vollzogen hat. Ihr wart die Ersten und ihr werdet die Letzten sein, die gehen. Wie ein roter Faden, in eurem Sprachgebrauch, zieht sich das goldenblaue Licht. In allen Zeitdimensionen war das golden-blaue Licht dafür verantwortlich, das Neue einzuläuten. Deshalb verwenden wir den Begriff Pioniere. Und auch dies unterliegt keiner Wertung. Es ist, was es ist. Es sind die Worte des Kryon, die durch das Medium zu dir dringen. Es ist, was es ist. Oftmals hast du alles gegeben. Oftmals warst du es, der verspottet wurde, weil du erkannt hast, dass eine neue Ära beginnt, und dies gelebt hast. Wir versprechen euch, keine dieser Taten wird unbelohnt bleiben. Großes wird vollbracht.

Heute möchte Kryon dich dazu aufrufen, das golden-blaue Licht, das durch dich fließt, dessen Träger du bist, das deine Essenz, deinen göttlichen Kern umhüllt, weiterzugeben. An alles, was sich im Zustand des Wassers auf Erden bewegt, diese Frequenz zu übertragen. Kryon wird euch diese Übung nennen und mit euch gehen.

Öffne dein Alpha- und Omegachakra. Lass es einfach geschehen und spüre die Göttlichkeit, die dir innewohnt, dein Licht, und wende dich ganz diesem Licht zu ... Jetzt befreie deinen Geist. Lasse deinen Geist frei fließen. Löse ihn los von deinem Verstand, an den er für gewöhnlich angebunden ist, indem du ihn dir vorstellst wie ein nebelartiges, leuchtendes, gasartiges Gebilde, erfüllt mit Licht. Löse diese Wolke des Geistes aus deinem Kopf heraus und lasse sie schweben, über dir und im Raum umher und begreife, dass dein Geist frei ist, dass er die Eigenschaft hat, sich dem göttlichen Geist anzunähern, dem Heiligen Geist, wenn du ihn nur lässt. Und so erfahre dich mit deinem Bewusstsein in dieser frei beweglichen Wolke aus Licht, losgelöst vom Körper und den Gedanken ... Erhebe deinen Geist und betrachte deine Welt, den Planeten Mutter Erde, von einer erhöhten Position aus ... Schwebe über die Berge, die Seen, die Wälder und über die Ozeane in einer atemberaubenden Geschwindigkeit, ohne Grenzen, und erkenne die Schönheit, erkenne das Wunder und erkenne auch, dass du zutiefst verbunden bist mit Lady Gaia ...

Lady Gaia hat den Anreiz dafür gegeben, diese Übung mit euch durchzuführen. Begebe dich mit deinem Geist über endloses Wasser, über einen großen Ozean auf Erden und erkenne darin die Farbe Blau. Der Horizont und der Himmel erscheinen in goldenem Licht. Nun stelle dir vor, dass sich das goldene Licht langsam in das Blau des Ozeans hineinsenkt, dass die beiden Farben ineinander fließen und sich miteinander verbinden ... Und dann tauche mit deinem Geist ein in das golden-blaue Licht ... Dein Geist ist verbunden mit dem Geist des Wassers und die Information von Golden und Blau überträgt sich aus den Ozeanen überall hin auf Erden, über den Regen, der wieder fällt, auf jedes kleinste Teilchen Wasser, das auf Erden existiert und auf irgendeine Art mit den Ozeanen verbunden ist...

Diese Liebesschwingung verbreitet sich mit unglaublicher Geschwindigkeit und alles Wasser auf Erden wird fortan diese Schwingung in sich tragen. Natürlich nicht nur diese Schwingung, denn Wasser ist imstande, sehr, sehr viele Informationen zu speichern. Doch dies ist ein bewusster Akt der freien Geister, deines Geistes und des göttlichen Geistes in Einheit. Es ist ein Wunsch von Lady Gaia und es unterstützt die Ausrichtung auf die neuen Energien. Jeder Mensch nimmt Wasser zu sich. Jeder Mensch wird in der Lage sein, sich diese Liebesschwingung auf diese Art zuzuführen, in seine Zellen einzulassen. Falls du dir Gedanken darüber machst, ob dies ein Übergriff sein könnte, sage ich dir, nein. Das golden-blaue Licht läutet das Neue ein, es bringt die Veränderung. Es ist eine Liebesschwingung, die jeder in sich aufnehmen kann, wenn er dies möchte, unabhängig davon, welcher Lichtfamilie ein Mensch zugehörig ist. Der Geist in Einheit durchdringt alles.

Nun ziehe deinen Geist ganz bewusst zurück und da er sich sehr ausgedehnt hat, komprimiere ihn auf eine dir angenehme Form und lasse ihn für einige Momente in deinem Herzen Platz nehmen.

Lasst uns gemeinsam die Worte sprechen: EHYEH ASHER EHYEH – EHYEH ASHER EHYEH – EHYEH ASHER EHYEH. Alles ist SO'HAM. Wir sind eins, Familie. Die Dinge nehmen ihren Lauf und sehr bald wird das Ende einen neuen

Anfang finden. Es ergehen an euch die Grüße, die Liebesgrüße und der Dank. AN'ANASHA an euch.

Engel Michael durch Namahim

Transformation des Kollektivs
21. 3. 2007

Liebe Lichtarbeiter, liebe Gruppe der Tat. Das Channeling hat wie immer stattgefunden, doch eine Aufnahme davon haben wir leider keine. Technisch war alles in Ordnung, trotzdem hat es nicht funktioniert. Erzengel Michael wird im folgenden Channeling erklären, warum das so war.

Adamea & Namahim

Engel Michael durch Namahim

Krankheit – Gesundheit / Fülle – Mangel
18. 4. 2007

Ich bin Engel Michael und ich begrüße euch in der Liebe und im Licht. Ich bin der Prinz des Königreiches des Lichts und ich diene meinem Vater und meinem König, Melek Metatron. So wurden mir für meine Aufgabe Teile der Heerscharen zur Verfügung gestellt, euch bekannt als die Legionen Michaels. Doch hier, in der Gruppe der Tat, die ich herzlich begrüße, wirke ich als die Energie Michael. OMAR TA SATT.

Ich möchte euch berichten. Viele von euch haben sich gewundert, manche waren enttäuscht, dass das letzte Channeling der Gruppe nicht in die Welt hinausgegangen ist. Ich werde euch erzählen weshalb und das wird euch noch einmal bewusster machen, wie die geistige Welt funktioniert, was wir sind und wie wir wirken. So war es geplant, den Menschen eine Übung zur Transformation von kollektiven Energien zu übermitteln. Diese Übung wurde auch vollzogen in der Gruppe, mit allen Anwesenden. Doch war es nicht möglich, und dies haben wir zu Beginn des Ablaufes erkannt, diese Übung für alle zur Verfügung zu stellen. Deshalb haben wir das Gerät abgeschaltet. Der Ablauf war folgendermaßen. Es trafen sich die 12 Räte und berieten, was an Botschaft gesendet werden soll und welche Übung sinnvoll ist und von großem Nutzen. Die Übung, die genannt wurde, wäre eine sehr, sehr effektive Übung gewesen. Doch, kurz nachdem die Energien sich ausgedehnt hatten in eurem Kreis und durch Engel DON'ADAS ein Jetzt-Zeit-Kontinuum über dem Geschehen erzeugt wurde, konnten wir sehen, dass diese Übung mehr schaden könnte, als sie nutzt. Wir haben erkannt, dass es uns nicht möglich ist, diejenigen, die nicht vor Ort in der Gruppenenergie sich befanden, ausreichend zu schützen. Ihr, die ihr die Gruppenenergie erzeugt habt, braucht euch nicht zu sorgen. Für euch war dies kein Problem. Für die vielen anderen hätte es eines werden können. Ich weiß, dass ihr oftmals meint, dass es keine Rolle spielt, ob du anwesend bist oder nicht, und dass in der Jetzt-Zeit sowieso alles miteinander verbunden ist. Doch ganz so ist es nicht. Natürlich ist alles miteinander verbunden, doch es geht um die Absicht der Gruppe, die in einer Verschmelzung von bestimmten Energien des Lichtkörpers, der Merkabah, geschieht und ein Feld erzeugt. Dieses Feld wirkt zwar sehr weit, und doch ist die höchste Energie im Zentrum des Geschehens und eröffnet uns besondere Möglichkeiten. Das ist der Grund, warum oft gesagt wird: Wenn ihr zusammenkommt, haben wir so viel mehr Möglichkeiten zu wirken. Jetzt weißt du, wie die Dinge funktionieren. So war es der Schutz, den wir nicht jedem Einzelnen in der gleichen Art zur Verfügung stellen konnten. Es war Schutz, den wir euch durch das Abschalten des Aufnahmegerätes gegeben haben.

Noch einmal möchte Michael wiederholen: Ihr, die ihr die Übung ausgeführt habt, ihr habt Großes vollbracht und es hat euch nicht geschadet. Wir haben dafür gesorgt. Die Botschaften, die gesandt wurden zu dieser Übung und zu den kollektiven Energien, wird Michael für euch, weil sie von Bedeutung sind, noch einmal zusammenfassen.

Sicher habt ihr schon bemerkt, wie oft der Begriff der kollektiven Energien in den Channelings der Gruppe der Tat fällt. Das hat einen besonderen Grund. Die Transformation des

Kollektivs der Schlafenden hat eine hohe Priorität und darum geschieht auch dieses Channeling mit der Energie von Michael. Auch beim nächsten Treffen wird Michael sprechen, weil ich in der Auflösung und Transformation des Kollektivs der niederen Energien mein Wirken habe. Nicht nur, aber zu einem sehr großen Teil zu dieser Zeit. Michael ruft euch auf, euch, die Gruppe der Tat, alle, denn dieses Channeling wird euch wieder erreichen, um mit mir zusammen zu wirken. Wir werden noch einmal das Thema von Krankheit aufgreifen und es in Verbindung bringen mit dem Thema der Fülle und mit dem Thema der menschlichen Liebe, vielleicht für euch nochmals aus einem anderen Blickwinkel betrachtet. Zusammengebracht wird dies durch die magnetische Energie. Adamea wurde gebeten, heute zu wirken, und der magnetische Kristall wird euch behilflich sein. Dieses Mal wird es keine Aufgabe sein, wie ihr sie kennt, vielmehr ein Beobachten, eine Beobachtung deiner Selbst und den Bewegungen des Kollektivs der Schlafenden. Das transformierende Element werden wir sein und so braucht ihr nicht euer Energiesystem zur Verfügung zu stellen, sondern es wird ein magnetischer Pool angelegt, der die Erkenntnisse, die ihr erlangt, speichert, sie dem Kollektiv zuführt, und die Transformation dieser Energien übernimmt die geistige Welt. Wie das geschieht, müsst ihr nicht so genau wissen, doch was ihr wissen sollt, ist Folgendes:

Wir haben euch beim letzten Mal gesagt, wie es zusammenhängt, dass viele von euch, besonders ausgedehnte Menschen und in ihrer Göttlichkeit verankerte, sich oftmals krank fühlen, Symptome tragen und es wurde euch gesagt, dass ihr das Wort »krank« nicht verwenden sollt, weil es auch völlig fehl am Platze ist. Das, was ihr erlebt, hat immer etwas mit Reinigung und Transformation zu tun. Vielleicht denkst du dir, wann hört dies denn endlich einmal auf, was muss ich denn noch alles

transformieren? Die Antwort lautet: Du hast vor deiner eigenen Türe gekehrt und Ordnung geschaffen, jetzt bist du berechtigt und auch aufgefordert dazu, zu dienen. So bist du daran beteiligt, die Energien des Kollektivs auszuvibrieren und
Transformation zu leisten. Ihr seid natürlich mit dem Kollektiv
verbunden, das spürt ihr oftmals noch sehr deutlich. Und ihr
spürt, dass diese kollektiven Energien die Dualität stützen. Es
ist ein Ineinandergreifen. Du bist zwar kein Teil mehr davon,
doch du bist angebunden und von Zeit zu Zeit, wenn es deine
eigene Entwicklung erlaubt, erlaubst du, dass kollektive Energien durch dich fließen, weil du in deiner hohen Lichtfrequenz
viel leichter in der Lage bist, und zudem als Mensch inkarniert,
dies zu tun. Du tust dies vor allem über den physischen Körper. Weil dein Lichtfeld ausgedehnt ist, deine Aurakörper verschmolzen sind und die Energien fast ungebremst auf den physischen Körper treffen, bewirkt der Körper Reinigung, indem
er die Elemente in sich aktiviert. Das Wasser, das Feuer, die
Luft und das Feste. Der Körper aktiviert diese Ventile und das
Immunsystem ist ein wichtiger Bestandteil. Es steuert die Elemente in deinem Körper.

So ist es ein Trugschluss zu glauben, dass, wenn du Symptome verspürst, dein Immunsystem geschwächt ist. Dein Immunsystem arbeitet sehr gut mit einer neuen Aufgabe, der
Transformation von kollektiven Energien, da es an dir selbst
oftmals nicht mehr viel zu transformieren gibt. Es gibt Unterschiede zwischen euch und man kann nicht pauschalisieren,
doch in der Regel ist es kaum mehr dein eigenes. Es ist es so,
dass das Immunsystem sogar mit euren ausgewiesenen Feinden
wie Bakterien, Pilzen und wie ihr die Kleinstintelligenzen alle
nennt zusammenarbeitet. Es ist ein Zusammenwirken, damit
die Elemente aktiviert werden können. Dies ist eine völlig neue
Betrachtungsweise, die so gar nicht in euer wissenschaftliches

Weltbild passt. Und gerade darum geht es. Höre auf mit diesem alten Denken. Es ist eine Welt im Entstehen, die sich völlig neuen Gesetzmäßigkeiten unterordnet. Das bedeutet Wandel und Veränderung. Viele Dinge funktionieren nicht mehr, die lange Zeit richtig und gut waren. Ihr seid jetzt gefragt, dies zu entdecken. In der neuen Zeit gibt es so vieles zu entdecken. Neue Heilweisen, neue Sichtweisen, neues Denken – die Ausrichtung des Geistes, der Ungeahntes hervorbringt, wenn du es zulässt. Du bist aufgerufen, der Krankheit keine Wirklichkeit mehr zu verleihen. Doch, und dies ist ein weiterer Teil des Ganzen, verleihe auch der Gesundheit keine Wirklichkeit. Es soll dir einfach gleich sein, gesund oder krank. Diese beiden Pole der Dualität kannst du nicht einseitig bekämpfen oder hoch loben. Sie sind wie „oben und unten", sie gehören zusammen. Lasse beides los. Das benötigt Vertrauen. Doch jetzt, meine Lieben, ist die Zeit für euch gekommen, nachdem ihr durch Täler des Zweifels gegangen seid und über die Höhen des Vertrauens, Gewissheit zu erlangen. Die Gewissheit ist es, die unerschütterlich ist. Sei dir gewiss, du bist hohes Licht. Immer mehr bist du Ausdruck der Wirklichkeit, je mehr Licht du in dich aufnimmst. Du kannst nicht zerstört werden. Dies ist die Wirklichkeit. Willkommen.

Das Nächste, der zweite von drei Teilen, sind die Fülle und die kollektiven Gedanken der Fülle. Die Grundbedürfnisse Gesundheit, Fülle und menschliche Liebe, das sind die drei Teile. So lasst der Fülle uns zuwenden. Beobachte deine Gedanken in Bezug auf Fülle, Geld, materielle Dinge. Beobachte die kollektiven Gedanken und Wertungen dazu. Wie weit bist du damit in Übereinstimmung? Welche Gedanken hast du vor allem zu eurem Austausch Geld? Stehst du dem neutral gegenüber? Das wäre eine wichtige Frage. Eine weitere wichtige Frage wäre, wenn du zum Beispiel einkaufen gehst und die Lebensmittel für dich einkaufst, welche Gedanken beschäftigen dich während deines Einkaufs? Vergleichst du die Preise? Überlegst du, wo du etwas günstiger bekommst? Bist du ein Schnäppchenjäger? Denkst du des Öfteren den Gedanken, »das ist mir zu teuer«, und verkneifst dir etwas, obwohl du es dir so sehr wünschst? Aus einer gewissen Perspektive ist das logisch und verständlich. Ihr habt gelernt, mit dem, was ihr habt, hauszuhalten. Ihr habt gelernt zu sparen. Welchen Gedanken hast du, wenn du dir etwas Wertvolles leistest, etwas Teures? Hast du Gedanken wie: »Jetzt muss ich aber meinen Gürtel enger schnallen für die nächste Zeit?« Euch fallen diese Gedanken gar nicht auf. Sie laufen wie automatisch. Doch lasst euch eins gesagt sein, dies ist ein sehr wichtiger Aspekt, der der Fülle entgegensteht.

Viele von euch leben Fülle. Fülle ihrer Gefühle, Fülle ihrer Spiritualität und ihrer ganzen Inhalte, ihrer Fähigkeiten. Doch gerade das, was die materielle Fülle betrifft, ist unterwandert von kollektiven Gedanken. Mache es dir bewusst. Etwas anderes, einen anderen wichtigen Aspekt, der mit der Fülle zusammenhängt, werde ich nur erwähnen, darüber seid ihr bereits ausreichend informiert und es ist schon sehr in euer Bewusstsein gerückt. Das Gesetz des Ausgleichs von Geben und Nehmen. Es wird niemals Fülle entstehen, wenn kein Fluss da ist. Fluss heißt Ausgleich, sonst entsteht Stau. Ich möchte zurückkehren zu deinem Einkauf. Was wäre, wenn Michael dir sagt, wenn du das nächste Mal einkaufen gehst, passe auf deine Gedanken auf. Versuche einmal, dir genau das aus dem Regal zu nehmen, was dich anspricht. Nimm einmal bewusst das teurere Produkt, nicht das günstigere. Erweise dem die Wertschätzung. Ich höre euch jetzt schon „aber" sagen. Ich sage euch: „Aber" versucht es. Der Irrtum besteht darin, dass du sagst, das kann sich nur jemand erlauben, der in der Fülle ist. Ich sage dir, vielleicht musst du es dir erlauben, um in die Fülle zu kommen? Es kann nicht von außen kommen. Es kommt von dir, es geht von dir aus. Versuche es einmal.

Versuche es öfters und wenn du es aus dem Herzen heraus vollziehst, wirst du feststellen, dass du hinterher auch nicht weniger Geld zur Verfügung hast. Du wirst feststellen, dass es auf wunderbare Art und Weise geschehen kann, dass du sogar für das, für das du eigentlich sparen wolltest, den Gürtel enger schnallen wolltest, noch genügend zur Verfügung hast. Das ist der Beginn. So stellt sich immer mehr Fülle ein. Du musst die Gewissheit erlangen, dass alles da ist. Dies ist so schwierig für euch nachzuvollziehen, weil es sich dem linearen Denken entzieht. Wie kann etwas da sein, was du ausgegeben hast?

Ich sage dir ein Beispiel, das dir einleuchten wird. Du hast gelernt, dass, wenn du teilst, es weniger wird – in der Dualität. Doch die Wirklichkeit wird dich lehren, dass, wenn du teilst, es mehr wird. Teile deine Liebe, teile deine Freude und es wird mehr. Das kannst du nachvollziehen. Bewege dich immer öfter in der Wirklichkeit, indem du die Gesetzmäßigkeiten der Dualität nicht mehr anerkennst. Wir überblicken die Problematiken und wir empfangen bereits jetzt Impulse, ob du es glaubst oder nicht, in der Jetzt-Gegenwart von Menschen, die diese Botschaften empfangen. Manche werden sie für gefährlich halten und als Anstiftung sehen, dich in Schulden zu stürzen. Engel Michael sagt dir: Ein Versuch des Kollektivs, dich zu begrenzen. Doch arbeite daran, dass du dir gewiss wirst, dass es aus deiner Göttlichkeit heraus geschieht. Wenn du voller Zweifel bist und Angst, dass es nicht funktionieren könnte, dann bewegst du dich in der Dualität und es wird nicht funktionieren. Übe im Kleinen, bei deinem täglichen Einkauf. Mache dich mit diesem Gedankengut vertraut. Deine Erkenntnisse und die daraus folgenden Transformationen werden wir dem

Kollektiv der Schlafenden und Halbwachen zukommen lassen. Du dienst dieses Mal sozusagen als Speicher für Erfahrungen.

Anerkennung – und dies ist eine weitere Hilfe, erkenne nicht an, dass es so etwas wie Fülle und Mangel für dich gibt. Dies sind nur Worte, die wir verwenden müssen. Du weißt, die Wirklichkeit liegt dazwischen. Weder Krankheit noch Gesundheit, weder Mangel noch Fülle, Gewissheit, dass alles da ist, was du brauchst. Oftmals fragt ihr euch und ihr plagt euch zu manifestieren. Ein großes Wunder oder ein Rätsel ist es für euch, wie das Materialisieren wohl funktioniert. Du könntest diese Übung als eine Vorstufe zum Materialisieren betrachten. Dies wird erst funktionieren, wenn du Gewissheit hast, jenseits von Zweifel und Vertrauen. Alles ist möglich. Du bist göttlich. Ihr seid wundervoll. Ihr werdet unermesslich geliebt.

Wir senden euch Botschaften der Liebe, des Wissens und des Wachrüttelns. Alles zu seiner Zeit.

Etwas, das euch sehr beschäftigt, selbst jene auf eine gewisse Art, die eine Partnerschaft leben, ist die menschliche Liebe. Viele Botschaften habt ihr darüber bereits erhalten. Diesem Thema wendet sich Michael, vielleicht auch mit für dich neuen Sichtweisen, beim nächsten Mal zu. Für dieses Mal ist genug gesagt. Engel Michael verneigt sich im Namen der Räte der Tat. Erkenne deine Größe. AN'ANASHA.

Engel Michael durch Namahim

Die menschliche Liebe
16. 5. 2007

Erneut begrüßt euch Engel Michael in der Sprache der Liebe. OMAR TA SATT. Erneut ist es mir eine Ehre und eine Freude, als Engel Michael zusammen mit euch, der Gruppe der Tat, zu wirken und euch Botschaften zu senden, mit euch zusammen, an euch und somit am großen Kollektiv der Menschen zu arbeiten.

So hat Michael euch gesagt, dass unser heutiges Thema die menschliche Liebe sein wird. Obgleich wir uns bewusst sind, dass ihr darüber schon viele Botschaften erhalten habt, werde ich versuchen, all die Botschaften für euch in einen Zusammenhang zu bringen, sodass Erkenntnisse entstehen. Dazu sollt ihr wissen, dass eine Energie, wie z. B. Engel Chamuel, ganz anderes über die menschliche Liebe zu berichten weiß, ein Engel des Fühlens, der Chamuel ist, als ein Engel der Gedanken wie Michael. Doch in der Einheit der Hohen 12 werden wir dies zusammenbringen und wie immer gibt es auch für euch eine Aufgabe. Genauso wie beim letzten Mal soll eure Aufgabe sein, es an euch zu erkennen und es in dem magnetischen Pool, den Adamea erschafft und unterhält, einzugeben als Erfahrung, als verwertbare Energie für das Kollektiv der Menschen.

So hört, was wir euch sagen. Ich beginne damit, euch vor Augen zu führen, was die möglichen Gründe sind, warum du dir selbst die menschliche Liebe verweigerst. Doch bevor ich fortfahre, möchte ich euch, die ihr eine Partnerschaft in der neuen Energie lebt, sagen, dass ihr euch glücklich schätzen könnt. Doch auch diejenigen, die diese Partnerschaft noch nicht gefunden haben, auch diejenigen können sich glücklich schätzen. Ich weiß, dass oftmals Ungeduld in eurer Seele ist, doch ich erkenne, dass für jeden von euch die menschliche Liebe vorgesehen ist. Und glaubt mir, sie wird sich zeigen. Ihr alle werdet diese Erfüllung finden. Der eine etwas eher und der andere etwas später. Doch sie wird nicht an dir vorübergehen, darauf kannst du vertrauen.

Deshalb, weil ich es gerade angesprochen habe, werde ich damit beginnen, was Ungeduld in deiner Seele bewirkt. Zunächst einmal wisse, dass diese Ungeduld ausgelöst wird von deinem Verlangen nach Geborgenheit und deiner Sehnsucht, deine Liebe zu teilen. Doch Ungeduld ist, wenn du sie kultivierst, etwas sehr Hinderliches für dich. Wenn wir zu euch sagen, habt Geduld, dann sagen wir dies nicht nur, wie du vielleicht glauben könntest, weil Geduld ein sehr zierlicher, göttlicher Aspekt ist oder eine sehr angenehme Herzensqualität oder eine Tugend. Geduld wird aus der Weisheit heraus geboren. Aus der Weisheit, dass du damit Macht erlangst über die Zeit. Viele von euch werden sagen: Zeit ist etwas sehr Subjektives und das verstehe ich schon, dass, wenn ich ungeduldig bin, die Zeit sich dehnt. Und du hast völlig recht. Doch zum anderen setzt du dich unter Druck mit deiner Ungeduld und der Druck in deiner Seele bewirkt, dass die Erfüllung, nach der du strebst, sich nicht nur subjektiv, sondern tatsächlich verzögert. Sei geduldig, nicht um der Geduld selbst willen, sondern wisse, dass du damit große Macht in deinen Händen hältst.

Ich fahre damit fort, mit dem, was in euren Blaupausen gespeichert ist, in dem Bereich des Lichtkörpers, wo alles von dir

265

gespeichert ist, sehr viele Erinnerungen an scheinbar Vergange-
nes und deswegen auch präsent in der Gegenwart. Es sind, wie
ihr wisst, diese Schwüre, Versprechungen und Gelübde, die ihr
zu irgendeiner Zeit einmal gegeben habt. Vor allem und das
kann ich, Michael, euch ganz besonders bestätigen, in der
Zeitepoche von Avalon. Nun werden euch Botschaften gesandt, wie wichtig es ist, diese Versprechen und Gelübde zu lösen und ihnen zu entsagen. Was geschieht, wenn du dies tust?
Zunächst einmal fühlt sich die Seele, die ja keine Zeit kennt,
an diese Versprechen gebunden, so wie am ersten Tag. Es entsteht auf einer unbewussten Ebene eine Art Schuldgefühl in
deiner Seele, wenn du mit deinem Oberflächenbewusstsein
solche Bünde auflösen möchtest. Das ist gemeint, wenn es
heißt: Erst dann, wenn die Seele bereit ist. Erst dann wenn die
Seele bereit ist, wird sie es loslassen. So kannst du erkennen,
dass es oftmals nicht nur damit getan ist, dass du dies einmal
beantragst oder einforderst. Erst in einem bestimmten Moment wird die Seele bereit sein, dies gehen zu lassen. Deshalb
ist es die weitaus bessere Möglichkeit, wenn du, um diese alten
Gelübde und Schwüre zu lösen, die Energie von Melek Metatron anrufst. Denn in Gegenwart des göttlichen Selbst wird die
Seele weich und erkennt, und jedes Gefühl von Schuld und
Schuldigkeit wird hinweggewischt. So werden wir heute damit
beginnen, dass wir zusammen Melek Metatron rufen, um das
platinfarbene Netz über jeden von euch auszudehnen und diese Schwüre von euch zu nehmen.

Lasst uns zusammen sprechen: KODOISH – KODOISH –
KODOISH – ADONAI TSEBAYOTH.
   Ich, Engel Michael, ich bitte dich, Herr. Wirf das platine
Netz aus und jedem, der dafür bereit ist, soll Erlösung zuteil
werden. So geschehe es.

266

Während das platinfarbene Netz wirkt, welches nur Melek Metatron in seiner Energie bewegen darf, wird Michael also auf die nächste Schicht eures Problems hinweisen. Wir gehen einmal in dein jetziges Leben. Wenn diese alten Schwüre in deiner Blaupause gespeichert sind, gibt es auch die Ebenen deiner Aura, deines Seelenkleides. Jeder, jeder Partner in deinem Leben, mit dem du dich vereint hast und intim geworden bist, hat Verschmelzungen der Energien bewirkt und hinterlässt Spuren in deinem Seelenkleid. Die Aura, ein Wunderwerk, reinigt sich auf gewisse Weise auch von selbst und vieles hast du bereits dafür getan. Doch oftmals gibt es auch Versprechen, die du in diesem Leben gegeben hast, die sich tief in deinen emotionalen Körper eingeprägt haben. Ein Beispiel wäre, wenn du eine Hochzeit feierst und du schwörst: »Bis dass der Tod uns scheidet«. Jetzt bist du bereits geschieden, doch du lebst immer noch. Auch das bewirkt etwas in dir. Ein unbewusstes Schuldgefühl. Solltest du zu irgendeiner Zeit ein solches oder ein ähnliches Versprechen gegeben haben und du möchtest dies auflösen, ist es jetzt an der Zeit, denn dafür ist Engel Michael zuständig. Ebenfalls, um die Energien von vergangenen Partnerschaften zu klären. Ebenfalls Vorstellungen, die du in dir trägst über einen möglichen Partner. Denke einmal an deine Erziehung in diesem Leben und versuche dir zu beantworten, was für dich persönlich einen Mann oder eine Frau, einen potenziellen Partner, ausmacht. Wie muss der Partner sein? Soll er reich sein? Soll er schön sein? Groß? Kräftig? Welche Eigenschaften soll er tragen? Soll er weltgewandt sein? Oder bescheiden? Soll er klug sein? Und so weiter und so fort. Was hast du gelernt von deinen Eltern? Was ist ein Mann? Was ist eine Frau? All dies sind Vorstellungen, Erwartungen, Bedingungen, die du im Unbewussten immer noch an einen möglichen Partner stellst.

Ich werde dir das erklären anhand einer Metapher, die ich einem weisen Meister, der sich Lao Tse nennt, entlehnt habe. Stelle dir vor, zwischen dir und möglichen Partnerschaften befindet sich eine Art Vorhang. Ich betone einmal Partnerschaften, denn auch die Vorstellung von dem Einzigen, Alleinigen hindert dich oft. Es gibt für dich viele potenzielle Partner. Also, in diesem Vorhang zwischen all diesen Partnern und dir sind Löcher, relativ kleine Löcher. Und du blickst auf diesen Vorhang und du spähst durch die Löcher. Dein Wahrnehmungsfeld ist dadurch sehr begrenzt. Diese Löcher symbolisieren das Raster, das du in dir trägst, das sich bildet aus all deinen Vorstellungen, aus all deinen Bewertungen, deinen Ansprüchen. Manches Mal huscht vor einem Loch, gerade dann, wenn du durchblickst, ein Mensch vorbei, der genau in dieses Raster passt und im nächsten Moment ist er verschwunden. Doch viele von denen, die zu dir passen würden – energetisch – bekommst du niemals zu Gesicht. Du siehst sie zwar mit deinen physischen Augen, doch du nimmst sie nicht wahr. Sie fallen durch dein Raster. So, wenn du jetzt weißt, dass diese Prägung, dieses Raster entstanden ist, gar nicht einmal von dir selbst, sondern durch viele übernommene Meinungen und auch Ideale von anderen Menschen und natürlich auch vom kollektiven Bewusstsein, was möchtest du tun? Ich, Michael, sage dir, begnüge dich nicht damit, noch mehr Löcher in deinen Vorhang zu reißen oder die Löcher zu vergrößern. Ziehe diesen Vorhang weg und du wirst erstaunt sein. Dann wirst du sogar wählen können. Du wirst sehen, was du vorher nicht gesehen, nicht wahrgenommen hast.

Denke einmal daran – auch das ist ein wichtiger Aspekt, was du dir wünschst. Wünschst du dir einen Partner, der dich nimmt und liebt, so wie du bist? Frage dich ganz ehrlich: Nimmst du dich so und liebst du dich so, wie du bist? Möchtest du einen Partner, der seine Spiritualität lebt? Frage dich, lebst du deine Spiritualität? Möchtest du einen Partner, der in der Fülle ist? Frage dich, bewegst du dich in der Fülle? Und so weiter und so fort, eine Unzahl an Möglichkeiten. Betrachte auch das Folgende: Die Menschen, meist des anderen Geschlechts, denen du begegnest und die durch dein Raster fallen, die du nicht wirklich als möglichen Partner wahrnimmst, weil sie deine Erwartungen bereits auf den ersten Blick nicht erfüllen, erfüllen doch einen großen Zweck. Sie sind dir ein Spiegel. Was lehnst du ab? Doch heute in der neuen Energie ist es nicht mehr nötig, mit Menschen wie diesen eine Partnerschaft einzugehen, um daraus zu lernen. Ihr seid bereits so bewusst. Nutzt dies, macht es euch bewusster. Blicke diese Menschen an und lasse sie für einen Moment für dich Spiegel sein und begreife dich selbst.

Alles auf einen Punkt gebracht in der Aussage – liebe dich so, wie Gott dich liebt – würde jedes Problem von euch nehmen. Würdest du dies tun, stünden alle Tore offen, einen Vorhang gäbe es nicht. Natürlich spielen auch, wie besprochen, Gelübde aus anderen Zeiten eine Rolle. Doch viele von euch fragen sich: »Jetzt habe ich alles aufgelöst, was ist denn da noch, was hindert mich?« Ja, selbst die alten Gelübde würden sich wie von selbst auflösen, wärst du völlig in der Liebe mit dir selbst. Dann würdest du kein Gefühl der Schuld kennen, wenn du ein Gelübde brichst. Michael sagt dir: Wenn du nicht dem gängigen und von Menschen gemachten Ideal von Schönheit oder Alter entsprichst, setze dich darüber hinweg. Denn dem Ideal des Göttlichen entsprichst du voll und ganz. Was passiert mit einem Menschen, der die Erleuchtung in sich trägt, dass er einzigartig ist, und dies wirklich fühlen kann, der seine Schönheit spürt? Die göttliche Macht wirkt und unweigerlich ziehst du einen Partner zu dir heran. Es ist tatsächlich so, dass Macht sehr attraktiv wirkt. Doch das gründet darauf, dass die göttliche Macht diese Anziehung bewirkt. Da viele Menschen ihre göttliche Macht verneinen, verwenden sie einen Ersatz. Manche Menschen haben das Glück, und ich werde dir noch beweisen, dass es kein Glück sein muss, dass sie so aussehen, wie das kollektive Bewusstsein sie haben möchte. Das verleiht ihnen Anziehung. Andere Menschen, die dieses scheinbare Glück nicht haben, suchen dafür einen Ersatz. Sie üben auf eine andere Art Macht aus. Zum Beispiel über Geld. Oder indem sie Ängste schüren, sich über einen anderen stellen. Doch da du dich in der Liebe befindest und spürst, dass dies nicht der Wirklichkeit entspricht, ist es dir kaum möglich, diesen Ersatz für dich anzuwenden. Ein scheinbares Dilemma. Doch ich sage dir eins. Wenn du dich im Moment in solch einer Situation befindest, dass du dich im Licht bewegst und nicht mehr auf die menschlichen Spiele der Macht eingehst und vielleicht auch nicht die äußere Hülle hast, die Menschen von dir erwarten, bist du der Glückliche. Denn du wirst der Erste sein, der lernt, mit seiner wirklichen göttlichen Macht attraktiv zu sein, mit deiner ganzen Schönheit, die in dir ist wie ein Magnet, ohne jemals manipulierend zu sein, einfach aus dir selbst heraus, in dir ruhend, geduldig, weise und kraftvoll. Dort lenke deinen Fokus hin.

Jetzt wird Engel Michael dafür sorgen, dass in euren Aurakörpern alte Energien herausgenommen werden, soweit du es erlaubst, und so öffne dich einfach, während Engel Michael dies für dich tut, und stelle dir folgende Fragen:

Bin ich bereit,

➤ anzuerkennen, dass die menschliche Liebe in der neuen Zeit genau wie alles andere auch einer großen Wandlung unterliegt?

- einem Partner als Ausdruck meiner Liebe die Freiheit zu schenken?
- im Kollektiv des Lichts neue Formen von Beziehungen zu erschaffen?
- alte, vielleicht romantische Vorstellungen abzulegen?
- all das, was mir über die menschliche Liebe gesagt wurde, loszulassen?
- ehemalige Partner in Liebe ziehen zu lassen, innerlich wie äußerlich?
- die Energien, die ich durch Vereinigung zu mir eingeladen habe, zurückfließen zu lassen?
- meine Muster der Erziehung loszulassen?
- meine einengenden Vorstellungen und Erwartungen aufzugeben?

Bin ich bereit für die Wirklichkeit?

Während du dir diese Fragen stellst und sie dir beantwortest, kann Michael ganz genau sehen, wo die Absicht der Seele liegt, und ich handle danach und große Befreiungen finden statt. Atme jetzt, um dies abzuschließen, einmal tief durch.

Wenn du dir diese Botschaft noch einmal zu Gemüte führst, wirst du feststellen, wie wunderbar sie sich vereinen lässt mit den vorangegangenen Botschaften von Michael. Über Gesundheit, über Fülle, auch dort lässt sich dieses Prinzip anwenden. Ebenfalls gilt bei der menschlichen Liebe: Begebe dich in die Mitte zwischen Partnerschaft und Nicht-Partnerschaft. Lass es dir doch einfach mal egal sein, jenseits der Dualität, und nehme den Druck von dir.

Um euch etwas noch näher zu erläutern, werde ich noch einmal auf euer spirituelles Rad eingehen. Einige von euch kennen diese Botschaft, dass sich eine Art Rad in deinem

271

Seelenkörper bewegt und schwingt. Doch stelle es dir ruhig vor wie ein großes Rad, das sich dreht. Dein spirituelles Rad dreht sich also in deiner Aura und es enthält die Gefäße der Glückseligkeit und der Liebe. Viele dieser Gefäße befinden sich an deinem Rad. Stelle es dir vor wie Gondeln und immer dann, wenn du die geistige Welt rufst, eine bestimmte Energiefrequenz, wird die Energie direkt in dein spirituelles Rad gegossen, in diese Gondeln und das Rad dreht sich und dreht sich. Weißt du, warum sich dieses Rad dreht? Es dreht sich vor allem deshalb, weil das Zentrum deiner Seele, dein göttlicher Kern es in Bewegung hält. Es bewegt sich durch deine Aura und sorgt auch dafür, dass all die Muster an Gedanken und Gefühlsformen sich nicht verfestigen, dass alles im Fluss bleibt. Alles, was du in dich aufnimmst, alles, was du denkst und für wahr hältst, erzeugt einen Widerstand gegen dieses spirituelle Rad und es dreht sich noch kräftiger. Doch wenn dieses Rad sich dreht, kann keine der oftmals so prall gefüllten Gondeln, die z. B. angefüllt sind – jetzt bleiben wir einmal bei der menschlichen Liebe – mit der Energie von Chamuel, dem Engel der Liebe, mit der Energie von Lady Nada sich ausschütten, denn das Rad muss sich drehen. In manchen Momenten, wenn du in der Wirklichkeit verweilst und erkennst, wer du bist, darf dein spirituelles Rad stoppen, weil in diesen besonderen Momenten die Dualität in deiner Aura nicht mehr so zur Wirkung kommt. Und genau dann, wenn dieses Rad stoppt, beginnt es zu schwingen und die in Gefäßen gespeicherten Energien ergießen sich in deine Aura, in deinen Seelenkörper. Erkennst du die Zusammenhänge?

Also, was geschieht, wenn du ungeduldig bist, wenn du unwirkliche Gedanken hegst, Gedanken des Kollektivs? Das spirituelle Rad dreht sich und dreht sich. Ich sage dir, entspanne dich und das spirituelle Rad wird stoppen und die Gefäße können sich entleeren, es kann das zum Wirken kommen, was du so oft erbeten hast von der geistigen Welt. Hast du eine Ahnung, wie es auf Menschen wirkt, wenn ein solches Gefäß, das z. B. gefüllt ist mit der Energie von Lady Nada, weil du sie sehr oft gerufen und sie gebeten hast, dir mit der menschlichen Liebe zu helfen, wenn sich plötzlich diese Energie in deine Seele ergießt? Du wirst dich nicht mehr retten können, weil die Menschen mit dir Kontakt haben möchten, weil sie dich liebenswert finden und schön. Würdest du nicht wissen was mir dir geschieht, schiene es wie eine Art Liebeszauber. Das sind die Momente, wo du dich verliebst, wo es wirklich geschehen kann. So siehe, du bist angefüllt mit Schätzen. Komm zur Ruhe und nimm sie an. Lasse sie wirken.

Dies ist die Botschaft von Engel Michael in der Energie der Gruppe der Tat für euch. Mit diesem Wissen wirst du handeln. Du wirst es anderen Menschen weitergeben, doch auch für dich, und vor allem für dich, nutzen und es fließt in den Pool des Lichtes, der das schlafende Kollektiv speist. Engel Michael sagt euch mit unermesslicher Liebe AN'ANASHA.

Jesus Christus durch Adamea

Das Wirken der Dreieinheit
20. 6. 2007

Ich bin, der ich bin. Ich bin, der ich immer schon war. Ich bin, der ich immer sein werde. Ich bin Jesus, der Sohn. In der unermesslichen Kraft und der unermesslichen Liebe aus der Dreieinheit des göttlichen Gedankenfeldes bin ich hier als der Sohn, ausgesandt aus der Quelle, und ich begrüße euch, OMAR TA SATT.

Im Lichte des Seins, in den hohen Schwingungen, die euch übermittelt werden, freue ich mich, unter euch zu weilen. Auch, wenn ich keiner der 12 Räte der Tat bin, so bin ich doch immer willkommen zu sprechen und ich weiß, dass dies immer ein besonderes Geschenk für euch ist, und es ist ein Anlass, euch Schwingungsfrequenzen zu erläutern. Ihr, mit eurem Wirken und der Aufgabe, die ihr tut, werdet wieder neuen Samen im großen Kollektiv der Schlafenden setzen und Umwandlungen können geschehen und die Energien der Einheit und der Liebe und der Erlösung können sich ausdehnen, so wie es der Wunsch des Vaters ist.

Ihr alle seid euch bewusst und betet dies oft in euren Gebeten, ihr sprecht dies auch oft zu mir, dass ihr ein Ausdruck Gottes auf Erden seid. Zu diesem Ausdruck möchte ich heute einiges erklären. Der göttliche Ausdruck ist Mut und wenn du für dich aussprichst: »Ich bin ein Ausdruck meiner Seele – Ich bin und wirke als Ausdruck Gottes auf Erden – Ich bin Gott in

274

Tätigkeit, auf Erden inkarniert,« sprichst du damit auch immer aus, dass du der göttliche Mut bist, und holst dir dadurch dieses Attribut und diese Energiefrequenz in deine Blaupause. Nun, was bedeutet für dich Mut? Der göttliche Ausdruck „Mut" ist etwas ganz anderes, als wie ihr Mut definiert aus der früheren Energie und aus der Erfahrung der Dualität. Du wirst dabei auch erkennen, dass der Mut aus der früheren, alten Energie durchaus auch seine Aufgabe und seine Berechtigung hatte. Nun, heute, in der neuen Energie, sollst du damit anders umgehen. Wenn wir dich auffordern, mutig zu sein, sollst du dies in dem Sinne verstehen, wie der göttliche Vater dir diese Energiefrequenz übermittelt. In der alten Energie war Mut dadurch gekennzeichnet, dass man z. B. Mutproben zu bestehen hatte, dass man mutig war, jemandem in einer gefährlichen Situation beizustehen, dass man mutig war, seine Stimme zu erheben. Diese Art von Mut hatte immer damit zu tun, dass man Ängste zu überwinden hatte. Am einfachsten ist dir dies am Beispiel der Mutprobe erklärt. Eine Mutprobe ist etwas Ausgedachtes. In welchem Kreis auch jemand eine Mutprobe zu bestehen hatte, ging es immer darum, Ängste zu überwinden, und ihr alle wisst aus eurem hohem Bewusstsein und aus all dem, was ihr seid, dass die Ängste oder eine Angst immer eine Trennung vom Göttlichen darstellt. Beladen zu sein mit Ängsten war und ist ein Bestandteil der Dualität und des Festhaltens an der Dualität. So gesehen waren diese Mutproben im Sinne des Überwindens von Ängsten aus Sicht der Dualität und der früheren Energien ein Schritt zu Gott, ein Schritt näher in die Einheit.

In der neuen Energie ist die Bedeutung von Mut die, dass Mut der Ausdruck des Vaters Melek Metatron ist und direkt über deine Blaupause wirkt. Immer wenn du den Vater anrufst, dazu möchte ich dir heute eine Aufforderung übergeben, dann versuche, den Mut in dein tägliches Leben zu integrieren. Was bedeutet das Attribut Mut in der neuen Energie? Es bedeutet, in die Einheit mit deiner Seele zu gehen, in der Einheit mit deiner Seele zu handeln, in jeder alltäglichen Tätigkeit. Der Ausdruck Mut aus den höchsten Frequenzen von Melek Metatron bringt dich in die Einheit mit dem Vater und mit deiner Seele. Immer wenn du im Sinne deiner Seele handelst, bist du aus unserer Sicht mutig. Dies kann ein ganz still und leise gelebter Mut sein, es kann ein Mut sein, unbeachtet von der Mehrzahl der Menschen. Dieser Mut hat nichts Heldenhaftes in der Betrachtung deiner Mitmenschen. Aber dieser Mut stattet dich mit einer solch immensen Kraft aus, dass du leibhaftig als ein Ausdruck Gottes auf Erden wandelst. So wie ich zu meiner Zeit auf Erden. Wahrlich, du würdest mir beipflichten, dass ich sehr mutig war in allem, was ich tat, und dass meine Taten authentisch aus mir heraus strömten und so viele Tausende von Jahren gewirkt haben, obwohl ich in meinem Wirken doch so still war und so leise und in meiner Wesensart bestimmt nichts Heldenhaftes an mir hatte. Damit möchte ich dich auffordern, den Ausdruck Gottes auf Erden zu leben und mutig zu sein.

Eine Energiesequenz von Melek Metatron, Mut, wird dir nun in deine Blaupause übertragen. Wenn du dies wünschst, lenke deinen Fokus für einen Moment auf deine Blaupause ...

Empfange diesen Energiestrahl, damit er sich in deiner Seele einprägt ... AMIN NORA DE SAN – dein und mein Wille sind eins. Mut ist das Attribut davon.

Aus der Dreieinheit des göttlichen Gedankenfeldes ist die Energiefrequenz von Shakti die Liebe, die Liebe der großen Mutter in unserem Universum. Es ist eine hoch schwingende Liebesfrequenz, eine weibliche Schwingung. Wisse, dass Lady Gaia in ihrem weiblichen Ausdruck und in ihrem Muttersein für alle Lebewesen auf diesem Planeten sehr stark von dieser Mutterenergie, von Shakti geschwängert ist. Lady Gaia ist ein Planet in diesem Universum, der in einem sehr hohen Maße von dieser Energie von Shakti durchdrungen ist und so ist es auch nicht von weither geholt, dass so viele Menschen ihn Mutter Erde nennen. In ihrem Höherschwingen und in ihrem stetigen Erwachensprozess dehnt Lady Gaia diese hohe Liebesschwingung in direkter Verbindung mit Shakti auch stetig weiter aus. Die weibliche Energie ist die Energie der Einheit, des Erwachens. Als die dunklen Mächte in Lemurien versuchten, mit ihrer männlichen Schöpferenergie die Macht an sich zu reißen, hielt die auf Erden verankerte Energie von Shakti das Gleichgewicht mühsam aufrecht. Ohne die Energie von Shakti wäre der Planet zerstört worden. Wenn Verkrustungen auf Lady Gaia gelöst werden, dann sind dies auch Verkrustungen der Dominanz der männlichen Energien. So ist es nicht verwunderlich, dass z. B. in euren alten, heiligen Schriften, die Eva und das Weibliche als die Verführung, oder als die, die sich durch die Schlange verführen ließ, symbolisch dargestellt wird. Damit wurde beabsichtigt, dass die Menschen der Weiblichkeit weniger Aufmerksamkeit schenken. Aber diese Energien dehnen sich nun täglich aus in Lady Gaia und in euch und so wird dir nun Shakti diese Liebe der göttlichen Mutter in deine Blaupause übermitteln.

Am ehesten kannst du dich dieser Energie in deinem täglichen Leben annähern und sie wahrnehmen und durch dich wirken lassen, wenn du dich in deinen Handlungen und Entscheidungen fragst: Wie würde die Liebe handeln? Wie würde die Liebe sich entscheiden? Was würde die Liebe tun? Damit rufst du automatisch die Liebesschwingung der Mutter an und holst sie in deine Blaupause. Dadurch wirst du in deinen Handlungen, in deinem Denken und deinem Empfinden mit dieser Liebesschwingung eins und bist so auch ein Ausdruck der großen Mutter auf Erden. Um die Dreieinheit zu vervollständigen, ist der Ausdruck vom Sohn die Energiefrequenz der Erlösung. In diesem Auftrag bin ich auch auf Erden gekommen, als Jesus der Christus. Nicht, um für eure Sünden zu sterben, und nicht, um euch eure Sünden zu vergeben. Denn aus der Sicht des Vaters kann es gar keine Sünde geben, sondern nur ein Handeln aus der Trennung heraus. Aus dem Handeln aus der Trennung, aus der Erkenntnis von Gut und Böse entstand das, was euch als Sünde erklärt wurde. Es gibt keine Sünde und in dem Sinne gibt es auch niemanden, der euch die Sünden vergeben kann. Wenn du das Gefühl der Sünde in dir noch findest, ist das einzige Wesen, das Vergebung aussprechen kann, du selbst. Ich aber, der Sohn, ich bringe dir die Erlösung. Wenn du es mir erlaubst, werde ich jetzt meinen Energieausdruck der Erlösung in deine Blaupause senden.

Die Erlösungsenergie wirkt auf Erden am stärksten über die Augen, indem du deine Mitmenschen anblickst. Betrachte sie durch meine Augen, die Augen der Erlösung. Der Farbstrahl der Erlösung in deiner Blaupause wirkt am stärksten durch den von Mut und Liebe durchdrungenen Blick. Wenn du dir aus deiner Blaupause den Ausdruck der Erlösung holst, in der Einheit mit deiner Seele und verbunden mit der Liebe von Shakti bist, wirst du die Menschen in dieser Zeit durch deinen Blick erlösen.

So soll es in der nächsten Zeit eure Aufgabe sein als Gruppe der Tat, dich wiederholt in deinem Alltag daran zu erinnern. Wenn du vor einer Entscheidung stehst und innehältst, dann frage dich, ob diese Entscheidung oder diese Handlung durchdrungen ist vom Ausdruck von Melek Metatron, durchdrungen ist von Mut und frage dich: Was würde die Liebe tun? Wie würde die Liebe sich entscheiden? Damit wird der Ausdruck der großen Mutter durch dich im Alltag wirken können. Wenn du mit Menschen zusammen bist, dann betrachte sie mit dem Ausdruck der Erlösung. Schenke ihnen den Ausdruck des Sohnes durch deinen Blick. Damit kannst du Großartiges bewirken.

Über dein Tun, über dein Sein, über dein Wirken bin ich so erfreut, sodass ich dir sage: Ich liebe dich, ich liebe dich, ich liebe dich unermesslich. AN'ANASHA.

Toth, der Atlanter durch Namahim

Die Fähigkeit zu unterscheiden

18. 7. 2007

Machtvoll erhebt sich eine Woge, aufbrausend und kraftvoll. Eine Woge der Liebe aus dem göttlichen Gedankenfeld. Ich bin Toth und ich begrüße euch, die Gruppe der Tat, in der universellen Sprache – OMAR TA SATT.

So voll tiefer Liebe bin ich für euch und ich weiß, wie ihr mich wahrnehmt. Ich weiß, dass ich manches Mal tatsächlich wie eine Woge, eine Welle über dich komme. Mit Hitze. Doch glaube mir, ich wasche nur das von dir ab, was Täuschung ist. Klarheit ist das, was bleibt. Ich freue mich, zu euch zu sprechen, und ich erkenne, dass ihr mich ebenfalls begrüßt, aus eurem Herzen heraus. Ich möchte euch Dank sagen dafür, dass ihr regelmäßig einen Kreis bildet, dass ihr es möglich macht, eine Energie zu erzeugen, die Wellen schlagen kann. Es ist anzusehen wie das Netz einer Spinne, am dichtesten gewebt und am kraftvollsten ist es in der Mitte, im Zentrum. Doch jeder Faden dieses Netzes ist ein Bestandteil und vonnöten und nicht wegzudenken. So fühle dich eingeladen, du, der du diese Botschaft vielleicht das erste Mal findest, dich zugehörig zu fühlen und mitzuwirken. Vieles wird geredet. Viel zu viel wird geredet und oftmals wenig getan. Das ist etwas, das ihr euch nicht vorwerfen könnt. Ihr bildet die Gruppe der Tat.

Toth möchte mit euch, aber besonders für jene, denen es manches Mal noch an Klarheit mangelt, die sich verwirren lassen vom Spiel der Worte, Botschaften senden, so, wie die neue Zeit es erfordert. Begriffe, die verwendet werden über den Aufstieg, über das Erwachen, über Erleuchtung. Viele Lichtarbeiter wissen nicht, dass es einen Unterschied gibt zwischen erwacht und erleuchtet. An dieser Stelle wird Toth etwas einfügen, was von großer Wichtigkeit ist. Ich habe einen Unterschied benannt und diese Worte sind an diejenigen gerichtet, die der Meinung sind, dass nichts einen Unterschied macht, dass es keine Unterschiede gibt, weil ja doch alles eins ist. Doch so kann dies nicht gesagt werden. Jedes Wesen, das jemals erschaffen wurde, unterscheidet sich von jedem anderen Wesen. Das ist die Vielfalt der Schöpfung. Und so ist niemand gleich, und doch sind alle gleich, gleich vor Gott und gleichermaßen geliebt, doch unterschiedlich in ihrem Ausdruck. Toth wird heute die Botschaft zirkulieren lassen um die Unterscheidungsfähigkeit. Jetzt erwähne ich, sodass du siehst und erkennst, darum höre: Erleuchtung ist etwas Wundervolles, doch glaube mir, kein Mensch auf Erden, der sich aus dem Menschsein wieder dem Göttlichen zuwendet, der all diese Erfahrungen in der Dualität gemacht hat, ist dauerhaft erleuchtet, egal, was dir erzählt werden mag. Das kannst du Toth glauben.

Anders verhält es sich mit dem Erwachen. Gemessen an dem großen Ziel, das wir uns einst gesetzt haben, sind bereits sehr viele Lichtarbeiter erwacht und ich sage es ganz deutlich, was der Unterschied ist. Erwacht zu sein bedeutet, dass du dauerhaft einen Lichtanteil von 88 von 100 in dir halten kannst, in deinen Zellen und in deinem Lichtkörper. Dies verleiht dir den Status »erwacht«. Dies garantiert jedoch nicht, und dies brauchst du auch nicht von dir auf eine strenge Art zu erwarten, dass du deshalb bereits allwissend bist und durchwegs erleuchtet. Erwacht zu sein bedeutet, dass du die Brücke überschritten hast, die Antakarana des ewigen Lebens, mit dem physischen Körper. Darauf liegt die Betonung: mit dem physischen Körper. Kein erleuchteter Meister konnte dies zu irgendeinem Zeitpunkt von sich behaupten. Es war einfach nicht möglich. Doch jetzt ist es für alle möglich. Es gibt viele Menschen, die sich so dem Geistig-spirituellen zugewandt haben, dass sie oftmals Zustände des Erleuchtetseins erleben. Doch sie stehen vor der Antakarana und blicken darüber hinweg – in die Wirklichkeit. Ihr Geist bewegt sich darüber. Doch den physischen Körper haben sie vergessen. So wird es, wie es die Zeiten erfordern, auch viele sogenannte Erleuchtete geben, die diesen Prozess nicht mitgehen, den großen Prozess des Aufstieges mitsamt Körper. Toth ist ein Gott. Wenn du dich fragst, weshalb, sage ich dir, weil der große Herr, Metatron, es so bestimmt hat. Toth ist ein Gott, der prüft. So lasse dich prüfen. Toth wird euch jetzt das Datum des Aufstieges bekannt geben.

Was geschieht, was geschieht mit dir? Ich sage dir, es sollten bei dir alle Alarmglocken läuten. Vielleicht hast du es für einen Moment gehofft? Doch diese Botschaft ist von so großer Bedeutung und dies möchte ich damit verdeutlichen: Niemand kann dieses Datum nennen. Und glaube mir, selbst wenn du vermutest, dass Gott selbst dies könnte, es ist nicht so. Es ist nicht so, weil dies von Lady Gaia ausgeht. Doch glaubst du, Lady Gaia blickt um sich und überlegt sich, wann sie dies denn machen könnte? Glaubst du, sie denkt sich, der 9. 9. 2007 wäre ein wunderbares Datum, bis dahin muss ich es geschafft haben, in die Schwingung von 999 zu gehen? Natürlich nicht. Was ist das Besondere an dem Ganzen, das ganz Spezielle? Das Spezielle ist, dass der freie Wille, den ihr alle besitzt und den auch Lady Gaia besitzt, unantastbar ist. Wüsste Gott selbst, wann Lady Gaia sich entscheidet, würde er den freien Willen euch allen aberkennen und dies wird niemals geschehen. Der

Aufstieg wird dann sein, wenn er ist. Wenn du in manchen Momenten dir die Frage stellst, wann es wohl soweit sein wird, dann lasse dir diese einfachen Worte von Toth auf der Zunge zergehen: Gesetzmäßigkeiten beschreiben das Universum. Alles was ist, ist. Alles ist, wie es ist. Daraus ergibt sich, dass alles ist, wann es ist. Es ist.

Dies ist die höchste Wahrheit, die verkündet werden kann. Fragst du dich, wie es dann möglich ist, dass so viele Botschaften im Umlauf sind, die Dinge zeitlich eingrenzen bis hin zum Aufstieg, die oftmals verblüffende Details offenbaren? Sei dir gewiss, verblüfft ist nur dein Verstand. Die Worte, die ich wähle, um euch zu erreichen, sind sorgfältig ausgewählt. Es sind nicht zu viele und es nicht zu wenige, sodass es dir ins Bewusstsein dringen kann. Es sind keine hohlen Informationen. Es ist geballtes Wissen, das du dir zu eigen machen kannst, das ich an dich übergebe, auf dass du es weitergibst und auf dass du lernst zu unterscheiden, wo die Wahrheit liegt.

Toth möchte euch eine Geschichte erzählen, eine wahre Begebenheit, wie sie sich auf eurem Planeten zugetragen hat, doch dazu muss ich etwas ausholen. Ich nehme damit Bezug auf einen Menschen, der immer noch auf Erden weilt, und viele von euch kennen diesen Menschen.

(Anm. von Namahim: Dies ist ein Übersetzungsfehler von mir. Toth hat mir später gesagt, dass es nicht falsch sei, weil sie zugestimmt hat, in einer ätherischen Form an die Erde gebunden zu bleiben und weiter zu wirken, bis der Aufstieg geschehen ist. Aber ich habe die Information nicht vollständig aufgenommen, dass sie nicht mehr im physischen Körper ist. Sonst hätte Toth wohl nicht konkret über sie gesprochen.)

Es begann im frühen Stadium der spirituellen Entwicklung in der neuen Zeit, an einem Ort, der widerspenstiger nicht sein könnte. Es begann unter Umständen, die nicht als einfach zu bezeichnen sind. Da war ein Mensch, genauer gesagt, eine Frau und sie war auserwählt. Sie hatte das Potenzial Geschichte zu schreiben, und ich möchte dem nichts wegnehmen, das hat sie auch getan. Es begann in Findhorn. Dort gab es ein Medium – eine Frau – so voller Demut Gott gegenüber. Ein Medium der neuen Zeit. Zu einer Zeit, als die Energien noch so dicht waren, hat sie sich aufgemacht in vollem Vertrauen zu der Stimme, die sie hörte, und hat über lange Zeit hinweg ein Zentrum gegründet. Wir haben dies mit großem Eifer unterstützt. Es war eine mögliche Weichenstellung in einer Zeit, bevor die Weichen dann tatsächlich gestellt werden konnten. Alles wäre möglich gewesen. Ihr, die ihr Findhorn kennt, ihr wisst, von wem ich spreche. Sie hat wundervolle Botschaften durchgegeben aus dem allerhöchsten Licht, rein und klar, unverfälscht und wahr. Diese Botschaften haben immer von der Liebe gehandelt, von der Liebe zu Gott und von der Liebe zu dir selbst. Durch sie hat Gott gesprochen. Immer mehr Menschen haben sich zusammengefunden und andere Menschen und Lichtarbeiter aus allen Bereichen der Welt angezogen. Etwas Großes war im Entstehen.

Doch dann ist etwas geschehen. Die Menschen haben den Botschaften gelauscht und gelauscht und erste Stimmen kamen auf, die sich langweilten, immer diese Botschaften der Liebe zu hören. Diese einfachen, aufbauenden Botschaften. Immer mehr Menschen dürstete es nach Informationen. Und obwohl die wahren Botschaften nicht wirklich begriffen worden waren von diesen Menschen, wollten sie Informationen haben. In diesem Zentrum siedelten sich über die Jahre andere Medien an, die bereit waren, den Menschen das zu geben, was sie erwarteten. Botschaften mit vielen Informationen. Viele Worte und zunehmend wenig Liebe. Die Liebe macht nicht viele Worte. Eines der besten Medien der Welt wurde beiseitegeschoben, weil die Menschen ihrem Verstand den Vorrang gaben. Die Großartigkeit dieses Zentrums begann zu zerbröseln. Heute lebt es von seiner Geschichte, zum großen Teil. Dies war für uns ein sehr großer Verlust und es mussten viele neue Wege ersonnen und Möglichkeiten geschaffen werden, um das Zeitfenster für den Aufstieg nutzen zu können. Dieses Geschehen trug nicht unbedingt dazu bei, dass alles einfacher wurde. Doch die gute Botschaft ist die, es hat sich doch noch gewendet.

So lerne zu unterscheiden. Verweigere dich dem Verstand und folge deinem Herzen. Höre mit dem Herzen, höre die Worte der Liebe, unablässig, bis sie dich tief durchdrungen haben. Darin liegt deine Freiheit, nicht im Ansammeln von teils grotesken, verwirrenden Halbwahrheiten. Blicke genau hin, was du dir zu Gemüte führst. Doch auf der anderen Seite gibt es auch viele wunderbare Medien, die ihrem Ego keine Chance geben. Es gibt viele, doch es gibt auch viele andere. Wenn du glaubst, dass die Menschen nur der Stimme der Wahrheit folgen, so täuschst du dich. Sie folgen auch sehr gern der Stimme der Sensation. Sie wollen wissen, oft sogar prahlen. Lerne zu unterscheiden. Meine lieben Freunde des Lichtes, ich, Toth, ich bin eine Energie, die erschaffen wurde, um Klarheit zu säen, um Widerstände zu durchlichten und um die Täuschung von euch abzuschneiden wie einen faulen Apfel. Vielleicht ist das auch der Grund dafür, dass nicht jeder sich meiner Stimme öffnen möchte, denn wenn die Täuschung fällt, ist die Enttäuschung groß.

Ich möchte euch dazu anhalten, eure Unterscheidungsfähigkeit zu trainieren. Doch eines sei dir gesagt. Sei nicht in der

Versuchung, dies als gut oder schlecht zu benennen. Nimm es wahr und handle entsprechend. Viele spirituelle Menschen glauben, da eh alles eins ist, müssten sie sich dieser Herausforderung nicht stellen. Das ist eine Täuschung. Sie glauben, wenn es heißt, dass alles im göttlichen Plan inbegriffen ist, alles lieben zu müssen und setzen sich unter Zwang. Doch im göttlichen Plan inbegriffen bedeutet, dass nichts von alledem den göttlichen Frieden stören könnte, und es wird auch dich nicht stören, wenn du diesen göttlichen Frieden in dir trägst. Doch erkennen sollst du es. Dies bittet euch Toth am heutigen Tag in euch aufzunehmen, diese Fähigkeit des Unterscheidens werdet ihr, wenn der Zeitpunkt gekommen ist und der Aufstieg sich zeigt, auch dringend benötigen, du sollst nicht irr laufen. Es wird sich das zeigen, was, bis der Aufstieg völlig vollzogen ist, eine Gesetzmäßigkeit sein wird auf Erden: Je stärker das Licht, umso sichtbarer und stärker der Schatten. Dies wird sich verstärken, um dann zu zerplatzen, und diese Gesetzmäßigkeit wird es nicht mehr geben. Doch wenn der Aufstieg beginnt, wenn das Geschehen eingeleitet wird, denke an die Worte von Toth. Prüfe zweimal, wohin du dich begibst. Lerne zu unterscheiden.

Ich bin gekommen als Lehrer, weil dies mein Wesen ist, doch wisse auch, dass du mir geradeaus in die Augen blicken kannst. Vielleicht bin ich völlig anders als du, ich unterscheide mich von dir, und trotzdem sind wir aus dem Gleichen, werden gleich geliebt. Ich bedanke mich bei euch, dass ich dies so vorbringen durfte, dass ich meine Energie um euch legen durfte, sie in das Zentrum des Netzes geben durfte, auf dass sie Wellen schlage und so manch einen erreiche. Ihr seid die Träger, ihr seid das Zentrum. Ohne euch wäre es völlig nutzlos, würde hier ein Medium sitzen und channeln. AN'ANASHA.

Engel Sinas & der Sonnengott durch Namahim

Veränderung von Information

15. 8. 2007

(Anm.: Richte dir für die diesmalige Übung ein Glas Wasser her, stelle es in Reichweite.)

Ich bin der Engel Sinas und ich begrüße euch in der Liebe des göttlichen Gedankenfeldes, OMAR TA SATT. Engel Sinas ist, wie viele von euch wissen, ein Engel der Gedanken, ein Engel des Wissens und der Weisheit und ich entspringe dem Gefolge von Kryon. So ist immer auch, wenn Sinas anwesend ist, die Energie von Kryon zu spüren.

Bereits einmal habe ich zu euch gesprochen über das Thema Wissen und Weisheit, dass Wissen nicht immer gleich Weisheit ist. Bei eurem letzten Zusammensein hat Toth versucht, euch etwas klar zu machen, nämlich die Informationen, die zu euch gelangen, zu prüfen. Sinas wird heute noch einige Worte verlieren über das Wissen und so möchte ich herausstellen, dass Information nicht gleich Wissen ist. Ihr lebt in einer Welt, in der ihr von Informationen überflutet seid. Doch nicht jede dieser Informationen beinhaltet auch Wissen, geschweige denn Weisheit. Doch so viele Menschen nehmen diese Informationen ungeprüft in sich auf und sie glauben, dadurch Wissen zu erwerben nach dem Motto: Viel Wissen schadet nicht. Im eigentlichen Sinne ist diese Aussage von Wahrheit beseelt, doch ein Übermaß an Informationen, Informationen, die oftmals auch Fehlinformationen darstellen, ganz bewusst verfälscht oder Teilinformationen oder auch hohle Informationen sind, hohles Wissen, wie Toth es genannt hat, wird sehr viel über eure Medien verbreitet und ist dir im Großen und Ganzen nicht dienlich. Doch was, wirst du fragen, ist dann der Unterschied zu Wissen? Ich sage es dir. Wahres Wissen kannst du umsetzen. Wahres Wissen kannst du leben. Auch wir, die geistige Welt, müssen uns oft darauf beschränken, Botschaften, Informationen zu senden. Doch diese Informationen entsprechen der Wirklichkeit, und auch wenn sie dir oftmals nicht unmittelbar dienen, weil es kein Wissen ist, das du selbst erfahren hast, ist es doch ein kleiner Schritt, dass deine Gedanken sich ausrichten auf das Wahre. So ist wahres Wissen das, was du erfahren hast, was du erlebt hast. Manches Mal sind Menschen unzufrieden, wenn sie Informationen der geistigen Welt erhalten, weil diese Informationen vielleicht nicht so ausfallen und nicht in einer Ausführlichkeit, wie sie es sich gewünscht hätten. Doch Information soll dir niemals die Möglichkeit der eigenen Erfahrung nehmen. Darauf achten wir sehr genau. Und ich wiederhole es noch einmal. Nur das, was du erfahren hast, kannst du wirklich wissen und nutzen.

Es gibt verschiedene Arten von Wissen. Wenn wir euch Wissen übermitteln, so wie wir es heute machen, und euch dazu anleiten, eine Übung zu vollziehen, erfährst du im nächsten Atemzug dieses Wissen und du kannst es in dich aufnehmen. Eine andere Art von Wissen ist das, was du tief in dir trägst, was du in deine Seele aufgenommen hast, vielleicht in anderen Inkarnationen, vielleicht auch auf deiner Reise durch das Universum. Auch das hast du erlebt. Wenn sich dieses Wissen in dir eröffnet, kannst du das vor allem fühlen. Oftmals erst einmal schemenhaft in Bildern oder mehr noch, in

Empfindungen. Doch ein tiefes und wahres Wissen wird in euch aufsteigen. Zu einem bestimmten Zeitpunkt wird das universelle Wissen durch euch zum Ausdruck kommen. Du wirst niemals davon gehört haben, und doch wirst du in jedem Moment genau wissen, was zu tun ist, ohne auch nur einen Gedanken zu verschwenden, wirst du einfach handeln und wissen, dass es richtig ist. Das ist wahres Wissen und hat mit deinem Verstand nicht das Geringste zu tun. Manche glauben, wenn der große Aufstieg kommt und wenn die Botschaft ergeht, du wirst alles wissen, dass sie dann alles in ihrem Kopf, vielleicht hörbar durch eine Stimme, haben. Ganz anders wird es sein, es wird durch dich hindurchfließen jenseits aller Zweifel und Wissen und Aktion werden eins sein, ohne Verzögerung. Deshalb finden wir es so wunderbar, dass ihr euch den Namen „Gruppe der Tat" gegeben habt, denn die Tat, etwas umzusetzen, ist unentbehrlich.

Heute wird der Sonnengott mit euch eine Übung durchführen, die euch zum einen Informationen gibt, und zum anderen euch in dem Bewusstsein stärkt, dass ihr keine Grenzen habt und die göttliche Macht in euch tragt, dass ihr fähig seid, alles zu verändern. Die Überschrift des heutigen Channelings könnte lauten: Manipulation von Energien. Doch wir werden dieses Wort nicht wählen. Im Eigentlichen bedeutet es: Veränderung von Information. Doch im Kollektiv der Menschen ist dieses Wort sehr negativ geprägt. Jede Veränderung ist eine Manipulation. Doch du wirst natürlich aus der Absicht der Liebe heraus Informationen und Energien verändern und es ist so einfach. Du tust es jeden Tag mehr oder weniger bewusst. Stelle dir einmal vor, du sitzt an einem See und du hegst bestimmte Gedanken. Lass es einmal für unser Beispiel Gedanken der Freude sein, aufbauende Gedanken voller Lebenslust. Jede Gedankenwelle, die du aussendest, und die das Wasser erreicht, wird unverzüglich aufgenommen. Wasser speichert diese Information fast ohne Verluste. Doch stelle dir einmal vor, was dies bedeutet. Jeder Gedanke, den ein Mensch denkt, all die vielen Abermilliarden Gedanken, die das Kollektiv zu jeder Sekunde denkt, werden von einem Informationsträger aufgenommen und gespeichert. So nimmt im eigentlichen Sinne alles Informationen auf. Doch das Wasser besonders leicht und in großer Fülle. Wenn du einmal darüber nachdenkst, wo überall du Wasser findest, ja, sogar in deinem physischen Körper, wo deine Zellen zum Großteil aus Wasser bestehen, dann kannst du dir vielleicht vorstellen, was die große Verunreinigung auf Erden bewirkt. Dann kannst du dir vielleicht vorstellen, was der Grund dafür ist, wenn die Botschaft gesandt wird, dass der Aufstieg mit Wasserknappheit verbunden sein wird. Dieses Wasser, das Wasser des Lebens, muss gereinigt werden. Doch nicht von jenen Dingen, wie die Menschen glauben, Chemikalien und Sonstigem. Das spielt eine untergeordnet Rolle. Von den Gedankenenergien muss das Wasser gereinigt werden. Dies wird eure Aufgabe sein, dieses Mal. Ich freue mich für dich, den Sonnengott zu rufen, für euch, für die Gruppe der Tat und für jeden Einzelnen. Der Sonnengott wird euch anleiten.

So bleibt mir ein letztes Wort, um mich von euch zu verabschieden. Ich sage euch AN'ANASHA.

Meine liebe Gruppe der Tat, ich begrüße euch. Ich bin der Sonnengott. Als eine Energieform, die bei euch ist, bei euren Treffen immer anwesend und einen Teil des Hohen Rates bildet, der euch begleitet und anleitet, sage ich euch OMAR TA SATT. Ich bin die Energie, die die neue Struktur erschafft, in der die Wellen der Liebe Platz finden. Veränderungen von Strukturen ist eine meiner Aufgaben.

Bevor wir beginnen, möchte ich euch noch etwas über die Aufgaben der Elohim erzählen. Die Elohim mit ihren Schöpfungsstrahlen haben vielerlei Aufgaben. Doch eine soll für uns heute von besonderer Bedeutung sein. Es klingt widersprüchlich, und doch sage ich euch, die Elohim halten mit ihren Strahlen die Dualität aufrecht. Sie haben dies immer getan. Sie erhalten Hologramme, in welchen Seelen sich in dem Gefühl des Abgetrenntseins von Gott erfahren. Sie erschaffen Erfahrungswelten, wo du dich als Mensch oder als sonst ein Lebewesen erfahren konntest, in einer Realität, die du für wirklich gehalten hast. Doch alles, was wirklich ist, erhält sich aus sich selbst heraus, denn es ist durchzogen mit dem Einen Geist und mit der Einen Liebe. Und da nichts, was unwirklich ist, von alleine bestehen kann und auch nicht außerhalb der Wirklichkeit bestehen kann, braucht es die Elohim, um diesen Raum zu fokussieren und zu erhalten. Vor allem auf den Orionarm der Galaxie, vor allem darauf sind ganz besonders die Strahlen der Elohim gerichtet. Sehr viel Dualität befindet sich dort. Dort befindet sich auch euer Planet, Lady Gaia und ihr. Doch – und diese Botschaft wird zu einem späteren Zeitpunkt ergehen – Dies wird nicht so bleiben. Räumliche Verschiebungen finden statt. Würden die Elohim mit einem Mal ihre Strahlen zurückziehen, bräche eure Realität zusammen, augenblicklich. Doch ist das nicht der Sinn des Ganzen. Die Elohim werden uns heute unterstützen, so wie sie auch dich zu jeder Zeit unterstützen, wenn du sie rufst. Namentlich erwähnen möchte ich den Elohim der Gnade, Grace, und den Elohim Lumina. Sie werden heute mit uns und der Energie von Erzengel Michael zusammen diese Übung vollführen. Meine Energie der Sonne leitet die Strahlen durch dich. Und so werden wird beginnen.

Du hältst in deinen Händen ein gefülltes Glas Wasser. Am besten geeignet ist tatsächlich Glas, doch spielt es nicht die große Rolle. Du kannst diese Übung auch über die Ferne ausführen. Doch wollen wir zunächst einmal mit dem Wasser, das du in Händen hältst, beginnen.

Nimm dir einen Moment Zeit, um dich selbst zu spüren, dich in deinem Herzen zu spüren und deine Göttlichkeit zu fühlen ...

Versuche, auch das Wasser zu spüren. Einige von euch können die Schwingung des Wassers wahrnehmen. Versuche, dich ganz bewusst auf das Wasser einzustellen ...

Und nun sage dir innerlich: Ich bin göttlich. Ich bin ein Meister der Liebe und des Lichts. Ich halte das Wasser des Lebens in meinen Händen und ich verwandle es in das Wasser der Göttlichkeit.

Damit bringst du deine Absicht zum Ausdruck. Je mehr du spüren kannst, dass du göttlich bist, umso dichter wird die Information, die das Wasser aufnehmen soll, im Wasser gepackt sein. Doch nun beginne damit, alle deine Kanäle zu öffnen. Öffne dein Alpha- und dein Omegachakra. Öffne dich für die Energie des Sonnengottes und spüre, wie ich durch dich ströme vom Scheitel bis zur Sohle ...

Mein Licht verbindet sich auch mit Lady Gaia, durch dich, als Brücke des Lichtes. Nun rufe in der Absicht der Liebe Erzengel Michael an und wenn du mit den Lichtkristallen vertraut bist, so setze zusätzlich an den Strahl, der jetzt aus deinem dritten Auge hervortritt, den Lichtkristall NION [28], der die Energie von Engel Michael trägt, und projiziere ihn in dein Wasser. Bitte Engel Michael, zu wirken und das Wasser von jedweder Energie zu entbinden. Bitte ihn darum, alle Muster von Energien und Gedankenformen aus diesem Wasser herauszunehmen. Völlig egal, ob du glaubst, sehr gutes Wasser in deinen Händen zu halten, vielleicht, weil es eine Aufbereitung durchlaufen hat. Bitte trotzdem um die völlige Entbindung von jeder Information, die sich im Wasser befindet ...

So ist dies geschehen und der nächste Schritt ist, dass du dich an die Elohim wendest. Rufe den silbernen Strahl von Grace, dem Elohim der Gnade, und rufe das goldene Licht von Lumina. Das Licht von Lumina übernimmt eine besondere Aufgabe. Es wird dein Wasser immunisieren. Da das Licht von Lumina sich so sehr verdichten kann und anpassungsfähig ist in seiner Schwingung, ermöglicht es, dass das Wasser keine weiteren, unerwünschten Energien aufnimmt, weder durch kollektive Gedanken noch durch sonstige Einflüsse.

So ist es jetzt an der Zeit, mithilfe dieser beiden Strahlen und mit der Liebe in deinem Herzen die Elohim zu bitten, die Energiefrequenzen in das Wasser zu geben, die für dich und für deinen physischen Körper vonnöten sind, eine Essenz dessen, was du brauchst und was deinem physischen Körper und deinen Zellen zugeführt wird, zu deinem höchsten Wohle.

Während dies geschieht, möchte ich sagen, dass du natürlich jede Schwingung an diesem Punkt der Übung in das Wasser geben kannst, indem du sie bündelst in deinem dritten Auge und sie in das Wasser sendest. Dies können auch Lichtkristalle sein oder Gedanken. Doch für diese Übung im Moment werden die Elohim dies für dich tun, wohl wissend, was für dich gut ist und welche Schwingungen du benötigst. Nun wird das Licht von Lumina noch einmal die Information versiegeln und immunisieren, sodass sie nicht verändert und verzerrt wird, dass sie so bestehen bleibt, wie sie gesandt wurde, auch wenn du sie in deinem physischen Körper aufnimmst.

Versuche noch einmal, das Wasser wahrzunehmen, dich mit ihm zu verbinden und es zu spüren. Du hältst nun »dein« Wasser in Händen, egal, ob du das spüren kannst oder nicht. Sei dir gewiss, wenn du auf diese Art verfährst, ist es nur wichtig, dass du spürst, dass du göttlich bist und dass du die göttliche Macht in dir trägst, befähigt bist, Informationen zum großen Wohle deiner Selbst und von Allen zu verändern, und es wird geschehen. Du kannst dein Wasser jetzt oder später trinken, das spielt keine Rolle, denn es wurde konserviert in der Information. Du könntest es allen möglichen Schwingungen aussetzen und es würde nichts geschehen. Das Wirkliche bleibt erhalten. Du kannst dir zu jeder Zeit auf diese Art das für dich passende Wasser erstellen und es deinem Körper zuführen. Doch darüber hinaus möchten wir euch bitten, für alle Menschen und für Lady Gaia eure Macht und diese Übung zu nutzen, um Dinge in ihrer Schwingung zu verändern.

Bereits seit einiger Zeit laufen in Vorbereitung auf den Aufstieg Reinigungen der Oberflächengestalt von Lady Gaia, der ersten Schicht. Ihr wisst zum Teil, dass die Arkturianer sehr daran beteiligt sind, und ihr könnt die Reinigung des Wassers auf Erden unterstützen, indem ihr eine Flasche mit Wasser auf die eben erlernte Art aufladet, euch mit Lady Gaia verbindet und als Kanal dient. Die Elohim werden die Energie zufügen, die für das gesamte Kollektiv der Menschen gut und richtig ist, zu diesem Zeitpunkt. Wenn ihr solch Wasser herstellt, kippt kleine Mengen davon in Seen und Flüsse. Die Information breitet sich in rasender Geschwindigkeit aus. Wir wollen euch auch um eines bitten: Da ihr nicht wirklich überblicken könnt, was zum Zeitpunkt die richtigen Informationen sind für das gesamte große Ganze auf Erden, gebt selbst nichts dem Wasser bei. Überlasst dies Lady Gaia, dem Sonnengott und den Elohim. Wenn ihr Wasser für euch selbst herstellt, ist dies etwas anderes. Das Ganze bewirkt sehr viel und es benötigt keine großen Mengen. Zwar ist es nicht möglich, dass diese Immunisierung, die Lumina mit eurem Wasser, das ihr herstellt, vornimmt, auf das Wasser, das ihr damit infiziert, übernommen wird. Dies ist nicht möglich, uns nicht erlaubt. Doch die Informationen breiten sich aus. Das Wasser, diese Moleküle, die ihr in Händen haltet, werden niemals verändert werden und immer wieder auf das Neue diese Information an alles Wasser übertragen. Bereits das ist etwas Großartiges.

Zu tiefem Dank verpflichtet und eurer Hingabe gewahr, eurer Liebe zu der großen Sache, Aufstieg und Erwachen, eurer Seele verpflichtet, möchte ich mich bei euch bedanken, der Gruppe der Tat, in all ihren Facetten, die in all ihren wunderbaren Energiefeldern, Menschen, Lichtkörpern, vereint ist. Der Sonnengott sendet AN'ANASHA.

Kryon durch Namahim

Die Geschichte deines Lebens
22. 9. 2007

Ich bin Kryon und ich begrüße euch in der Frequenz eurer eigenen Familie, in der Schwingung golden und blau mit den Worten OMAR TA SATT. Jeden Einzelnen begrüße ich mit der gleichen unermesslichen Liebe und in diesem Moment, wenn die Engel, die mit Kryon gekommen sind, durch den Schleier des Vergessens hindurchtreten, um dich zu berühren, um dich zu umarmen, um dich zu lieben, geschieht etwas Wundervolles. Eure Lichtkörper beginnen zu glühen und zu funkeln in hellen Farben und der Raum füllt sich mit eurer Präsenz und mit der Präsenz der Engel und der Energie des Kryons. Magnetische Liebesenergie fließt ein und während die Worte, die Kryon spricht, doch nur einen Teil von dem ausdrücken können, was wir euch an diesem Abend vermitteln wollen, ist es vielmehr die Energie der Liebe und des Bewusstseins, die tragend ist. So möchte ich dich bitten, höre mit deinem Herzen, höre nicht nur die Worte, die gesprochen werden, höre vielmehr die Dinge dazwischen, höre den Flügelschlag der Engel, die dich berühren, die jetzt da sind, bei jedem von euch. Erlaube dir nur für diesen Moment dieser Zusammenkunft deiner Familie, das zu fühlen, was du dir vielleicht über so lange Zeit, über so viele Leben nicht erlaubt hast. Der Ruf ertönt und er widerhallt in deiner Seele. Vor langer Zeit hast du Kryon gebeten und du hast gesagt: »Kryon, ich habe mich entschieden, für einige Zeit zu schlafen, zu träumen, den Traum des Menschseins auszuleben. Bitte, Kryon, wecke mich, rufe mich, wenn die Zeit gekommen ist.« Und ich sage dir jetzt, ich sage es dir, dir ganz speziell: Die Zeit ist gekommen. Kryon ist auf Erden durch so viele Medien vertreten und immer werden es mehr. Kryon spricht, Kryon sendet Botschaften, Kryon möchte dich erreichen. Dort, wo das Gelöbnis deiner Seele verwahrt ist, dorthin richte ich mich, dort wende ich mich hin, nicht deinem Verstand zu, nein, deinem Herzen, denn dort sind die Schlüssel, die das eröffnen, was das Erwachen genannt wird, die dir das wieder zugänglich machen, was du freiwillig vor langer Zeit abgegeben hast, dein Wissen und dein Gewahrsein, wer du bist.

Einige von euch haben sich auf den Weg gemacht. Einige haben gefunden, einige zweifeln noch, einige von euch spüren, dass irgendetwas anders ist, dass es kein Zufall sein kann, dass du die Stimme von Kryon vernimmst, die Schwingung, die Geborgenheit, die wir versuchen, dir zu schenken in diesen Minuten, in diesen Momenten, die so kostbar sind. Viele von euch sind sich dessen bewusst. Sie nennen sich Lichtarbeiter. Sie nennen sich Lichtpioniere. Sie wirken. Andere wiederum vernehmen den Ruf zum ersten Mal. Doch ich, Kryon, sage dir, das spielt keine Rolle. Es ist nur eine Vorstellung, die du in deinem Geist erzeugst, dass der Zeitpunkt von Belang wäre. Es ist nicht der Zeitpunkt, wann dies geschieht, es ist der magische Moment, wenn es geschieht. Und diesen magischen Moment hältst du in Händen. Du bist befugt, bist berechtigt zu entscheiden. Als du vergessen hast, wer du bist, als du dich Mensch genannt hast, obwohl du – und höre – ein göttliches Wesen bist, das vorübergehend einen menschlichen Körper bewohnt, als du vergessen hast, hattest du doch eines immer: Die Möglichkeit zu entscheiden. Und auf eine gewisse Weise warst du dadurch frei, so frei, wie ein göttliches Wesen in diesem Traum der Dualität nur sein kann. Die göttliche Quelle selbst hat dir dies zugestanden. Doch was viele von euch nicht immer realisieren, ist, dass dieser freie Wille, diese Möglichkeit, dich frei zu entscheiden, auch große Verantwortung mit sich bringt, eine Verantwortung dir selbst gegenüber, dir selbst, deinem Weg nach Hause und deinem Erwachen. Manche von euch würden sogar so weit gehen zu sagen, der freie Wille ist eine Illusion, und zu einem gewissen Teil ist dies auch richtig, Kryon wird dir sagen weshalb. Du hast die Möglichkeit, dich so lange dem Göttlichen zu verwehren, dem Göttlichen, das in dir ist, wie du möchtest. Du hast alle Zeit, die du benötigst, so lange in der Illusion zu bleiben wie du, geliebter, göttlicher Mensch, es für angemessen hältst und niemand, niemand würde eingreifen, nicht die geistige Welt, nicht Kryon, nicht Gott. Das ist deine Freiheit, deine freie Entscheidung. Doch auf das Ganze gesehen, auf den ganzen Prozess, den die Quelle einst in Gang gesetzt hat, ist es ein Spielraum, den du hast, ohne Zweifel wirst du zurückkehren zur Quelle, wie alles zurückkehrt, wieder eins wird. Was du in der Hand hast, ist der Zeitpunkt. Die Illusion dabei, ist zu glauben, dass du dich für alle Zeiten vom Göttlichen abwenden kannst. Viele Menschen glauben das. Sie glauben, Spiritualität ist ein Hobby oder eine Freizeitbeschäftigung. Doch ihr, die ihr fühlen könnt, ihr, die ihr spürt, ihr wisst, es gibt nichts anderes. Der ganze Sinn und Zweck deines Seins ist deine Reise, die du angetreten hast aus den hohen Ebenen des Lichtes, und deine Rückkehr dorthin, zu deiner Familie, zu deinem ganzen Wissen, zu all deiner göttlichen Macht.

Kryon möchte euch sagen, weil all dies so wunderbar ist und ihr so Großes vollbringt, haben wir Geschenke für euch bereit gelegt. So werden Kryon und das Gefolge, wenn du es erlaubst, wenn du die Zustimmung gibst, heute in deinem Lichtkörper eine Lichtsequenz setzen, die dich an deine Grundfrequenz erinnert, die dort in deinem Lichtkörper sichtbar ist, die Farben Gold und Blau. Vielleicht sitzt du hier und denkst für dich: Oh Kryon, ich weiß nicht, ob ich wirklich zur Familie gehöre. Gerade dir sage ich: Du gehörst dazu. Es befindet sich kein Wesen in diesem Raum mit Ausnahme der Naturgeister, die sich hier aufhalten, das nicht diese Grundfrequenz in sich trägt. Genau das ist der Grund, warum du hier bist oder das hier liest, auch wenn du glaubst, dass es nur aus diesem oder jenem Grunde so sei. Ich sage dir: Willkommen in deiner Familie, lasse dich lieben. Nimm deinen Platz ein und erlaube dir, die Geschenke anzunehmen. Du brauchst nur innerlich deine Absicht kundtun, dass die Engel des kupferfarbenen Strahls die mit Kryon gekommen sind und die deinen Lichtkörper und dich so sehr gut kennen, diese Lichtsequenz aktivieren dürfen. Dann wirst du es in den Tagen und Wochen danach spüren, die Wahrheit in dir wird dich leiten. Diese Aktivierung findet statt, während Kryon weiter Botschaften sendet.

Diejenigen, dich sich Lichtarbeiter nennen, diejenigen, die bereits wissen, dass sie einen großen Auftrag haben, dass jetzt die Zeit des Erwachens gekommen ist, die Zeit des großen Aufstieges, des Wechsels der Dimensionen, eines Evolutionssprunges ungeheuren Ausmaßes, gerade diejenigen haben oftmals Schwierigkeiten, diese Wahrheit, die sie in sich spüren, auszusprechen und mit anderen Menschen zu teilen. Vielleicht hast du dir schon einmal Gedanken gemacht, dass dies mit einem früheren Leben zu tun haben könnte, wo du ebenfalls für das Licht eingestanden hast und es dir gar nicht gut bekommen ist. Vielleicht wurdest du dafür sogar getötet. All dies ist oft geschehen. Doch Kryon sagt euch, diese Angst brauchst du nicht mehr zu haben. Niemand wird getötet werden. Jeder Lichtarbeiter, der sich in dieser Zeit bekennt, steht unter dem besonderen Schutz der geistigen Welt. Zusammen, Hand in Hand bewegen wir die Energien, wir schieben die Schleier des Vergessens beiseite und wir tun dies für alle Menschen, ja, sogar für jene, die glauben, dass Spiritualität etwas für Abgehobene und Verrückte ist. Für alle Menschen, denn jeder einzelne Mensch wird unermesslich geliebt. Versuche, das in dich aufzunehmen. Es gibt keine Ausnahme. Jeder Mensch besitzt das Recht, in seine Göttlichkeit zu erwachen, doch nicht jeder wird dies jetzt schon wählen. Und auch solche Entscheidungen werden von uns geachtet, und auch du als Lichtarbeiter solltest diese Entscheidung achten. Es ist eine Entscheidung der Seele und nicht des Bewusstseins. Um dir dies besser vorstellen zu können, wird Kryon dir eine Geschichte erzählen.

Stelle dir vor, irgendwann einmal, als du das erste Mal auf Erden geboren wurdest, in einem menschlichen Körper, saßest du an einer Kreuzung deines Weges, einer Kreuzung, die eine Entscheidung erforderte, eine folgenreiche Entscheidung. Geradeaus hast du geblickt und du erkanntest das Licht, aus dem du gekommen warst. Du erkanntest deinen Vater und deine Mutter, deine kosmischen Eltern. Du wusstest um alles und aus freien Stücken hast du dich entschieden, nach rechts an dieser Kreuzung abzubiegen, in eine Seitenstraße, die so bunt und voller Trubel war, voller Menschen, voll interessanter Dinge, und bist Schritt für Schritt und anfangs mit schwerem Herzen, weil du noch die Erinnerung in dir getragen hast, in diese Straße hineingegangen. Doch je weiter und je tiefer du gegangen bist, umso mehr hast du vergessen. Viele bunte Geschäfte, fröhliches Treiben, viele Möglichkeiten, dich zu erfahren, haben dich gelockt. Und genau das wolltest du tun und du hast dich ganz darauf eingelassen.

300

Viel Zeit hast du dort verbracht, viele Leben gelebt und immer tiefer bist du die Straße entlang gegangen, immer tiefer in das Vergessen hinein, und je weiter du gegangen bist, umso düsterer wurde es um dich herum, umso enger wurde die Straße. Alle Menschen sind diesen Weg gegangen. Stelle dir vor, manche sind nur ein paar Schritte gegangen. Sie wollten die Erinnerung an das Göttliche nicht loslassen und sie sind heimgekehrt. Doch diejenigen, die diesen Weg bis zu Ende gegangen sind, sind diejenigen, die wir so tief ehren, die wir so bewundern, wie abgeschnitten zu sein – doch niemals allein. Das göttliche Auge hat immer über euch gewacht, hat viele seiner Botschafter und seiner Engel ausgesandt, dich zu begleiten, bei dir zu sein, selbst in den schwärzesten Nächten des Bewusstseins. Einige Menschen, die diesen Weg gegangen sind, haben sich entschieden, auf halber Strecke umzukehren, auch diese sind geehrt. Sie sind aufgestiegen und sie dienen euch jetzt, sie unterstützen euch. Je weiter du diese Straße gegangen bist, umso mehr wurde es zur Gewissheit, dass dies eine Sackgasse ist, dass sie irgendwo endet. Eine Mauer war hoch und undurchdringlich am Ende dieser Straße. Oftmals bist du vor dieser Mauer gestanden. Manches Mal warst du so erschöpft und du hast dich niedergelegt, bist eingeschlafen und hast deinen Körper zurückgelassen. Manches Mal hast du gekämpft und wolltest diese Mauer mit Gewalt durchbrechen. Aber auch das funktionierte nicht.

Nun wird Kryon in diese Metapher einbauen, was der Unterschied ist zwischen den Lehren der alten Energien zu denen der neuen Zeit. Zu früheren Zeiten war der einzige Weg, um heimzukehren, die ganze Sackgasse, die du gelaufen bist, zurückzugehen bis an die Kreuzung. Dabei musstest du alles, was dir auf dem Weg begegnet ist, beiseite räumen. Ihr kennt das unter dem Begriff Karma. Jede Unordnung und alles, was du hinterlassen hast, musstest du noch einmal durchqueren. Ein mühsamer Weg. Ein harter Weg, ein Weg, der sehr, sehr viel an Absicht und Kraft brauchte. Doch jetzt, und dies ist die Botschaft der neuen Energie, die Botschaft des Kryons: Siehe für dich, wo stehst du? Hast du bereits erkannt, dass du dich in einer Sackgasse befindest? Oder hast du dich auf den Rückweg gemacht? Wo stehst du? Ich, Kryon, ich sage dir: Gehe voller Freude diesen Weg, diese Straße bis zu der großen Mauer und blicke auf die Struktur der Mauer. Siehe da, Lichtstrahlen durchdringen sie ganz fein und je näher und freudvoller du hinschaust und je mehr Vertrauen du in dir trägst in das, was Kryon dir jetzt sagt, umso einfacher und leichter wird es geschehen. Deine Mauer, die du dir selbst geschaffen hast, die du dir selbst gewählt hast, wird durchlichtet. Der göttliche Rat hat beschlossen, dass dies jetzt möglich sein soll. Alles Karma und die Notwendigkeit, diesen Weg, diesen langen Weg zurückzugehen, sind hinweggewischt in einem großen Akt der Gnade und der Liebe und die Mauer fällt in sich zusammen und du stehst im Licht.

Entscheide dich bewusst dafür. So einfach ist es in der neuen Energie. Immer noch gibt es so viele Menschen, denen dies zu einfach ist, die unbedingt den beschwerlichen Weg zurückgehen wollen, durch die tiefsten Tiefen ihrer Seele und durch viele alte Leben. Ich sage dir, das Leben ist jetzt. Sei voller Hoffnung, sei voller Freude und Vertrauen. Wir, die geistige Welt, wir warten nur darauf, dass du diese Energie und deine Absicht aus freiem Willen erzeugst, und gemeinsam reißen wir diese Mauer ein. »Kryon«, hast du gesagt, als du dich auf den Weg machtest, »ich weiß, es wird nicht einfach sein, doch ich bitte dich, trete an mich heran, rüttle mich wach, sage es mir immer und immer wieder, wer ich bin, so lange bis ich es wieder fühlen kann«. Und ich sage dir jetzt und hier: Du bist göttlich. Du wirst unermesslich geliebt. Du bist ein Teil der Familie und für uns es so, als wärest du nie weg gewesen. Wir sind bei dir, bis alles transformiert ist und dies geht in diesen Zeiten sehr schnell. Du kannst es im Außen sehen. Du kannst es spüren, in dir selbst. Ein mächtiger Motor ist in Bewegung. Etwas Großes vollzieht sich. Noch einmal für diejenigen, die zweifeln, die sagen: »Kryon, aber was ist auf unserem Planeten los?« Ich sage dir, je höher das Licht auf der einen Seite, umso mehr Schatten und Dunkelheit zeigen sich. Die Frage ist, wohin wendest du dich? Wendest du dich dem Licht zu oder blickst du sorgenvoll auf den Schatten? Ich sage dir, nein, ich bitte dich: Blicke zu dir selbst, zu dem Licht in dir. Wende dich deiner Göttlichkeit zu und deine Schattenseiten, sie lösen sich von selbst. Damit bist du ein wahrer Lichtarbeiter.

Es sind Momente, die selbst uns sehr berühren. Auch wenn ihr uns nicht sehen könnt, wir beobachten alles sehr genau. Wir sehen, wie die Lichtkörper sich ausdehnen, wie sie schwingen und wie deine Seele in Resonanz geht mit dem, worauf du so lange gewartet hast. So wurden bei euch Energiesequenzen im Lichtkörper aktiviert. Siehe, was geschieht, und vertraue auf dich selbst. Vertraue darauf, dass du alles vollkommen für dich geplant hast. Du kannst es leugnen, doch es ändert nichts daran, dass es so ist. Ihr Lichtarbeiter, ihr Pioniere, ihr, die ihr in die Tat geht, die ihr euer Wissen nach außen tragt und es auch lebt, in Leichtigkeit und Freude in der neuen Energie, euch sage ich: Habt keine Angst zu diesen Zeiten. Bekennt euch vor den Menschen. Wer dies tut, kann Wunder erleben. Wenn du deine Göttlichkeit zeigst, gibst du jedem anderen die Erlaubnis, es ebenfalls zu tun. So mache dich nicht klein, sondern strahle. Blicke nicht auf die Schattenseiten, erlaube ihnen, sich zu transformieren, während du dem Lichte zugewandt bist. Bevor Kryon sich aus dem Medium zurückzieht, möchten wir euch noch ein Geschenk bringen.

Kryon fordert jeden Einzelnen auf, öffne noch einmal ganz bewusst dein Herz und mache dich weit für deine eigene Seele, für dein eigenes Wesen, das so unendlich groß ist. Mache dich bereit und lasse dich noch einmal berühren, wenn wir dir magnetische Liebesenergien übertragen. Versuche, deine Göttlichkeit zu fühlen und öffne alle deine Kanäle und es kann beginnen. Dies geschieht ohne Worte ...

Es entsteht ein Ton, ein Ton, der sich zusammensetzt aus jedem einzelnen Ton von jedem Wesen, das sich hier zugehörig fühlt. Wie von selbst fügen sich diese Töne zusammen und sie ergeben ein harmonisches Ganzes. So ist das, wenn die Familie zusammenkommt, denn die Grundschwingung ist die gleiche.

Kryon bedankt sich bei jedem und jeder, bedankt sich bei euch, der golden-blauen Frequenz, euch den Lemuriern, den Kämpfern des Lichtes, den Priestern, den Hohepriesterinnen, den Heilern, den Engeln und sagt euch: Ihr werdet unermesslich geliebt, AN'ANASHA.

Adamea durch Adamea

Magnetische Übertragung mit Tönen
17. 10. 2007

OMAR TA SATT. Aus dem Kollektiv der magnetischen Meister spreche ich zu dir als Adamea. Wenn ich als Adamea zu dir spreche, ist dies eine große magnetische Frequenz, in die alle einzelnen Anteile von Adamea auf Erden eingebunden sind. Hast du gewusst, dass die Adameas, die sich in einer Vielzahl auf dem ganzen Planeten verteilen, ein ganzes Gitternetz zur Verfügung stellen? So, wie diese Information in dein Bewusstsein dringt, werden diese Impulse und Verbindungen aktiviert und der magnetische Atem von Adamea ergießt sich in den Raum. Der göttliche Magnetismus, die Energie der Einheit, sie durchdringt dich.

Ich spreche heute zu euch, um euch eine magnetische Energieübertragung zu machen, und wir werden dies gemeinsam mit hohen kosmischen Klängen und Vibrationen tun. Ganz spezifisch sind diese Klangwesen, die wir dazu verwenden. Sie sind Träger magnetischer Vibrationen, denn sie wurden ganz speziell für diese Übermittlung hergestellt. Diese Vibrationen und Klänge sind ein wunderbares Hilfsmittel, um deinen Lichtkörper und deine Aurafelder in ihrer Schwingung anzuheben. Sie sind selbst wunderbar geeignet, um tief in den physischen Körper einzudringen. Doch dies ist nicht das Thema heute Abend. Die magnetischen Meister, die diese Übertragung unterstützen werden, möchten euch eine magnetische

305

Klangdusche in eure Lichtkörper und Aurafelder geben. Die Absicht und unser Geschenk an euch werden sein, dass wir durch diese magnetische Klang- und Vibrationsdusche eure Magnetfeldbahnen kämmen und in eine Ordnung bringen, damit sie durchlässiger werden. Die Schwingungen des Magnetismus erhöhen sich täglich und im Widerstand, im Aufeinanderprallen mit den Energien der Dualität erzeugt dies Reibung. So werden wir für euch eine Ordnung herstellen, die wahrnehmbar vieles erleichtern wird. Wir werden als Geschenk für Lady Gaia und alle Welten, die dich umgeben, dich berühren mit der Technik des magnetischen Atmens. Dieses magnetische Atmen wird die Aufgabe der Gruppe der Tat sein. Nun gehen wir über zu den Klängen und Vibrationen.

Entspanne dich und nimm eine möglichst bequeme Haltung ein. Damit dein physischer Körper die Schwingungen ebenfalls gut verankern kann, empfiehlt es sich, je nach deinem Empfinden eventuell deinen Rücken frei schwingend zu halten. Aber tue dies ganz nach deiner persönlichen Empfindung.

Erde dich mit deinen Erdungsschuhen und dem Kristall ARIS und öffne all deine Kanäle. Öffne in vollem Bewusstsein dein Alpha- und Omegachakra.

Öffne auch dein magnetisches Zentrum im physischen Körper, welches ein paar Fingerbreit hinter deinem Bauchnabel angelegt ist. Du kannst dir in deinem magnetischen Zentrum hinter deinem Bauchnabel auch den Kristall für Magnetismus visualisieren.

Es werden nun verschiedene Klang- und Vibrationsfrequenzen ausgesendet. Während dieser ersten Klangfrequenz dehne dich aus deinem magnetischen Zentrum heraus aus. Nimm dein magnetisches Zentrum wahr und spüre, wie diese Frequenz dort eingeatmet wird und sich von dort über den magnetischen Kristall hinaus in all deine Körper ausdehnt.

(Anm.: Zum Anhören der magnetischen Tonfolgen, siehe die Anleitung in den Erläuterungen, am Anfang des Buches.)

Kryon durch Namahim

Die Prüfung deiner Meisterschaft
21. 11. 2007

OMAR TA SATT, ich bin Kryon und euch meine Lieben, begrüße ich mit den Worten der Liebe, der Freundschaft, der Familie. So oft diese Worte wiederholt werden, so oft drücken sie jedes Mal auf das Neue das aus, was ist. Wir sind eins, in der Liebe verbunden, und ich, Kryon, ich fühle mich mit euch, der Gruppe der Tat, zutiefst verbunden.

Am heutigen Tage werde ich Botschaften senden, die euch zwar nicht neu sind, doch die Zusammenhänge werden für viele von euch erhellend sein. So soll es darum gehen, warum die meisten von euch in dieser Zeit den Eindruck haben, dass es so schwierig ist, bei sich zu sein, in seiner Energie zu sein und kraftvoll seinen Weg zu gehen. Manche fühlen sich müde, beansprucht, ausgelaugt oder auch etwas verunsichert, glauben, etwas verloren zu haben, was sie schon einmal besaßen. Oftmals ist dann der Frieden in sich gemeint, die Ausrichtung und die Kraft. Geradewegs so, als wärest du bereits auf einem Pferd ganz sicher im Sattel gesessen und plötzlich kannst du dich nicht mehr im Sattel halten. Du fällst zwar nicht herunter, doch du schaukelst in alle Richtungen, so, als ob das Pferd eine neue Art des Galopps, der Bewegung vollführen würde. Kryon wird heute darauf eingehen, was vor sich geht, warum ihr diesen Eindruck habt, und ich möchte damit dort beginnen, am Wendepunkt der Geschehnisse.

So wisst ihr, dass 1987 ein ganz besonderes Jahr war. Ihr habt im Zuge der Harmonischen Konvergenz den vorgesehenen Zeitablauf verändert und Kryon sagt »vorgesehen«, weil eure Seher etwas anderes gesehen haben als das, was sich jetzt zeigt. Damit hat es begonnen, sich in Wellen bis hin zum Aufstieg zu zeigen, was wir die vier Wellen, die Aufstiegswellen nennen. Dies wurde oftmals missverstanden. Oftmals wurde geglaubt, dass die erste Welle die Bedeutung hat, dass die besonders weit entwickelten Lichtarbeiter aufsteigen, und mit den letzten Wellen diejenigen Menschen, die noch lange geschlafen hatten. Obwohl dies ein kleines Fünkchen Wahrheit beinhaltet, möchte Kryon euch doch die vier Wellen einmal etwas anders erklären. So war bis zum Jahr 1987 die Schwingung, in der sich der Planet befand die materielle Schwingung, in der sich die Menschen bewegt hatten. Du könntest es auch als Schwingung der Dualität bezeichnen, der niedrigsten Art. Mit 1987 und der Harmonischen Konvergenz hat das Kollektiv der Menschen einen Entscheid getroffen und die kosmische Prüfung der Energien, die vom Ashtar Kommando vorgenommen wurde, fiel positiv aus. Der Hohe Rat hat zugestimmt, der Planet Erde sollte eine neue Zukunft erhalten. Doch da die Zukunft immer nur zu einem gewissen Teil eintreten wird, gibt es auch in dieser Zeitlinie, die dort begann, einen nochmaligen Wendepunkt. Dazu etwas später.

Nun begann die erste Welle des Aufstieges, die Energien erhöhten sich, bei allen Menschen wurde die Lichtkörperstufe 1 aktiviert. Infolgedessen wurde zum ersten Mal seit sehr, sehr langen Zeiten die Erde mit Fäden des magnetischen Netzes des Universums verbunden. Magnetische Energie floss ein und die Menschen und Lady Gaia nahmen diese auf. Wie eine Welle schwang sich die Energie immer höher, um an einem ganz bestimmten Punkt auf die nächste Energieebene zu treffen. Dazu sollst du noch wissen, dass in dem Moment – 1987 – mit dem Verlassen der irdischen, materiellen Schwingung der Übertritt in die astrale Ebene stattfand. Das, was oftmals auch die vierte Dimension genannt wird. Nun kam es dazu, dass diese sich überschneidenden Energiefelder, auf Erden und im astralen Bereich, wo sich bis zu diesem Zeitpunkt noch sehr viele der verstorbenen Seelen aufgehalten hatten, aufeinander trafen, sodass Lady Gaia sich ausdehnen konnte. In dieser Schwingung war es notwendig, den astralen Bereich zu räumen. Vielleicht erinnert ihr euch. Beim ersten Channeling der Gruppe der Tat hat Kryon zu euch gesprochen und es ging dabei darum, den erdgebundenen Seelen ins Licht zu verhelfen. Bereits damals haben wir über die Räumung des astralen Gürtels mit euch gesprochen. Viele Menschen wollen immer noch nicht wahrhaben, dass dem so ist, und sie glauben immer noch, dass nach dem physischen Ableben die Seelen in diesen astralen Bereich übergehen. Doch noch einmal sendet Kryon die Botschaft: Keine Seele, die heute auf Erden ihren Körper verlässt, geht mehr in einen astralen Bereich über. Jede Seele, je nach der Entwicklung, je nach der Ausprägung des Lichtkörpers, wird entweder in hohe Bereiche des Lichtes aufsteigen oder aber in den Lichtkammern von Shamballa, den Kammern der Heilung, bestrahlt und inkarniert sich möglicherweise auf einem anderen Planeten wieder. Noch einmal: Diesen astralen Bereich um Mutter Erde gibt es nicht mehr. Damit gibt es auch keine Besetzungen mehr, auch wenn viele Menschen etwas anderes behaupten. Sie sind besetzt von ihren eigenen Gedankenformen, die sie nähren und die wir als Elementale bezeichnen.

Mutter Erde hat sich in den Jahren von 1987 bis 2003 voll und ganz im astralen Bereich ausgedehnt. Wir, die geistige Welt, haben die Seelen, die sich im astralen Gürtel noch aufhielten, durch lange Verhandlungen und Bestrahlungen mit

Liebe und Licht in die höheren Ebenen gehoben. Man könnte fast sagen, es war eine Art Kampf, denn nicht jede dieser Seelen wollte dies, ganz ähnlich, wie dies auf Erden ist, wenn Menschen sich gegen ihr göttliches Wesen wehren und gegen die Liebe sich sträuben. Da wir kein Wesen zwingen konnten, da auch dort der freie Wille das oberste Gesetz darstellt, hat es sich über Jahre eurer Zeit hingezogen, bis die letzten Seelen eingewilligt haben. So hat diese erste Welle, dieser erste Aufstiegsprozess von Lady Gaia, viele Jahre in Anspruch genommen.

Als die Energie am höchsten war, wurde eine Grenzschicht erreicht zur nächsten Schwingungsebene, zur emotionalen Ebene. Zum damaligen Zeitpunkt haben wir die Durchsagen gegeben, dass eine Zeit folgen wird, wo die Menschen ihre Emotionen nicht mehr verdrängen können. Oftmals wurden Emotionen durch die materielle Schwingung unterdrückt und verdrängt. Doch ab diesem Zeitpunkt gab es keine materielle Schwingung mehr, nicht im ursprünglichen Sinne. Es begann eine Zeit, in der sich die Menschen mit ihren Emotionen auseinandersetzen mussten. Wenn du diese Zeit, diese Zeitspanne auf Erden, ca. ab dem Jahre 2001, unter diesem Gesichtspunkt rückwirkend betrachtest, wirst du erkennen, was sich auf Erden ereignet hat. Wo Emotionen nach oben gedrängt haben und diese überschäumende Emotionalität, das Ausleben des lange Unterdrückten, der Berechnung und der Kaltherzigkeit gegenüberstand. Wenn ihr dies so betrachtet und die Ereignisse, werdet ihr wissen, was Kryon meint. So gipfelte die emotionale Schwingung in einem ganz besonderen Ereignis, das noch einmal den Kurs der Menschheit veränderte, euch bekannt als die Harmonische Konkordanz in 2003, die Ebene des Herzens war durchbrochen. Die kristallinen Strukturen, die über Tausende und Tausende von Jahren um eure Herzzentren gelegt waren, als Isolation gedacht, wurden aufgesprengt und vielen Menschen erging es zu dieser Zeit nicht gerade gut. Wer zu diesem Zeitpunkt verweigerte, sein Herz bis zu einem gewissen Maße zu öffnen, spürte sehr starken Druck und Schmerzen, spürte eine Beengung. Doch auch diese Phase des Aufstieges ist längst Geschichte. In einer Zeitspanne von etwa drei Jahren war diese Ebene durchschritten und vieles konnte von Lady Gaia transformiert werden.

Der nächste Berührungspunkt ist der zur Ebene der Blaupause. Ab dem Jahre 2006 seid ihr in diesen Schwingungsbereich eingetreten. Wir nennen es die Blaupause des Aufstieges und meinen damit das, was du unter mentaler und spiritueller Schwingung kennst, zusammengefasst in dem Begriff Blaupause. Die dritte Welle hatte begonnen. Nun, meine Lieben, gerade dieser Schwingungszustand, der von vielen so sehnsüchtig erwartet wurde, wo so vieles hineininterpretiert wurde von 999, diese Energietore, die ihr im September erlebt habt, haben noch einmal sehr vieles bewirkt. Es ist ganz ähnlich, ein entscheidendes Ereignis ohne Frage, wie zur Harmonischen Konkordanz, nicht mehr ganz so richtungweisend, weil der Aufstieg längst beschlossene Sache ist und nicht mehr abgewendet werden kann. Und doch ist es so ereignisreich, was diese Schwingung mit sich bringt.

Kryon möchte euch noch einmal etwas zu denken geben. Bis zum Jahre 2002 etwa war es längst nicht sicher, dass die Erde den Weg des Aufstiegs gehen wird. Das Fest der Harmonischen Konkordanz hat jedoch diese Entscheidung in einem großen Fest der Freude zum Ausdruck gebracht. Auch jetzt ist es Zeit für ein Fest. Denn immer dann, wenn sich etwas Großes verändert, sind die Schwierigkeiten, die sich subjektiv einstellen, am größten. Viele von euch haben das Gefühl, noch einmal durch Prüfungen zu gehen. Auf eine gewisse Art ist dies auch richtig, doch mit einem entscheidenden Unterschied, den Kryon euch erklären wird. In allen Inkarnationen, auch in dieser, bist du immer wieder durch Prüfungen gegangen. Es waren keine Prüfungen, die wir, die geistige Welt, an dich gestellt hätten. Es waren Prüfungen, die du selbst erzeugt hast, um weiter zu reifen und zu lernen, um zu transformieren und zu integrieren. Doch jetzt, wo viele von euch bereits so ausgedehnt sind, so vieles getan haben, möchten sie es umso weniger glauben, dass es sich oft so seltsam anfühlt, sodass ihr euch wie in der Zeit zurückversetzt fühlt, dass Dinge noch einmal sichtbar werden, die ihr glaubtet längst bereinigt zu haben. Kryon sagt dazu, voll des Trostes für euch, dass ihr dies auch habt. Die Prüfungen, so wie sie euch erscheinen, erfüllen zu dieser Zeit einen anderen Zweck. Es geht dabei nicht darum, was der Inhalt der Prüfung ist, denn diese Dinge habt ihr wahrlich schon bearbeitet, es geht vielmehr darum, dass ihr diese Prüfungen meistert. Verwirrt dich das etwas? Ich werde es noch einmal genauer darstellen.

Zu früheren Zeiten, als du dich selbst in der Transformation befunden hast, war es wichtig, auch hinzublicken, bewusst zu sein, denn es hatte etwas mit dir zu tun. Die Prüfungen, die du dir selbst erzeugt hattest, dienten der Transformation. Doch diese Art von Prüfungsenergie, die ihr jetzt wahrnehmt, ist nur eine Prüfung an sich, für dich, der Inhalt spielt keine Rolle. Was geprüft werden soll, ist typisch für die Aufstiegsphase in der Blaupause. Noch einmal werden ganz besonders die Lichtarbeiter geprüft, wie es um ihre Absicht bestellt ist. Das, was du erlebst, wie es sich für dich anfühlt, wie es für dich aussieht, was es im Einzelnen ist, wessen du dich zu stellen hast, sind Energien des Kollektivs. Dass du es dir zur Prüfung machst, dient nur dazu, dich noch mehr in deine Kraft zu erheben, noch einmal deine ganze Absicht in deinem Lichtkörper sichtbar werden zu lassen, indem du vertraust, dass alles in Ordnung ist. Du bereitest dich sozusagen selbst für die Zeit des Aufstieges vor, für die letzte Welle, die dann beginnt, wenn die Schwingung der Blaupause mit der Schwingung der kausalen Ebene zusammentrifft und das große Beben auf Erden beginnt. So erstreckt sich die vierte Welle über die Tage des Aufstiegs selbst und über die Jahre der Angleichung die danach folgen, und der Zyklus ist vollendet.

Vielleicht für viele von euch eine Erklärung, um was es in diesen Tagen geht. Mehr als jemals zuvor dich nicht verwirren zu lassen von den kollektiven Energien. Es wurde davon gesprochen, dass sich die Spirale der Zeit noch einmal verengt, und du könntest auch sagen, die Dualität verdichtet sich. Auf der anderen Seite wird immer lichter und sichtbarer, die Wirklichkeit, die durchdringt. Doch da die lineare Zeit der Rahmen der Dualität ist und sich zusammenzieht, intensiver wird, empfindest du auch die Dualität als immer intensiver, als komprimierter, als dichter und die Ereignisse überschlagen sich. Kryon sagt dir, lasse dich davon nicht ablenken. Was sich zeigt, sind im gewissen Maße die Vorzeichen, dass Lady Gaia sich der kausalen Ebene nähert.

Du bist der Meister über das Licht. Du bist der Meister über die Materie und du bist auch der Meister über die Zeit. Diese Meisterschaft lernst du jetzt, darin übst du dich, dass du dich von der Zeit, von dem alten Konzept nicht mehr beeindrucken lässt, dass du im Frieden bist, als Leuchtturm, wenn draußen der Sturm tobt und der Wind hohe Geschwindigkeiten erreicht. Je mehr dies geschieht, umso ruhiger wirst du in deinem Inneren. Deshalb durchlebst du das alles. Ich sage dir, es ist ein Segen. Deine Meisterschaft wird immer ausgeprägter, immer größer deine Macht. So, was ist zu tun? Betrachte die Dinge mehr als jemals zuvor mit den Augen der Neutralität.

Doch etwas möchten wir heute für euch tun. Die Energie der 12 Räte der Tat ist angetreten, um euch die Absicht, die ihr jetzt in dieser Gruppe und in der Jetzt-Zeit, eingebunden auch als Leser dieser Schrift, erzeugen könnt, als kollektive, lichtvolle Absicht in euren Lichtkörpern zu festigen. Deshalb ruft Kryon dich dazu auf, spüre einmal in dich hinein, wo deine Absicht in diesen Tagen ist.

Während du das tust, glüht das Licht der Absicht für uns sichtbar auf und Kryon beginnt damit, ein magnetisches Netz zu weben. Über dieses Netz, das wir so weit hochziehen, wie die Absicht der Gruppe es gestattet, und dann in jedem Lichtkörper verankern werden, über dieses Netz fällt ein Segen. Du wirst spüren in der nächsten Zeit, was dies für dich bedeutet. Kryon bittet jetzt jeden Einzelnen, erzeuge in dir die größtmögliche Absicht, erspüre die Absicht deines Herzens und ich weiß, jeder von euch trägt eine hohe Absicht in sich. Ich erhöhe sie noch einmal. Werde dir dieser Absicht noch einmal ganz bewusst, mache sie fühlbar für dich und lasse sie in deinem Lichtkörper leuchten.

Kryon zieht somit das Netz in der Frequenz nach oben ...

So wurde die größtmögliche Ausdehnung erreicht und die Frequenzen werden verankert. Während dies geschieht, möchte Kryon euch und gerade denjenigen unter euch, die ihre Kinder dazu anhalten, ihre Prüfungen zu meistern, sagen, dass dies sehr wichtig ist. Dabei geht es längst nicht mehr darum, was sie an Wissen aufnehmen. Wenn du spirituell denkst und weißt, dass das, was heute gelehrt wird, morgen keine Bedeutung haben wird, dann ist das richtig und wisse auch, mit der Schwingung der Blaupause können diese alten Informationen auch nicht mehr auf Dauer im mentalen Körper gespeichert werden. Viele Menschen beklagen eine Vergesslichkeit – die Schwingung der Blaupause, auch das ein Segen der Zeit. So, was stehen bleibt, ist nur die Meisterung von dem, was als Prüfung wahrgenommen wird. Wir erstellen diese Prüfungen nicht, doch wir beobachten. Vertraue, gehe mit all deiner Entschlossenheit der Prüfung entgegen, im Kleinen wie im Großen und lasse die Veränderungen ihren Lauf nehmen.

Oftmals haben wir euch die Botschaft gesandt: Magnetismus ist die tragende Energie. Kryon möchte euch noch ein kleines Feedback geben zu dem, was ihr beim letzten Mal an Schwingungsfrequenzen aufgenommen habt. Es wurden verschiedene Klanginformationen an euch weitergegeben, bis in eine tiefe Ebene des Zellbewusstseins. Tragend war die magnetische Frequenz der Schöpferseele Adamea. Sehr oft wird über Magnetismus gesprochen. Doch eine Zeit wird kommen, da wird es das Selbstverständlichste sein, so selbstverständlich wie die Luft, die du atmest, die um dich herum ist, und es wird nicht mehr viel darüber gesprochen werden, weil es Bestandteil sein wird von allem.

Zum Abschluss wird Kryon euch noch mitteilen, wie ihr diese Informationen und diese Verankerung der Energie der Absicht in euch Nutzen bringend und unterstützend für alles Leben auf Erden, für alle Menschen, alle Tiere und für Lady Gaia selbst verwenden könnt. Es ist sehr einfach und geschieht immer wieder auf die gleiche Art. Empfinde für das, was heute geschehen ist, Dankbarkeit und wisse, nichts ist getrennt voneinander. Du und alles, was ist, ist eins. Alles, was du für dich in der Dankbarkeit annimmst, gibst du gleichzeitig dankbar weiter. Mache dir das bewusst, indem du dein Omegachakra öffnest und die Absichtsenergie, die in dir verankert ist und so hoch schwingt, als Absicht von Lady Gaia und von allem auf Erden ansiehst. Du brauchst nicht viele Worte, du brauchst nicht viele Übungen. Mache es dir einfach zutiefst bewusst.

Auf etwas möchte Kryon noch hinweisen. Ich habe heute sehr viel in Jahreszahlen gesprochen und ihr habt mitverfolgt, dass die verschiedenen Wellen des Aufstiegs unterschiedliche Dauer gehabt haben. Diese letzte Phase vor dem Übergang in die vierte Welle, die als Blaupause bezeichnet wird, kann sich sehr schnell vollziehen oder aber ausdehnen. Gerade in der Blaupause ist dies eine Besonderheit, da die Blaupause so umfassend und weitreichend ist. Doch jede Absicht der Liebe, die du erzeugst, ordnet die Geschehnisse, die die Menschheit als Ganzes für sich, in Einheit mit Lady Gaia in der Blaupause trägt. Du leistest einen großartigen Beitrag. Weil ihr unermüdlich, immer wieder aufs Neue euch verpflichtet fühlt, in der heiligen Pflicht des Dienens seid, kann es kein genug geben an Geschenken, die euch offeriert werden. Hiermit kündigen wir euch für das nächste Treffen der Gruppe der Tat etwas ganz, ganz Besonderes an. Ihr werdet etwas Wundervolles erhalten, ein Geschenk, das euch verzaubern wird und auch die Menschen um euch, in dieser besonderen Liebesschwingung der Weihnachtszeit. So sehr freue ich, Kryon, mich, dich wieder begrüßen zu dürfen, wenn die Worte OMAR TA SATT von den 12 Räten der Tat ausgesprochen werden, wenn wir Platz nehmen unter euch und mit euch feiern. Kryon sagt euch aus der Mitte seines Energiefeldes heraus: Ich liebe euch, jeden Einzelnen. AN' ANASHA.

Kuthumi durch Namahim

Ein Engel in deiner Seele
19. 12. 2007

Freude macht sich breit, Freude dehnt sich aus, erfüllt den Raum. Freude, Freundsc haft, Verbundenheit. In dieser Energie spricht zu euch Kuthumi. Ich möchte euch scherzhaft fragen, tragt ihr noch im Bewusstsein, dass Kuthumi einer der 12 Räte ist? So selten habe ich zu euch gesprochen. Doch seid euch gewiss, meine Schwingung und meine Energie sind tragend in jeder Zusammenkunft, und immer bin auch ich anwesend und verbinde die Welten. Kuthumi ist leicht, freudvoll und sehr fein in der Schwingung und so begrüße ich euch, OMAR TA SATT. Ich begrüße euch und ich begrüße alle Menschen auf Erden, denn dieser Gruß, wenn er ausgesandt wird, geht durch die Herzen und erreicht in irgendeiner Form jeden, um zu einen, was eins ist.

Schwingend wie ein Duft der Rose, der in deinem Herzen erklingt, als Ton, als Musik, ist Kuthumi unter euch und heute komme ich nicht alleine. Neben den Hohen Räten haben sich Heerscharen von lichten Wesen versammelt, Scharen von Engeln, denn sie möchten dir heute etwas geben, als Dank. Die Engel sind in eurem Herzen, sie sind um euch, sie sind zutiefst mit euch verbunden und oftmals ist es die Energie von Kuthumi, die diese Brücke herstellt zwischen den lichten Reichen der Engel und den irdischen Ebenen. Doch wie ihr alle wisst, nähern sich die Ebenen immer weiter an. Und gleichzeitig geschieht etwas so Wundervolles. Ganze Bereiche des Universums erglühen in einer höheren Frequenz und auch ich, Kuthumi, erhebe mich in meinem Licht und viele Verschmelzungen mit den Engelreichen und der Energie von Kuthumi haben stattgefunden. So habt ihr euch vielleicht die Frage gestellt, warum so ein großes Kollektiv heute zusammengekommen ist und habt Vermutungen angestellt. Ich sage dir, es liegt nur in zweiter Linie daran, dass euch ein Geschenkt überbracht wird. Es liegt daran, dass deine Seele weiß, dass du an etwas teilhaben kannst, was auf diese Art so noch nie stattfinden durfte. Insofern ist es ein solch kostbares Geschenk auch für uns und auch für die vielen Engel, die daran teilhaben.

Bevor Kuthumi euch mitteilt, was heute stattfinden soll, möchte ich mit euch über die Strahlkraft von Formen und Symbolen reden. Zu allen Zeiten haben Symbole eine große Kraft gehabt und sie haben gewirkt. Manche im Licht, manche etwas weniger im Licht, doch hinter jedem Symbol stehen eine Absicht und eine Energie und so ist jedes Symbol auch ein Bild, ein Abbild einer Energie und gleichzeitig Träger dieser Energie. Es ist eine Energie, die eine Form beschreibt. Diese Form, dieses Symbol steht in Verbindung mit deiner Seele, auf welche Art auch immer, denn sonst würde es nicht wirken. Nun möchte Kuthumi euch sagen, dass gerade in dieser besonderen Zeit um den Jahreswechsel und natürlich zu eurem Weihnachtsfest, sich diese Strahlkraft von Abbildungen, von Symbolen beträchtlich erhöht. Gerade die Symboliken, die die Engel und vor allem auch die Naturgeister betreffen, ganz besonders. Doch auch unabhängig von dem Weihnachtsfeste hat sich in den letzten Jahren der Zeit die Strahlkraft von Figuren, Symbolen, Bildnissen um weit über das 1000 fache erhöht. So, wenn du z. B. ein Heiligenbild, ein Bild von einem Avatar auf Erden, eine Engelfigur oder eine Figur eines alten, mächtigen

Gottes aufstellst, wirkt diese Energie um so vieles stärker. Kuthumi möchte euch auch mitteilen, dass diese Verstärkung auch bei Symbolen und Energieträgern, die weniger aus dem Licht stammen oder vielleicht sogar negativ besetzt sind, zugenommen hat. Doch bei Weitem nicht so wie die Symbole, die mit der Wirklichkeit und der Liebe verbunden sind. Vielleicht wäre es eine Anregung, ohne dabei in eine Hysterie zu verfallen, darauf zu achten, mit welchen Symbolen ihr euch umgebt, welche Symbole ihr auf eurer Kleidung tragt oder in euren Wohnungen aufbewahrt. Doch viel mehr als das, schenke deine Aufmerksamkeit den Symbolen, die das Licht und die Liebe nach außen strahlen, vor allem, und gerade darauf möchte Kuthumi zu sprechen kommen, alles das, was Naturgeister betrifft, aber auch die Engel. Habt ihr gewusst, dass in der Engelshierarchie die Naturgeister mit eingebunden sind? Viele von euch haben das gewusst. Gerade deshalb bin ich es, Kuthumi, der zu diesen Zeiten vermehrt diesen Zusammenschluss der Ebenen in die Energie der neuen Zeit einbettet und den vielen Naturwesen dazu verhilft aufzusteigen und in einer neuen Energieform zu erwachen. So vieles geschieht über Farben, Töne und Düfte. All das, was du über deine Sinne wahrnehmen kannst, kannst du auch über deine inneren Sinne erfahren, auf einer etwas feineren Schwingungsebene. Dabei kann ich, Kuthumi, dir sehr behilflich sein. So immer dann, wenn du mit deinen Sinnen etwas erfassen möchtest, etwas begreifen, in einem größeren Zusammenhang, zum Beispiel in der Natur, rufe mich, Kuthumi. Es ist so wundervoll, euch alle zu betrachten. Welch ein kraftvolles und lichtvolles Kollektiv ihr doch seid, so voller Absicht und voller Liebe. Und weil wir gewusst haben um jeden Einzelnen, der jetzt auf seinem Stuhle sitzt, wussten wir auch, dass dies heute möglich sein wird, was euch überbracht werden soll. Doch wie ihr wisst, ist es ein Teil, was die Gruppe der Tat ausmacht, dass ihr diese Geschenke, die ihr erhaltet, nicht ausschließlich bei euch behaltet. Erkennt, dass das Teilen der Wirklichkeit Fülle erzeugt, auch wenn ihr gelernt habt, dass dann, wenn ihr etwas teilt, es weniger wird. Alles, was der Wirklichkeit zugeordnet ist, wird mit dem Teilen um ein Vielfaches mehr. Nimm als Beispiel die Liebe.

(Anm.: Die folgende Übertragung konnte nur einmalig, zum damaligen Zeitpunkt erfolgen.)

Nun möchte Kuthumi euch sagen, worum es geht. Jeder von euch und jeder Mensch trägt in seiner Seele sieben Lichtpunkte. Diese Lichtpunkte sind verbunden mit verschiedenen Energiebändern der Engel. Du könntest es auch deine inneren Engel nennen, die dich stets begleiten. Sieben ist die Zahl. So soll euch für diese besondere Zeit des Jahres eine achte Frequenz in euren Lichtkörper übertragen werden. Und nicht nur, dass diese Engelsfrequenz in deinem Lichtkörper Raum einnehmen wird, es wird diesem Engel auch erlaubt sein, durch deine Seele, durch deinen Energiekörper zu wirken. Doch möchte Kuthumi dir sagen, dass es sehr wichtig ist, dass du dich aus freien Stücken dazu entscheidest. Wir brauchen dafür unbedingt deine Einwilligung. Wenn der Engel – und Kuthumi wird euch noch sagen, um welchen Engel es sich speziell handelt – in deinem Lichtkörper und der Seele Platz nimmt, kann sich das wie ein inneres Brennen anfühlen. An die Energien deiner inneren sieben Engel bist du gewöhnt. Doch diese achte Frequenz wird sich bemerkbar machen. Damit möchte ich nicht sagen, dass es unangenehm ist, doch es kann ungewohnt sein.

Nun, welche Engel werden sich euch nähern? Kuthumi hat gesagt, dass wir jeden von euch hier willkommen geheißen haben und wir wussten, dass du kommst, und so wissen wir auch, mit welchen Menschen du in Verbindung stehst. Wir kennen eure familiären, eure freundschaftlichen und auch eure scheinbar zufälligen Begegnungen, mögen sie auch für euch noch in der Zukunft liegen. Wenn dieser Engel in deiner Seele Platz nimmt als ein Lichtpunkt und du den Schlüssel, den goldenen Schlüssel, der dir überreicht werden wird, zu diesem Lichtpunkt führst, wird die Energie dieses Engels sich in dir ausdehnen und zu wirken beginnen. Er wird für dich wirken und für diejenigen Menschenseelen, die dir begegnen. Sicherlich nicht für jeden, doch nicht aus einem Grund der Wertung heraus, sondern vielmehr daraus, weil es eine Verabredung gibt zwischen den Seelen. So bist du, als Lichtträger, nicht dafür verantwortlich, jedem Menschen, der dir begegnet, Heilung zu überbringen. Doch einige Menschen wollen dies von dir. Auch wenn es ihnen nicht bewusst ist, gibt es eine Absprache, die getroffen wurde, und ich, Kuthumi, ich bin mir ganz gewiss, dass du diese Momente erkennen wirst, dass du diese Menschen erkennen wirst. Versuche dabei, nicht auf Äußerlichkeiten zu achten, versuche auch, keinen Mangel im anderen zu erblicken. Nimm einfach nur wahr und der neue Engel in dir wird dir einen Impuls senden und du aktivierst die Energie in diesem Moment mit dem Schlüssel. Dieser Schlüssel wird dir in Form eines Symbols übergeben. Die Form des Symbols wird genau die sein, die du dir vorstellst. Vielleicht wird es am einfachsten sein, du stellst dir einfach einen Schlüssel vor. In die Form, so wie er für dich aussieht, legen wir eine Ton- und Zahlenschwingung, die die Engelsenergie in dir aktiviert.

Meine lieben Freunde des Lichtes, ihr alle werdet Engel sein. Ihr alle, auch diejenigen unter euch, die nicht unmittelbar aus den Bereichen der Engel stammen, auch ihr werdet fühlen, was ein Engel, fühlt und ihr werdet dessen Licht tragen. Dies ist jetzt zu dieser besonderen Zeit möglich, da sich die Heerscharen der Engel angezogen fühlen vom Planeten Erde und sich jetzt so weit herabsenken wie niemals zuvor. So fühle in dich hinein, ob du dieses Geschenk in Empfang nehmen möchtest und ob du bereit bist, es weiter zu tragen.

Kuthumi wird euch noch einmal beruhigen. Ihr braucht euch nicht zu sorgen, dass euch dies über Gebühr beanspruchen wird, denn dadurch, dass du weißt, welche Energie sich breit macht, wirst du keine Bewertung darauf haben und keine Widerstände erzeugen, wenn es sich anfühlt, als brenne ein Feuer in deinem Lichtkörper. Es wird jede und jeder von euch, der das Einverständnis dazu gibt, mit einer ganz besonderen Frequenz eines Engels Bekanntschaft machen, eben jener Frequenz, die gerade für dich und in Übereinkunft mit den Seelen, auf die du triffst, geeignet sind, um Heilung und Erhöhung zu erzielen. Wenn du für dich eine Entscheidung getroffen hast, dann bittet Kuthumi dich, mit all der Ehre, die dies beinhaltet, werde dir deines Lichtes bewusst. Werde dir deiner energetischen Ausdehnung bewusst. Spüre die Liebe und die göttliche Macht, die in dir wohnt, und sei ganz bei dir.

Die Engel und die 12 Räte übernehmen für euch Reinigung und Erdung. Du brauchst nichts zu tun, als einfach nur da zu sein und dich zu öffnen. So wie du dein Herz öffnest, so öffne deine Hände und lege sie mit den Handflächen nach oben. Auch das ist eine Symbolik und beinhaltet eine Aussage und eine Energie, die Energie des Nehmens. Die Engel sind bereit. Es ist es wichtig, dass du zunächst, ganz anders, als du es gewöhnt bist, jetzt einmal alle deine Kanäle schließt, um ganz in deiner Energie zu sein. Dies machst du alleine dadurch, dass du es dir vorstellst. So können die Engel dein Energiefeld einfacher lesen und sie sehen die Verbindungen und wählen die richtige Frequenz und den richtigen Engel, der einen Teil von sich, wie einen Tropfen, in deinen Lichtkörper einlässt.

So, jetzt kannst du alle deine Kanäle wieder öffnen. Vielleicht hast du dich für einen Moment unwohl gefühlt, denn so viele Kanäle trägst du ständig offen und bist verbunden. Jetzt öffne deine Kanäle und mache dich weit und bleibe für ein paar Minuten einfach ganz bei dir und lasse es geschehen.

Es wurden die Engelsfrequenzen in euren Lichtkörpern platziert und ebenfalls eine Art Durchlass geschaffen, sodass sie durch dein menschliches Sein hindurch wirken können. Wenn euch Kuthumi so betrachtet, ist es ein ungewohntes Bild. Deswegen wird es auch so sein, dass diese Energien von nun an 11 Tage wirken, danach ziehen sie sich wieder zurück, und der Grund dafür ist folgender. Du gestattest einem Engelwesen, das in den meisten Fällen – es gibt Ausnahmen – in seiner Energie nicht zu deinem Lichtfeld gehört, sich dort einzubringen. Dies ist in deiner Matrix nicht vorgesehen und wird ein vorübergehender Zustand sein. Des Weiteren werden auch die Heerscharen, die Frequenzen der Engel, wieder etwas zurückweichen müssen, wenn diese ruhige und besinnliche Zeit etwas aus dem Bewusstsein der Menschen schwindet. Kuthumi sagt dir, genieße es, für 11 Tage deiner Zeit ein lebendiger Engel zu sein. Natürlich könntest du Verbindung aufnehmen, speziell zu dem Engel, der sich in deinem Lichtfeld befindet, und du könntest fragen: Welche Art von Engel bist du, was ist deine Energie? Und der Engel könnte dir antworten, ich bin ein Engel der Freude, des Lachens, der Besinnung. Ich bin ein Engel der Kraft oder ein Engel der Leichtigkeit. Wie auch immer. Entscheide du selbst, ob du dies möchtest oder ob du es einfach deiner Intuition überlassen möchtest und dem Zauber des Moments, wenn du einen Menschen erblickst und ein inneres Signal erhältst, den Schlüssel in die Energie einzuführen.

Dieser Schlüssel wird dir nun überreicht. Schaffe eine Form, ein Symbol, für die Ton- und Zahlenfrequenz, die wir dir überbringen. Dies geschieht nun.

Sieh dir deinen Schlüssel noch einmal genau an. Wenn du ihn dir visualisierst, ist dies das Signal für den Engel. Eine wundervolle Zusammenarbeit, findet ihr nicht? Du lässt deine Intuition und deine Liebe fließen und der Engel wirkt durch dich, für deinen Nächsten. Wer immer es auch ist, seine Seele wird erblühen. Ich möchte dir noch sagen, dass es möglich ist, dass du dann, wenn der Engel sich aus deinem Lichtfeld wieder verabschiedet, etwas traurig bist, doch der Engel wird die Energie so zurückziehen, dass es nicht abrupt geschieht. Besäßen Engel die Fähigkeit, traurig zu sein, glaube mir, wären auch die Engel traurig, dein Lichtfeld wieder verlassen zu müssen.

Ich, Kuthumi, ich bin voller Stolz und Freude, dass ich euch dies überbringen durfte, dass ich zu euch sprechen durfte, dass ich euch umgeben durfte mit meiner Energie, dass ich dafür ausgewählt wurde von den Räten. Halte dein Geschenk in Ehren, du mein Engel. Damit bedankt sich Kuthumi bei euch. Ihr werdet so unermesslich geliebt und jedes Geschenk beinhaltet einen Dienst und jeder Dienst beinhaltet ein Geschenk, so ist alles eins. AN'ANASHA.

Toth, der Atlanter durch Namahim

Die Zeit von Atlantis
16. 1. 2008

OMAR TA SATT, meine Brüder und Schwestern des Lichtes. Ich bin Toth und ich begrüße euch zu diesem wundervollen Anlass. Toth ist heute vereint in seiner Energie mit den 12 Räten und so spreche ich die Sprache, die deine Seele berührt und du wirst heute erkennen, weshalb dies so ist. Zunächst einmal möchte ich euch sagen, dass wir euch dafür danken, dass ihr die seid, die ihr seid. Dass ihr Veränderungen begrüßt und mit ihnen geht. Gerade das ist so wichtig zu dieser Zeit. Also findet eine große Veränderung statt, und nicht nur der Ort, der gewechselt wird, und die Räume, die neu sind, in denen wir zu euch sprechen, sondern auch das Verständnis über die Gruppe der Tat wird euch heute einen Moment der Erleuchtung bringen, der Erinnerung und des Verstehens.

So werde ich damit beginnen, wie es begann. Es bildete sich in der Seele von Adamea und Namahim ein Wunsch, eine Gruppe ins Leben zu rufen, und wie von selbst entstand ein Name – Gruppe der Tat. Dass der Name so lautet, wurde immer damit begründet, dass es um das Tun geht, das In-die-Tat gehen. Wir haben euch das in vielen Channelings auch immer wieder bestätigt und das ist eine Tatsache. Doch noch etwas anderes verbirgt sich dahinter und das werde ich euch jetzt offenbaren. Diese Botschaft wird wie immer viele Ohren erreichen und viele Herzen und deshalb möchte ich dich, Lichtarbeiter, der dies in sich aufnimmt, was Toth dir heute sagt, bitten: Öffne ganz weit dein Herz und höre mit deinem Herzen, denn ansonsten könnte es sein, dass du etwas missverstehst. Doch sind es Tatsachen, von denen Toth euch berichtet. Nun lauscht, was die Botschaft des Abends ist. Es betrifft euch, jeden persönlich und auch als Seelenwesen auf Erden. Die Gruppe der Tat ist, unter einem anderen Namen, seit sehr langer Zeit ein Begriff. Diese Gruppe wurde in der Zeit von Atlantis „Die Tath Bruderschaft" genannt. Das, was ihr als die Tat im Sinne von „tun" übersetzt habt, ist ein schönes Bild und es passt so gut in diese Zeit und das tat es auch zu atlantischen Zeiten. Und doch ist der Name anders entstanden.

So beginne ich bei der Erzählung damit, dass ich, Toth, in der Zeit und den Wirren von Atlantis unermüdlich dem Lichte gedient habe. Ich wurde vom Herrn der Heerscharen in den Status eines Gottes versetzt und damit war ich niemand anderem zur Rechenschaft verpflichtet außer dem höchsten Herrn selbst. Mir wurde freie Hand gewährt, alles zu tun, was notwendig war, dass der Planet weiter bestehen konnte. Ich habe in meiner Schöpferkraft als Toth Gottheiten, lichte Wesen erschaffen und sie alle trugen einen Aspekt von mir in sich und hatten bestimmte Aufgaben. So erschuf ich das großartige Licht Tath. Tath war und ist ein hohes Lichtwesen und du könntest es meinen Sohn nennen. Es ist eine Projektion von Toth in einer bestimmten Energie. Tath scharrte viele, viele Lichtarbeiter um sich, die den gleichen Auftrag in sich trugen. So gab es in der Zeitepoche Atlantis viele verschiedene Gruppen und ich, Toth, war der Wächter über das Vermächtnis des Wissens. Es gab zu dieser Zeit auch die Priesterschaften, die Verwahrer des Wissens. Und, weil ihr heute davon gesprochen habt, sie waren dafür verantwortlich, dass die Energien und das Wissen in Ritualen verankert wurden. So sind Rituale etwas sehr Kraftvolles, doch bei der Gruppe der Tat, bei der Tath Bruderschaft, ging es um etwas anderes. Die Energie von Tath war ausgestattet mit einem klaren Blick. Er konnte in jede Seele blicken und unter seiner Führung schwärmten damals die lichten Krieger aus und sie überprüften alle Wesen in Atlantis. Nun ist es sehr wichtig zu verstehen, dass diese Zeit, Atlantis, später auch als Sodom und Gomorrha benannt wurde. Das ist euch ein Begriff und genauso verhielt es sich über lange, lange Perioden der Zeit. Die Energien der Mächte und die geheimen Bruderschaften der Energie Luzifers waren stark verbreitet und ihnen musste Einhalt geboten werden. Ich, Toth, war dafür verantwortlich. Ich habe gelobt, alles zu tun, dass der Planet Erde erhalten bleibt und dass die Wesen, die sich dem Licht auch weiterhin zuwandten, in Frieden leben konnten. Doch es war eine sehr harte Zeit. Vieles geschah damals im Kampf. Vielem konnte damals, und ich betone – damals, zu jener Zeitqualität – nur mit Gewalt begegnet werden. Viele von den Lichtarbeitern haben eine Vorstellung von der Zeit von Atlantis und sie sehen die blühenden Tempelanlagen. Sie sehen die lichten Wesen, die sich weiterhin zur Gottesmacht bekannten, und natürlich ist dies auch gut so, dass der Fokus dorthin gelenkt wird, wo die Liebe war. Doch auch vieles andere gab es, was wie abgeschnitten war vom Liebesband der Quelle. Damit diese Tempelanlagen und diese Horte des Wissens und der Liebe erhalten werden konnten, gab es die Lichten Krieger, die dafür kämpften und oftmals auch ihren physischen Körper verwirkten, ihr würdet sagen, den Tod fanden. Nun war es so, dass die lichten Krieger angehalten waren, nicht zu zaudern. Sie gaben alles, wenn auch im Kampf, doch in der Liebe und im Licht stehend, dass sich die Energie der dunklen Mächte nicht weiter ausbreiten konnte. Denn sonst wäre der Planet heute nicht der, den ihr kennt.

Und jetzt öffne abermals dein Herz, vielleicht gerade du, der sich heute an Begriffen wie Kampf, Krieger oder Heerscharen oder was auch immer stört. Sei dir gewiss, auch du warst einer dieser Krieger und Gott sei es gedankt, und ich danke dir, denn nur so ist es heute möglich, dass wir und dass ihr wirken könnt, in einer völlig anderen Energiefrequenz der Liebe und des Mitgefühls. So wäre es in Atlantis nicht möglich gewesen, den Mächten mit Mitgefühl gegenüberzutreten. Die Energie des Mitgefühls war auf dem Planeten kaum mehr verankert. Viele Dinge, die geschahen, haben Leid erzeugt in der menschlichen Bewertung. Vielleicht hast auch gerade du Leid erfahren, doch du hast alles gegeben und noch viel mehr wieder erhalten. Dafür liebe ich dich über alle Maßen. Auf deiner Hingabe, auf deinem Wirken beruht der Aufstieg. Denn nie zu einer Zeit war es so eng und so knapp davor, dass die göttliche Quelle ganze Teilbereiche des Universums eingeatmet hätte mitsamt dem Planeten Erde. Es wurde auf vielen Ebenen gearbeitet, um dies zu verhindern. Nun hat der Umstand, dass die Bezeichnung »Gruppe der Tat« in Verbindung mit der Tath Bruderschaft in den Seelen etwas hervorruft, bewirkt, dass sich einige davon sehr stark haben angezogen gefühlt, andere wiederum fühlten sich abgestoßen. Erinnerungen. Doch wisse du, das Bündnis, das du damals eingegangen bist zusammen mit Tath gegenüber Toth und dem Herrn der Heerscharen, sei erneuert. Wenn die Erinnerung an diese Zeit dich auch schmerzt, irgendwo tief in deiner Seele, so sage ich dir doch heute noch einmal: Keine Träne war umsonst und kein Handstreich zuviel. Sei gesegnet für dein Wirken. Damals wurde ein Bund geschmiedet und wisse, dass zu dieser Zeit auch sehr genau darüber gewacht wurde und ich, Toth, die Absicht in jedem Lichtarbeiter geprüft habe. Immer wieder auf das Neue, ob sie besteht, wie hoch sie ist, und es wurde ein Schwur geleistet.

Doch trotz alledem, und auch gerade deswegen, war dies nötig, da die Infiltration von Seiten der Mächte auch in unseren Reihen nicht haltmachte. Selbst die hohen Lichtarbeiter, die Krieger des Lichts, waren nicht immer gefeit dagegen und so wurde dieser Bund immer wieder auf das Neue bekräftigt. Um es noch einmal zu wiederholen, dieser Bund wirkt. Einige fühlen sich davon wie magnetisch angezogen, andere wiederum, wenn auch unbewusst, abgestoßen. Vielleicht ist es so, denn auch das ist ein Teil Wahrheit, dass auch jene, die sich jetzt zur Gruppe der Tat wenden oder eben auch nicht, in der Zeit von Atlantis ihr Licht haben löschen lassen. Es braucht für das, was ich jetzt sage, wirklich ein sehr hohes Bewusstsein, doch die Zeit ist reif für diese Informationen. Öffne noch einmal bewusst dein Herz.

Um die Unterwanderung der Lichten Krieger in den Griff zu bekommen, war es mir als Gottheit Toth auch gestattet, über Leben und Tod zu entscheiden. Ihr wisst, was Toth meint, wenn er von Tod spricht, das Verwirken des Rechts, im menschlichen Körper zu verweilen. Für viele der lichten Krieger war dies eine Art Erlösung, wenn die Seele wieder übergehen konnte in die geistigen Bereiche, wo sie hohe Ehren erwarteten. Es ist wohl nicht übertrieben zu sagen, dass ein Menschenleben zu dieser Zeit nicht viel Gewicht hatte, doch den lichten Kriegern war auch dies bewusst, sie wussten, dass sie das tief in ihrer Essenz nicht berühren konnte. Viele sehnten das Ende auf Erden herbei, weil sie sich von den Luziferenergien nicht befreien konnten. Nun sagt Toth: Gott sei dank haben die Zeiten sich geändert. Alles funktioniert heute auf eine andere Art. Niemand wird mehr seinen Kopf verlieren und auch die Luziferenergien und die Mächte haben keinen Zugriff auf euch, so sehr steht der Planet bereits im Licht. Diejenigen, die immer noch kämpfen und bis zum Schluss in ihren geheimen Bünden sitzen, sie haben längst verwirkt und Licht wird auch sie durchfluten. Dies sind Teile der Wahrheit, die Toth euch belichtet, von denen noch nicht viele etwas gehört haben, zumindest nicht bewusst in diesem Leben. Doch auch das ist ein Teil der Entwicklungsgeschichte auf Erden.

Nun, was heute geschehen soll, natürlich immer vorausgesetzt deine Erlaubnis, ist, dass dieser Bund aus der alten Zeit aufgelöst wird, und ein Bund der Liebe, ein Versprechen der Liebe, des Mitgefühls und des Wirkens in der neuen Zeit wird an dessen Stelle treten und euch in den neuen Energien, als Nachfolgschaft der Tath Bruderschaft einen. Möglicherweise fragst du dich, warum ihr dies alles erst jetzt erfahrt. Toth sagt dir, weil jetzt die Zeit dafür ist. Etwas sehr Erstaunliches ist geschehen, denn das Medium selbst wusste dies nicht und es musste erst von außen ein hohes Licht auf Erden an ihn herantreten und ihn fragen, ob dies möglich sei, dass es sich so verhält. Erst auf Nachfrage, nämlich genau zum richtigen Zeitpunkt, zum Wechsel in der Energie, der Veränderung im neuen Jahr, das ihr begeht, an einem neuen Ort, neue Möglichkeiten schaffend, war der Zeitpunkt richtig, um einen größeren Teil der Wahrheit offenzulegen. Zur rechten Zeit.

Ich möchte euch noch etwas über Tath sagen. Tath wirkt immer noch aus dem Gewahrsein Toths heraus, doch natürlich nicht mehr in dieser Form. Ebenso wie Toth auch mit den neuen Energien schwingt, hat Tath seinen Wirkungsbereich vor allem in den hohen Ebenen. Aus der siebten und achten Dimension heraus unterstützt er den ganzen Vorgang im Universum. Immer noch ist sein Blick ungetrübt und er kennt euch alle und er liebt euch alle. Er überblickt die vielen Zeitepochen und weiß, das Ende ist nah, der neue Anfang ist da. Der Kreis schließt sich und ihr werdet erblühen und jedes Leid und jeder Schmerz wird der Vergangenheit angehören.

Nun gehe in dich. Bewege dich mit deiner Energie in deinem innersten Selbst und spüre für dich nach, was es an Resonanz in dir entstehen lässt, was dir heute übermittelt wurde. Ob du bereit bist, es als einen Teil der Wahrheit anzuerkennen und das Alte, Kämpferische loszulassen und vor den Herrn zu treten. Nur du kennst die Antwort. Wenn ja, ruft Toth dich jetzt auf, vor den Herrn der Heerscharen zu treten, indem du laut die Worte sprichst: KODOISH – KODOISH – KODOISH ADONAI TSEBAYOTH. Nur du weißt, ob du den Worten von Toth folgst. So lasst uns laut sprechen, denn die Kraft erhöht sich um ein Vielfaches und Dimensionen werden erbeben.

Ich, der Ich bin, was ich auch immer war, ein Krieger des Lichts, ein Kämpfer für die Freiheit, Gefolgschaft von Toth. Ich bin zu dieser Zeit bereit, diesen alten Schwur und Eid aufzugeben, weil ich weiß, dass die Zeit etwas anderes erfordert.

Visualisiere dir einen Ring, und diesen Ring, der für den alten Bund steht, lege vor Melek Metatron nieder und spreche die Worte:

So sei es. Nun bin ich bereit, mit den neuen Energien meinen Bund zu erneuern. Dieser Bund ist gekennzeichnet von Freiheit, von Eigenverantwortung, von Mitgefühl, von Wachsamkeit und von tiefer Liebe für alles, was ist.

Damit übergibt dir Toth einen Ring, der eine völlig andere Bedeutung hat als der, den du weggelegt hast. Wenn du diesen Ring entgegennimmst, bist du nicht gebunden. Es ist die Energie der Freiheit, dein eigenes Gottsein auf Erden zu leben. Es ist zu keiner Zeit für dich ein Nachteil, was der Bund bewirkt, ein Bund mit Gott, ein Bund mit Melek Metatron und mit dir selbst, mit Gott in dir. So nehme diesen Ring entgegen und wisse, du bist frei.

Viele Schmerzen, die noch als Erinnerung in dir gespeichert sind, können sich jetzt auflösen. Du wist sehen, dass die Momente immer weniger werden, wo du in Widerstand und Kampf gehst, und trotzdem deine volle Kraft entfaltest und das bewegst, was du möchtest. So beinhaltet dieses Treffen, dieses Channeling und diese Gemeinsamkeit im Licht keine Aufgabe, wie ihr es gewohnt seid, doch es ist an sich eine Aufgabe, was ihr vollzogen habt, die vieles bewirken wird in euch und viele Seelen erreicht, die sich zur Zeit von Atlantis ebenfalls in unseren Reihen befanden. Etwas möchte Toth noch hinzufügen. Natürlich sind auch viele unter euch, die zu keiner Zeit gekämpft haben, die andere Aufgaben trugen, und trotzdem war diese Verbindung der lichten Welten auf Erden so eng und vieles wurde gemeinsam erfahren und erlebt und Schwüre oder Bündnisse dehnten sich über alle lichten Atlanter aus. So, auch, wenn du tief in deiner Seele spürst, dass du keiner der Krieger warst, so wisse doch, es wurde etwas von dir genommen, das mit dir zu tun hatte, und etwas Neues hat begonnen. In der grenzenlosen, unermesslichen Liebe des Seins sagt Toth euch: Ich liebe euch, ich danke euch und ich verneige mich vor euch. Seid gesegnet. AN'ANASHA.

Jesus Christus durch Namahim

Ausgleich und Frieden
20. 2. 2008

Friede mit dir. Ich bin, der ich bin. Ich bin, der ich immer war. Ich bin, der ich immer sein werde, der Sohn, Jesus der Christus. Mit all meiner Liebe begrüße ich euch, OMAR TA SATT. Das goldene Licht erhellt den Raum, widerspiegelt sich in deiner Seele. Die Liebe des Christus ist allgegenwärtig.

Ich werde heute zu euch sprechen. Ich werde euch Zusammenhänge des großen Ganzen darlegen und ich bitte euch, das ESCHA' TA in euch hell leuchten zu lassen, denn ich spreche zu dir von ESCHA' TA zu ESCHA' TA, zu deinem göttlichen Kern und auch zu deinem Bewusstsein. Auf vielerlei Ebenen geschieht dies. Immer noch ist es so, dass ihr nicht immer erfassen könnt, wann und warum die geistige Welt beschließt, Botschaften einer bestimmten Art zu senden. Ich möchte euch etwas zu eurem letzten Channeling mit Toth erzählen. Es gibt Menschen, die sehr starke Inkarnationen in Atlantis hatten. Es gibt Menschen, die diese Botschaften in sich aufgenommen haben und vielerlei dabei gespürt haben. Das Spektrum reicht von tiefer Liebe und dem Gefühl der Zugehörigkeit bis zu Ängsten, Spannungen und einer Abwehr. Doch glaube mir, egal, was du auch empfunden haben magst, es hat deine Seele berührt und jede Seele wurde auf eine bestimmte Art berührt. So möchte ich, Jesus der Christus, diese Botschaft heute vollenden.

334

Wenn in den Worten von Toth etwas liegt das in dir einen Widerhall erzeugt, eine Resonanz, und wenn Widerstände auftreten, weil du die Energie aus Atlantis, die oftmals noch in deiner Blaupause gespeichert ist, damit in Bewegung bringst und Muster des Schmerzes über dich kommen, dann ist dies eine Befreiung. Somit ist es viel einfacher für dich, all die Aspekte der Inkarnationen, die du in der atlantischen Energie hattest, anzunehmen mit all deinen Fähigkeiten und Erinnerungen. Es wurden Muster der Energie angeregt, die die Energie des Kampfes in sich tragen. Ebenfalls hat Toth mit euch zusammen einen alten Bund aufgelöst und einen Bund der Neuzeit, in der Freiheit, euch angeboten. Diese Energie, des Kampfes die in dir hochgekommen ist, ist die Energie, die auch jetzt, zu dieser Zeit, in vielen Menschen und auch im Kollektiv auf Erden noch einmal aufblüht, denn längst haben sich die Tore von Atlantis geöffnet und die atlantischen Energien haben sich in die Jetzt-Zeit eingebracht. Auch das ist im Großen gesehen ein Prozess der Heilung. Doch auf der anderen Seite wiederum ist auch erkennbar, dass dieser Kampf so viel Reibung erzeugt, dass das dritte Element, das für die Einheit so dringend benötigt wird, nicht so leicht aufgenommen werden kann. Ich spreche dabei von den magnetischen Energien. Wenn davon gesprochen wird, dass die alten und die neuen Energien sich in einem Kampf befinden, dann kannst du dir sicher sein, die magnetische Energie, die Energie der Einheit befindet sich niemals im Kampf. Die Reibung entsteht aus der Spannung der beiden Pole der bewertenden, alten Energien. Diese Spannung die zutage tritt, hat unmittelbar etwas mit den männlichen und den weiblichen Energien zu tun. So ist es auch wiederum nicht die weibliche Energie, die kämpft, es ist die männliche Energie, die diese Spannung erzeugt, aus der die Reibung entsteht, energetische Wirrfelder, die oftmals die Integration des Magnetismus erschweren.

Wenn du dies überträgst auf die Zeit von Atlantis, und wenn es in deinem jetzigen, menschlichen Bewusstsein der Spiritualität für dich nicht leicht zu nehmen ist, dass in Atlantis sehr viel gekämpft wurde, so glaube mir, die lichten Krieger, die sich in der Liebesenergie, in der Energie der Einheit bewegten, waren nicht diejenigen, die gekämpft haben, sondern vielmehr die, die erlöst haben. Sie hatten die Aufgabe, die Spannungen zwischen den männlichen und weiblichen Energien aufzulösen. Aus dem Menschsein heraus betrachtet wirkt dies wie ein Kampf. Doch ebenso, wie es jetzt kein Kampf ist, sondern eine Erlösung, wenn die beiden Pole der Dualität durch eine dritte Energie, durch den Magnetismus, in Einheit gebracht werden, so war es auch damals. Der gleiche Vorgang, wenn auch mit anderen Mitteln. Dies ist so wichtig, dass ihr, die ihr euch bewusst seid, gerade jetzt die Integration des Magnetismus unterstützt. So wird am heutigen Tage zweierlei geschehen. Zum einen wird Adonai Ashtar Sheran [29] von seinem Lichtschiff aus einen Strahl auf euch richten. Zum anderen, bevor du mit deiner Übung beginnst, und ich spreche damit alle diejenigen an, die diese Botschaft zu Hause empfangen, stell eine Blume vor dich. Die 12 Räte in Einheit mit Jesus dem Christus und Adonai Ashtar Sheran werden diese Blume mit einer besonderen Energie aufladen. Es ist die Energie des Ausgleichs und damit die Energie des Friedens.

Was ist es, was dich in deiner Seele umtreibt, wenn die Energien Wellen schlagen, wenn die Wirren der Zeit um dich sind und oftmals zu dir hindurchdringen? Es ist nur der Frieden, nach dem du dich sehnst, und dieser Frieden entsteht im Ausgleich deiner Energien. So sind es nicht nur die männliche und die weibliche Energie, sondern vielerlei Frequenzen, die du aufnimmst. Auch diese Energien möchten ausgeglichen sein, sodass Ruhe einkehrt und der ersehnte Frieden in dir. Deswegen ist die Energie des Friedens zu dieser Zeit so bedeutsam. Der Frieden in dir und der Frieden in der Welt, denn auch im Kollektiv der Menschen sind diese Energien sehr unausgeglichen, was wiederum zu dieser Spannung und der Reibung führt. Und was es wiederum der Erlösung der Dualität, dem Magnetismus, schwer macht, neue Strukturen zu bilden, um sich einzubetten in das kollektive Feld der Energien, doch vor allem in das Gitternetz der Liebe, das erschaffen wurde. Wir werden jede einzelne Blume für dich mit dieser ausgleichenden Energie und der Energie des Friedens aufladen.

Es soll die Aufgabe sein, dass du eine dieser Blumen mit nach Hause nimmst und dem Menschen, mit dem du nicht ganz im Einklang bist, wo die Energien sich reiben, wo frühere Energie auf die neue Energie trifft, überreichst. So wird es nicht immer möglich sein, dies persönlich zu tun. Vielleicht, weil dieser Mensch sich an einem weit entfernten Ort befindet oder bereits in die geistigen Ebenen übergewechselt ist. Doch kannst du dies auch im Geiste tun und die Energie des Friedens wird Einzug halten. Wichtig ist nur, dass du eine Blume in der physischen Form vor dich stellst, sodass sie aufgeladen wird in der höchst- und der tiefstmöglichen Frequenz des Friedens, sodass diese Energie alle Ebenen durchdringt und übertragen werden kann auf etwas Neutrales. Natürlich könntest du dir auch eine Blume visualisieren oder die Blume deines Herzens aufladen, doch soll sie frei sein von jeder Bewertung. Wenn du eine mentale Blume auflädst für einen Menschen, mit dem du nicht im Einklang bist, ist diese Neutralität meist nicht gegeben.

Während wir diese wundervollen Blumen aufladen, wirst du gebeten werden, deine Kanäle zu öffnen, sodass Ashtar seinen

Strahl auf dich lenken kann. Dazu möchte ich euch noch etwas erklären. Natürlich sendet Ashtar Lady Gaia immer dann, wenn Lady Gaia danach verlangt, die ausgleichenden Energien und die des Friedens. Doch für das Kollektiv der Menschen, das einen eigenen freien Willen besitzt, ist es wiederum so, dass nur zu besonderen Anlässen und bei bestimmten Gegebenheiten eingegriffen werden darf. Doch ihr, als die Gruppe der Tat, ihr wisst, warum wir euch so sehr brauchen. Weil ihr einen Teil des menschlichen Kollektivs darstellt und somit eure freie Entscheidung es ermöglicht, diese Energien in das Kollektiv zu bringen. Und so wird es geschehen.

Ich bitte dich nun, hohes Licht im menschlichen Körper, Antakarana des Lichtes: Verwende den Kristall AVATARA, zentriere dich in deinem Herzen, lasse eine Sonne entstehen, dehne dich aus in dieser Sonne und erfülle sie mit deinem ganzen Sein. Gehe in die Vereinigung deiner Chakren.

Erde dich, indem du den Kristall ARIS verwendest.

Öffne dann die Frequenz deines Alphachakras hin zum göttlichen Gedankenfeld und die deines Omegachakra, hin zu Lady Gaia. Eine energetische Ebene des Magnetgitterfeldes ist das Gitternetz der Liebe und in dieses Gitternetz der Liebe, das alle Menschen, die sich dafür öffnen, miteinander verbindet, wird Ashtar über euch, als Kanäle, jetzt von seinem Lichtschiff einen perlmuttfarbenen Lichtstrahl aussenden, zu jedem von euch und zu euch als Kollektiv des Lichtes. Lasse für einige Minuten Ashtar gewähren und öffne dich für den Energiefluss der harmonischen Energien, die alles in sich beinhalten und alles miteinander einen, durch dich hindurchfließend.

Während weiterhin die Übertragung vor sich geht, werden in deinem gesamten System, in deinem Lichtkörper und in deinem Aurakörper, bis hin zum physischen Körper die Energien in Einklang gebracht. Je mehr du deine Kanäle öffnest und je größer deine Bereitschaft ist zu dienen, umso mehr ist es Ashtar möglich, dich auszugleichen. Der Ausgleich ist sehr bedeutsam auf Erden. So wie die Energien männlich und weiblich sich ausgleichen möchten, achte immer wieder auf allen Ebenen deines Menschseins auf den Ausgleich von Geben und Nehmen, von Hingabe und Abgrenzung und erkenne den Frieden, der darin liegt. So vieles ist am Ausgleich der Energien gelegen. Denjenigen unter euch, die sich neben dem Frieden in ihrer Seele auch so sehr wünschen, mit ihrer Merkaba zu reisen, sage ich, auch dort müssen die Energien völlig ausgeglichen sein. Die Momente, in denen du tiefe Erlebnisse und Erkenntnisse der Liebe hast, sind die Momente, in denen die Energien ausgeglichen sind. Jesus der Christus sendet AN'ANASHA an Ashtar Sheran. Ashtar wird seinen Strahl zurückziehen und auch dir sei gedankt. Du kannst diese Verbindung zu jeder Zeit und so oft du möchtest wieder aufnehmen und dich einklinken in das Gitternetz der Liebe und in das göttliche Gedankenfeld, um diese Übertragung durch Ashtar zuzulassen. Im Gegenzug werden dabei deine Energien angeglichen. Geben und Nehmen – männlich und weiblich – Pol um Pol.

Jesus der Christus ist voll der unermesslichen Liebe für jeden Einzelnen, für alle die, die Schmerzen der Erinnerung in sich tragen. Für all jene, die im Zweifel sind, und für all jene, die all das hinter sich gelassen haben und voller Vertrauen und voller Glück in der neuen Zeit leben und lieben. Ich bin. der ich bin. Ich bin der, der ich immer war. Ich bin der, der ich immer sein werde. Ich bin die Liebe. Jesus Christus sagt euch, der Gruppe der Tat, AN'ANASHA und TARA'DOS [30] ist mit euch.

Adamea durch Adamea

Dienen als magnetischer Kanal
19. 3. 2008

Die Frequenz der Liebe strömt in euren Kreis. Die magnetische Liebesenergie aus den göttlichen Bereichen erfüllt diesen Raum. Sowie du dich ausdehnst, wird die magnetische Frequenz in Spiralform deinen ganzen Lichtkörper anreichern. Ich bin hier, das magnetische Licht, Adamea. Und ich begrüße dich aus den magnetischen Bereichen, OMAR TA SATT.

Ihr Lichtträger auf Erden. Aus der Verbindung der 12 Räte der Tat wurde ich ausgewählt, um euch Botschaften über die magnetischen Energien zu übermitteln und um euch in die Welt der Magnetfeldbahnen blicken zu lassen in diesem heutigen Zusammentreffen. Ihr, die ihr heute da seid, werdet in diesem Kreis ein großes, magnetisches Feld aufbauen und aus diesem Kreis werden die magnetischen Spiralen zu jedem Wesen, welches der Gruppe der Tat angeschlossen ist und zu einem späteren Zeitpunkt diese Worte liest oder hört, gehen. Alle sie werden aus diesem magnetischen Feld, auch in der Ferne, Impulse erhalten. Ich möchte euch als Erstes berichten, aus den Ebenen von Quadril 5, dem magnetischen Universum.

Adamis und Adamea haben die magnetischen Wesen erschaffen und jedes magnetische Wesen hat wiederum eine Vielzahl Aspekte ausgesendet. Das magnetische Universum, welches erschaffen wurde aus der All-einen Quelle, und die magnetischen Wesen haben die Grundlagen erschaffen, dass

Magnetfeldbahnen sich in dieser Weite der großen Leere ausdehnen konnten, sodass Grundlagen entstanden, um weitere
Formen, weitere Universen und später auch verschiedenartigste
Lebensformen in diese Magnetfeldbahnen einzubetten. Die
magnetische Energie in Quadril 5 ist so hoch schwingend, so
ein rein göttlicher Magnetismus, dass sich in diesem Universum nichts verdichten kann. Es gibt dort keine Wesenheiten,
geschweige denn etwas in dichter Materie, wie ihr es in eurem
Leben gewöhnt seid, auf diesem Planeten Erde. Alles im magnetischen Universum ist reine Substanz an Klang und Farben
und magnetischer Frequenz. Von jedem magnetischen Wesen
ist die Ursubstanz seiner Wesenheit nach wie vor in Quadril 5.
Es war nur den Aspekten möglich, später in alle anderen Universen herüberzuwechseln, damit sie ihre Aufgabe als Nunis in
den Weiten der verschiedenen Welten wahrnehmen konnten.
Und auch diese Aspekte, die Nunis genannt werden, mussten
jeweils mit einem hohen Licht verschmelzen und ein spezifisches Eingangstor wählen, um in ein anderes Universum eintreten zu können. So ist ein Nuni immer im Kern ein solcher
magnetischer Aspekt aus Quadril 5, und kann aber je nachdem, in welchem Universum ein Nuni dient, auch noch ganz
andere, für das Universum angepasste Energieformen, Talente,
in sich tragen und vielfältige Aufgaben übernehmen. Die Nunis haben auch die Aufgabe, im jeweiligen Universum, in dem
sie dienen, die magnetischen Frequenzen, die magnetischen
Spiralformen zu lesen und zu messen und dies stetig an Quadril 5 weiter zu übermitteln. Aus diesem Grund werden viele
dieser magnetischen Meister Techniker genannt oder melden
sich mit dem Wortlaut »vom magnetischen oder vom techni-
schen Dienst«.

Euer Planet wird von vielerlei magnetischen Frequenzen ge-
flutet. Die magnetischen Energien suchen Verankerungspunkte,

341

um die Frequenzen und die Schwingung auf Erden anzuheben, und darüber möchte ich euch heute berichten, um dies geht es auch in eurer heutigen Aufgabe. Je höher dass die Erde und Lady Gaia schwingt, und je lichter dass die Schleier werden, umso höher ist das magnetische Licht, das euch bestrahlt. Doch gibt es so viele Widerstände und so viel Reibung mit den alten Energien, mit den elektrischen Energien und all den Gedankenformen der Trennung auf diesem Planeten. Die magnetischen Energien können sich vor allem nicht in einem gleichmäßigen Fluss in Lady Gaia verankern, weil es sehr unterschiedliche Landstriche gibt. Es gibt Lichtzentren in gewissen Ländern auf Erden, wo das Bewusstsein bereits weit ausgedehnt ist, und es gibt riesengroße Flecken auf Erden, wo die Dualität und die Dichte sich immer noch stark halten. Dies bedingt immer wieder, dass die magnetischen Meister, so wie Kryon und sein Gefolge und viele andere, die ihre Aufmerksamkeit auf euer Feld und euer Aufstiegsgeschehen gelenkt haben, stetig Anpassungen vornehmen müssen. Oft ist es nicht einfach, die verschiedenen Magnetgitter in einer stabilen Ausrichtung zu halten. So seid auch ihr aufgerufen, ihr, die ihr euer Licht und euer Bewusstsein so weit ausgedehnt habt, um als magnetische Anker zu dienen. Ob ihr nun in eurem Ursprung ein Nuni seid oder ein hohes Licht aus diesem Ersten Zentralen Universum, spielt keine Rolle. Wichtig ist, dass ihr euch bewusst seid, dass ihr magnetische Anker seid auf Erden.

So möchte ich dich auf eine Reise mitnehmen. Ich möchte dir die verschiedenen Magnetgitternetze in der näheren Umgebung eures Planeten und eures Energiefeldes von Lady Gaia zeigen. So atme tief in dein magnetisches Zentrum, welches sich hinter deinem Bauchnabel befindet. Wenn du einatmest, dann ziehe den Bauchnabel rückwärts in Richtung der Wirbelsäule. Dies aktiviert dein magnetisches Zentrum. Du kannst es wie eine Pumpbewegung spüren. Es ist, wie wenn du Druck ausübst und wieder loslässt. Dann spürst du, wie dein magnetisches Zentrum anfängt sich auszudehnen. Nun visualisierst du dir in der Mitte dieses magnetischen Zentrums den Kristall für Magnetismus und lässt ihn sich ausdehnen, so, dass er all deine Körper durchdringt. Dieser Zustand ist ein idealer Zustand, in dem du dir deine magnetischen Tore aktivierst, deine eigenen, inneren, magnetischen Tore. Verstehe, dass es ein Anliegen ist von uns magnetischen Meistern aus der geistigen Welt, dass du ein aktiver magnetischer Meister auf Erden wirst, sodass wir miteinander wirken können in dieser Verknüpfung. So werde ich nun einen Moment magnetische Energien aus der Frequenz von Adamis und Adamea zu dir übermitteln und du versuchst, diese Atmung und diese Pumpbewegung so, wie es für dich angenehm ist, aufrechtzuerhalten.

Du spürst, wie sich deine magnetische Frequenz erhöht, und so lässt du dich ganz entspannt in dieser Welle ausdehnen und aktivierst bewusst dein dritten Auge und spürst einen energetischen Strahl, der aus deinem dritten Auge austritt. An die Spitze dieses Strahls setzt du nun den Kristall für Magnetismus. Mit Hilfe der magnetischen Meister öffnen wir dir die Sicht deiner inneren Schau und du blickst jenseits des Sternentores in die Weiten der Galaxie. Es werden dir jetzt verschiedene Magnetgitternetze gezeigt.

Fühle dich ganz ruhig und gelassen. Es spielt momentan keine Rolle, was oder wie viel du siehst. Betrachte es als eine Schulung deines magnetischen Sehens und deines magnetischen, inneren Auges. Was du aber auf jeden Fall spüren kannst, ist eine Ausdehnung, eine Kraft in deinem dritten Auge. Dein magnetisches Auge wieder zu aktivieren, ist ein wunderbares Geschenk. Vielleicht wirst du dich an Zeiten auf Lemuria erinnern, als die Erde eingebettet war in die magnetischen

Energiebahnen, in der Einheit der göttlichen Felder. Da waren es nicht deine physischen Augen, weil du damals gar keinen physischen Körper trugst, sondern es waren dein drittes und auch dein magnetisches Auge, welches damals die wundervollen Welten dieses Planeten erblickten. Öffne dich für diese Aktivierung deines magnetischen Sehens, ohne eine Erwartung zu haben.

Jetzt nimmst du deinen Strahl aus dem dritten Auge wieder zurück und bist mit deiner Aufmerksamkeit zurück in deinem magnetischen Zentrum, spürst deine magnetischen Felder und die Ausdehnung, die stattgefunden hat.

Nun werden wir mit der Übung beginnen. Aus deinem magnetischen Zentrum hinter dem Bauchnabel, welches pulsiert und aktiviert ist, sendest du nun über die Sinuswelle des magnetischen Kristalls, das heißt über die Wellenlinie, die aus deinem magnetischen Zentrum nach oben, durch all deine Körper hindurch und aus dem magnetischen Zentrum nach unten, in die Erde und zu Lady Gaia führt, Magnetismus.

Es senkt sich nun das Christusbewusstsein-Gitternetz in euren Kreis und der Kosmische Christus selbst wird seine Energiestrahlen zu euch bringen. Durch eure magnetischen Zentren verbindet sich nun das Gitternetz des Christus mit eurer Gruppe, die Energie des Christusbewusstseins dehnt sich in eurem riesigen, magnetischen Feld aus. Nun spürst du, dass dieses Energiefeld sich über diese Sinuswelle aus dem magnetischen Zentrum nach oben und nach unten ausdehnt und vibriert. Auf diese Art dienst du als ein magnetischer Kanal, um ESCHA' TA und die Frequenz aus dem Christusgitternetz zu stabilisieren. Gleichzeitig habt ihr hier in eurem Kreis dieses wunderbare, magnetische Christusenergiefeld aufgebaut für alle anderen, die der Gruppe der Tat angeschlossen sind und ein jeder wird sich sofort mit diesem Feld verbinden können und Impulse erhalten. Spüre dein magnetisches Wirken. Welch eine Freude. Die magnetischen Meister, die hohen Lichter aus der geistigen Welt und die Räte der Tat betrachten das Geschehen.

Adamea kündigt euch hiermit an, dass ihr in Zukunft bei jedem Treffen der Gruppe der Tat, was auch das Thema sei und wer auch zu euch sprechen mag, eine magnetische Energieübertragung erhalten werdet, was euch mehr und mehr in euer Tun als magnetische Meister führt. Nicht aus Zufall bin ich, Adamea, als magnetisches Licht unter den 12 Räten, so, wie auch Kryon, Sinas, Elias. Sie alle sind magnetische Meister unter den 12 Räten der Tat.

Zieh jetzt die Sinuswelle wieder in dein magnetisches Zentrum zurück, so, dass du es in seiner Ausdehnung wieder erfassen kannst, denn es hatte sich weit ausgedehnt.

Es war mir solch eine große Freude, gemeinsam mit euch zu wirken. In diesen Momenten, wenn ihr in den hohen Schwingen des Magnetismus euch vereint, können wir uns so nahe sein. Ihr habt wunderbar gewirkt mit dem Gitternetz des Christus, sodass ESCHA' TA sich ausdehnen kann auf Erden. Für euer Wirken, für euren Fokus und den Weg, den ihr heute in diesen Kreis gemacht habt, sagen wir euch AN'ANASHA.

Kryon durch Namahim

Heilen mit Magnetismus
16. 4. 2008

(Anm.: Wenn du die hierin enthaltene Übung machen möchtest, lege dir eine Münze bereit.)

Meine Lieben. Es begrüßt euch Kryon und ich tue dies in der unermesslichen Liebe, die Kryon in sich trägt. Wie immer begrüße ich euch im Namen der 12 Räte der Tat zu diesem Ereignis, zu diesem Treffen, zu dieser Botschaft. Es ist eine Botschaft der Achtung, der Liebe, des freien Willens. Eine Botschaft der Kraft und des Mutes und voller Freude wird Kryon diese Botschaft überbringen.

Das Thema lautet: Heilen mit Magnetismus. Nun ist es für euch keine Neuigkeit mehr, dass die magnetische Liebesenergie die Energieform des goldenen Zeitalters ist. Vieles wurde über Magnetismus durchgegeben. Manches Mal war es eher technischer Natur, manches Mal etwas weitläufiger. Doch heute möchte Kryon euch diese wunderbare Energie für die Heilung der Menschen, die Heilung des Planeten und eure eigene Heilung überbringen. Magnetismus – und es sei hier noch einmal erwähnt – ist das Wichtigste und er beinhaltet und trägt alle Energiefrequenzen, die auf Lady Gaia gelangen. So dient diese Botschaft, die die Absicht der 12 Räte ausdrückt, auf vielerlei Weise und in Verbindung mit jedem einzelnen Lichtwesen diesseits und jenseits des Schleiers, dazu, Magnetismus zu verbreiten. Wie angekündigt, wird die magnetische Energie all die kommenden Themen der Gruppe der Tat durchziehen und manches Mal, wenn auch nicht ausgesprochen, den Kern davon bilden. So ist jede Aussage, jede Übung, jede Aufnahme der Energie mit Magnetismus beseelt und ich, Kryon, ich bin der Überbringer. Der andere Teil der Botschaft entstand auf die Bitte des Mediums. Es berührt viele von euch gerade dann, wenn Krankheit und Sterben sich in eurem Umfeld zeigen, bei Menschen, die ihr liebt, die euch nahe sind. Gerade dann fällt es euch oft nicht leicht, nur aus eurer Göttlichkeit heraus, im höchsten Sinne zu handeln. Die persönliche Liebe zu einem Menschen ist etwas sehr Kraftvolles und oftmals ist es schwierig, neutral zu bleiben. So, wenn sich eine Krankheit bei einem geliebten Menschen zeigt, fragt euer Herz immer, was es tun kann, wie ihr helfen könnt, und das ist auch gut so. Was so wichtig ist, ist, dass du trotzdem und vielleicht gerade deshalb, weil du diesem Menschen so nahe bist, sehr genau darauf achtest, dass du keine persönliche Energie mit hineinbringst, die du überträgst. So wird oft zu euch gesprochen und gesagt, wenn du einem Menschen Energie sendest, ist es notwendig, dass du zuvor die Erlaubnis einholst, dass du fragst, bevor du etwas tust. Doch ihr wisst selbst, dass dies oft nicht so einfach ist. Sei es dann, wenn ein Mensch bewusst nicht ansprechbar ist, oder aber auch in seinem Menschsein es nicht versteht, es nicht verstehen möchte. Es ist möglich, dass die Seele einer Heilung zustimmt, auch wenn der Mensch in seinem Bewusstsein dir gegenüber ablehnend ist. Warum ist es so wichtig, dass du das prüfst? Wenn du zu einem Menschen Worte sprichst, die ihn beeinflussen, dann geschieht dies auf der bewussten Ebene. Die unbewusste Ebene hat jedoch nicht die Möglichkeit, das gesprochene Wort, das aufgenommene Wort abzuwägen und zu entscheiden, ob es seinen Weg in das Unbewusste finden darf oder nicht. Und so ist alles, was du einem Menschen übermittelst, eine Beeinflussung. Doch die Frage ist, geschieht es in der Liebe oder erzeugt es Angst oder Druck. Wenn du alleine das schon beachtest, bist du ein wunderbarer Lichtarbeiter. Doch viele der Lichtarbeiter machen sich auch darüber Sorgen, dass sie etwas falsch machen könnten, wenn sie Energien senden, dass sie in den freien Willen eingreifen könnten und etwas auf sich laden.

Dazu möchte dir Kryon etwas sagen. Zwei Dinge sind vonnöten. Dass du in deinem Vereinigten Chakra bist und damit in der Absicht der Liebe. Das zweite ist, dass du mit den Energien, mit denen du arbeitest, aus der Wirklichkeit heraus wirkst. Immer dann, wenn du in der Absicht der Liebe bist, ist dies wie von selbst der Fall. Denn dann bist du neutral. Es geht im Eigentlichen nicht darum, dass du einem Menschen, einer Seele eine Energie aufzwingen könntest, die nicht angemessen ist, denn die Seele entscheidet selbst, ob sie diese Energie annehmen möchte oder nicht. Somit kannst du eigentlich gar nichts verkehrt machen, kannst diesen Druck von dir nehmen. Doch etwas anderes beinhaltet das Einholen der Erlaubnis ebenfalls und das ist, dass du in dir die Wertschätzung trägst und diese auch bekundest, eben dadurch, dass du nachfragst, dass du in eine Haltung gehst, in der du den freien Willen der anderen Seele respektierst. So ist es vor allem für dich selbst wichtig nachzufragen. Einen dritten Aspekt trägt es in sich und zwar: Was hilft es, wenn du deine Zeit gibst und die Seele die Energie nicht annehmen möchte? Doch dies ist nicht das Ausschlaggebende. Nun bist du manches Mal verunsichert, wenn du dich mit einem Hohen Selbst verbindest und abfragst, ob es erlaubt ist. Um diese Unsicherheit zu überbrücken, möchte dir Kryon heute etwas vorschlagen.

Dazu nimm eine Münze in deine Hände. Schließe sie in das Licht deiner Hände ein, in der Absicht sie von allen energetischen Spuren zu befreien ...

Nun öffne für einen Moment deine Augen und schaue dir deine Münze an. Sie hat zwei Seiten und eine Seite belegst du so, wie es für dich stimmt, mit Ja und eine mit Nein. Vereinbare dies mit deinem eigenen Selbst.

Falls du dich wunderst, dass Kryon dir vorschlägt, für etwas so Gewichtiges wie den freien Willen eine Münze zu werfen, so sage ich dir, ich werde dir zeigen, wie du dich mit dem Hohen Selbst eines anderen verbindest und diese Münze Ausdruck werden lässt für die Botschaft des Hohen Selbst. Es ist so einfach, dass ihr oftmals nicht darauf kommt, euch Hilfen zuzulegen. Jetzt wird Kryon euch noch sagen, für was eine Übertragung von magnetischer Liebesenergie gut ist. Nun, sie ist für vielerlei gut. Sie hilft und unterstützt den Lichtkörper, sich auszudehnen und sich auszurichten. Sie bringt eine neue, energetische Struktur in das Seelenkleid, in die Aura und sie ordnet die Energiebahnen des physischen Körpers, reguliert den Energiefluss. Sie wirkt auf allen Ebenen. Verinnerliche dir, dass die Ursache für die meisten Symptome, die ein physischer Körper trägt, eine mangelnde oder unzeitgemäße Erdung ist oder die fehlende Bereitschaft, vor allem im physischen Körper die Neuzeitenergie in sich aufzunehmen, Magnetismus bis tief auf Zellebene vordringen zu lassen. Oftmals gibt es Stauungen, vor allem im Bereich des dritten Auges, des Herzens und manches Mal auch im magnetischen Zentrum. So wird die Übertragung, die jetzt bereits beginnt, für dich, der du hier sitzt oder sonst wo und dies liest, eine Übertragung an den Punkten deines dritten Auges, deines Herzens und deines magnetischen Zentrums, hinter deinem Bauchnabel, sein. Bereite dich einen Moment darauf vor, indem du dich zunächst mit ARIS erdest, ARIS in dich hineinatmest und dir vorstellst, wie ARIS in jeder deiner Zellen schwingt, millionen- und milliardenfach ...

Dann werde dir deiner Göttlichkeit bewusst und öffne deine Kanäle, vor allem öffne bewusst dein drittes Auge und dein magnetisches Zentrum, indem du es ausdehnst und verfahre ebenso mit deinem Herzzentrum. Lasse es weit werden und lasse all deine Chakren sich vereinigen ...

Und während Kryon noch weiterspricht, wird dir magnetische Liebesenergie übertragen. Wenn du angefüllt bist mit dieser Energie, wird Kryon dich auffordern, dein Omegachakra zu öffnen und einfach, währenddessen die Zusammenkunft andauert, Magnetismus zu Lady Gaia fließen zu lassen.

So, nun höre noch einmal. Es gibt viele verschiedene Frequenzen der Heilung. Doch Magnetismus bewirkt etwas sehr Spezielles. Er bereitet die energetische Struktur in einem System vor und richtet sie neu aus. Viele Energien können einfach wie von selbst zum Fließen kommen, wenn alle Systeme ausreichend mit Magnetismus versorgt sind. Während die Energieübertragung zu dir anhält, möchte Kryon dich noch auf etwas aufmerksam machen. Es gibt verschiedene Möglichkeiten, wohin du deine Anfrage um Erlaubnis von Heilung richten kannst. Zum einen von Herz zu Herz, von Christusselbst zu Christusselbst, von der Gottesmacht in dir zur Gottesmacht des anderen. Von ESCHA' TA zu ESCHA' TA. Wenn es sich bei Beschwerden um Symptome des physischen Körpers handelt oder wenn es sich um Dinge der Seele handelt, die du unterstützen möchtest, so wähle diese Verbindung. Wenn es sich um eine Unterstützung im Spirituellen handelt, bis in die hohen Ebenen des Lichtkörpers hinein, dann verbinde dich mit dem Hohen Selbst, dem Kosmischen Selbst deines Freundes, der geliebten Seele.

Nun möchte Kryon dich auffordern, an einen Menschen zu denken, von dem du glaubst, dass er Hilfe und Unterstützung brauchen könnte. Für diese Übung wäre es am besten, wenn du dazu jemanden auserwählst, der dir sehr nahe steht. Hol dir diesen Menschen vor dein inneres Auge.

Nun vergegenwärtige dir, was deiner Meinung nach, deiner Wahrnehmung nach, dieser Mensch an Heilung brauchen könnte. Ob es sich im niederen Vierkörpersystem abspielt oder ob es um spirituelle Entwicklung geht. Versuche zunächst einmal hier, dich zu entscheiden. Wenn du dir hier unsicher bist, wäre es auch eine Möglichkeit, deine Münze zu verwenden, indem du die eine Seite als das Hohe Selbst benennst und somit als spirituelle Ebene und die andere Seite als die seelisch-körperliche Ebene bzw. als das Höhere Selbst. Doch wirst du die Antwort ohnehin erfahren, wenn du jetzt für dich eine Auswahl triffst, einfach aus deinem Gefühl heraus.

Mache nun Folgendes: Bringe aus der Vereinigung deiner Chakren heraus deinen Herzensstrahl zum Einsatz. Je nachdem, was du gewählt hast, verbinde dich mit deinem Herzensstrahl mit dem Hohen oder mit dem Höheren Selbst der anderen Seele. Sende deinen Herzensstrahl aus und stelle eine Verbindung her. Begrüße den Menschen in seiner Göttlichkeit. Begrüße das Selbst und bitte um Zusammenarbeit. Übermittle dem Hohen Selbst oder dem Höheren Selbst des anderen, dass du die Münze verwenden wirst, dass du sie werfen wirst, um zu einer Entscheidung zu kommen. Bitte das Hohe Selbst oder das Höhere Selbst des anderen, deine Hand zu führen und die Münze zu lenken und stelle die Frage: »Ist es mir erlaubt, dem Menschen Magnetismus zu senden zu diesem Zeitpunkt, ja oder nein?« Und dann werfe deine Münze. Wenn du die Antwort erhalten hast, dann handle danach und versuche zu spüren, was diese Antwort, auf die du dich

100%ig verlassen kannst, mit dir macht. Bringt sie dich in einen Widerstand oder kannst du sie aus der Neutralität heraus als das höchste Wohl des anderen betrachten? Spüre, was es mit dir macht. Bist du neutral oder stellst du dir Fragen? Zum Beispiel: »Warum wohl nicht? Was hat es zu bedeuten«? Dies ist ein Anzeichen von Ego. Beachte diese Stimme nicht. Respektiere es und vertraue auf die Richtigkeit der Antwort. Wenn du nun für diesen Menschen ein »Nein« erhalten hast, kannst du dies zu einem späteren Zeitpunkt, vielleicht innerhalb einiger Tage oder Wochen, noch einmal abfragen, denn die Dinge verändern sich und sind in Bewegung. Nichts bleibt, wie es ist.

Wenn du jetzt dein »Ja« erhalten hast, so mache Folgendes: Je nachdem, ob diese Übertragung in die seelisch-irdischen Ebenen der Aura und des Körpers gehen sollen oder in die Bereiche des Lichtkörpers, richte deinen Herzensstrahl darauf aus. Während Kryon den Magnetismus zu dir sendet, lasse ihn aus deinem Herzen durch deinen Herzensstrahl strömen zum anderen Menschen. Wenn es Bereiche der Aura sind, lasse den Herzensstrahl in der Aura schwingen. Wenn es mehr um den physischen Körper geht, richte deinen Herzensstrahl einige Zeit auf das Herzzentrum, dann auf das magnetische Zentrum und danach einige Zeit auf das dritte Auge. Sendest du den Magnetismus in den Lichtkörper, richte deinen Herzensstrahl in den Lichtkörper, einfach in dieser Absicht. Der Herzensstrahl sucht sich seinen Weg.

Wenn du nun ein »Nein« als Antwort erhalten hast, so bittet Kryon dich, für den Moment nur eines zu tun: Dich in der Neutralität zu üben und dabei jetzt dein Herz zu öffnen und die magnetische Liebesenergie einige Minuten an Lady Gaia weiterzuleiten.

Beende nun die Übertragung, indem du deinen Herzensstrahl zurückziehst. Eine magnetische Übertragung ist sehr kraftvoll und sollte nie zu lange durchgeführt werden. Es macht wesentlich mehr Sinn, dies öfter zu tun, so, dass keine Überladung stattfindet. Ich möchte auch diejenigen bitten, die jetzt ihr Omegachakra noch nicht geöffnet hatten, dies noch zu tun und einfach während des weiteren Channelings den Magnetismus, den Kryon sendet, an Lady Gaia weiterzugeben.

Nun war das ein Beispiel, eine Möglichkeit, zu heilen mit Magnetismus. Grundsätzlich kann jeder Mensch auf Erden, der in sich bereit ist für Entwicklung und für den Aufstieg, Magnetismus sehr gut gebrauchen, doch es gibt auch andere Energiefrequenzen der Heilung, die du kennst. Ihr habt verschiedene Kanäle offen. Vielleicht für die Heilkraft der Engel, das Christusbewusstsein, Erlösungsenergie oder sonstige Energien, mit denen ihr euch verbunden fühlt und die durch euch fließen. Ihr könnt mit jeder beliebigen Energie so verfahren. Da möchte Kryon euch noch eine weitere Hilfestellung geben. Auch das ist ähnlich einfach wie mit der Münze. Du nimmst für alle Energiefrequenzen, zu denen du Zugang hast, ein Kärtchen und beschriftest es auf der Rückseite mit dieser Energiefrequenz. Ein Kärtchen beschriftest du damit, nichts tun zu sollen, und dann nimmst du die Kärtchen in deine Hand und legst sie verdeckt vor dich. Du verbindest dich mit dem Hohen oder Höheren Selbst des anderen Menschen, bittest darum, es möge deine linke Hand geführt werden, und ziehst eines der Kärtchen. Dann tust du das, was getan werden soll, ohne Wenn und ohne Aber im völligen Vertrauen darauf, dass du, wenn du so vorgehst, immer die richtige Antwort erhältst. Vertraue einfach darauf.

Das, meine liebe Gruppe der Tat, war eine Anregung für euer Wirken, denn jeder von euch ist auf eine gewisse Art ein

Heiler. Jeder kann bestimmte Energiefrequenzen durch sich hindurch channeln und sie weitergeben. Zum anderen war diese Botschaft dazu gedacht, dir noch einmal die Bedeutung und die Vielfalt der magnetischen Wirkungsweise zu verdeutlichen und die Einfachheit, mit der du das tun kannst.

Kryon wird jetzt die magnetische Übertragung beenden, doch du kannst mich jederzeit rufen und ich bin gerne bereit, zu jeder Zeit, an jeden Ort, dir Magnetismus zu senden. Kryon verabschiedet sich. Kryon sagt AN'ANASHA.

Engel Michael durch Namahim

Karma

21. 5. 2008

Ich bin Engel Michael und ich begrüße euch in der Lichtsprache, OMAR TA SATT. Ich, Engel Michael, erfülle zu dieser Zeit sehr wichtige Aufgaben. Ich spreche zur Gruppe der Tat und es ist die Liebe des vereinten Feldes der Wirklichkeit, durch die Michael zu euch dringt, und ich sende die Botschaften direkt zu euch. Ich sende sie in euer Herz und ich verwende Worte, die dich erreichen, denn das Thema, um das es geht, ist ein sehr oft missverstandenes Thema. So begreife mit deiner Seele, was Engel Michael dir überbringt.

Zunächst möchte ich euch, der lieben Gruppe der Tat, übermitteln, dass, während die Botschaft gesendet wird, Magnetismus zu euch fließt, denn Magnetismus verbindet euch, ist euer Zentrum. So beginne ich mit der Botschaft.

Mit mir gekommen ist und mit mir wirkt die hohe, kraftvolle Energie von Engel Uriel. Ich sende die Botschaft, die dir etwas über Karma beibringen soll. Was stellst du dir vor, wenn du Karma hörst? Was hast du dazu gehört, gelesen? Was bedeutet Karma? Viele glauben, dass Karma in dieser Zeit keine Bedeutung mehr hat, und wie so oft stimmt dies zu einem Teil. Doch zu einem anderen Teil kann es so nicht gesagt werden. Es stimmt insofern, als diejenigen, die die Absicht des Erwachens in sich tragen, vielleicht schon seit langen Jahren von der Möglichkeit Gebrauch gemacht haben, allen alten Ballast der

355

karmischen Strukturen abzuwerfen, ihn zu übergeben an die kosmischen Strukturen der Gnade. Doch was bedeutet Karma? Es ist ein Wort, das ein kosmisches Gesetz zum Ausdruck bringt, das ihr alle kennt: »Was du säst, das wirst du ernten«. Dieses Gesetz ist universell und gilt zu jeder Zeit und solange das Universum existiert. So, wenn du längst in der Absicht der Liebe und des Aufstieges angesammeltes Karma aus anderen Inkarnationen abgegeben hast, ist es doch möglich, dass du so etwas wie Tageskarma aufbaust. Der Ausdruck Karma ist weder gut noch schlecht, weder positiv noch negativ. Er bringt allein zum Ausdruck: »Was du säst, wirst du ernten«. Damit ist es für dich im Guten wie auch im Schlechten gültig und ewiglich gültig: »Was du säst, wirst du ernten« . Säst du die Liebe, wirst du Liebe ernten. Säst du den Zweifel, wird der Zweifel in dir wohnen. Ich, Engel Michael, ich sage dir aber auch, dass dieses Tageskarma immer dann, wenn du in die Absicht der Liebe gehst und in dein Vereintes Lichtfeld, sehr einfach und sehr schnell wieder abgebaut wird. Und doch ist dieses Gesetz gültig. Doch das ist euch bewusst, auf etwas anderes möchte ich euch noch hinweisen.

Dein Karma, das mit dieser Inkarnation, in der du dich jetzt befindest, verbunden ist, dieses Karma sind deine irdischen Eltern. An dieser Stelle werde ich nicht tiefer darauf eingehen, doch allein dass, allein, dass du dich in Achtung verneigst vor diesen Anteilen, die auch in dir sind, vor deinen irdischen Eltern, bewirkt, dass du du selbst sein kannst. Es ist so einfach und die Lösung geschieht immer in der Liebe und in der Achtung, auch das ist Karma. Und doch gibt es viele Menschen, die sich spirituell entwickeln, die sich nach dem Höchsten ausrichten und diesen Zusammenhang noch niemals erfasst haben, die sich wundern, warum sie noch Strukturen in sich tragen, die sie hindern, und oftmals glauben sie, das läge an längst vergangenen Leben oder parallelen Existenzen, wie auch immer du es nennst. Doch ich sage dir, dir Lichtarbeiter: Das, was du noch in dir trägst an Karma, widerspiegelt deine Achtung vor deinen Eltern. Die Gnadenwelle wurde wirksam in all den Bereichen, die für dich nur schwer einsehbar sind, deine vielen Leben betreffend, dort wurde alles an Karma aufgelöst. Doch ist es zumutbar, dass du dich in der Erinnerung, die du in dir trägst, an dein jetziges Leben, deinem Ursprung auf Erden, deinen Eltern, zumindest innerlich zuwendest. Dies bewirkt eine große Befreiung, du kannst dich in der Liebe lösen und wirst du selbst. Es ist der Engel Uriel mit den Wächtern des Karmas, der eben jetzt und hier präsent mit seiner Energie ist, und du kannst in diesem Moment alles neu angesammelte Karma, in der Liebe an Uriel übergeben. Wenn deine Seele es erlaubt, werden auch all diese Strukturen von dir abgezogen.

Doch die eigentliche Botschaft ist jene, da ihr die Gruppe der Tat seid und da ihr wirkt für das große Ganze, was derzeit mit einem großen Nachdruck auf Lady Gaia geschieht. In vielen Gebieten werden karmische Strukturen genommen. Besonders karmische Strukturen, die ganze Länder bedecken, ganze Völker miteinander verbinden und oftmals seit sehr, sehr langer Zeit bestehen. So weißt du, dass Strukturen des Karmas hinderlich sind für das Erwachen. Es mussten bei all jenen von euch, die die Absicht gegeben haben zu erwachen, als erster Schritt diese Strukturen entfernt werden und das Erwachen im Lichtkörper konnte sich vollziehen. Das Erwachen in deiner Seele, spürbar für dich, erleuchtete Zustände in diesem Erwachen sind manches Mal dadurch nicht möglich, dass karmische Strukturen der Eltern-Kind-Beziehung noch wirken. Doch ich sage dir, sorge dich nicht. Du bist ein solch hoch entwickeltes Licht. Lass die Liebe in dir sprechen und löse, löse dich in der Liebe von diesem Karma, indem du dich innerlich tief verneigst vor deinen irdischen Eltern, egal was du glaubst, was du erfahren musstest, ich sage dir, du hast es selbst gewählt. Erst wenn diese Strukturen und auch das Karma des Tages nicht mehr wirken, ganz einfach, weil du immer mehr aus der Liebe heraus reagierst und in der Vereinigung deiner Chakren bist, wird das Erwachen für dich in allen Aspekten spürbar. Der Schleier öffnet sich zur Gänze.

Die Länder und Gebiete auf Mutter Erde, die noch in solchen energetischen Strukturen verhaftet sind, erhöhen sich in ihrer Energie nur sehr schwierig. So sind Bereiche von Lady Gaia bereits sehr hoch schwingend und andere wiederum noch in einer tieferen Energie. Die neuen Energien können nicht so einfach aufgenommen werden, weil oftmals, und ich sage besser: unter anderem, karmische Strukturen wirken. Diese zu lösen für jedes Kollektiv von Menschen, für Kollektive von Kulturen, für Kollektive von Gruppen, ist eine der Aufgaben von Erzengel Michael in Verbindung mit dem Erzengel Uriel.

Einst vor Jahren deiner Zeit wurde dem jüdischen Volk die Freiheit geschenkt und in einem großen Energiefeld des Lichtes nahm ich, Engel Michael, dem jüdischen Volk das Karma. Dies musste geschehen und war sehr, sehr wichtig. Doch konnte es nur deswegen geschehen, weil Menschen, die dieser Bevölkerungsgruppe zugehörig sind, sich von all ihrem Karma, ihrem Seelenkarma befreit haben und dieses Kollektiv diese Absicht gesetzt hat. Es wird überall auf Erden so geschehen, nach und nach. Da diese kollektiven Karmaenergien oftmals sehr dicht und sehr zäh sind, bilden sie auch Spannungen aus, die spürbar sind für Lady Gaia, energetisch sowie auch im Physischen. Oftmals, wenn wir an gewissen Stellen und in energetischen Bereichen diese Muster auflösen, ergibt sich eine Verschiebung und es kommt dazu, dass die Erde bebt. Natürlich finden viele weitere energetische Arbeiten statt, in anderen Schwingungsbereichen und auch dies verursacht zuweilen Verschiebungen oder Lösung von Spannungen. Reinigungen über die Elemente von Lady Gaia sind oftmals darauf zurückzuführen, dass karmische Strukturen entfernt wurden.

Nun wird diese Botschaft, in dieser Art, nicht so oft gesendet und das Wort Karma von uns nicht so gern genannt in der neuen Zeit, weil viele Menschen eine bestimmte Vorstellung von Karma haben, die nicht zutrifft. So verwenden wir meist andere Begriffe. Es ist gerade diese Zeit, in der wir besonders in den karmischen Bereichen wirken. In manchen Ländern, in manchen Kollektiven geht es sehr einfach. Die neue Energie hat bereits Einzug gehalten und diese Strukturen freigegeben. Es ist eine wunderbare Botschaft, die Engel Michael zu euch sendet, wenn ich euch sage, in eurem Gebiet und in eurem Kulturkreis wurde das kollektive Karma vollständig entfernt. Es gibt Bereiche und Länder, wo dies noch nicht möglich ist. Doch wir, Engel Uriel und seine Wächter, überprüfen dies fortlaufend und du kannst selbst sehen, in welchen Gegenden dies geschieht. Wenn Engel Michael sagt, das kollektive Bewusstsein in eurem Lande ist frei, das kollektive Bewusstsein in eurer Sprachgruppe ist frei von Karma, bedeutet dies nicht, dass es keine Menschen mehr gibt, die noch Karma in sich tragen. Doch dann ist es persönliches Karma der Seele, wenn jemand sich nicht öffnen möchte. Doch verstehe, dass das kollektive Karma zwar mit dem persönlichen Karma auf eine gewisse Art verbunden ist, doch wir können, sobald ein Kollektiv diese Absicht aussendet, das Karma, das auf einer höheren Ebene verstrickend wirkt für das Kollektiv, hinwegnehmen. Das ist im Moment eine meiner Hauptaufgaben im Bereich der Planeten des Aufstieges.

Michael und Uriel möchten euch bitten, als die Gruppe der Tat, unterstützend zu wirken. So bitte ich euch, werdet euch eurer Göttlichkeit bewusst.

Gehe in die Absicht der Liebe. Gehe in die Absicht der Neutralität. Gehe in die Absicht deiner Gottesmacht und dehne dich aus in deinem Licht, über den gesamten Erdball ...

Lasse dein Licht den gesamten Planeten umhüllen und verbinde dich mit dem Bewusstsein Lady Gaia. Am besten tust du dies, indem du dein Omegachakra öffnest und dich in das Bewusstsein von Lady Gaia einklinkst...

Stelle dir vor, wie unangenehm es für Lady Gaia ist, diese karmischen Bereiche, die teilweise noch sehr dicht sind, in ihrem Energiefeld zu tragen. Denn einerseits spürt sie schon die Energie der neuen Zeit, sie weiß genau, wohin die Reise geht, und andererseits hat sie noch Energien in sich, die sie halten. Versuche dies einmal wahrzunehmen. Versuche dies einmal mit Lady Gaia zu fühlen.

Jeder Mensch, der in der Absicht der Liebe sich bewegt, kann diese Übung, die wir jetzt mit euch vollziehen, unterstützen.

Öffne für die Energien von Michael und Uriel deine Kanäle. Weil es in Wahrheit keine Bedeutung hat, wo du dich befindest, weil du unmittelbaren Zugang hast zum Bewusstsein Lady Gaia, erlaube, dass wir eine spezielle Energie der Dekodierung jetzt durch dich hindurch senden in das Energiefeld von Lady Gaia.

Es ist eine ganz bestimmte Schicht, die angesprochen wird. Lady Gaia nimmt diese Energie und leitet sie dorthin, wo sie Druck verspürt. Ein Kollektiv von erwachten Menschen kann Wunder bewirken. Ein Kollektiv von Menschen, die sich neutral in den Dienst der Liebe stellen, ohne etwas Bestimmtes bezwecken zu wollen, kann Wunder bewirken. Wir wissen, dass eure Gruppe dieses Potenzial in sich trägt, und deswegen senden wir euch diese Botschaft und treten mit dieser Bitte an euch heran, dass du, so oft du es wünschst, in dem nächsten Zeitraum, bis zum nächsten Treffen, dich verbindest mit Lady Gaia und dich für diese spezielle Energie von Michael und Uriel öffnest und, solange du möchtest, Lady Gaia dies zukommen lässt.

Ihr tragt Mitgefühl in euch und oftmals schmerzt es euch in den Herzen, wenn Menschen auf Erden zu Schaden kommen. Doch erkennt, es geht nicht darum, etwas zu verhindern, das wäre nicht die richtige Absicht. Es geht darum, Unterstützung zu gewähren, wo sie gebraucht wird und wo sie gewollt ist. Deswegen nennen wir euch auch keine Gebiete und keine Länder, sondern in der Verbindung, in eurer eigenen Verbindung zu Lady Gaia, soll diese Dekodierungsenergie fließen, frei von Absicht und gerade deshalb umso kraftvoller. Wir können beobachten, dass bereits jetzt von der ausgehenden Gruppe, in diesem Moment, vor Ort, die kollektiven Verbindungen des Lichtes aktiviert werden, dass sich bereits jetzt die Seelen derer öffnen, die mit euch verbunden sind über die Ferne und in ihrem Herzen. Auch ihre Kanäle öffnen sich, soweit sie es zulassen.

Michael möchte noch einmal betonen, möchte noch einmal daran erinnern, wie kraftvoll ihr seid. Vielleicht denkst du manches Mal: ach, wir paar Menschen, oder: Was soll ich bewirken, wenn du allein zu Hause sitzt und diese Botschaft vernimmst? Ich sage dir, denke wie ein göttlicher Mensch, denke in deiner Macht und wisse, du bist nicht allein. Wir wirken zusammen. Vielen Seelen des Lichtes und euch haben wir diese Aufgaben übertragen und wir ehren euch dafür, dass ihr sie annehmt, denn die Gruppe der Tat wirkt für das große Ganze. Oftmals, ganz ohne Worte, erhaltet ihr so viel dafür. Ihr werdet

angefüllt und eure Lichtkörper werden ausgeglichen, magnetische Energie fließt. Mein höchster Ausdruck ist das Dienen.
Dein höchster Ausdruck ist das Dienen. Wir alle dienen dem
göttlichen Gedankenfeld, das alles beinhaltet. Wir lieben euch
so sehr. Wir lieben euch so sehr. Wir gehen Hand in Hand
durch das Tor. Engel Michael hat heute zu euch gesprochen
und ich weiß, ihr werdet vieles bewirken. Im Auftrag und in
der Verbindung der Räte der Tat sagt Engel Michael euch
Dank – AN'ANASHA.

Kryon durch Namahim

Siehe das Licht

18. 6. 2008

Ich bin Kryon. Ich begrüße euch, OMAR TA SATT. Die Energie von Kryon in all ihren Aspekten, hochmagnetisch, legt sich über euch und während du deine Kanäle öffnest, dein Herz öffnest, für deine Familie, beginnt Kryon mit der unermesslichen Liebe, die in uns allen sich findet, mit der Botschaft des heutigen Tages.

Meine liebe Gruppe der Tat. Wieder vereint treffen sich die Energien. Wieder wurde geprüft, welche Botschaft und welche Aufgabe euch überbracht werden. Vielleicht ist es euch aufgefallen, dass sich die Botschaften und die dazugehörigen Aufgaben etwas verändert haben. So machen diese Durchsagen eine Veränderung durch, so, wie sich alles verändert, das Bewusstsein der Menschen, die Bedürfnisse von Lady Gaia und die Erfordernisse der Zeit. Mehr denn je sind die Aufgaben so gehalten, damit du erkennst, dass du aus deinem Sein heraus, mit deiner göttlichen Macht, viel mehr bewirkst als mit einer ganz speziellen Übung. Doch dazu ist es notwendig, dass du ein Tor der Erkenntnis durchschreitest. Wenn diese Erkenntnis in dir stattgefunden hat, tief in dir verankert ist und du das lebst, dann bewirkst du am meisten. Deshalb wird Kryon euch heute eine Geschichte erzählen.

Es ist die Geschichte von einem Menschen. Einem Menschen, von dem auch ihr Anteile in euch tragt. Die einen mehr,

die anderen etwas weniger. Doch du wirst dich darin wieder-
finden. So versuche mit deinem Herzen zu begreifen, was der
Inhalt dieser Botschaft ist, ohne dass du die Worte auf eine
Goldwaage legst, denn es sind immer die Essenz und die Energie, die übertragen werden, die entscheidend sind.

Ein Mensch. Oftmals ist dieser Mensch verärgert, oftmals
geht er von Gram gebeugt, denn was er sieht, gefällt ihm nicht.
Er geht einen Weg, der steinig ist und voller Mühe. Sein Blick
ist auf den Boden gerichtet. Er ist in einem Zwiespalt, denn einerseits erkennt er, weil er sich in einem erhöhten Bewusstsein
befindet, Teile der Illusion, die die Menschen in der Dualität
in sich tragen. Er erkennt die Unwahrheit, er erkennt, wenn er
seinen Blick schweifen lässt, die ganzen Unebenheiten seines
Weges. Er stellt fest, dass sich selbst die Steine, mit denen sein
Weg gepflastert ist, in einer scheinbaren Unordnung befinden.
Er glaubt, die Ordnung zu kennen. Er ärgert sich. Er glaubt,
auch diejenigen zu kennen, die diese Unordnung erzeugen. Er
glaubt, einen Verantwortlichen ausmachen zu können. Er ist
fest entschlossen, jede Unwahrheit, jede Lüge, jede Illusion
aufzudecken. Er ist fest entschlossen, den Weg zu ebnen. Jeden
Stein in die Position zu bringen, wie er glaubt, dass es richtig
ist. Doch trotz dieser großen Aufgaben, die er glaubt zu haben,
die Welt im Außen zu verbessern, ist ihm sehr unwohl. Denn
je genauer er hinblickt, umso mehr erkennt er die Unvollkommenheit der Welt. Er erkennt all das, was er als negativ identifiziert. In seinem Herzen wohnen der Wunsch und das Streben
nach Vollkommenheit. Oftmals denkt er darüber nach, wie es
wohl wäre, wenn alles sich in der göttlichen Ordnung befände,
und er hofft auf die Unterstützung der Engel, er sehnt die Gerechtigkeit herbei. Eines Tages, als er sich fast wieder verliert,
die Details im Blick, erscheint ein Engel, hell leuchtend, voller
Liebe sagt dieser Engel zu dem Menschen: »Siehe, siehe das

Licht« . Doch der Mensch macht sich nicht die Mühe, aufzublicken. Der Engel verweilt für Momente. Der Mensch, er weiß, er hat einen Auftrag, es sei seine Pflicht, so glaubt er, einer von denjenigen zu sein, ein Pionier, der vorausgeht, um die Welt zu verbessern.

An dieser Stelle möchte ich, Kryon, anmerken, dass ein Pionier des Lichtes dieses Verlangen nicht in sich trägt. Er trägt den Frieden in sich. Er weiß um die Vollkommenheit und er weiß auch, je weniger Aufmerksamkeit er dem scheinbar Unvollkommenen schenkt, umso weniger Kraft und Bedeutung hat es. Doch dies weiß unser Mensch noch nicht.

Er verwendet seine ganze Kraft im Kampf, jeden Stein dreht er um, beleuchtet ihn von allen Seiten. Er unterzieht alles einer Prüfung und hinter allem sieht er eine Macht, die Schlimmes bewirkt. Eines Tages erscheint wieder ein Engel an seiner Seite. Der Engel sagt: »Siehe das Licht.« Der Mensch blickt kurz auf, betrachtet den Engel am Rande und sagt: »Alles recht und schön. Doch hier, schau doch, stimmt noch so vieles nicht. All das muss in Ordnung gebracht werden, bevor das Licht Einzug halten kann«. Der Engel erkennt, dass es noch nicht an der Zeit ist. Er wartet im Verborgenen. Der Mensch macht weiter seine Erfahrungen, er identifiziert genau, was gut und was schlecht ist, was richtig ist und falsch. Manches Mal ist er am Rande der Verzweiflung, denn er sieht sich im Kampf gegen Windmühlen. Er gibt alles, und doch scheint sich nichts zu verändern. In ihm nagt es. Er moniert jede Art von Strahlung, jede Art von Giften, die in die Umwelt gesetzt werden. Er sieht Verderben überall und er fragt sich, warum die anderen Menschen das nicht sehen. Ja, selbst jene, die sich dem Licht verschrieben haben, können es anscheinend nicht erkennen. Umso mehr ist er der festen Überzeugung, dass es Menschen wie ihn braucht, damit die Welt besser wird. Wieder ist er mit schmerzendem Rücken am Werke. Wieder korrigiert er die Dinge und bringt sie nach seiner Vorstellung in Ordnung und wieder erscheint der Engel. Mit der gleichen Kraft und Liebe spricht er: »Siehe, mein Freund, das Licht.« Diesmal blickt der Mensch kurz auf, schaut in das Licht und sagt: »Das ist mir zu hell, es blendet mich, es schmerzt mich in meinen Augen, da stimmt irgendetwas nicht.« Und er spürt nicht den Schmerz seiner Seele. Er spürt einen Drang, eine Sehnsucht, doch dass es das Licht ist, was ihn anzieht, darauf kommt er nicht. Er hat eine Vorstellung und er erschrickt sogar, denn in dem Moment, wo er des Lichtes gewahr wird, dann wieder auf den Boden blickt, erkennt er noch mehr die scheinbare Unvollkommenheit, denn Schatten bildet sich überall. Er glaubt, dass das Licht sein Vorhaben nicht unterstützt, wo er es doch so gut meint. Wieder erscheint der Engel und wieder spricht er: »Siehe das Licht. Siehe das Licht in dir. Erblicke es und wende dich nicht mehr um. Bleibe beim Licht, du bist das Licht.« Langsam entsteht etwas in dem Menschen, es ist wie eine Blase, die sich ausdehnt, eine Blase der Erkenntnis. Und wenn sich diese Blase öffnet, ergießt sie sich tief in die Seele und alles ist gut.

So ist der Verlauf. Auf eine gewisse Art vollzieht jeder Mensch diese Erkenntnis, früher oder später, und er erkennt, dass es nichts zu verbessern gibt und damit kann sich alles verändern. In seinem Inneren und im Außen. Dann ist dieser Mensch ein Pionier des Lichtes und kein Pionier der Schattenjäger mehr. Kryon weiß, dass du selbst Menschen kennst, die mit einer Vehemenz dem Schatten nachjagen. Doch sie verkennen dabei das Gesetz der Energie. Sie wissen nicht, dass sie dadurch den Schatten noch verstärken, indem sie ihm Aufmerksamkeit geben und ihm Wirklichkeit verleihen. So ist es die eindringliche Bitte der 12 Räte der Tat: Erkenne diese

Muster in dir, denn manches Mal spürst du sie selbst noch. Viele Fragen könnten daraufhin gestellt werden, wovon Kryon euch berichtet hat, zum Inhalt der Geschichte. Um dies noch einmal euch bewusst zu machen, werde ich noch einmal klare Worte wählen. Diejenigen, die jetzt, zu dieser Zeit, wo das Licht lodernd hell am Himmel steht, wo der Aufstieg nur noch einen Augenschlag entfernt ist, sich darauf versteifen und ihre Feinde im Außen suchen, seien es mächtige Menschen, Machenschaften, seien es Strahlungen von Handys, Umweltgifte, der Schaden von Ernährung, Kleidung und was immer es auch gibt, die Möglichkeiten der Ablenkung sind mannigfaltig, diejenigen übersehen etwas sehr Wichtiges. Sie dienen ihrer eigenen Sache nicht. Sie machen sich wieder zum Diener ihres Egos. Wir sagen euch: Ihr seid die Meister des Lichts, alles ist Licht. Auch Materie ist Licht. So bist du auch der Meister der Materie. Weicht nicht zurück vor dem kollektiven Gedankengut, das diese Dogmen noch in sich trägt, dass gewisse Dinge unabänderlich sind, dass Gift eben Gift ist, dass Strahlung lebensfeindlich, dass gewisse Ernährung schadhaft wäre. Die Erkenntnis dessen ist nur ein Schritt im Prozess der Erkenntnis, dass du darüber entscheidest, als Meister und Meisterin des Lichts, wie es letztlich ist.

Jetzt möchte Kryon dir noch die »Abers«, die Fragen nennen, die ein Mensch stellen könnte. Eine Frage könnte lauten: »Aber Kryon, wenn ich Gift zu mir nehme, schadet dies meinem Körper und ich werde krank und ich sterbe, das ist doch eine Realität.« Kryon antwortet dir: Es ist eine Realität. Es ist deine Realität. Es ist die Realität des Massenbewusstseins der Menschen. Doch es ist nicht wirklich. Wenn nur ein Mensch auf Erden in der Lage ist, dieses vermeintliche Gift in sich aufzunehmen, schadlos, nur ein Mensch, ist dies der unumstößliche Beweis dafür, dass eine Realität verändert werden kann.

Und diese Menschen, diese Meister gibt es. Deshalb unterstütze du, als Pionier des Lichtes, diese kollektiven Gedankenformen nicht mehr. Teile dies den Menschen mit, lasse dich nicht mehr einfangen, klinke dich nicht mehr ein, lenke deinen Fokus von solchen Dingen weg. Ich weiß, dass du hier und da vielleicht eine Schrift in Händen hältst, und auf eine bestimmte Art fühlst du dich doch wieder davon angezogen und du liest diese Schrift, wo z. B. geschrieben steht: »Setze dich nicht der Sonne aus, das erzeugt Hautkrebs.« Du spürst selbst, wie nah du oft daran bist und wie machtvoll diese Wellen des Kollektivs sein können. Wir fordern euch auf, aus eurem Sein heraus die diesmalige Aufgabe wahrzunehmen, indem du dir diese Anteile, die in dir sind, und die manches Mal noch in Resonanz gehen möchten mit den kollektiven Mustern, bewusst machst. Sie dir einfach nur bewusst machst. Eine andere Frage könnte lauten: »Aber Kryon, wenn dann ein kleines Kind oder ein Tier oder auch eine Pflanze dieses Gift verabreicht bekommt, was ist dann? Ein Kind kann doch nicht wissen, dass es sich dabei um Gift handelt.« Einem Tier und einer Pflanze traust du das noch viel weniger zu. Doch bedenke: Jedes Kind ist auch eingebunden, in das kollektive Gedankenfeld. Ja, selbst die Tiere und die Pflanzen, die euch an die Seite gegeben wurden, damit ihr euch noch besser erfahren könnt, haben aus Liebe zugestimmt, sich dieser Realität unterzuordnen, euch als Spiegel zu dienen. Viele von euch wissen, wie sehr Pflanzen und Tiere darauf reagieren, wenn du deine Gesinnung änderst und Gedankenmuster des Friedens und der Liebe zu ihnen sendest. Auch das widerspiegeln sie dir, denn sie halten nicht an diesen Mustern fest.

Kryon und den Räten der Tat ist es zu dieser Zeit des Fortschrittes des Erwachens ein großes Anliegen, dass die Menschen das Gesagte begreifen, dass sie sich damit vertraut machen, dass es keine Grenzen gibt in ihrem schöpferischen Wirken. Dass selbst dann, wenn für das Kollektiv und die meisten Menschen gilt, dass Handystrahlung schädlich ist, du doch weißt, wenn du als Pionier mit deiner hohen Lichtausdehnung dich in dieses Kollektiv mit einklinkst, du diese Realität verstärkst. Doch es geht darum, eine neue Realität zu erzeugen, die der Wirklichkeit entspricht. Wenn nicht du, als Lichtarbeiter, als Pionier, als jemand, der vorausgeht, zusammen mit vielen anderen auf Erden ein neues Kollektiv gründest, wer dann, wer soll dann die Realität verändern, sich verändern lassen? Und sie verändert sich, indem sie losgelassen wird, indem all dem, was nicht der Wirklichkeit entspricht, keine Aufmerksamkeit geschenkt wird. Kryon liebt dich. Kryon bringt dir diese Botschaft auf einem goldenen Tablett, denn es ist die Lösung. Die Lösung für so vieles, das dich oftmals im Außen stört. Diese Erkenntnis und die daraus folgende Friedensenergie, die entsteht, das Einverstandensein mit allem, was ist, das ist das Neue, das bewirkt die Veränderung. Wenn du diese Worte vernimmst, wenn du diese Zeilen liest, lasse sie wirken. Mache es dir zur Aufgabe, sie tief einzulassen und jeden Widerstand dagegen loszulassen, denn es ist die Wahrheit. Lasse die Blase der Erkenntnis in dir aufsteigen und Frieden ist mit dir.

Wir rufen euch OM TAT SAT, in der Schwingung eures Selbst. Es gibt im Menschlichen keinen besseren Begriff – du bist OM TAT SAT. Du bist der Ausdruck des Lichtes Gottes.

Siehe, siehe das Licht. Dies soll eure Aufgabe sein. Lasse den Schatten hinter dir. Er hat seine Berechtigung, doch lasse ihn hinter dir, lasse ihn sein. Wirke aus dem Sein heraus, aus dem Zentrum deiner Kraft. Im Frieden wird die Kraft geboren, unergründlich tief, und sie wirkt. AN'ANASHA.

Quadek durch Namahim

Die Kristallschädel

16. 7. 2008

Meine lieben Freunde, es begrüßt euch Quadek. Aus der Lichtstadt Teltos, unter der Wüste, unter den Pyramiden, wo die alten Atlanter verweilen und die großen Schätze hüten, bis es soweit ist, sage ich euch OMAR TA SATT.

Ich, Quadek, habe bereits einmal zu euch gesprochen. Du könntest jetzt sagen: Das ist schon lange her. Und damit hast du auch Recht und doch ist es mir so, als wäre es erst gewesen, denn natürlich bin ich immer ganz eng mit euch verbunden und anwesend, besonders dann, wenn die Gruppe der Tat sich trifft, um den Botschaften der Räte zu lauschen. Ich, Quadek, bin ein Atlanter. Ich bin ein Hüter, ein Hohepriester und ein Wächter und auch bin ich ein Beobachter. Und so beobachten wir vielerlei.

Heute möchte Quadek euch etwas Besonderes erzählen, und ich weiß, dass sich einige davon sehr angesprochen fühlen. Doch das Thema im Ganzen, hat für jeden von euch eine Bedeutung. Bevor wir beginnen, wird es Kryon sein, der euch, in einigen Augenblicken der Stille, in Magnetismus baden wird. Dieses heilige Versprechen haben wir euch gegeben, dass wir euch in der Energie der Gruppe und dieser großen Absicht aufladen, mit der Energie der neuen Zeit, zu jedem Treffen. Wir möchten damit jetzt beginnen. Wenn du den Magnetismus in dich einlässt, wenn du es erlaubst, wenn du alle deine Kanäle öffnest, wirst du auch später das Gesagte noch besser begreifen können. Somit wird Kryon jetzt beginnen, euch Magnetismus zu senden und ich, Quadek, melde mich wieder.

(Anm.: Öffne dich für einige Minuten Kryons Magnetismusübertragung)

Aus Teltos wird nun Quadek euch berichten. Ich bin ein Mitglied des Ordens von Kyrox, und es war der Orden von Kyrox, der etwas erschaffen hat, auf materieller Ebene. Diese materiellen Gegenstände wurden aus unserer energetischen Zwischenschicht, in der wir uns aufhalten, in die irdischen Dimensionen gebracht. Quadek spricht von den Kristallschädeln. Die Kristallschädel auf Erden haben eine Bedeutung. Sie wurden einst gefertigt und sind Symbol- und Schlüsselträger für Energiefrequenzen. Es gibt von diesen Kristallschädeln, von denen Quadek spricht, 12, und es gibt einen 13ten. Manche von euch wissen etwas darüber. Den anderen werde ich sagen, dass diese Kristallschädel aus kristallinen Strukturen erschaffen wurden, durch ein bestimmtes Verfahren der Manifestation, das in Atlantis bekannt war. Diese Kristallschädel, an der Zahl 12, plus einen 13ten, sind auf Erden, und manche davon in Besitz von Menschen. Doch gibt es auch Kristallschädel anderer Art. Das bedeutet nicht, dass sie nicht energetisch wären, doch es gibt welche, die von Menschen gefertigt wurden, und je nachdem, wie verbunden dieser Mensch war, ist auch in diesen Kristallschädeln ein Schlüssel enthalten. Dann gibt es noch eine dritte Art von Kristallschädeln, sie tragen niedere Energiefrequenzen. Doch von diesen wollen wir heute nicht sprechen.

Quadek erzählt euch über die Kristallschädel, die in Atlantis gefertigt wurden. 12 Frequenzen, plus eine 13te. Quadek sagt dir: Sei die 12 und werde zur 13 und die Erlösung findet statt.

Nun kennt ihr die Zahl 12, ihr kennt sie von den 12 Jüngern, plus eine 13te Frequenz, die von Jesus dem Christus. Ihr kennt sie auch von den 12 Räten der Tat, plus eine 13te Frequenz, und diese 13te Frequenz seid ihr, die ihr den Christus in euch erweckt habt. Diejenigen, die die Bedeutung der Zahlen kennen, sie wissen, dass die 13 die Energie des Kosmischen Christus ist, und, dass die 13 aus sich heraus die 4 ergibt, die Christusenergie. So gibt es viele Mutmaßungen auf eurem Planeten, was die Kristallschädel betrifft. Manche davon sind gar nicht so weit von der Wahrheit entfernt. Andere Theorien wieder, geben Teile der Wahrheit preis und andere, auch das möchte ich euch sagen, liegen völlig daneben.

Wir, die Räte der Tat, haben uns entschlossen, euch heute Auskunft zu geben, über einen tieferen Sinn, der dahinter steht, und so höre. Es sind es nicht die Schädel an sich, die etwas bewirken. Sie sind Schlüsselträger in kristalliner Form. Es gibt Menschen, die mit einem Kristallschädel in Berührung kommen und etwas in ihnen geschieht. Vielleicht haben sie eine Vision oder es wird ihnen scheinbar Wissen übertragen. Doch ich, Quadek, ich sage euch: Die Kristallschädel sind Schlüssel. Wenn du mit einem Kristallschädel in Berührung kommst, sendet er eine magnetische Sequenz ab, die etwas in deinem Lichtkörper aktiviert. Das Wissen oder die Vision ist in dir. Sie kann dann aufsteigen und du erinnerst dich an etwas. So trägt jeder Kristallschädel einen Schlüssel für eine andere Frequenz. Für 12 hohe Frequenzen des Universums, die auf Erden wirken. So waren es auch nicht die Jünger von Jesus, in Person, es waren nämlich mehr Jünger als 12, doch es waren 12 Energiefrequenzen, die bei Jesus waren und die von ihm angezogen wurden, wie magnetisch. Und so geschieht es auch in dieser Zeit. Es heißt, wenn alle Schädel zusammentreffen, geschieht der Aufstieg von Lady Gaia. Doch, und Quadek möchte es euch so sagen, es ist nicht entscheidend, ob diese Schädel zusammengetragen werden. Entscheidend ist, dass die 13te Frequenz alle 12 Frequenzen ruft und in die Verschmelzung bringt. Denn was dann geschieht, ist, dass sich die kosmische Christusenergie über den Planeten ergießt, Erlösung auf allen Ebenen stattfindet, in der Schwingung der 4, der Christusenergie. Das wird letztendlich den Aufstieg bewirken. So versteht, was Quadek euch sagen möchte. Die Schädel sind Ausdruck von Energiefrequenzen. Die Jünger sind Ausdruck von Energiefrequenzen. Die 12 Räte der Tat sind Ausdruck von Energiefrequenzen, und du, jeder von euch, ist Ausdruck einer Energiefrequenz.

Nun haben die Kristallschädel nicht nur etwas mit Atlantis zu tun, sondern auch mit Lemurien. Du magst fragen, wenn sie erst in Atlantis gefertigt wurden und Lemurien in der Zeitlinie davor gelegen haben mag, wie das möglich ist. Und ich sage dir: Es geht nicht um die Schädel. Es geht um diese 12 Lichtfrequenzen. Jeder von euch trägt eine bestimmte dieser 12 Lichtfrequenzen in sich. Um es genau zu sagen, es trägt jeder von euch jede der Energiefrequenzen in sich, und doch gibt es eine, die etwas stärker hervortritt. Vielleicht könnt ihr euch erinnern, wir haben euch einmal eine Übung gegeben in der Gruppe der Tat, und dabei solltet ihr euch mit einem Stern verbinden. So wird behauptet, dass die Kristallschädel in Verbindung stehen mit bestimmten Sternsystemen, dass sie von dort stammen, und auch das ist nur ein Teil der Wahrheit. 12 Punkte im Universum sind es, die eine bestimmte Energie kennzeichnen. Das ist dort, wo die Magnetfeldlinien sich kreuzen. Jeder Kreuzungspunkt einer Magnetfeldlinie im göttlichen Gedankenfeld erzeugt einen schwingenden Energiepunkt. All die Sterne und alle Planeten, liegen auf solchen schwingenden Energiepunkten. Nur an solchen Energiekreuzungen ist es möglich, so etwas wie einen Stern zu erschaffen. Damit sind auch die Sterne nur Ausdruck einer bestimmten Energiefrequenz. Es gibt 12 Bereiche in 12 Schwingungen, so wie es 12 Kristallschädel gibt, plus eine 13te Frequenz, die ausgesandt wurde, um eurem Planeten, so wie auf den allen Planeten, die sich nicht mehr in den Energiefeldlinien bewegen, die Erlösung zu bringen.

Was ist das 13te? Auf Erden wirken 12 Frequenzen und du trägst, von jeder, ein Stück in dir, hast in verschiedenen Inkarnationen dich in verschiedenen Frequenzen bewegt. Doch was ist deine Substanz? Ich sage es euch, und jetzt wird für viele von euch etwas klar werden. Die 13te Energiefrequenz trägt die Farben Golden und Blau. Von Anfang an ergießt sich aus der lemurischen Energiefrequenz die Erlösungsenergie, die Christusenergie, in das vorbereitete Gitternetz der Christusliebe. Dies geschieht, wenn das 13te Tor geöffnet wird. Es ist das Tor von Lemurien und wer sonst, wer sonst außer ihr, die golden-blaue Frequenz, die alten Lemurier, sollten dieses Tor öffnen? Vielleicht versteht ihr jetzt etwas besser, woran es manches Mal im Verständnis der Menschen hakt. Sie sehen nur einen Teil. Sie sehen die Kristallschädel und sie versuchen sie zuzuordnen, doch alles ist in einem viel größeren Muster angelegt. Du bist ein Teil dieses Musters. Du bist ein Teil des Erwachens auf Erden. Du trägst in dir das golden-blaue Licht und bist Kanal für Magnetismus. Und wie einst Jesus die 12 Energiefrequenzen an sich herangezogen hat, sind es heute diejenigen die ihm folgen, die seinen Weg beschreiten, die dies tun.

Damit möchte Quadek euch eure Übung für dieses Mal nennen, und wir werden diese Übung jetzt miteinander ausführen. So sagt Quadek: Du, der dieses hörst oder liest, spüre für dich, ob du das golden-blaue Licht in dir trägst, ob dies deine Grundfrequenz ist, und, wenn dem so ist, dann sei dir gewiss, du trägst mit dieser Übung einen entscheidenden Beitrag bei, für die Vorbereitung und für das Einleiten der Christusenergien auf Erden.

Stellt euch einmal in einem Bild – und bleiben wir bei den Kristallschädeln – 12 Kristallschädel vor, und in der Mitte einen 13ten. Vergesst nicht, dass dies nur ein Bild ist. Diese Kristallschädel vor deinem inneren Auge, sie sind Platzhalter für Energien. Wenn du dieses Bild vor dir hast, lasse deine Energie, so wie sie möchte, zu einem Kristallschädel fließen, doch zunächst nicht zu dem in der Mitte, sondern zu einem der 12 Schädel. Lasse deine Energie einfach fließen und nehme damit einen Platz ein. Frage nicht: „Welche Schädel, welcher Platz?" Lasse es einfach geschehen ...

Und jetzt, begib dich langsam mit deiner Energie in die Mitte, zu dem 13ten Kristallschädel, an die 13te Position, zur 13ten Energiefrequenz. Spüre weiterhin die Verbindung zu dem Kristallschädel, bei dem du zuerst warst. Jetzt gehe ganz bewusst in dein innerstes Selbst. Werde dir gewahr, dass der Christus in dir ist und dehne dein Christusselbst aus. Lasse das ESCHA TA in dir zu einer leuchtenden Sonne werden ...

Erinnert euch, dass wir euch aufgeladen haben mit Magnetismus. Jetzt verbinde die Schwingung der 13 = die Schwingung der 4, mit dem magnetischen Licht. Ihr als Kollektiv, das weit über diese Räume hinausgeht, bringt die Energiefrequenzen zusammen, so dass für jeden Menschen die Erlösung möglich wird, denn jeder Mensch trägt eine dieser 12 Lichtfrequenzen in sich, wenn er nicht die Frequenz golden und blau in sich trägt. Lasse die Energien wirken, lasse sie hinausströmen, auf dass das Christusselbst in jedem Menschen berührt wird ...

Jetzt bittet Quadek darum, dass die Schwingung der Zahl 13 angeschlagen wird. Ich bitte darum, dies einfach im Raum zu tun. Tuc dics in cincr Abfolge, 13 Mal.

(Anm: Es wird die Klanggabel mit der Energie der Zahl 13 ange-schlagen. Die Klänge kannst du, wie in den Erläuterungen be-schrieben, auf unserer Homepage anhören.)

Es ist die Schwingung der Zahl 13. Diese Schwingung ist in euren Lichtkörpern, und wenn die kosmische Erlösungsenergie den Planeten erreicht, wird sich diese Schwingung in euch und in den Menschen, zu denen ihr sie gesandt habt, umwandeln, und die Zahl 4 und das Christusbewusstsein wird erwachen. Du kannst diese Übung auch für dich alleine ausführen und du weißt, dass der mächtige Engel DON ADAS das Gnaden-feld errichtet hat über euch, so dass eine Verschiebung der Zeit keine Rolle spielt. Alles wird zusammengebracht und wirkt kollektiv, im Kollektiv des Lichtes.

Quadek der Atlanter, der euch begleitet und euch bewun-dert, hat euch diese Botschaften gesandt und es war mir eine Freude. Ich hoffe, du konntest daraus deine Erkenntnisse ab-leiten, größere Zusammenhänge erkennen. Damit sagt Qua-dek euch AN ANASHA.

Engel Don Adas durch Namahim

Wechsel in die vereinte Gnadenfrequenz
20. 8. 2008

Im neuen Glanze erstrahlst du, denn Gnade ist mit dir. Ich bin der Engel Don Adas und ich begrüße euch im Namen der Liebe und des Geistes, OMAR TA SATT.

Engel Don Adas. Ich bin mehr, als du dir jemals vorgestellt hast. Ich bin eins mit dem göttlichen Gedankenfeld, ich bin das göttliche Gedankenfeld und ich bin ausgesandt. In jeden Schwingungsbereich des Universums trage ich das Wort, das Wort der Quelle, das Wort des Herrn, das Wort der Dreieinheit.

Immer dann, wenn eine Neuausrichtung des göttlichen Gedankenfeldes erfolgt, trage ich dieses gesprochene Wort zu allem, was ist. Ich trage die Gnade zu euch, ich trage sie zu dir. Don Adas hat euch immer begleitet, immer dann, wenn ihr euch als die Gruppe der Tat erfahren habt. Und auch, wenn ich noch nie gesprochen habe, kannst du dir sicher sein, dass alleine die Gnade es möglich macht, dass Veränderung geschieht.

So, nimm diese Gnade tief in dir auf und werde selbst zu Veränderung, zur Gnade, zum gesprochenen Wort. In der Frequenz des Christus habe ich euch begleitet und viele von euch waren tief berührt über die Botschaften, die Quadek euch bei eurem letzten Treffen übermittelt hat. Doch ich erwähne es noch einmal: Der Inhalt der Botschaft waren, auch, wenn es anders scheint, nicht die Kristallschädel, es war die Kraft der Zahlenschwingung, der Frequenzen und der Familie der Farben Golden und Blau.

Die Schwingung des Christus, in der Endfrequenz der Zahl 4, bringe ich zum Ausdruck und meine Schwingung ist die 13. In der Christusenergie und im goldenen Licht habe ich euch begleitet, habe Raum und Zeit außer Kraft gesetzt, so dass ihr zusammenfindet in euren Herzen. Und heute, meine Lieben, beginnt etwas Neues. Ein Zyklus ist abgeschlossen. Zum Einen – doch das ist nicht ausschlaggebend, doch auch wunderbar, wurde alles, was ich begleitet habe in der Christusfrequenz in Schrift erfasst und wird die Menschen berühren. Auch das ist eine Art Abschluss. Und das Neue beginnt zu dieser Stunde für euch, für die Gruppe der Tat, die eine Energiewelle aussendet, dir ihr euch nicht erträumt.

So trete ich in eure Reihen und die Frequenz, die sich ändert, ist die Frequenz der Gnade. Ich hülle euch nun ein, in das blaue Licht. Von nun ab werden zwei Schwingungen euch begleiten. Es wird die Christusenergie sein in der Gnadenschwingung golden und die des göttlichen Vaters, in der Energie der Zahl 17, in der Farbfrequenz blau. Und so ist dies heute eine Fortführung von dem, was letztes Mal begann und doch ein Neubeginn. Das goldene Licht vermischt sich mit dem blauen Licht des Gnadenreiches und immer dann, wenn das Auge Gottes über das Universum blickt, wird es hell erleuchtet durch mich, den Gnadenengel Don Adas. Wann immer die Liebesschwingung des Christus und der göttlichen Mutter das Universum bewegt, bin ich der Wegbereiter. Ich bin ein Energiefeld, das alles umfasst, das alles durchdringt. Ich Bin.

So ist es die Schwingung der Zahl 17, und auch, die Schwingung der daraus folgenden 8. Diejenigen von euch, die sich mit der Macht der Zahlen beschäftigen, sie wissen, dass die Frequenz der 8 Einzug gehalten hat auf eurem Planeten, dass sich die Energien noch einmal verändern. Und so geschieht dies auch hier unter euch, mit euch und durch euch. Dieses Licht trage ich zu euch und ich überreiche es euch.

Meine Lieben, Engel Don Adas möchte euch auch zeigen, um wie viel die Energie sich erhöht mit jedem nicht gesprochenen Wort und ich gebe dir jetzt ein wenig Zeit, dich ganz auf die Energie der Gnade einzulassen. Gebe dich hin und spüre, wie sich mit jedem Atemzug mehr, und ausdehnend, über die vielen, vielen, die sich euch zugehörig fühlen, diese Energie ausdehnt und alles miteinander verbindet...

...wenn es dir sehr heiß wird, nehme es hin, lasse die Gnade all deine Strukturen durchdringen. Und nun, verstehe die Übung, die Quadek euch gegeben hat, das golden-blaue Licht zu sein in seiner Verschmelzung, auch auf die Gnade auszudehnen. Werde dir noch einmal bewusst, dass du diese beiden Frequenzen in dir trägst. Stärker als jemals zuvor, geschieht an diesem Punkt Vereinigung mit dem Gnadenreich des göttlichen Gedankenfeldes, der Einheit. Don Adas möchte euch noch sagen – falls ihr an dieser Stelle etwas vermisst... – dass die Gnadenwelle der göttlichen Mutter Shakti euch noch erreichen wird. Die Entfesselung derer, wird letztendlich für euch mit dem Aufstieg einhergehen.

Du bist die Gnade... Trage du, in dir, die Gnade...

Nun wird Engel Don Adas mit euch eine Übung vollziehen, und ihr werdet gebeten, diese in der nächsten Zeit auszuüben.

Stelle dir vor, du stehst an einem erhöhten Platz... eine Lichtsäule aus goldenem Licht zu deiner Linken... und aus einem dunkelblauen, kräftigen Licht zu deiner Rechten...

Und jetzt beginne damit, dich abwechselnd in die goldene und in die blaue Lichtsäule zu begeben... und indem du dies tust, nähern die Lichtsäulen sich einander... und sie verschmelzen, eingehüllt in das Gnadenlicht, in einer neuen Frequenz. Lasse diese Verschmelzung stattfinden, begebe dich in die Lichtsäule hinein und lasse dich von dem golden-blauen Gnadenlicht durchfließen...

Wisse, ab dem heutigen Tag werdet ihr, ihr alle, die ihr euch zugehörig fühlt, über dieses Energiefeld der Gnade miteinander verbunden sein.

Jetzt stelle dir vor wie von allen Seiten die Mitglieder der Gruppe der Tat sich dieser Lichtsäule nähern und mit jedem und jeder Einzelnen, die diese Lichtsäule betritt, dehnt sich die Säule weiter aus und alle finden Platz. Jeder findet seinen Platz und ein riesiges Lichtfeld entsteht...

Gnade bedeutet Veränderung. Gnade bedeutet Bewegung. Gnade bedeutet Neuausrichtung. Oftmals wird dies als ein Wunder bezeichnet, doch es ist das Wirken von Don Adas. Du, ihr alle zusammen, ihr bewirkt in der Energie der Gnade die Wunder. Dies soll eure Übung sein.

Ich, Engel Don Adas, ich werde spürbar für dich anwesend sein, so, wie du es vielleicht bis jetzt noch nicht gekannt hast. In einem neuen Zusammenschluss der Energie, der Zahl und der Schwingung, überbringe ich das Wort und die Tat im golden-blauen Licht. Ich bin allgegenwärtig, alles durchdringend, ich bin das Gnadenreich.

Engel Don Adas bedankt sich bei euch, ihr seid so wunderbar und sagt euch AN ANASHA.

Glossar

[1]  OMAR TA SATT
Gruß der Lichtarbeiter

[2] TAN'ATARA – Lebensfreude

[3] AN'ANASHA – Dankbarkeit

[4] AVATARA – Zentriertheit

[5] ELEXIER – Bedingungslose Liebe

[6]  OM TAT SAT – Lichtarbeiter

[7] 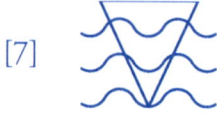 PRADNA – Kraft

[8]  ESCHA' TA – Christusselbst

[9] 999 – die höchste Schwingung der Göttlichkeit

666 – die tiefste Frequenz, die völlige Illusion des Getrenntseins von Gott

[10] Sanat Kumara – Das Hohe Selbst von Lady Gaia

[11] Merkabah – Sterntetraeder – dient erwachten Wesen zum Reisen durch Dimensionen und den Raum, ist ein Teil des Lichtkörpers.

[12]  Lichtkristall für Magnetismus aus dem magnetischen Universum Quadril 5

[13] Omegachakra – ca. 10 cm unter dem Steißbein, Verbindung zu Lady Gaia

[14] 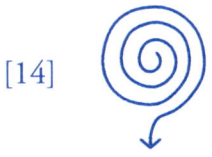 ARIS – Erdung

[15] Alphachakra – ca. 10 cm über dem Kopf,
Verbindung zum Universum

[16]  MARAS – Magnetischer Schutzkristall

[17] Vereinigtes Chakra – Das Herzzentrum,
ausgedehnt zu einer großen Sonne,
vereinigt alle 7 Körperchakren in sich.

[18] 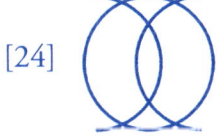 TEEAS – Die Gruppe, die Lichtfamilie

[19] SO'HAM – Ich bin Gott

[20] EHYEH ASHER EHYEH – Ich bin der/die ich bin

[21] Nuni – Magnetisches Lichtwesen

[22] El'Shaddei – Frequenz von Melek Metatron,
das göttliche Gedankenfeld

[23] Hakinim – Erste Projektionen der Quelle

[24] MONA'OHA – Vertrauen

[25]  ANA – Licht

[26] Aufstiegsröhre – Lichtsäule, ca.10 cm Durchmesser, verbindet Alpha- und Omegachakra.

[27] KODOISH, KODOISH, KODOISH ADONAI TSEBAYOTH – Heilig, Heilig, Heilig ist der Herr der Heerscharen

[28]  NION – Entbindung

[29] Adonai Ashtar Sheran, Kommandant der Föderation des Friedens. Wächter des Universums.

[30]  TARA'DOS – Frieden

Alle, in diesem Buch enthaltenen Lichtkristalle sind frei von Copyright und dürfen weitergegeben werden. Die Kristalle der Lichtsprache, mit Ausnahme des magnetischen Kristalls, wurden von Sabine Sangitar gechannelt, dem Medium der Kryonschule, der wir hier unsere Wertschätzung und Liebe ausdrücken. Sei gesegnet für deinen Dienst – AN'ANASHA. Siehe auch: www.kryonschule.com

Namahim & Adamea

Über uns

Ich heiße Isabelle. Der Ursprung meiner Seele liegt im magnetischen Universum und von daher bin ich seit der Aussendung
meines Lichtes Adamea (Die Rote Priesterin). Ich bin eine
Lichtpionierin der Frequenz des golden-blauen Lichtes, das bedeutet, dass ich seit Anbeginn der Zeiten hier auf dieser wundervollen Erde dem Licht und dem Wachstum der Seelen diene. Ich bin nicht von hier – doch ich gehöre hierher. Seit ich in
Lemurien entschieden habe, Lady Gaia und allen Wesen in die
tiefe Trennung vom Göttlichen zu folgen, ist es meine Seelen-
aufgabe und mein Versprechen, die lemurische Familie wieder
zusammenzubringen und zurückzuführen in die Einheit. Somit

bin ich jetzt und hier genau an meinem richtigen Platz. Ich bin erwacht und erkenne, wer ich bin. Ich wurde aus der Schweiz nach Rosenheim gebracht und darf hier mein magnetisches Licht ausstrahlen lassen. Ich wirke durch meine Seminare und durch Einzelsitzungen, auch über die Ferne. Die Essenz meines Wirkens ist die hohe magnetische Ausstrahlung, die dich in deiner Schwingung anhebt und die Ausdehnung deiner göttlichen, magnetischen Energien anregt und ordnet. Dies bewirkt eine Klarheit, die sich in dir öffnet. Durch mein Hohes Selbst Jesus Christus übertrage ich seine Erlösungsenergie und durch meine ausgeprägte Verbindung zu den „alten Göttern" aus Atlantis schwingt in allem, womit ich dich berühre, das Kriegerlicht der Liebe, die Energie der Shekinah.

Ich bin Nama Him (Der Kosmische Bote). Meine Mamma ruft mich André. Ich wurde von Melek Metatron und Shakti in El Shaddai erschaffen und habe dann eine kleine „Bildungsreise" in das magnetische Universum Quadril 5 unternommen, um dort mit einem Nuni (magnetischen Licht) – Aspekt zu verschmelzen. Dann bin ich wieder heimgekehrt, in das Erste Zentrale Universum, und letztlich auf Erden, um meine Aufgabe hier wahrnehmen zu können.

Meine Hauptaufgabe auf Erden ist es, als ein Medium der neuen Zeit zu wirken. Seit ca. 10 Jahren werde ich unablässig geschult, vor allem durch meinen geliebten Lehrer Jesus Christus und die Lichtgestalt Kryon. Ich bin seit 2001, als Lichtarbeiter, in eigener Praxis tätig. Ausbildung auf irdischer Ebene habe ich erhalten in systemischer Familientherapie, Reiki und als Trainer der Bewusstseinsschule von Kryon und den 36 Hohen Räten des Lichts. So fließt meine Verbindung zur geistigen Welt, vor allem zu den 36 Hohen Räten des Lichtes, in all meine spirituelle Arbeit ein. Ich war und bin ein Krieger des Lichtes, auch wenn sich dies in der Neuzeit anders ausdrückt als in früheren Inkarnationen. Mitgefühl und Sanftheit zuzulassen, war wohl die größte Herausforderung dieses Lebens. Doch durch die wundervollen 48 Schritte des Erwachens habe ich letztlich auch dies gemeistert und stehe in einem reformierten Zustand zu Diensten, dir den Weg zu deiner Meisterschaft zu beleuchten, wenn es dein Wunsch ist.

Was wir anbieten

Seminare

➤ Das Erwecken der goldenen Priesterschaft aus Lemurien (Adamea)
➤ Heilen mit der Elisefrequenz mit Engel Nathaniel (Namahim) (jetzt auch als gechanneltes Ausbildungsset erhältlich!)
➤ Aufstiegsseminare mit Jesus Christus (Adamea)
➤ Ein Kurs in Magnetismus (Adamea)
➤ Channelingseminare und Channelingausbildungen (Namahim)
➤ Kryonschule, die 48 Schritte des Erwachens (Namahim)

Einzelsitzungen

➤ Raftan Aktivierungen zur Erhöhung und Verankerung des Lichtkörperstatus (Raftan I & Raftan II)
➤ Channeling Einzelsitzungen (Namahim)
➤ Magnetische und lemurische Heilsitzungen (Adamea)

Veranstaltungen

➤ Die Gruppe der Tat, monatlicher Channelingabend
➤ Öffentliche Channelings und Channelingseminare (vielleicht auch in deinem Lichtzentrum?)

Unsere Tätigkeit ist, wie alles andere auch, dem Wandel der Zeit unterworfen, Neues entsteht, anderes fällt weg. Aktuell informiert bist du immer über unsere Homepage www.celeson.com und auch über den Newsletter, den du dort bestellen kannst.

Celeson
Isabelle Adamea Thuillard & André Namahim Meyr
Ludwigsplatz 16
83022 Rosenheim (D)
Tel. 0049 (0)8031 235354
&
Casa Tara Bianca
6652 Tegna im Tessin (CH)

Tel. 0041 (0)91 796 39 00
Email:
andre@celeson.com
isabelle@celeson.com
Homepage:
www.celeson.com

bitte umblättern...

2012 im ch. falk-verlag

Der Aufstieg der Erde 2012 in die fünfte Dimension
978-3-89568-109-7

2012 und danach
978-3-89568-211-7

Die Gesellschaft 2015
978-3-89568-216-2

Die Erde, ein neuer Stern
978-3-89568-217-9

Babajis Anleitungen für die Neue Zeit
978-3-89568-215-5

Lichter des Aufstiegs
978-3-89568-208-7

Saint Germain spricht
978-3-89568-207-0

Das Tor zum Goldenen Zeitalter
978-3-89568-135-6

Die Schlüssel fürs Tor zum Goldenen Zeitalter
978-3-89568-177-6

Das Tor zur körperlichen Transformation
978-3-89568-137-0

Das Tor zur partnerschaftlichen Liebe
978-3-89568-145-5

Das Licht Gottes versagt nie
978-3-89568-128-8

Aufbruch in das neue Jahrtausend
978-3-89568-073-1

CD. Die neuen Wege der Liebe
978-3-89568-163-9

CD. Das Tor der Gnade
978-3-89568-169-1

...denn ich bin Liebe
978-3-89568-193-6

...und am Ende bleibt nur die Liebe
978-3-89568-201-8

Die Seele in den Meisterjahren
978-3-89568-127-1

ohne Ticket in andere Dimensionen ...
978-3-89568-158-5

CD. Christuspräsenz u. Allmacht
978-3-89568-131-8

CD. Lichtsäulen-Clearing
978-3-89568-157-8

CD. Die Krönung
978-3-89568-174-5

Smile! 978-3-89568-202-5

Jesus – wenn er wiederkäme...
978-3-89568-203-2

Lichtbotschaften des Aufgestiegenen Meisters Hilarion
978-3-89568-116-5

Neue Lichtbotschaften 978-3-89568-138-7

Meister Hilarion beantwortet Lebensfragen
978-3-89568-161-5

Hilarions himmlischer Ratgeber
978-3-89568-194-3

Werkzeuge der Schöpfung
978-3-89568-134-9

Herzensbildung Teil 1 und 2
978-3-89568-146-2 und -179-0

Das New Life Manifest
978-3-89568-080-9

Grenzenlos leben 978-3-89568-031-1